대학입시와 교육제도의 스펙트럼

엮고 지은이

송순재, 대화와 실천을 위한 교육사랑방

함께 지은이

성기선, 윤종혁, 이경자, 최영표, 곽덕주, 이병곤, 신선미,
게르다 마르틴, 조상식, 카를 크리스티안 에기디우스, 이 나탈리아(목차순)

옮긴이 양은주, 이상윤, 안지영

학지사

이 책을 이 땅의 푸르른 생명들과
우리 교육의 미래를 위해 몸 바쳐 일하시는 선생님들께 삼가 드립니다.

머리말

우리 교육의 대안을 모색하기 위한 이야기 모임인 〈대화와 실천을 위한 교육사랑방〉은 지난 2년여에 걸쳐(2004~2005) 한국을 포함하여 세계 여러 나라의 대학 입학·교육 제도를 둘러보았기에, 여기 그 공부 자료를 책으로 엮어 펴냅니다. 공부의 목적은 황폐화된 우리 교육과 청소년들의 문제가 입시제도 때문이라는 세간의 지적에서 출발하여, 우리의 제도를 세계 여러 나라의 사례라는 환경 안에서 한번 검토해 보고 정말 무엇이 문제인지 생각해 보자는 것이었습니다. 공부를 진행하면서 실제로 문제가 될 만한 것들을 찾아볼 수 있었습니다. 여기서 경쟁은 정도에 차이는 있으나 어느 나라나 존재하며 문제가 없는 나라는 하나도 없다는 사실을 확인할 수 있었습니다. 그러나 그 경쟁의 질이나 강도에 있어서, 혹은 그 문제의 성격에 있어서는 서로 많은 차이가 있음도 알게 되었습니다. 제도상 문제가 있지만 실상 그것은 입시제도에서 비롯된 것이 아닌, 초·중등교육 구조 자체에서 나온 것들도 있는데, 여기에 대해서는 또 다른 시각 내지 폭넓은 접근이 필요하다는 의견도 있었습니다. 또 교육제도는 사회구조나 노동시장과 직결되어 있으며, 이 문제가 단지 입시제도에 국한된 문제가 아니라는 데 대한 공감도 있었습니다. 제도 때문이 아니라 의식과 정신 구조에서 비롯되었다고 판단할 만한 상당한 문제점에 대해서도 인식하게 되었는데, 이러한 중요한 주제를 상론하기 위해서는 별도의 지면이 필요할 것입니다.

이 책에서 엮은이는 대학입시와 교육제도 연구에 초점을 맞추어 동서양의 중요한 사례들을 소개하고자 했습니다. 동양에서는 한국, 일본, 중국, 대만을, 영미권에서는 미국과 영국을, 유럽에서는 프랑스, 독일, 덴마크, 러시아 사례를 살펴보았습니다. 경우에 따라 커다란 방향에서 글의 주제와 내용은 동일하나 어떤 방식으로 글을 쓸 것인지에 대해서는 나름대로의 취향에 맡겼습니다. 따라서 동일한 주제에도 불구하고 제명과 내용, 구조는 서로 상이합니다. 교육제도의 역사적 발전과정을 상세히 다룬 글이 있는가 하면, 제도상의 문제를 세세하게 밝혀 부피가 커진 글도 있습니다. 예외적으로 독일의 경우 두 가지 기고문을 실었는데, 몇 년 전 독일 〈뮌헨 교육연구소〉 주관하에 연구소 강정숙 박사의 안내로 한국의 학교를 돌아보기 위해 내한하신 게르다 마르틴(Gerda Martin) 교장선생님께 부탁하여 받은 글 한 편이 추가되었기 때문입니다. 덴마크의 경우 덴마크 〈자유교사대학〉에서 일하시는 카를 크리스티안 에기디우스(Karl Christian Ægidius) 교수께서 대화모임을 방문하셨을 때 강연해 주신 글로 덴마크 공교육제도의 요체를 간략한 명제 형식으로 나타낸 것입니다. 아울러 러시아의 경우 공립학교에서 러시아 문학과 한국어를 담당하는 이 나탈리야 선생님께 부탁드린 글로, 현장 교사의 눈으로 쉽게 다가갈 수 있는 형식으로 쓰였습니다. 이 두 가지 글은 다른 학술적인 글들과는 형식을 달리합니다.

이 책에서 여러 필자들은 대학입시제도의 다양한 국제적 사례를 정보 제공 차원에서 상세히 소개하고 있을 뿐 아니라 이런 맥락에서 우리나라 입시제도의 해법을 놓고 나름대로 제안하기도 했습니다. 이들 해석은 단지 하나의 관점이며 따라서 다른 보기도 가능하다는 점을 밝혀 둡니다. 여기서 필자들의 해석과 판단이 늘 서로 어깨를 나란히 하고 있는 것은 아닙니다. 피차 엇갈리거나 상반된 관점들도 있습니다. 하지만 우리는 이러한 차이를 생산적 대화를 촉발시킬 기회로 삼고자 합니다. 각각의 견해들은 해당 분야 전문가들의 노고가 깃든 심도 있는 연구물로서 최근의 상황을 말해 주고 있으며 십분 경청할 만한 것들입니다.

마지막 부분에서 엮은이는 지면 한 곳을 할애하여 앞서 기고된 글들의 맥락에서 우리나라 대학 입시 · 교육 제도의 개선 방안을 '개방대학' · '자유대학' · '통합대학'이라는 세 가지 실험 모형을 통해서 모색해 보고자 했습니다. 필자는 본래 우리 입시교육의 원인을 대학입시제도뿐 아니라 이를 넘어서 가능한 한 통합적 시각으로 조명하기 위한 글을 준비했으나, 입시제도 연구에 초점을 맞춘 이 책의 성격과 지면상의 이유로, 준비한 글 중 제도 부분만을 발췌하여 실을 수밖에 없었습니다.

모임에 오셔서 발제해 주시고 옥고를 써 주신 모든 선생님들과 번역해 주신 선생님들의 노고에 우정과 감사의 마음을 드립니다. 멀리 독일에서 글을 보내 주신 게르다 마르틴 선생님과 이를 위해 도움을 주신 강 박사님께 진심으로 감사의 말씀을 드립니다. 러시아의 이 나탈리야 선생님께도 특별히 감사드립니다. 〈교육사랑방〉에서 대화에 참여하신 학교현장의 여러 선생님께, 아울러 살아 있는 고민을 함께 나누어 주신 김종식(오류중), 김성오(무원초교), 김영숙(시흥중), 문봉찬(원당초교), 신은주(노원중), 안승문(전 서울시교육위원), 유영미(이화여대 박사과정), 윤영화(한울중), 이광연(영원중), 이한순(시흥중) 선생님, 그리고 남궁영미 수녀님(성심 수녀회)께 소중한 우정의 마음으로 답하고 싶습니다. 특히 대화가 이런 형식으로 유용한 결과를 맺을 수 있도록 긴요한 부분들에서 정성을 기울여 주신 유승준 선생님(영남중)께 진심으로 감사드립니다.

고병헌 교수님은 그간 〈교육사랑방〉 대화모임을 함께 이끌어 주시고 엮은이의 글에 대해 예리하고 생산적인 자극을 주셨습니다. 아울러 이병곤 선생님은 공부와 대화가 진행되는 동안 여러모로 소중한 생각과 힘을 쏟아 주셨습니다. 두 분께 마음 다해 감사드리지 않을 수 없습니다. 또한 좋은 생각을 나누어 주시고 원고 교정 등 많은 노고를 기울여 주신 곽덕주 교수님(건국대)과 양은주 교수님(광주교대), 이경자 박사님(한국청소년정책연구원)께 마음 깊이 감사드립니다.

아울러 〈교육사랑방〉의 발걸음을 위해 등불이 되어 주신 김정환 선생님(고려대)과 이 책에 관심을 가지고 가르침을 주신 오인탁 선생님(연세대)의 사랑과 후의에 머리 숙여 감사의 마음을 표합니다. 어려운 여건에서도 많은 호의를 가지고 출판을 맡아 주신 김진환 사장님께 뜨거운 감사를 드립니다. 여러 필자의 원고를 편집하는 데 드는 번거로운 노고를 마다하지 않고 힘을 쏟아 주신 학지사 편집부의 최임배 부장님과 정영석 선생님 외 여러분께도 각별히 고마움을 표하고 싶습니다. 학지사의 호의 없이 이 책은 빛을 보기 어려웠을 것입니다.

이 책이 모쪼록 우리 스스로의 좌표를 세계 여러 나라 사이에서 가늠해 보고, 교육의 진정한 앞날을 설계하는 데 일말의 단서라도 되었으면 하는 바람입니다. 江湖諸賢의 叱正을 바랍니다.

2007년 여름

냉천골에서 엮고 지은이

차 례

미래를 위한 또 하나의 논의

한국 사회와 대학입시제도에 대한 성찰

성기선

1. 서 론

우리 사회에서 대학입학시험은 초·중등교육을 비롯한 모든 교육문제를 왜곡시키는 강력한 회오리의 중심축이 되고 있다. 우리나라의 대학입학제도 문제는 단순히 입시제도라는 틀을 넘어서 현대 한국 사회가 갖고 있는 특징의 한 단면을 바라볼 수 있게 해 주는 렌즈와 같은 역할을 수행한다. 이 문제를 통해서 한국 사회를 관찰한다면 한국 사회만이 표출하고 있는 독특한 현상들을 제대로 이해할 수 있지 않을까 생각한다. 이를테면, 사회적 삶을 위한 중요한 수단으로 교육을 생각하고 있는 인식, 교육을 통해서 사회적 지위 상승이동을 추구하려는 욕구, 일류대 졸업장이 중요한 사회적 자본(social capital)으로 기능하는 학력사회의 구조와 문제점 등은 대학입시를 통해서 매우 구체적으로 표면화되고 있다.

이 글에서는 이러한 중요한 의미를 지니고 있는 대학입시제도의 변천과정을 조망해 보고, 현 입시제도의 기본성격과 구조, 문제시되는 논쟁점, 향후 한국 사회에 적합한 대학입시제도의 바람직한 변화 방향은 무엇인가 등에 대해서 살펴본다. 1960년대 말부터 본격적으로 시작되었던 국가 관리 대학입학시험제도는 그 사이 많은 제도와 운영방식의 변화를 경험했다. 그럼에도 불구하고 대학입학 적격자를 국가시험을 통해서 선발하는 방식은 초지일관되게 유지해 온 원칙이었다. 이제 이러한 대입제도의 역사적 변화과정을 살피면서 어떠한 동인이 이와 같은 제도의 변화를 유도하고 창출하도록 했으며, 또한 새로운 제도의 적용과정에서 어떤 문제가 생겨났던가, 그리고 이러한 대입제도가 갖는 문제점은 무엇인가에 대해서 살펴봄으로써 향후 대입제도가 나아가야 하는 방향에 대한 시사점을 얻을 수 있을 것으로 판단된다.

이 글의 전반부에서는 해방 이후 지금까지의 대학입학시험제도의 구체적 전개과정을 간략히 살펴보면서 각 단계별로 제기되었던 문제점들을 정리한다. 그리고 이러한 기본 자료를 토대로 현재의 대입제도가 갖는 문제점, 또한 새로이 제기되는 문제들을 살펴본 후에 향후의 개선방향에 대한 생각들을 제시하기로 한다.

2. 대입제도 변천과정 및 쟁점

해방 이후 지금까지의 대학입학시험제도의 변화과정을 간략히 정리해 보면 〈표 1〉과 같다. 이 자료에 의하면 지난 60여 년 동안 우리나라의 대학입학시험제도는 크게 10여 차례 변화되어 왔다. 예컨대, 대학별 단독 시험제(1945~1953), 대학입학 국가 연합고사(1954), 대학별 단독 시험제(1955~1961), 대학입학 국가 자격고사제(1962~1963), 대학별 단독 시험제(1964~1968), 대학입학 예비고사·본고사 병행(1969~1980), 대학입학 학력고사·내신병행제(1981~1993), 대학수학능력시험과 대학별 본고사 병행(1994~1996), 대학수학능력시험과 학교생활기록부 및 논술의 혼합형(1997~2001), 대학의 학생선발 자율권 확대를 통한 다양한 전형 유형 개발 적용(대학수학능력시험+학교생활기록부+논술+추천서+심층면접 등, 2002~현재) 등이다. 여기에 1997년도 이후에는 종합적 전형과 전인적 평가를 지향하는 새 대입전형제도가 적용되고 있으며, 2002 대입제도는 추천전형을 포함하여 보다 다양한 대입전형제도를 지향하고 있다. 아울러 2005학년도부터는 7차 교육과정 적용을 위한 선택형 수능체제로 전환되었으며, 2008학년도부터는 수능의 9등급제가 실시되고 대학별 논술고사가 강화되는 방향으로 변화가 예정되어 있다.

1969학년도부터 1980학년도까지 실시된 대학입학예비고사제도는 대학별 본고사 제도가 계속 존속되면서 병행 실시되었다. 따라서 대학의 선발권을 적극적으로 보장하면서 동시에 국가가 관리하는 시험을 통해 일정 수준의 질적 관리도 가능한 체제를 갖추고 있었다. 1969학년도부터 도입된 예비고사제도의 시행목적은 일부 사학(私學)에서 일어났던 부정입학 근절과 대학 입학생의 질적 저하를 막는다는 내

〈표 1〉 대학입시제도 변천과정(1945~2005)

연 도	제도유형	전형방법	고사과목	비 고
1945~53	대학별 단독 시험제	필기고사	필수 4과목(국, 영, 수, 사회), 선택 1 과목 이상	
1954	대학입학 국가 연합고사	필기 · 면접 · 신체검사	필수 3과목(국, 영, 수), 선택 1과목	
1955~61	대학별 단독 시험제	필기고사 · 고교내신	1955~57: 필수 4과목, 선택 1 이상 1958~61: 필수 4과목	1958년 내신성적 제도화
1962~63	대학입학 국가 자격고사	국가고사 · 신체검사 · 면접 · 기타 간이고사	1961: 필수 6과목(국어1, 사회, 수학2, 과학, 실업 · 가정, 영어, 선택과목 1963: 필수 6과목	4지선다형
1964~68	대학별단독시험제	필기 · 신체 · 면접 · 적성	대학별로 3~4개과목	주, 객관식 절충
1969~80	예비고사 · 본고사	1) 예비고사 2) 예비고사 · 내신 3) 예비고사 · 내신 · 본고사 4) 예비고사 · 본고사	*예비고사 1967~70: 6과목(국어, 사회, 수학, 과학, 영어, 실업) *본고사 국어, 영어, 수학, 일정과목	1974: 체력장 점수화 1976:예비고사 성적반영 의무화 20% *예비고사: 객관식 4지선다형 *본고사:주 · 객관식혼용
1981~93	대학입학 학력고사, 내신병행(선시험 후지원, 87학년도까지 실시)	학력고사 · 내신성적 (내신 30~40%)	필수과목 · 선택과목 *1987:인문계 8과목, 자연계 7과목, 예체능계 7과목으로 축소 *1988: 과목가중치 적용, 주관식 30%	1986, 1987: 논술고사 추가 1988:선지원 후시험, 논술고사 폐지, 면접 점수화, 제2외국어 선택지정
1994~96	대학수학능력시험과 대학별 본고사 병행(선지원 후시험)	1) 내신성적 2) 내신성적 · 대학수학능력시험 3) 내신성적 · 본고사 4) 내신성적 · 대학수학능력시험 · 본고사	*대학수학능력시험:언어+수리 및 탐구+외국어(영어) 능력 *대학 본고사 실시 여부 및 과목은 대학이 결정	*대학수학능력시험: 연 2회 실시, 5지선다형
1997~2001	대학수학능력시험+학교생활기록부+논술	내신, 수능, 대학별 고사 병행 실시	언어, 수리, 과탐, 사탐, 외국어	종합적 전형, 전인적 평가, 다양한 전형방식 적용(수시모집, 특별전형 다양화 등)
2002~현재	대학수학능력시험, 내신 및 학교별 전형방법 혼합 적용	대학수학능력시험+학교생활기록부+논술+추천서+면접 등 다양한 전형자료 이용 확대	언어, 수리, 과탐, 사탐, 외국어 선택형 수능체제(2005)	수시모집 및 특별전형 강화

용이 주된 것이다. 이러한 취지를 바탕으로 하여 대학의 자율권을 일정 부분 제한하는 국가관리방식이 도입되었다. 이를테면, 대학입학정원의 150%를 국가가 선발하면 대학이 이 시험에 합격한 자들을 대상으로 본고사를 실시하여 선발하도록 하는 예비고사와 본고사 병행이 1980학년도까지 이어졌다. 그러나 이러한 취지와는 상관없이 대학입학정원의 150% 선발로 대량 미달사태가 발생하게 되었고 점차 180%, 200%로 예비고사 합격자의 비율을 늘리게 됨으로써 예비고사가 부분적으로 갖고 있던 자격고사로서의 기능을 사실상 상실하게 되었다. 예비고사 실시 초기에 제기되었던 사학 부정입학 문제가 궁극에 가서는 미달사태로 인한 사학 운영의 어려움으로 인해 가려지게 됨으로써 애초의 취지는 살려지지 않게 되었다. 그러나 본고사체제의 유지와 예비고사제도의 병행은 다양한 문제점을 낳고 있었다. 그중에는 무엇보다도 학생들의 학습부담이 과중하다는 점을 들 수 있다. 전과목을 대상으로 하는 예비고사와 국 · 영 · 수 중심의 본고사를 한꺼번에 준비해야 하는 어려움으로 학생들의 학습량은 증가되고 입시에 대한 중압감이 대단히 높아짐으로써 사교육 의존도가 높으며 입시 위주의 교육을 더욱 강화해 나갈 수밖에 없는 구조적 문제를 안고 있었다.

그러다가 1980년에 발표된 소위 '7 · 30 교육개혁 조치'로 인하여 본고사 전면 금지, 내신성적 반영 의무화, 학력고사 실시라는 새로운 입시로의 전환을 맞이하게 되었다. 이 당시에 제시되었던 새로운 정책의 취지는 과외 문제의 심각성을 치유하고 재수생 문제를 해결하기 위한 것으로 되어 있었다. 그러나 본고사가 폐지되고 4지선다형 위주의 학력고사가 등장하게 됨으로써 고등학교 교육의 질적 저하를 가져왔고 내신성적의 반영비율을 높임으로 인해 학교 간 차이를 무시한 불공정성이 심각한 문제로 제시되었다.[1] 뿐만 아니라 이전에는 없던 선시험 후지원제도의 도

1) 이 문제는 지금도 계속되고 있다. 내신의 반영 비율을 높이고 학교별 상대평가제도를 실시하도록 함으로써 학생들의 학업에 대한 중압감이 고등학교 1학년부터 심화됨으로 인해 학생들의 부담이 가중되고 전인교육이 위협받는다는 지적은 이제 고등학교 학생들로부터 제기되기에 이르렀다. 학교 간 차이를 어떻게 할 것인가에 대한 뚜렷한 기준 없이 일괄적으로 모든 학교를 동일하게 취급하는 내신제도는 고교등급제가 갖는 문제점 이상으로 비교육적 문제를 불러일으킬 수 있다(성기선, 서울시 고등학교 학군효과 분석 연구, **교육사회학연구** 13/3(2003): 151-166.

입으로 눈치작전, 배짱지원이 새로운 풍토로 등장하게 됨으로써 교육정상화를 내걸었던 애초의 취지와는 전혀 다른 결과를 낳게 되었다. 당시 신군부가 정치적 불안요소를 잠재우기 위한 방편의 하나로 입시제도를 개편한 것이며, 이로 말미암아 대학의 학생선발권은 상당 기간 국가 주도 시험제도의 시행으로 제약을 받게 되었다. 이후 학력고사는 수학능력시험으로 그 이름을 바꾸어 가면서 약 25년 동안 유지되어 선다형 문제 중심의 국가 주도 입시제도가 기본 골격을 유지하게 되는 출발점이 되었다. 대학의 학생선발 자율권에 대한 문제제기가 계속되어 논술고사가 1986~1987학년도에 일시적으로 실시되기도 했다. 논술고사는 4지선다형 학력고사의 문제점을 보완하기 위한 목적을 갖고 있었으나 입학점수 반영 비율을 3~5%로 책정했고 채점의 공정성 문제가 제기됨으로 해서 2년 시행으로 폐지되는 결과도 초래했다. 아울러 1988학년도부터는 선지원 후시험제로 전형방법을 전환했지만 눈치작전이 없어진 것은 아니었으며 하향지원 현상이 뚜렷이 나타나게 됨으로써 근본적인 제도개선에 대한 요구가 비등하게 되었다. 이후 1993학년도부터는 기존의 교과중심 학력고사에서 대학교육의 수학(修學) 능력을 측정하는 수학능력고사로 전환을 하게 됨으로써 국가관리방식은 동일했지만 내용에서 큰 변화를 가져왔다. 근본적인 입시의 틀이 변화되지 않고 부분적인 관리지침만 변경되었던 학력고사 중심의 대학입시제도는 1994학년도부터 대학별 본고사 부활, 학력고사 폐지와 대학수학능력시험 실시라는 새로운 제도로 변화되었던 것이다. 여기서 본고사의 경우 지필고사를 제외한 다양한 유형의 전형방식을 의미한다는 점에서 예비고사 기간 동안 실시되었던 국 · 영 · 수 중심의 본고사와는 그 성격이 다소 다른 방식이다.[2)]

지난 35여 년 동안 실시한 국가관리 대학입학시험은 근본적으로 대학의 선발자율권을 박탈했다는 측면에서 계속적으로 문제를 안고 있었다. 특히 1981학년도부터는 대학별 본고사가 폐지되고 학력고사와 내신성적만으로 전형하도록 함으로써 대학의 학생선발권은 거의 상실되다시피 했다. 1997년 이후 다양한 전형의 개발, 특별전형의 실시, 수시모집제도의 도입 등으로 대학의 학생선발권이 부분적으로

2) 성기선, 국가관리 대학입학시험제도 25년의 시행과정 및 평가, **학생생활연구** 5(1993): 73-99.

확보되기는 했지만 근간은 여전히 국가관리의 수학능력시험을 중심으로 대학입학이 진행되고 있기 때문에 근본적인 틀의 변화는 없었다고 평가할 수 있다. 이러한 문제점은 예비고사가 시행되었던 당시의 취지였던 대학교육의 정상화라는 명분과는 매우 상반되는 결과를 낳고 있었다.

또한 고등학교 교육의 정상화와 질적 향상이라는 측면에서 예비고사와 학력고사가 미친 영향을 평가해 보아도 부정적인 결론밖에 얻지 못하는 실정이다. 입시제도 변천을 통해서 고등학교 교육의 정상화에 지장을 초래하게 된 사항들을 제시하면 크게 다섯 가지 정도가 된다. 첫째, 입시과목은 주요 몇 과목이었으며 선택과목에 있어서 과목 간 난이도가 달라 편협된 교육과 유리한 득점 위주의 교육이 실시되었다. 둘째, 입시과목의 배점이 편중되었다. 특히 국어, 영어, 수학 세 과목에 대해 전체 득점의 절반 정도의 비중을 둠으로써 여타 과목을 소홀히 하는 경향이 발생했다. 셋째, 채점의 용이성에 역점을 두어 객관식 문항 형태가 지배적이었다. 이로 인해 고등학교 교육이 선다형시험에 맞는 암기주입식으로 변화했다는 지적을 받았다. 넷째, 시험 시기의 부적절함은 고등학교 3학년 교육과정의 비정상적인 운영을 초래했다. 고등학교 2학년까지 전체 고등학교 교육과정을 끝내 버리고 3학년부터는 시험문제 풀이로 일관하는 등 교과운영의 파행을 초래했다. 다섯째, 대학교수들의 출제로 인해 고등학교 교과과정과 유리되는 출제경향을 보여 주었다.

이러한 대입제도의 변화과정은 크게 보면 학생선발권을 둘러싸고 국가와 대학이 부단히 그 권한을 주고받는 연속과정을 보여 주고 있음을 확인할 수 있다. 이를테면, 1969년도의 예비고사제도가 도입되기 이전의 경우에는 '대학 · 국가 · 대학 · 국가 · 대학…' 으로 선발의 주체가 변화되었다. 해방 이후 지금까지 대입제도는 크게는 10여 차례, 세부적인 것을 포함하면 35차례 이상의 변화를 겪어온 것으로 볼 수 있는데, 그 변화의 핵심적인 내용은 이러한 선발권을 누가 갖는가에 있다. 다시 말하면, 대학 입학생 선발에서 국가가 주도하는 중앙집권식 방식이냐 아니면 개별 대학들이 선발하는 분권화 방식이냐라는 경쟁이 계속되었던 것이다. 1969년 예비고사가 도입될 당시에도 사학(私學)의 부정입학과 대학의 질적 저하를 막는다는 도입 취지를 확인할 수 있듯이,[3] 국가는 대학에 선발권을 넘겨주면 부정과 비리가 발생하고 고등교육의 질적 수준을 확보할 수 없다는 우려를 갖고 문제를 접근하고 있다. 반면, 대학의 경우 선발의 자율권을 주장하면서 국가의 개입을 반대하는 논리를 펼쳐 왔었다. 이러한 과정을 통해서 여전히 "누가 대학 신입생을 뽑는 주도권을 행사할 것인가? 정부인가 대학인가?"라는 질문은 아직도 해결되지 못하고 있는 실정이다. 이러한 갈등은 최근에 다시 제기되고 있다. 이른바 2005학년도 입시에서 고교등급제를 적용한 몇몇 대학의 사례를 통해서 볼 때, 여전히 대학은 선발의 자율권 행사에 사회적인 합의를 저버려서 대학에 대한 사회적 신뢰도를 떨어뜨리는 오류를 범하게 되었다. 따라서 대학의 학생선발권을 자율화해야 한다는 주장 역시 시기상조라는 평가를 받고 있다. 뿐만 아니라 근래에 와서는 '대학본고사=사교육 증가, 학습자의 학습부담 과중' 이라는 문제 때문에 대학에 선발의 자율권을 주기에는 어려움이 많다는 논리가 굳어지고 있다. 요컨대, 한국의 대학 신입생 선발의 권한을 누가 갖는가라는 질문에 대해서 대학과 정부가 팽팽한 긴장관계를 노정하고 있으며, 이러한 긴장과 갈등은 한국의 입시제도 변화를 이해하는 매우 중요한 측면임에 틀림없다.

3. 현행 대입제도에 대한 문제점

앞서 제시한 예비고사, 학력고사의 문제점은 현재 실시되고 있는 대학수학능력시험에서도 근본적으로 개선되지 않고 이어지고 있다. 현행 수능의 문제점을 간략히 정리해 보면, 1993년부터 도입된 현행 수능은 초 · 중등학교 교육의 다양화, 전문화, 특성화에 기여한다기보다는 학교교육의 교수, 학습, 평가 방법을 획일화 · 대중화 · 표준화시킴으로써 21세기가 요구하는 창의적 지식인 양성에 실패하도록 하고 있다. 또한 공교육의 공동화를 부채질하며 사교육 의존도를 심화시킴으로써 학

3) 1969학년도부터 도입된 예비고사제도의 시행목적은 크게 다섯 가지로 요약할 수 있다. 첫째, 사학의 학생 정원 초과모집과 대학교육 적성 무시로 인한 대학의 질적 저하를 막을 수 있고, 둘째, 대학 간의 격차 해소를 촉진할 수 있고, 셋째, 고등학교 교육목적 달성을 촉진하고 그 질적 향상을 기할 수 있고, 넷째, 대학진학 인구의 자연 증가에 따른 질적 평준화를 유지할 수 있고, 다섯째, 대학교육을 인력수급면에서 국가계획과 유기적으로 연결시킬 수 있다는 점들이다(조선일보, 1968. 10. 16).

교교육 정상화를 훼손한다는 등으로 그 핵심적 비판을 정리해 볼 수 있다. 이러한 수능의 문제점을 시험 성격, 내용, 출제 방법, 결과 활용 등으로 구분하여 간략히 제시해 보면 다음과 같다.

수학능력(scholastic ability)이란 고등교육을 수학할 능력을 의미하며, 이는 대학에서 공부할 수 있는 능력이 있는가에 기초해서 시험 내용이 구성되어야 함을 의미한다. 그러나 현재는 교육인적자원부, 한국교육과정평가원, 시·도교육청, 일선 고등학교 들이 그 일을 대행하고 있다. 이는 일선 고교가 고유한 목적을 수행하는 교육기관이라는 인식보다는 수능 준비기관이라는 잘못된 인식을 강화하도록 하는 경향을 보이고 있다. 따라서 '고등학교 졸업자격시험'의 성격으로 그 명칭과 내용이 변화될 필요가 있다. 기본적으로 고등학교 졸업자격을 확인받으면 그 이상에서는 대학이 자율적으로 다양한 준거와 평가를 통해서 선발하도록 하는 제도가 필요하다고 본다. 현행 수능은 '대학교육에 필요한 수학능력을 측정하기 위해 고등학교 교육과정의 내용과 수준에 따라 언어, 수리, 사회·과학탐구, 외국어(영어), 제2외국어 영역별로 통합교과적 소재를 바탕으로 하여 사고력을 중심으로 평가하는 시험이다'라고 규정하고 있다.[4] 이는 수능은 대학교육 수학능력, 특정 교과목이 아닌 통합교과적 내용, 고등학교 교육과정의 내용과 수준에 맞는 교과서 및 관련 학습자료를 망라하여 출제되며 사고력과 같은 고차적 지식을 평가하는 시험임을 의미한다. 요컨대, 수능은 교과목별 학력고사(achievement test)의 성격과 학업적성검사(scholastic aptitude test)의 성격을 함께 갖고 있다. 그만큼 성격이 모호함으로써 학교 현장에서 교과별 수업을 진행하는 교사들에게도, 수험생들에게도 준비하는 데 큰 어려움을 던져 주고 있다. 그 결과 학생들은 사교육에 의존할 수밖에 없으며, 재수를 필수라고 생각하는 경향성이 높아지게 되는 문제를 안고 있다.

현행 수능시험 내용의 문제점은 각 영역별로 수험생들의 수준을 고려하지 않은 한 종류의 시험뿐이고, 또 문항의 형태가 선다형이라는 것이다. 따라서 수험생들이 자신의 수준이나 특성 및 진로의 유형에 따라 선택할 수 있는 여지가 전면적으로 차단되어 있어, 수험생들은 거의 모든 영역에 대해 동일한 내용의 시험 준비를 해

4) 한국교육과정평가원, 2005학년도 대학수학능력시험 시행 공고(한국교육과정평가원, 2004).

야 한다는 것이다. 2005학년도부터 바뀐 제도에서는 선택형 교과들이 있기는 하지만, 특정 교과목에서 수준이 다른 시험이 있는 것이 아니고, 수능을 대신할 수 있는 다른 종류의 시험이 있는 것도 아니다. 수능의 유형이나 수준을 다양하게 함으로써 학생들이 선택 가능성을 늘려야 할 필요가 있다. 이를테면, 난이도를 다양하게 하여 쉬운 시험, 중간 정도의 시험, 어려운 시험으로 구분하게 된다면, 대학 입장에서도 다양한 난이도의 시험 중 현실적으로 적합한 시험을 지정하거나 학생들이 선택하게 할 수 있는 방안을 찾을 수 있을 것이다. 다만, 시험 횟수를 늘리게 되면 모든 학생이 이러한 시험들을 준비하게 됨으로써 기대치 않던 학습부담의 증가라는 부정적 결과가 나타날 수 있다는 점에서 시험 횟수의 증가는 신중히 고려할 필요가 있다. 아울러 객관성을 보장하기 위한 선다형 시험 위주의 현 수능 출제방식을 보완하여 서술형이나 논술형 등 다양한 평가유형도 도입할 필요가 있다. 평가에서 실제로 측정할 것을 측정하지 않고, 오답 시비가 없는 방식으로 출제를 하다보면 정작 중요한 것은 배제되고 문제가 되지 않을 분명한 사실적인 부분만 선택됨으로써 평가의 취지를 왜곡시킬 가능성이 많다.

수능에 대한 오답 시비가 수차례 있었던 것을 참고해 본다면, 감금식 출제에서 문제은행식 출제로 전환시킬 필요가 있다. 1년에 1회의 시험방식에서 벗어나서 여러 번의 시험을 문제은행방식으로 출제해 나간다면 학생들에게 선택의 여지를 더 줄 수 있을 것이다. 2005학년도 수능계획에 따르면 출제과목수만 해도 51개에 이른다. 이때 과목당 출제위원과 검토위원이 각각 5명씩이라고 해도 총 510명이나 되고, 여기에 진행요원과 관리요원을 합하면 적어도 550명이 된다. 이러한 숫자가 한 달간 감금되어 비밀작전 하듯이 출제를 한다면 관리의 어려움도 어려움이지만 제대로 된 문제를 출제할 수 있을지 의문이 들 수밖에 없다.[5)]

현재 대학입학시험을 시기로 보면 가 · 나 · 다의 정시와 수시1, 2로 구분되고 있다. 또한 수능시험을 기준으로 선발하는 일반전형과 다양한 선발기준을 적용하는 특별전형으로 구성되어 있다. 앞서 지적한 수능의 문제점이 정시 일반전형에 해당된다면, 특별전형에 대한 논의 역시 현 입시제도의 문제점을 지적할 때 빼놓을 수

5) 백순근, 대학수학능력시험의 문제점 및 개선 방안, 서울대학교 **사대논총** 67(2003): 141-155.

없는 항목이다. 특별전형은 2002학년도부터 본격적으로 도입되었다. 성적을 기준으로 한 줄 세우기에서 다양한 특성과 적성을 갖춘 학생들을 다양한 선발기준에 의해 전형한다는 취지에서 실시되고 있다. 현재 이러한 특별전형은 한편으로는 긍정적 기능을 하고 있기도 하지만, 다른 한편으로는 대학교육의 질적 수준을 저하시키며 공정한 기준에 따른 선발이 아니라 그 기준이 모호하다는 지적을 받는 등 다양한 비판 역시 나오고 있다. 이러한 특별전형의 문제점을 몇 가지로 정리해 보면 다음과 같다

첫째, 특별전형 입학자의 대학교육 부적응 현상이다. 특별전형으로 입학한 학생 가운데 대학에서 학사경고, 휴학, 자퇴 등으로 대학생활에 적응하지 못하는 학생의 비율이 일반 학생의 경우보다 2배 이상 높다는 지적도 있듯이, 특별전형의 취지가 제대로 달성되기에는 학생들의 학력 문제가 심각하다고 볼 수 있다.

둘째, 재력이 뒷받침되는 부유층들이 재외국민 특별전형 등을 편법적으로 혹은 불법적으로 악용하여 대학에 자녀를 입학시키고 있다. 교육기회의 평등화에 정면으로 위배될 수 있는 소지를 안고 있다.

셋째, 특기자 전형의 경우 전형 기준인 특기와 무관한 학과에 입학하는 사례가 허용되고 있다. 아울러 특기자의 자격 기준이 학교별로 차이가 남으로써 실제로 특기가 있는 학생들을 뽑는다는 전형 취지가 살려지지 않고 있다.

넷째, 정원 미달을 보완하는 방편으로 대학은 무분별하며, 그 취지가 모호한 전형을 활용하는 경향도 보이고 있다.[6)]

이상과 같은 문제점을 갖고 있는 특별전형은 적어도 다음과 같은 기본원칙을 지킬 수 있도록 개선될 필요가 있다. 우선, 대학수학능력자 선발의 원칙을 들 수 있다. 대학입학고사는 대학교육 수학능력을 갖춘 자들을 선발한다는 측면에서 대학교육을 이수할 수 있는 능력을 기본으로 선발 준거에 포함시켜야 한다. 둘째는 평등지향의 원칙이다. 교육기회의 불평등을 확대 재생산할 가능성을 가능한 한 줄이면서 계층 간, 지역 간, 성별 격차를 심화시키지 않도록 한다는 원칙을 지켜 나가야 한다. 셋째는 교육의 특성화 원칙이다. 특별전형이라 함은 총점제 방식으로 평균인

6) 이종승 외, 대학수학능력시험 개선방안 연구(한국교육개발원, 한국교육과정평가원, 2004).

을 대상으로 하는 전형이 아니라 특정 영역에서 자질을 갖춘 학생을 대상으로 하는 전형이다. 아울러 이러한 학생들이 대학에 입학하여서도 계속적으로 자기 적성과 특성을 살려 나갈 수 있도록 추수지도 프로그램도 함께 제공하도록 하는 노력을 기울임으로써, 단지 대학을 입학하기 위한 수단으로 특별전형을 사용하지 말게 해야 한다.

대학입학 수학능력시험은 2005학년도 입시부터는 선택형으로 전환되었다. 소위 말하는 문과 · 이과 구분을 없애고 자신이 원하는 교과목을 필요에 따라 선택하도록 하는 체제다. 그러나 주요 대학들이 선택형 제도의 특성을 제대로 살리지 못하도록 규정함으로써 그 취지가 얼마나 잘 살지 모르겠으며, 오히려 학생들에게 모든 선택교과목을 준비해야 한다는 부담감을 갖도록 할 가능성도 배제할 수 없는 상황이다. 현재와 같은 수학능력시험은 여전히 서열화된 대학체제를 전제로 경쟁에서 이기기 위해 한 점이라도 더 점수를 따야만 하는 구조를 지속시킨다는 점에서 근본적인 개혁이 필요하다는 주장들이 제기되고 있다.

우리나라에서 해방 후 실시되어 온 대입제도의 기본 토대는 능력주의(meritocracy) 선발이다. 지역, 성별, 가정 배경 등에 의한 차별이 없이 개인의 성취수준에 따른 공정하고 합당한 기준에 근거해 사회적 선발을 하는 장치라는 이념적 기조를 지니고 있다.[7)] 이를테면, 시험은 객관적이고 중립적인 기준에 근거해서 실시되며 이는 고등교육 기회 분배의 중요한 장치가 된다는 시각이다. 정부수립 초기에는 대학입학 적격자 및 지원자의 절대 부족으로 미달 사태가 일어나기도 했으나, 국민의 높은 교육열과 중등교육의 양적 팽창, 경제 성장 등으로 고등교육에 대한 진학 수요가 급증함으로써 대학 진학의 경쟁이 매우 치열하게 전개되었다. 경쟁이 치열할수록 능력과 적성에 따른 진로선택보다는 선발의 기능에 무게의 중심이 쏠리게 되

7) 그런데 과연 우리나라 대입제도가 능력주의에 기초해서 운용되고 있는가에 대해서는 별도의 논의와 연구가 필요하다. 학업성취 결정이 가정 배경, 특히 부모의 사회경제적 배경과 지원에 큰 영향을 받고 있으며 과도한 사교육비 지출을 요구하는 제도 탓으로 실제 공정한 게임이 진행되고 있다고 볼 수는 없다. 최근 서울대학교 사회과학연구원에서 발표한 「입시제도의 변화: 누가 서울대학교에 들어오는가?」(김광억 외, 2004)라는 보고서에 의하면 지난 30여 년 동안 서울대학교 사회과학대학 입학자들 가운데 서울을 포함한 대도시 출신자들 비율이 증가하였으며, 서울의 강남 학군 출신자들 비율이 지속적으로 증가하고 있다는 주장을 펴면서, 계층 간 교육기회의 불균형이 심화되어 왔다는 비판을 제기한 바 있다.

고, 이는 대입정원을 엄격히 통제하고 객관적이고 공정한 시험기준과 절차가 강조되는 형태로 대입제도가 강화될 수밖에 없는 구조다.

이러한 선발 중심의 대입제도 운영은 학력 지향의 사회구조를 반영하고 있다. 대입제도 변천과정에서 대학별 시험과 다양한 형태의 국가고사 및 내신제도 운영 등 여러 가지 조합방식이 번갈아 적용되었지만 사회적 경쟁의 예비경쟁으로서 의미가 내포된 선발시험이라는 큰 틀 내에서 대입제도가 운영되고 변천되어 왔다. 이러한 문제는 최근 학벌사회의 폐해를 지적하는 논의들을 불러일으키는 단초가 되었다.[8) 다시 말하면, 선발의 최상위권에 해당되는 대학 졸업장이 갖는 사회적 위세와 파벌의식, 사회적 삶의 기회 독점 현상 등이 이러한 경쟁선발 중심의 대입제도, 시험성적에 따른 대학의 서열화 · 고착화로부터 비롯된다는 주장이 제기되고 있다. 이를테면, 학벌을 획득하는 것이 성공인 상황에서 학부모와 청소년은 수단과 방법을 가리지 않고 사회적으로 인정받는 학벌 추구에 전념하게 된다. 이에 따라 가족은 최대한의 사교육비를 투자하며 이 과정에서 심지어는 가족 해체조차 마다하지 않는다. 이는 부모의 사회경제적 능력에 따라 학벌이 계승되는 현상을 불러와 빈곤과 차별이 대물림되는 결과를 낳는다.[9)] 뿐만 아니라 서울대학교 사회과학연구원에서 발표한 자료에 따르면 지난 30여 년 동안 상위권 대학인 서울대학에 들어오는 입학생들의 계층별 분포에서 상위권 전문직종이 차지하는 비율이 점차 높아져 계층불평등이 더욱 확대 재생산되어 왔다.[10)] 이러한 결과들은 우리나라 대입제도가 계층간 차이를 줄이거나 능력주의에 근거한 공정한 선발장치라고는 볼 수 없다는 비판을 가능하게 하고 있다.

아울러 우리나라에서 대입제도는 제도교육의 허리에 해당되는 중등교육과 종결교육의 성격을 갖는 고등교육을 단계적으로 연결시키는 장치이며, 이 과정에서 다양한 집단들의 이해관계가 얽혀 있다. 다음 몇 가지 측면에서 이러한 이해관계의 상충을 파악할 수 있다.

8) 김상봉, **학벌사회**(서울: 한길사, 2004).

9) 이철호, 대학입시제도 개선 방안 제안, **대입제도 개선을 위한 전문가 토론회 자료집**(학벌없는 사회 · 민주화를 위한 전국교수협의회, 2004), 17-29.

10) 김광억 외, 입시제도의 변화: 누가 서울대학교에 들어오는가?(서울대학교 사회과학연구원, 2004).

첫째, 국가와 대학과의 관계를 볼 때 학생선발권에 대해서 국가관리와 통제의 시각과 대학의 선발자율권이라는 측면에서 통제와 자율의 대립구조를 보여 주고 있다. 대입제도의 변천과정을 살펴보면서 언급한 바와 같이, 정부와 대학을 두 축으로 선발권이 순환하는 구조를 지니게 된 것은 제도운영의 공정성과 대학 자율 간의 긴장을 잘 드러내 보여 주고 있다.

둘째, 대학과 고등학교와의 관계는 주종 관계로 파악할 수 있다. 고등학교 교육을 포함한 하위교육단위는 대학이라는 정점을 지향하고 있으며 모든 교육과정운영과 학교운영이 대입에 의해 좌지우지되는 방식으로 진행되어 왔다. 그 결과 입시위주의 교육, 획일적 교육이 문제시되어 왔으며 학교의 특성, 학생의 개성 신장 등은 상대적으로 소홀할 수밖에 없는 구조다.

셋째, 교사와 학교의 경쟁과 학생 개인 간 경쟁의 관계에서 볼 때, 지금까지의 대입제도는 학생 개인의 경쟁을 강화시켜 왔다. 따라서 교사와 학교의 노력과 프로그램 개선을 위한 노력보다는 개인의 노력과 경쟁이 더욱 심화되어 왔다. 또한 총점방식의 평가로 인해 학생 개인의 특성과 능력의 다양성이 현저히 억압되는 구조였다. 특정 영역에서 뛰어난 능력을 갖고 있다고 하더라도 다른 교과에서 부진하게 된다면 총점에서 불이익을 받을 수밖에 없으며, 희망하는 대학에 진학할 수 없는 구조였다. 아울러 대학의 명망도에 집착하여 학과와 전공보다는 대학 간판을 우선시하는 경향을 강하게 보여 주었다.

이러한 문제점 이외에도 대입제도는 범사회적 관심사 속에서 운영되어 왔다. 이를테면, 학부모의 과중한 사교육비 부담, 과열과외 문제, 사교육기관의 범람, 공교육 기능의 약화, 학교에 대한 불신, 재수생 문제 등이 지속적으로 문제시되어 왔으며 이는 대입제도와 밀접한 관련성을 갖고 있다.[11] 이러한 문제의 핵심은 사실 대입제도 자체에 있다기보다는 학력 상승을 부채질하는 사회문화적 풍토와 제도 운영에서 근원을 찾을 수 있을 것이다. 그럼에도 불구하고 대입제도는 우리 사회의 교육문제를 올바른 방향으로 이끌어 나가겠다는 철학적 방향성을 전제하지 못하였을 뿐만 아니라 당장 부딪히는 문제점 중심으로 대증적 요법으로 대처함으로써 조

11) 정범모 외, 교육의 본연을 찾아서: 입시와 입시교육의 개혁(서울: 나남, 1993).

령모개 정책의 대표적인 예가 되어 왔다.

4. 대입제도 개편방안에 대한 새로운 요구

21세기를 맞이하면서 우리 사회에서는 교육환경과 사회적 환경의 급변으로 고등교육에 대한 새로운 관점 전환이 요구되어 왔다. 우리나라 고등교육 인구수는 1980년 이후 급증하여 진학희망자 대부분이 대학에 들어갈 수 있는 구조가 되었다. 해방 이후 우리나라 학교교육의 발전단계를 보면 우선 초등학교 학생수가 증가하였으며 그 이후 중등교육 단계의 학생수가 팽창했다. 그리고 이러한 팽창의 마지막 단계에 고등교육 인구수가 급증하는 현상을 보여 주고 있으며 이제는 고등학교 졸업자와 대입정원이 역전되는 현상까지 낳고 있다. 학령아동의 감소와 출산율 저하, 고등교육 정원의 지속적 확대, 평생학습사회의 도래, 다양한 고등교육제도의 도입 등 학교교육을 둘러싼 내·외부 환경이 급변하면서 이제 대입제도는 그 질적 전환을 도모해야 한다는 주장이 제기되고 있다.

이러한 양적 팽창과 수요-공급의 불균형 문제는 대학교육에 대한 질적 수준 제고, 경쟁력 제고, 특성화 필요 등에 대한 요구로 이어지면서 지금까지와는 다른 대입제도에 대한 요구로 이어지고 있다. 이러한 양적 팽창의 문제와는 별도로 대입제도에 대한 근본적 변화를 제기하는 주장 역시 제기됨으로써 대입제도의 구조적 변화에 대한 요구가 강해지고 있다. 이러한 주장의 대표적인 예는 '학벌주의' 철폐를 부르짖는 시민단체들의 요구를 들 수 있다.[12] 이러한 주장 가운데 현행 대학입학제도의 개혁 방향을 정리해 보면 다음 여섯 가지 정도이다.

첫째, 교육으로 인한 사회적 불평등의 해소

둘째, 입시에 의해 종속된 초·중등교육 정상화

셋째, 교육과 지역문화의 중심으로서 공교육의 역할 정립

12) 이철호, 대학입시제도 개선 방안 제안, 대입제도 개선을 위한 전문가 토론회 자료집(학벌없는 사회·민주화를 위한 전국교수협의회, 2004), 19-26.

넷째, 다양한 교육을 통한 청소년들의 지적, 정서적, 신체적 성장

다섯째, 초·중등교육을 보통교육의 완성단계로 정착

여섯째, 대학서열체제로 인한 학벌주의를 극복하고 대학교육의 정상화 도모

이상과 같은 대학입학제도의 개혁 방향을 전제로 전국 단위의 서열화 시험인 대학수학능력시험을 폐지하고, 대학의 전형을 국공립대학부터 통합전형하고 공동학위제를 실시하며, 학교교육과정 평가체제를 강화하여 생활기록을 정상화하며 고교서열체제를 극복하도록 해야 한다는 주장을 제기한 바 있다.

또 다른 한편에서는 대학의 학생선발 자율화를 강화하는 방안이 제시되고 있다. 대학운영의 자율이 현행 헌법 제31조 4항에 보장되어 있는 반면에, 대학의 학생선발 방법은 대통령령이 정하도록 함(고등교육법 제34조)으로써 대학의 학생선발권이 법적으로 제대로 명시되지 않았음을 지적하고 고등교육법에 대학의 학생선발 자율권을 명시하자는 주장을 제안하고 있다.[13] 아울러 단기, 중기, 장기로 나누어 대입제도의 개편 방향을 제시하고 있다. 이를테면, 단기방안으로는 고등학교 간 차이를 고려하여 대학이 내신반영을 자율적으로 결정하도록 하고, 고등학교 종합평가제, 고교정보공시제, 입학사정관제도 도입을 예시하고 있다. 중기방안으로는 수능시험을 국민공통과정과 선택과정으로 이원화하여 고등학교 1학년 말과 3학년말에 치도록 하고, 고급심화과목제도(AP)를 도입함으로써 교육의 질적 수준을 유지토록 하고 대입전형에서 학생들의 학교선택권을 대폭 확대할 수 있도록 하는 것을 주된 내용으로 하고 있다. 장기적으로는 2012년 이후부터는 대입제도의 완전자율화를 전제로 소위 말하는 '삼불원칙'을 전면적으로 재고하여 대학의 자율적 판단영역으로 포함시켜야 한다는 내용이다.[14] 그러나 이러한 대입의 완전자율화는 앞서 제시한 대학서열체제의 문제점과 학벌사회의 문제점을 극복하기 위한 방안과는 전혀 반대 방향에 놓여 있는 해법이다. 대학의 자율권 확보와 아울러 대학서열화의 문제점, 학력에 따른 계층 간 불평등 심화, 학생들의 과중한 학습부담, 사교육비 부담 등과 같은 사회적 문제점도 함께 고려한다면 결코 쉽게 채택하기 어려운 대안이라

13) 이주호, 대입문제, 어떻게 풀 것인가(한나라당 교육선진화특별위원회 정책토론회 자료집, 2005).
14) 이주호, 대입문제, 어떻게 풀 것인가.

는 점에서 대입제도의 개선 방향으로 설정하기에는 다소의 어려움이 있다.

우리 사회에서 대입제도는 대학 신입생 선발 그 이상을 의미한다. 대학서열체제로 인한 학벌사회의 병폐가 심한 한국 사회에서 대학입학제도는 사회적 권력과 이해관계를 구분짓게 하고 계층 간의 경쟁과 갈등이 적나라하게 표출되는 그야말로 '쟁송지대' (contested terrain)가 되어 왔다. 극단적인 입시경쟁의 가속화로 학생들은 가히 상상하기 힘든 학습노동에 시달리며, 가정에서는 높은 사교육비 부담으로 힘들어하고, 고등학교는 정상적인 교육의 모습에서 왜곡된 지독한 입시 위주의 반복학습을 강요하고 있으며 명문대학 입학생의 숫자로 학교의 위상을 평가받고 있는 등 대학입시는 모든 교육적 병폐의 근원으로 자리 잡고 있다. 또한 한국 사회의 계층 고착화 현상이 점차 진행되고 대학교육을 통한 사회이동의 가능성은 점차 줄어들면서 교육이 차별과 불평등을 대물림하는 기제로서의 성격을 더욱 강화해 나가고 있다. 부모의 사회경제적 배경과 사교육 참여도는 밀접한 관련이 있으며, 가정의 사회경제적 배경과 함께 문화자본의 축적 정도가 학교에서의 학업성취도 결정에 매우 중요한 변인으로 그 위상을 굳건히 하고 있으며, 최종적으로 대학입학시험인 수능에서 높은 점수를 받으며, 서열이 상위인 대학에 진학하여 학벌을 획득하는 경향이 점차 강화되고 있는 추세를 보여 주고 있다. 대학입시는 앞서도 언급한 바와 같이 다양한 사회적 관심과 시각이 충돌하는 지점이다. 그렇다면 어떠한 원칙들이 대학입학시험제도의 개편에서 고려되어야 하는가?

대학입시제도 개혁의 원칙으로는 다음 몇 가지를 들 수 있다. 첫째, 고등학교 이하 제도교육의 정상적 운영이다. 대학입시에 종속되지 않고 각급 학교교육 단계에서 반드시 실현해야 하는 교육목표를 제대로 수행하도록 해 주어야 한다. 둘째, 공교육의 정상적 운영과 사교육의 축소를 들 수 있다. 대학입시의 변화로 사교육의 영향력이 강화된다면 그것은 공교육의 위기로, 가정경제의 위기로, 계층 간 불평등의 고착화로 인한 사회적 개방성의 위협으로 이어질 것이다. 셋째, 21세기가 요구하는 올바른 인간상 형성에 기여하는 입학제도가 되어야 한다. 능력중심의 사회를 지향하기 위해서 학생들의 잠재능력을 확인하고 실현해 나갈 수 있도록 하는 입시정책의 실현이 그 무엇보다 중요하다. 아울러 학생들의 입시에 의한 중압감을 완화시킬 수 있는 방향으로 나아가야 한다. 학습에 대한 흥미도, 자신감 등 정의적 측면이 OECD 국가 중에서 최하위권이라는 최근의 발표들을 통해서 볼 때 이러한 정의적 측면을 좀 더 긍정적으로 변화시켜 나갈 수 있도록 하는 정책이 필요하다. 그런 측면에서 볼 때 대학의 선발자율권, 고교 간 차이 평가 반영, 수능제도의 이원화는 충분한 대안이라고 하기에는 어려움이 있으며, 선발의 주체로 설정하고 있는 대학의 논리만을 지나치게 확대 반영하고 있다는 평가를 받을 수밖에 없다. 특히 수능제도의 이원화는 이상에서 제시한 몇 가지의 입시제도 개혁의 원칙과는 배치되는 결과를 가져올 것이 분명하다. 아무리 합리적인 방안이라고 생각되는 것도 우리 사회가 갖고 있는 교육에 대한 독특한 여건으로 인해 예상치 못하는 부정적 효과를 보여 준다는 점을 늘 염두에 두어야만 한다. 마지막으로 대학입학제도의 성격은 대학교육의 성격에 따라서도 많이 변화되어야 한다. 왜냐하면, 대학교육의 성격에 따라 대학교육을 받을 수 있는 적격자의 개념이 변화되고 대학입학제도는 새로운 개념의 적격자를 선발할 수 있어야 하기 때문이다. 그러므로 대학교육의 성격 규정이 필요하며 이에 부합하는 대학입학제도의 탐색이 필요하다.[15)]

엘리트 중심에서 이제는 대중교육으로 대학교육의 성격이 변화되었다. 어떤 기준에서 누구를 어떻게 선발할 것인가를 결정할 때 대학교육이 갖는 성격의 전환을 고려하고 반영할 필요가 있다고 본다.

5. 맺음말

현재 대학입학시험제도에 대한 비판점은 앞서 살펴본 바와 같이 구체적인 시험방식과 운영에 대한 문제점 지적에서부터 근본적인 국가 주도 시험제도 자체의 폐지와 고등학교 졸업자격시험제도로의 변화 등에 이르기까지 다양한 수준의 내용들이 포함되어 있다. 대입제도는 그 영향력이 중등교육뿐만 아니라 초등교육, 더 나아가서는 유아교육까지 막강한 파급 효과를 낳는다는 점에서 매우 중요한 의미를 지닌다. 아무리 좋은 교육철학과 방법을 주장한다고 하더라도 현실적인 대입이라

15) 양승실, 대학입학제도의 운영 실상과 영향 분석 연구(한국교육개발원, 2003).

는 벽을 전제로는 구두선에 불과함을 잘 알고 있다. 이러한 의미에서 대입제도를 제대로 변화시킨다면 한편으로는 많은 교육문제를 해결하고 이상적인 모습을 되찾을 수 있다는 점에서 한계와 함께 가능성을 던져 줄 수도 있다고 본다.

최근 교원단체, 시민단체들에서 수능의 자격고사화, 고등학교 졸업자격고사의 실시, 고등학교 내신성적의 반영 비율 확대, 교육 이력철 작성, 국공립대학 평준화, 국공립대학 공동학위제 등을 주장하고 있다. 이러한 새로운 주장들은 현실적으로 대단히 많은 장점을 갖는 동시에 난점도 갖고 있다. 이는 학벌사회의 문제점을 해결하기 위한 노력, 고등학교 교육의 정상화를 위한 노력, 교사의 권위와 자율성을 확보하기 위한 노력, 지역 균형발전을 위한 노력 등등이 함께 논의됨으로써 제기되는 대안들이며 그 자체가 갖는 고민과 의도는 충분히 이해될 수 있다. 그러나 대학이 사회이동의 표석이 되고 출세를 위한 수단이 되고 있는 현실을 고려한다면 결코 쉽게 성취되기에는 어려움이 많은 난제임에는 틀림없다. 한편, 국제적 수준의 고등교육의 질적 제고를 확보해야 한다는 과제와의 상충, 고등학교 교육에 대한 신뢰도 문제, 교사의 질적 수준과 전문성에 대한 사회적 불신 및 평가체제의 부재 등은 앞서 제기되고 있는 다양한 대안들의 실현 가능성을 막는 현실적 장벽이 되고 있다.

이제 대입제도에 대한 논의는 이와 같은 현실적 문제점들을 어떻게 해결할 것인가라는 질문과 함께 진행해야만 한다. 교사에 대한 전문성 제고 방안, 학력사회의 병폐를 어떻게 철폐해 나갈 것인가, 고등학교 교육의 정상화를 위한 다른 방안들은 무엇인가 등의 과제들을 함께 고민하면서 대입제도의 향후 방향에 대한 근본적인 질문을 제기해야만 한다.

이를 위해서는 우선 대학의 성적에 따른 서열화를 극복하게 하는 다양한 정책을 좀 더 강도 높게 시도하여 상위권 대학들은 학문중심-대학원중심 대학으로 전환하게 하고 나머지 대학들은 교육중심 대학으로서 영역별 특성화가 활성화될 수 있도록 지속적인 지원을 해 나갈 필요가 있다. 아울러 국가가 대학교육을 위해 과감한 투자를 함으로써 국민 누구나 원하는 수준까지 재정적 부담을 지지 않고 다닐 수 있도록 해 나가야 한다. 이제 고등교육은 보편교육의 단계에 접어들었다. 지금까지는 수익자부담원칙에 의해 개인의 사적인 부담이 지나치게 높은 구도로 고등

교육의 팽창이 가능했다.[16)]

그 결과 국가는 큰 재정적 부담 없이 국민의 교육수준을 이만큼까지 끌어올릴 수 있게 되었다. 이제는 교육을 바라보는 근본 시각의 변화가 필요하다. 고등교육에 대한 과감한 국가적 재정 투자는 국민들의 알 권리, 배울 권리를 고등교육까지 확장하도록 하고 학교 진입 장벽을 낮추는 대신 졸업기준을 엄격하게 하도록 하는 방향으로 나아가야만 한다. 대학에 대한 지원과 함께 대학교육을 받는 학생들과 그들 학부모들에 대한 지원을 강화하고 학교선택을 하게 함으로써 대학 간 경쟁도 활성화시켜 나가게 된다면 대학교육의 질적 수준 강화와 특성화가 좀 더 적극적으로 이루어질 수 있다고 본다. 우선적으로는 고등교육기회의 지역 간, 계층 간 불평등의 해소를 위해 저소득층 자녀들을 대상으로 하는 일정 규모의 할당제를 실시하고 이들에게 바우처제도를 도입하여 학교를 선택하게 하는 방안도 적극적으로 도입할 필요가 있다. 이러한 정책들이 다양하게 전개되고 학벌에 의한 차별적인 사회적 관행들이 축소되어 나간다면 입시를 둘러싼 비생산적 · 소모적 논쟁과 경쟁은 줄어들고 고등교육의 질적 수준은 향상되고 고등학교 이하 교육의 정상적 운영을 도모해 나갈 수 있을 것으로 기대한다.

지금까지의 대입제도 변경 실패의 역사가 우리에게 던져 준 교훈은 입시제도 개혁이 부분적인 절차의 수정만으로는 성공할 수 없다는 점이다. 교육제도 전반의 개혁, 교육목표의 재조정, 교육과정의 편성과 평가의 일반 원칙 재정립, 학력(學力)을 바라보는 새로운 시각 조정 등 교육의 총체적 측면을 함께 고려하고, 대학서열체제와 학벌사회의 타파, 대학의 교육과 학문의 정상화 방안 등을 함께 이끌어 나가야만 진정한 입시제도의 성공적 정착을 기약할 수 있다. 절차적 객관성과 합리성 추구만으로는 결코 우리 모두가 원하는 제도를 만들어 나갈 수 없다는 점이 명확해졌기 때문이다. 따라서 우선적으로 해야 할 것은 대입제도 개혁을 위한 구체적 방안 제시가 아니라, 이러한 방안을 마련하기 위한 논의의 과정이라고 할 수 있다. 이를 위해서 학계, 교육계, 시민단체 등이 국가 교육정책의 근간을 다시 세우기 위한 노력을 함께 경주해 나갈 수 있는 협의체를 가동할 필요도 있다. 교육부의 일방적인

16) 김기석, 유상중등교육의 팽창, 김신일 외, 한국교육의 현단계(서울: 교육과학사, 1989), 125-154.

정책결정과 강행은 입시를 둘러싼 다양한 이해집단들의 갈등만을 불러일으켜 왔으며 2008년 입시 역시 예외가 되지 못하고 있다. 우리 교육의 장기적 비전과 전망을 고려하고 새로운 패러다임을 기획한 연후에 비로소 구체적 대입제도 개혁이 이루어지도록 해야만 한다.

참고문헌

김광억 외. 입시제도의 변화: 누가 서울대학교에 들어오는가?. 서울대학교 사회과학연구원, 2004.

김기석. 유상중등교육의 팽창. 김신일 외. **한국교육의 현단계**. 서울: 교육과학사, 1989.

김상봉. **학벌사회**. 서울: 한길사, 2004.

김신일. **교육사회학**. 서울: 교육과학사, 1993.

박세일 · 우천식 · 이주호 편. **자율과 책무의 학교개혁: 평준화 논의를 넘어서**. 한국개발연구원, 2002.

백순근. 대학수학능력시험의 문제점 및 개선 방안. 서울대학교 **사대논총** 67(2003): 141-155.

성기선. 국가관리 대학입학시험제도 25년의 시행과정 및 평가. **학생생활연구소 5**(1993): 73-99.

성기선. 서울시 고등학교 학군효과 분석 연구. **교육사회학연구** 13/3(2003): 151-166.

유현숙 외. **지식기반사회에서의 한국교육 정책 방향과 과제**. 서울: 한국교육개발원, 1999.

양승실. **대학입학제도의 운영 실상과 영향 분석 연구**. 한국교육개발원, 2003.

이종승 외. **대학수학능력시험 개선방안 연구**. 한국교육개발원, 한국교육과정평가원, 2004.

정범모 외. **교육의 본연을 찾아서: 입시와 입시교육의 개혁**. 서울: 나남, 1993.

정범모 외. **입시와 교육개혁**. 서울: 나남, 1993.

중앙교육평가원. **우리나라 입시제도의 변천사-입시제도 개선연구III**. 중앙교육평가원, 1986.

한국개발연구원. **2011 비전과 과제: 열린 세상, 유연한 경제**. 서울: 한국개발연구원, 2001.

한국교육과정평가원. 'PISA2000' 주요결과 발표(보도자료), 2001.

한국교육과정평가원. 2005학년도 대학수학능력시험 시행 공고. 한국교육과정평가원, 2004.

한국교육과정평가원. 우리나라 학생의 학력수준은 어떠한가-국가수준의 학업성취도 평가와 기초학력 진단평가 결과를 중심으로-. 한국교육과정평가원, 2004.

이주호. 대학문제, 어떻게 풀 것인가. 한나라당 교육선진화특별위원회 정책토론회 자료집. 2005.

이철호. 대학입시제도 개선 방안 제안. 대입제도 개선을 위한 전문가 토론회 자료집. 학벌없는사회·민주화를 위한 전국교수협의회, 2004.

조선일보. 1968. 10. 16.

중앙일보. 교육, 이대로 둘 것인가. 중앙일보사, 1990.

최근 일본의 대학입시제도 변화

윤종혁

1. 일본 고등교육의 구조

일본의 고등교육은 우리나라와 유사한 단선형 학제의 최정점에 있는 교육체제라고 할 수 있다. 현재 일본의 고등교육기관은 대체로 양적인 측면에서 사립대학이 다수를 차지하고 있지만, 질적 관리 및 교육지원체제의 측면에서는 국·공립대학이 교육의 중심축을 형성한다고 볼 수 있다. 그러나 1980년대 이후 서열화하고 있는 대학 간 위계 경쟁 속에서 대학교육은 소위 '도쿄 6대학-국립 7대학'이라고 하는 메이저 캠퍼스 중심의 일본식 고등교육 시스템으로 발전하고 있다.

여기에서 말하는 도쿄 6대학은 도쿄(東京)대학, 와세다(早稲田)대학, 게이오기주쿠(慶応義塾)대학, 메이지(明治)대학, 호세이(法政)대학, 릿쿄(立教)대학으로 국·사립을 포함하여 도쿄도에 소재하고 있는 6대 명문 대학을 의미한다. 이들 6개 대학은 매년 가을 6개 대학 간의 문화학술체육 교류전을 실시하는 등 상호 교육·연구활동의 연계를 통해서 고등교육 발전을 모색하고 있다. 또한 국립 7대학은 구 제국대학(帝國大學)을 모태로 하는 도쿄(東京)대학, 교토(京都)대학, 규슈(九州)대학, 홋카이도(北海道)대학, 오사카(大阪)대학, 도호쿠(東北)대학, 나고야(名古屋)대학 등 국립종합대학을 지칭한다.[1] 이들 7개 대학 역시 상호 간 학술·교육 교류를 통해

1) 일본의 국립대학은 이미 메이지(明治) 정부 때부터 구미식(주로 독일과 영국)의 고등교육을 모방·수용한 제국대학의 체제로서 창설·발전하였다. 1877년 도쿄 지역에 도쿄가이세이갓코(東京開成學校)와 도쿄이갓코(東京医學校)를 합병하여 법학부, 문학부, 이학부, 그리고 의학부 등 4개 학부와 요비몬(予備門: 예과의 전신)을 갖춘 도쿄대학이 창설되었다. 그 이후 간사이(關西) 지역의 대표적인 대학으로 교토대학이 1897년에 두 번째로 창설되었고, 홋카이도 지역의 삿포로(札幌)에 삿포로농학교를 전신으로 하는 홋카이

국립대학의 종합발전구상을 체계화하고 있다. 이 외에도 일본에서는 드물게 학부제와 구별되는 (미국식) 부문제(department system)를 발전시킨 연구중심 대학으로서 쓰쿠바(筑波)대학에 주목할 필요가 있다.

그런데 일본의 대학입시제도와 관련해서 세간의 관심을 끄는 부분이 있다. 그것은 위의 메이저 캠퍼스 체제와 달리 고교 학력이 우수한 인재를 유치하여 명성을 날리는 대학교 체제를 지칭하는 유행어가 별도로 존재하고 있다는 것이다. 우리나라에서 명문대학으로서의 서울대 및 연·고대를 지칭하는 이른바 'SKY' 개념과 유사한 세태어라고 할 수 있다. 바로 그것이 일본의 소위 '국립 난관교'(國立難關校)라고 할 수 있다. 일본 사회에서 말하는 '국립 난관교'는 도쿄대학과 히토쓰바시(一橋)대학, 그리고 교토대학 등 3개 대학을 지칭한다. 이 학교는 대학입학시험 자체가 너무 어렵고 입시 경쟁이 치열하기 때문에 진학하기가 너무 어렵다는 것을 의미하는 말이기도 하다. 그래서 일본의 각 언론은 이른바 '국립 난관교' 및 '와세다·게이오 대학'에 진학한 실적을 놓고 고교 간 서열을 조장하는 경향을 초래하기도 한다. 말하자면, 이런 측면에서 일본 사회의 학벌주의 조장 분위기가 감지될 수 있는 것이다.

현재 일본의 고등교육기관은 4년제 대학과 대학원, 우리나라의 전문대학에 해당하는 2년제 단기대학(短期大學), 그리고 중학교 졸업자들도 입학할 수 있는 고등전문학교 등으로 구분할 수 있다. 특히, 일본에서 특이한 고등교육제도 중의 하나는 중학교 졸업자를 대상으로 5년제 전문·실업교육을 실시하는 고등전문학교라고 할 수 있다. 이 학교의 운영을 통해서 일본의 고등교육은 상당히 대중적인 교육체제로 완성될 수 있었으며, 학문 연구와 전문 분야 진출을 대비하는 4년제 대학교육, 중견 실업인 양성을 목표로 하는 단기대학 등의 삼원적인 고등교육 체제를 유지하고 있다.

도대학, 후쿠오카(福岡)의 규슈대학, 센다이(仙台)에 소재한 도호쿠대학, 나고야시의 나고야대학, 오사카시의 오사카대학 등이 1930년대 말까지 모두 제국대학 체제로 바뀌었다.

2. 근대 대학입시제도의 성립과 발달

1) 대학입시제도 성립의 배경

일본 최초의 근대식 대학으로서 도쿄대학이 창립된 것은 1877년이었다. 이 당시 유럽은 이미 중등학교의 졸업자격시험의 결과를 가지고 대학입시를 대체하는 시기라고 할 수 있으며, 중등학교 졸업자격을 획득한 학생들이 자동적으로 대학입학자격을 갖게 되는 체제를 유지했다. 그러나 당시 유럽과 미국을 다녀 온 이와쿠라(岩倉具視) 사절단 일행은 유럽식 대학교육제도를 수용하면서도 중등학교 졸업자격을 대학입학자격으로 동일시하는 대학진학제도에 대해서는 그리 큰 관심을 가지지 않았다.[2] 그래서 중등학교 졸업자격시험 제도 그 자체를 채용하지 않았던 것이다.

당시 일본의 고등교육은 18, 19세기 두 세기 간에 미국이 유럽에서 고등교육을 수용하는 방식과 비슷한 경험을 했던 시기라고 할 수 있었다. 일본은 중등 수준의 교육과 대학교육 모두 백지상태에서 새롭게 만들어야만 했다. 우선 1877년에 대학을 창립하고 대학에서 전문교육을 시작하려고 했다. 그러나 중등 단계의 학교가 당시까지도 정비되어 있지 않았기 때문에 전문교육을 받을 수 있는 기초학력을 가진 학생이 좀처럼 드물었다. 그런 까닭에 대학에서 자체적으로 입학시험을 실시하여 학력을 판정하고 입학자를 결정해야 했다.[3] 그러나 입학시험으로 선발해도 기초학력이 충분하지 않은 자들이 많아서 중도 탈락 혹은 유급제도로 인하여 초창기에는 입학자의 10% 혹은 20% 정도만이 졸업하는 실정이었다.

1880년대 중반부터는 중등학교의 수준도 안정되었기 때문에 일정 수준을 달성한 학교의 졸업생들은 무시험으로 진학할 수 있는 방식으로 변화했다. 결국 일본도 중등학교를 졸업만 하면 대학에 진학할 수 있는 시대가 열린 셈이었다. 그러나 일본의 대학은 창립 당시부터 인간 형성을 중시하는 미국식 고등교육 모형이 아니라, 전문

2) 多田建次, **日本近代學校成立史の研究**(東京: 玉川大學出版部, 1988), 247-269.

3) 天野郁夫, **大學– 変革の時代**(東京: 東京大學出版會, 1994), 119.

교육을 중심으로 하는 유럽식, 특히 독일식 고등교육 모형을 원용하고 있었다.[4] 당시 대학에서 내세운 주요한 교육목표는 국가 관료의 양성, 혹은 국가 발전에 기여할 수 있는 전문직 종사자 양성에 있었다. 그런 의미에서 일본의 대학은 미국의 고등교육기관 중에서 전문대학원(Professional School)에 상당하는 전문교육기관으로서 출발했다.

1886년 모리 아리노리(森有禮)는 도쿄대학을 제국대학(帝國大學)으로 개칭했는데, 그가 목표로 했던 것은 미국의 대학보다 수준이 높고 유럽의 대학에 뒤지지 않는 대학을 만드는 것이었다. 이와 같이 고급 수준의 대학을 지향했기 때문에 중등학교의 졸업자는 졸업 학력만으로 대학의 전문교육에 접근할 수 있는 프랑스어, 영어 혹은 독일어 중에서 최소 2개 국어의 어학력을 가져야만 학문에 정진할 수 있었다. 그래서 중학교 교육만으로는 할 수 없는 외국어 습득을 위하여 고급 수준의 보통교육으로서 대학예비문(大學予備門)을 만들었다. 이 예비문은 곧 대학 예과(大學予科)로 되고, 구제(旧制)고등학교로 변화했다.[5] 대학 예비문, 그리고 구제고등학교는 주로 외국어 학습을 시행했는데, 어떤 때는 전체 교육과정의 2/3가 외국어 교육과정으로 이루어지기도 했다. 그래서 대학 예과의 특성을 지니는 고등학교를 졸업하면 자동적으로 대학에 졸업할 자격을 가질 수 있었다. 이런 측면에서 구제 고

4) 이에 대해서는 여러 가지 요인이 작용하고 있다. 우선 첫째로 당시 일본의 메이지(明治) 정부가 수용하는 신학문, 즉 양학(洋學)이 주로 영국, 프랑스, 독일 등의 학문으로서 도쿠카와(德川) 막부체제의 난학(蘭學)과 구별되는 특징을 가지고 있었다. 둘째로, 양학 중에서도 1880년대 이후로는 국가주의 성격이 강한 독일 학문을 주로 수용하게 되었다. 특히, 당시 초대 문부상을 지내고 제국대학령(帝國大學令)을 반포한 모리 아리노리(森有禮)는 독일식 학문 · 사상을 수용하여 도쿄제국대학을 완성한 중심 인물이었다(柿沼肇, **近代日本の教育史**(東京: 教育史料出版會, 1990); 片桐芳雄, **自由民權期教育史研究**(東京: 東京大學出版會, 1990); 田中節雄, **近代公教育-裝置と主体**(東京: 社會評論社, 1996) 등을 참조).

5) 일본의 구제(旧制)고등학교는 1945년 일제가 패망할 때까지 존속했던 중등 후기교육 혹은 대학 예과교육의 형태를 지니고 있었던 학교제도였다. 예를 들면, 도쿄 시내에서 유명한 구제고등학교를 당시 서열대로 보면, 히비야(日比野)고교, 니시(西)고교, 도야마(戶山)고교, 신주쿠(新宿)고교 등으로 꼽을 수 있었다. 당시 학생들이 구제고등학교에 진학하면 자동적으로 국립대학 혹은 제국대학에 진학할 수 있었는데, 이 학교는 대학 교양학부에 해당하는 일반교육과정으로 운영하고 있었다. 그래서 일본의 구제고등학교 입학시험은 경쟁률이 아주 치열했으며, 명문고등학교에 진학할수록 도쿄제국대학 등 일류 대학에 쉽게 진학할 수 있었다(馬越徹, **韓國近代大學の成立と展開**(名古屋: 名古屋大學出版會, 1995); 天野郁夫, **試驗の社會史**(東京: 東京大學出版會, 1983) 등을 참조).

등학교는 독일의 김나지움 혹은 프랑스의 리세 콜레주를 모델로 만든 것이라고 할 수 있다.

그러나 유럽의 전통적인 중등학교를 모델로 해서 고등학교를 제시한 것이기는 하지만, 그 내용 측면에 있어서는 커다란 차이를 보이고 있었다. 유럽의 중등학교가 학문세계에서만 활용하고 이미 사어(死語)가 된 그리스어, 라틴어 등의 고전어 교육을 중심으로 하고 있는데 비해서, 일본은 근대 언어인 영어, 독 · 불어 등을 중심으로 새로운 학문을 배우려고 했다. 결국 독일의 폐쇄적인 학교 풍토와는 달리, 일본은 높은 학력과 지적 능력을 가진 사람들에게 문호를 개방하는 학교로서의 성격을 가지고 있었다. 가계 배경에 관계없이 본인 스스로 면학정진하여 고등학교에 입학하면 그 뒤로는 제국대학까지 진학할 수 있는 입신출세주의 풍토를 정착시키고 있었다. 이런 측면에서 제2차세계대전 패전 이전까지 일본의 고등교육은 대학입시가 아니라 고등학교 입학시험이 최대의 난관으로 되어 있었다.

다이쇼(大正)기의 후반, 즉 1920년대에 들어서면, 그때까지 겨우 8개 학교뿐이었던 이른바 '명문학교' (Number School)인 구제고등학교 이외에도 미토(水戶), 시즈오카(靜岡), 마쓰모토(松本) 등 연고 지역의 명칭이 붙은 '신흥 명문학교' (Name School)가 창립되기 시작했다. 이때를 계기로 해서 제국대학에 대한 무시험 입학제도를 폐지했다. 또 이때부터 고등교육에 대한 진학 희망자가 많아지면서, 학생들이 특정 학부 혹은 특정 대학에 집중하는 현상이 심각해지자 고등학교 졸업자에 대해서도 입학시험을 실시한 것이다. 이와 같이 입학시험이 엄격해지고 입학경쟁이 치열해지면서 1930년대에 들어서면 이른바 '하쿠센 로닌' (白線浪人)[6]이라고 불리운 대입 재수생들이 급증하기 시작했다.

그런데 일본의 구제고등학교는 이미 1886년 당시 제1고등학교부터 제5고등학교까지 5개 학교가 창립되었다. 그중에서도 제1고등학교는 지망자가 많았기 때문에 입학자 선발시험도 치열하고 중학교 졸업 정도의 수준으로는 합격할 수 없는 현상이 일반적이었다. 그래서 1890년대 이후로는 지방중학 출신자는 중학교를 중퇴

6) 당시 일본의 구제고등학교 학생들의 제모에는 흰 줄이 둘러 있었는데, 이를 비유하여 구제고등학교 출신으로 대학에 낙방한 재수생들을 '하쿠센 로닌'이라고 불렀다.

하고 도쿄(東京)로 상경하여 예비교(予備校)를 통해서 수험준비를 하는 것이 대부분이었다. 현재도 도쿄대학 합격자 수가 가장 많은 학교가 사립 가이세이(開成)고등학교인데, 이 학교는 제1고등학교의 전신인 '대학예비문' 에 진학하기 위한 예비교로서 출발한 것이다. 이 예비교의 교사는 대부분 제국대학의 학생들이었는데, 여기에서도 알 수 있듯이 현재 일본의 대학생 아르바이트와 예비교는 모두 1890년대부터 시작했다고 볼 수 있다.

그 후 중등교육의 제도를 완비하면서 학교 수준도 상승하여, 중학교 졸업생이면 무시험으로 입학시킬 수 있는 제도를 마련했다. 특히, 지망자가 많지 않은 지방의 고등학교는 중학교 졸업자에 대한 무시험 입학제도를 일정 기간 이상 지속했다. 그에 대신하여 중학교 교육은 엄격하게 시행하고 낙제・유급제도가 있어서 졸업자격시험은 없어도 졸업하는 것이 상당히 까다로운 형편이었다. 또한 1890년대 중반까지 중학교 제도의 특징으로 미국과 비슷한 '연락학교' 제도를 설치하여, 졸업생의 질이 높다고 평가한 중학교를 연락학교로 지정하여 우수한 학생들을 무시험으로 수용하는 방안을 마련했다. 나아가서 1890년대는 중학교를 졸업하기만 하면, 일단 어떤 고등학교라도 진학할 수 있는 풍토를 조성했다.

그러나 1900년대에 들어서면 중학교 제도가 크게 보급・확산되어 중학교 졸업자가 10년 동안 2배 혹은 3배씩이나 증가했다. 그러나 고등학교 정원은 거의 변하지 않았기 때문에 모든 고등학교가 쇄도하는 수험생들을 해결하기 위하여 입학시험을 치루어야만 했다. 원래 입학시험은 일정한 학력을 가지고 있는 학생을 선발하는 시험을 본질로 하고 있는데, 이제는 그것이 입학정원에 알맞게 수험생을 조정하여 탈락시키는 제도로 변한 것이었다. 그 결과 그때까지 중학교 중퇴자를 수용하고 있던 예비교(予備校)도 중학교 졸업재수생을 수용하여 수험준비교육을 실시하게 되었다. 이와 같은 입시지옥 현상에 대해서 제국의회에서도 심각하게 문제를 제기했고 고등학교를 늘려야 한다는 요구가 증대했다. 그러나 이러한 사태 속에서도 입학시험으로 학력을 평가하여 선발한다는 것이 부당하다는 비판은 거의 나오지 않았다. 오히려 도쿄(東京)대학도 입학자는 학력시험으로 선발한다는 방식이 관행으로 정착하고 침투해 들어갔던 것이다.

2) 1920년대 이후 대학입시제도의 변천

그런 가운데, 한편으로 입학시험이 더욱 치열해지면서 입학시험에 대한 개선안을 모색하게 되었다. 그와 같은 개혁안으로 등장한 것이 내신성적을 중시하는 방안이었다. 입시지옥이 절정에 달했던 1927년 문부성은 중학교의 입학자 선발과정에서 학력시험을 전폐하고, 고등학교에서도 입학시험을 폐지하여 입학 이전의 내신성적과 인물고사로 대체한다는 방안을 만들어서 실시하고자 했다. 그러나 중학교에서 인물고사는 구술시험의 형태를 갖춘 시험으로 변하여 학력시험과 유사한 성격을 지닌 것이었다. 더구나 소학교에서 작성하는 내신서류도 조작의 성격이 강했기 때문에 신뢰할 수 없다는 비판도 나왔다. 고등학교의 입학시험도 전체적으로 그때까지의 학력시험을 철폐하는 방향으로 나아가지 못했다.

입시지옥을 해결하기 위한 또 다른 방책으로 '공통시험'을 모색한 사례도 있었다. 이 안이 최초로 나왔던 것은 구제고등학교의 수험경쟁이 치열했던 1890년대 이후라고 할 수 있다. 당시 구제고등학교는 전국적으로 7개 학교가 있었는데, 대부분의 진학 희망자가 제1고등학교에 집중하여 수험경쟁이 치열해지고 있었다. 그런데 지방의 고등학교는 그에 비해서 수험자가 적었기 때문에 시험도 쉬웠고 간단하게 입학할 수 있었다.[7] 더구나 간단하게 입학을 하거나 치열한 입시경쟁을 거쳐서 입학하거나, 졸업하면 제국대학에 자동적으로 입학할 수 있었기 때문에 형평성에 문제가 있다는 지적도 나왔다. 그래서 학력을 측정하는 방법을 더욱 표준화하여 일정 수준 이상의 학력을 가진 자만이 입학할 수 있도록 하는 차원에서 공통시험을 치르도록 했다.

이 제도를 '종합시험'이라고도 했는데, 진학 희망자 전원을 동일한 문제로 시험하여 입학정원수만큼의 합격자를 전국 고등학교에서 일괄적으로 정하고, 그에 따라서 각 학교에 희망 순으로 배당한다는 제도였다. 그러나 이 제도도 제1지망 학생이 제1고등학교에 집중하고, 지방의 고등학교에는 제2지망, 제3지망의 학생들만 모여 들어서 애교심 함양, 학교별 특성이 사라지는 현상 등으로 결국 시행 5년 만에

7) 天野郁夫, 試驗の社會史(東京: 東京大學出版會, 1983), 201-229.

폐지되고 말았다. 입시지옥을 완화하기 위한 방책으로 등장한 공통시험도 제1고등학교의 각별성을 입증하는 것으로 변화한 것이었다.

그 후로도 '종합시험'이라는 제도의 틀을 그대로 유지하면서 1917년부터 '집합시험'이라는 형식으로 약 2년간 실시했다. 그러나 여전히 고등학교별 학력차를 보여 주고 극심한 입시지옥을 해결하지 못하는 과도기적인 제도의 성격을 벗어나지 못했다. 오히려 고등학교 입시지옥을 해결하기 위한 방안으로 고등학교 증대정책을 제국의회의 계획안으로 구상 · 추진하는 것으로서 대신하고자 했고, 입시개혁은 제2차세계대전 패전 이후의 과제로 넘겨지게 되었다.

1945년 이전까지의 일본 제국주의 시기의 고등교육제도는 여러 형태의 국 · 사립학교 형태로 구성되어 있었다. 우선 종합대학인 제국대학에 진학하는 길은 구제고등학교를 졸업하는 것으로서 가능했다. 그 외에도 구제의 고등전문학교가 단과계열의 학교로서 공업, 상업, 농업 등의 분야별로 운영되고 있었는데, 이들 고등전문학교는 독자적인 시험으로 입학자를 선발했다. 이에 비해서 사립대학 혹은 전문학교는 대체로 입학시험을 실시할 만큼 중학교 졸업자가 모이는 학교는 극소수에 불과했다. 예를 들면, 게이오(慶応)대학이나 와세다(早稲田)대학의 경우는 일찍부터 진학 희망자가 모여드는 학교였지만, 와세다대학도 1900년대까지만 해도 중학교를 졸업하면 무시험으로 입학할 수 있었다. 게이오대학은 자체 내의 독자적인[8) 일관교육 시스템으로 높은 평가를 받고 있었는데, 일관교육 시스템은 현재도 일본의 사립중등학교에서 실시하고 있는 학교운영체계다. 대부분의 사학은 중학교 졸업자가 무시험으로 입학하고 중학교를 졸업하지 않은 자도 간단한 학력시험으로 입학할 수 있었다. 당시 대다수 사립 여자전문학교는 현재 일본의 대학입학시험제도로 활용하고 있는 추천입학제도와 비슷한 학교장 추천장으로 입학할 수 있는 사례가 많았다.

이에 비해서 관립의 고등교육기관은 다이쇼(大正) 시대[9)] 이후로 무시험 진학이

8) 해당 학원(學園)의 소학교, 중 · 고등학교, 고등교육기관을 일괄적으로 운영하면서, 소학교 입학자는 본인의 희망에 따라 중 · 고등학교, 대학까지 해당 학원 내의 학교에 자동적으로 진학할 수 있는 체계라고 할 수 있다. 이런 체계를 운영하고 있는 학교로는 게이오대학 이외에도, 와세다대학, 다마카와(玉川)학원, 아오야마가쿠인(青山學院)대학 등이 있다.

사라졌으며, 전부 중학교 졸업자를 대상으로 치열한 입학시험을 실시했다. 특히, 제1고등학교는 신격화한 존재로서 재수생을 대량으로 발생시키는 제1요인으로 작용했다. 입학자의 연령을 보아도, 고등학교의 경우 중학교 졸업자의 연령보다 평균 1, 2세 이상 많았으며, 사립학교는 현역 입학생보다 2세 이상 많은 연령의 재수생 출신이 대부분이었다. 이는 수험생들이 몇 번에 걸쳐서 관립학교 시험을 치르고 실패한 이후에 사립학교에 진학하는 방식이 관행적으로 이루어지고 있음을 상징하는 것이라고 할 수 있다. 결국 제2차세계대전 패전 이전까지의 일본 사회는 학력시험 중심의 입학자 선발체제가 중심이 되는 학력주의 사회의 특징을 지니고 있었다.

3. 패전 이후 대학입시제도의 개혁

1) '새로운 교육'과 대학입시제도의 개혁

1945년 패전 이후[10] 미국의 점령정책 속에서 교육제도에 대한 개혁이 이루어졌다. 이는 일본의 교육제도에 대해서 미국식 제도를 모델로 해서 대폭적으로 변화시키려는 과정이라고 할 수 있었다. 의무교육의 연한이 6년에서 9년으로 연장되고, 그때까지 복잡하게 분화되어 있던 중등학교는 3년제 고등학교로 통합되었다. 마찬가지 개혁이 고등교육 단계까지 진행되어, 여기에서도 다양한 형태의 고등교육 체

9) 대체로 일본의 근대사 시기 구분은 일본식 왕정이 부활한 1868년 메이지(明治)정변 이후로 국왕의 집권 시기로서 표기하고 있다. 예를 들면, 메이지 시대는 1868~1912년, 다이쇼(大正) 시대는 1912~1925년, 쇼와(昭和) 시대는 1925~1989년, 헤이세이(平成) 시대는 1989년 이후 현재까지로 한다. 그러므로 여기에서 말하는 다이쇼 시대는 1910년대 이후 1920년대 전반까지를 의미하며, 이 시기에 의회 민주주의 운동, 노동자 · 농민조합의 융성, 전국적 자유주의 언론 · 시민운동 등이 활성화된 것을 계기로 하여 이른바 '다이쇼 민주주의' 시대라고도 부른다.

10) 일본의 근대사 및 현대사를 이해할 수 있는 시기 구분의 또 다른 방식은 1945년을 기점으로 하는 개념에서 찾아볼 수 있다. 일본 역사가들은 1945년을 '제2차세계대전에서 패전(혹은 終戰)한 연도'로 표현하며, 그 이전 시기를 속칭 '전전기'(戰前期), 그 이후 시기를 '전후기'(戰後期)로 표현하는 경향이 강하다. 그래서 일반적으로 '전전기'(1945년 이전)는 메이지, 다이쇼, 쇼와 전기(前期)로 이어진 군국주의 체제로 인식하고, '전후기'(1945년 이후)는 미군정기를 거치면서 '민주화'를 이루는 시기로 인식한다.

제가 새로 4년제 대학과 2년제 단기대학(우리나라의 전문대학–필자 주)으로 재편되었다. 이와 같은 개혁을 통해 진학률은 급속하게 상승하고, 1955년에는 이미 고등학교 진학률이 52%, 대학 및 단기대학 진학률이 10%에 달했다.[11)]

패전 이후 개혁은 입학자 선발방식에도 영향을 주었다. 1945년 이전에도 입학시험이 가장 중요한 입학자 선발방법이었지만, 모든 고등교육기관이 입학시험을 실시했던 것은 아니었다. 특히, 사회적 위신이 낮은 고등교육기관, 즉 사학 중에는 중등학교 졸업자를 사실상 무시험으로 진학시키는 사례가 적지 않았다. 여자전문학교 중에도 고등여학교장의 추천장을 선발 수단으로 하는 학교도 있었다. 더구나, 사회적 명성이 높고 선발경쟁이 치열한 고등교육기관 중에도 경쟁을 완화하기 위해 공통학력시험을 도입하거나 입시과목을 삭감하는 등 여러 가지 입시조치를 취하기도 했다. 그러나 전체적으로 볼 때 1870년대 이래 학력시험을 중시하는 방식으로 입학자를 선발하는 제도가 기본적인 구조라고 할 수 있었다.

미군정의 교육개혁은 이와 같은 입학시험을 중시하는 선발방법을 대신하여, (1) 고교 재학 중의 학생성적(내신조사서), (2) 진학적성검사(SAT), (3) 입학시험이라고 하는 세 가지 제도를 통해 학력을 종합적으로 평가하는 새로운 선발방법을 도입하는 것에 주안점을 두고 있었다. 당시 군정의 입시개혁안은 입학시험을 통해서 현재의 학력, 내신서로 과거의 학력, 그리고 진학적성검사로 미래의 학력을 측정한다는 이상적인 목표를 가지고 있었다. 특히, 미국의 SAT를 모델로 하여 1949년부터 도입했던 '진학적성검사'는 학습을 통해 노력한 성과보다 선천적인 지적 능력 수준, 나아가서는 대학입학 이후 학습에 필요한 잠재적인 능력을 보여 주는 것으로서 수험경쟁을 완화시키는 데 크게 기여할 것이라고 보았다.[12)]

그러나 입학시험에 다른 학력평가 수단을 조합한 새로운 제도가 오래 가지는 못했다. 대학은 입학자를 선발할 때 고등학교 내신조사서를 거의 중시하지 않고, '진학적성검사'의 결과도 사실상 입학시험의 수험자 수를 제한하기 위한 제1단계 선발수단으로 활용할 뿐이었다. 미군정 점령기 때에도 입학시험 중심의 선발방법은

11) 天野郁夫, 日本の教育システム(東京: 東京大學出版會, 1996), 94.
12) 天野郁夫, 日本の教育システム(東京: 東京大學出版會, 1996), 94-96.

기본적으로 변한 것이 없었다. 더구나 교육제도의 민주적인 개혁 추진 과정을 겪으면서 중 · 고등교육을 받을 기회가 개방되고, 평등화가 한꺼번에 이루어진 결과로 인해 대학 진학 희망자 수가 급속하게 증가했다. 이에 따라 그때까지 사실상 '개방입학' 체제를 구축하고 있던 사학조차도 입학시험을 실시해야만 했다. 이제는 패전 이전 시기보다도 수험경쟁이 더욱 치열해졌으며, 많은 학부모와 학생들이 이와 같은 입시경쟁 속에 휘말려 들어갔다.

이와 같이 대학의 수용 능력을 훨씬 웃도는 진학 희망자가 있다는 것은 일본의 치열한 수험경쟁을 설명하는 중요한 요인인 것은 분명하다. 그러나 이외에도 더욱 중요한 몇 가지 요인이 당시 입시경쟁을 치열하게 만들고 있었다.

첫째, 당시 일본 고등교육의 계층적인 구조가 입시경쟁을 조장했다. 1945년 이전까지 일본의 고등교육 시스템은 국립과 사립이라는 두 가지 부문(Sector), 그리고 대학과 그보다 수업연한이 짧은 전문학교라는 두 가지 층으로 구성되었다. 더구나 이 구조는 사립보다는 국립, 전문학교보다는 대학이 사회적 명성이 더 높은 그런 복잡한 관계를 형성하고 있었다. 그것은 곧 어느 고등교육기관을 졸업했는가에 따라서 직업 기회, 혹은 사회적 상승 이동의 기회에 큰 차이가 나고, 그로 인해 입학자 선발의 엄격한 정도에도 큰 차이가 생기기 때문이었다.

그런데 패전 이후 제도개혁을 통해 전문학교는 대학으로 승격하고, 모든 고등교육기관은 새로이 4년제 대학(일부는 단기대학)으로 되었다. 그러나 패전 이전 교육제도상 대학 혹은 전문학교였는가 여부, 그리고 국립 혹은 사립을 기축으로 하는 계층적 구조가 여전히 변한 것은 없었다. 이런 계층구조는 상위를 점하고 사회적 명성이 높은 대학을 목표로 하는 수험 경쟁을 유발시킨다. 교육의 '민주화'가 불러일으킨 진학 희망자가 늘어난 현상으로 인해, 수험 경쟁은 한층 격화되고 계층구조를 끊임없이 재생산하는 구조를 만들게 되었다.

둘째, 입학시험을 실시하는 것에 관련된 기술적인 문제라고 할 수 있다. 일본 고등교육 인구의 약 1/4을 차지하고 있는 국립대학은 두 개의 그룹으로 나누어서 입학 시험일이 다르다. 시험문제는 각 대학별로 자체 작성 · 출제하고, 원칙적으로 모든 학부가 공통적으로 동일한 시험을 보게 되었다. 이에 대해서 고등교육 인구의 약 3/4으로 다수를 차지하는 사립대학은 입시문제의 출제와 시험 기일을 정하는 것도 각 대학의 자율에 맡겼다. 더구나, 시험문제를 작성하고 시험 실시일을 정하는 것도 학부마다 별도로 시행하는 것이 통례가 되었다.

결국, 수험생은 국립대학의 경우 두 번의 수험 기회를 가지게 되지만, 사립대학까지 포함하면 사실상 무제한의 수험 기회를 인정받는다. 즉, 학생이 진학하고자 원하는 대학 · 학부에 들어갈 때까지 몇 년이라도 수험을 되풀이할 수 있다. 이런 위계 서열의 상층을 차지하는 대학은 10배가 넘는 수험생이 몰리고, 합격할 때까지 몇 년이라도 '재수'를 하는 수험생이 있다. 또한 한 수험생이 경우에 따라서 10개가 넘는 대학이나 학부 입학시험에 응시하고, 이런 수험생의 입시 준비를 위하여 사설 학원이 번성하는 등 '입시지옥' 현상이 나타난다.

사실상 미군정의 교육개혁은 구 제국대학 계열의 대학을 제외한 관립학교을 모두 광역단위인 현(縣)으로 이양하여 현립대학(縣立大學)으로 만들려는 계획을 골자로 하고 있었다. 입학자 선발제도와 관련하여 학력시험으로 선발하는 제도를 개선하여 고등학교에서의 성적, 즉 내신서를 중시하는 방침을 채택했다. 그와 동시에 일반적인 지적 능력을 평가하기 위하여 진학적성검사, 즉 SAT를 도입해야 한다는 원칙도 제시했다. 그러나 면접시험은 전시체제하에서 사상 · 신조 · 가치관을 측정하기 위한 군국주의적인 교육도구로 악용된 사례가 있어서 이를 채택하지 않기로 결정했다.[13)]

그런데 미군정 당국의 입시개혁은 기본적으로 입학시험을 폐지하려고 하는 사고방식이 없었기 때문에 학력을 중시하는 방향이 변한 것은 아니었다. 미군정 당국의 지도로 도입한 내신, 입학시험, 진학적성검사에 입각한 삼원적 원칙의 학력평가제도에 있어서도 실제로 대학 측은 진학적성검사를 적극적으로 활용하지 않았다. 현재 일본에서 채택하고 있는 대학입시센터시험과 마찬가지로 입학자격검정 정도로 취급했던 것이다. 더구나 패전 이후 교육민주화가 진행된 결과, 진학 희망자가 격증하고 사립대학도 그 대열에 참가하여 입학시험을 독자적으로 실시하게 되면서, 진학적성검사와 내신서는 그 비중이 급속하게 줄어들었고 마침내 실시한 지 10년도 안 되는 사이에 진학적성검사제도는 폐지되었다.

13) 小川利夫 · 新海英行 編, GHQの社會教育政策(東京: 大空社, 1990), 214-228.

2) 대학입시제도의 변화와 입학자 선발 현상

패전 이후 입학자 선발 제도 개혁의 커다란 축이 되었던 진학적성검사는 1954년에 폐지되었다. 대학 측이 '진학적성검사'를 입학자 선발 수단으로 적극적으로 이용하지 않을 뿐만 아니라 고등학교 측도 입학시험과 함께 이중 부담을 주는 제도라고 비판한 것에서 비롯했다. 1960년대에 들어서서 일본 사회는 입시개혁이 심각한 사회문제로 다시 대두했고, 이에 두 가지 방향으로 입시개혁을 논의하게 되었다. 그 하나는 입학시험을 공동화하는 방안이었고, 다른 하나는 내신서를 중시하는 방안이었다. 문부성은 1963년에 능력개발연구소를 설립하고 '능력 테스트'라고 불렀던 '공통시험제도'를 실시하기 시작했다. 이 시험은 두 가지 유형이 있었는데, 그중 하나는 진학적성검사, 즉 미국적인 SAT를 부활하는 것이었고, 다른 하나는 과목별 학력시험이었다. 그러나 이 제도는 어느 것 하나도 대학 측에서 채택하려고 하지 않았기 때문에 5년도 못 가서 실패하고 말았다.

입학자 선발에서 무엇보다도 중시된 것은 입학시험의 성적으로 나타나는 학생들의 노력 결과로서의 학력이었던 것이다. 그러나 중등교육이 보편화되고 고등교육의 대중화가 진행되면서 '입시지옥'이라고 할 정도로 수험 경쟁이 격화되는 과정 속에서, 입학자 선발제도를 개혁해야 한다는 정치적 · 사회적 압력은 더욱 강해지고 있었다. 문부성은 여론의 압력에 밀려서 개혁을 위한 정책적인 노력을 되풀이해야 했다. 그와 같은 노력의 첫째는 입학시험 자체의 개혁이고, 둘째는 입학자 선발 방법의 '다양화'라고 할 수 있다.

처음에 착수한 개혁은 입학시험의 개혁이다. 구체적으로 그것은 입학시험을 대신하여 모든 대학이 공통으로 이용할 수 있는 표준화된 테스트를 개발하는 형식으로 이루어졌다. 문부성은 이와 같이 표준화시킨 공통 테스트를 실시하는 기관으로서 1963년에 능력개발연구소를 창립하고, 진학적성 테스트와 학력 테스트 등 두 가지 공통 테스트를 작성하여 실시하고 대학에서도 이를 이용하도록 권장했다. 그러나 공통 테스트는 시험에 응시하는 것과 그 시험 결과를 이용하는 것 모두를 수험생과 대학의 자유에 맡긴 탓에 어느 쪽도 이용자가 한정될 수밖에 없었다. 특히, 대학은 국 · 사립을 막론하고 이를 이용하는 것에 아주 소극적이었다. 그래서 이 두 가지 공통 테스트도 겨우 6년을 지속하고는 1968년에 폐지되었다.

다음의 개혁은 1970년대에 들어서서 문부성이 주도하는 방식으로 국립대학을 중심으로 일어났다. 즉, 국립대학 사이에서 입학시험을 두 단계로 나누어 제1단계는 고등학교에서의 학습 도달 수준을 측정하는 공통 테스트를 실시하고, 제2단계는 각각의 대학 · 학부의 필요에 따라서 독자적인 학력시험을 실시하여 그 결과를 종합적으로 평가하여 입학자를 결정하는 것이다. 문부성은 이 구상을 실현하기 위해 국립대학의 공동이용기관으로서 대학입시센터를 창설하고, 공통 테스트를 작성 · 실시하도록 했다. 이리하여 1979년에 새로운 공통 테스트 제도, 즉 '공통 제1차학력시험' 제도를 발족하게 되었다.

이 새로운 제도에 따르면, 국립대학의 수험자 전원은 고등학교 교육과정에 준거한 '5개 교과 7개 과목'의 공통 테스트에 응시해야 했다. 그리고 각 대학은 입시센터에서 통지하는 공통 테스트의 종합 득점과 대학이 독자적으로 실시하는 학력시험 성적을 종합하여 학력을 평가하고 입학자를 결정하도록 했다. 또한 제2차 학력시험의 과목 수와 내용은 대학 · 학부별로 자체 결정하도록 했는데, 과목 수는 가능한 한 제한하고 시험 내용도 공통 테스트와 다르게 하도록 조치했다. 더구나 제1차 및 제2차 학력시험의 결과를 어떤 비중으로 종합할 것인가 하는 문제도 각 대학의 자유에 맡기도록 했다. 그리고 이 제도의 도입과 함께 국립대학은 모두 동일한 날짜에 입학시험을 실시하도록 했다.

공통 제1차학력시험의 '제1차'가 의미하는 것은 '제2차'가 전제되어 있음을 함축하는 것으로서, 이는 대학입시센터에 학력평가를 일임하는 것이 아니라 각 대학이 독자적으로 자유로운 시험을 실시할 수 있는 여지를 남긴 것이었다. 실제로 현재까지도 각 대학은 독자적으로 제2차학력시험으로서 독자적인 입학시험을 실시하고 있다. 공통 제1차학력시험을 비롯한 당시 입시제도에 대해서도 입시대상과목의 부담이 너무 크다는 비판이 있었다. 즉, 제1차시험은 5개 교과 7개 과목을 실시하였는데, 이는 학생에게 너무 큰 부담을 주는 것이어서 5개 교과 5개 과목으로 바꾸었고, 나아가서는 대학에 따라서 몇 개 교과 몇 개 과목이어도 무방한 방식으로 공통시험의 이용 방식을 자유화하고 있다.[14]

그리고 모든 대학이 같은 날짜에 시험을 실시함으로써 그 이전의 전기 · 후기대학과 같은 대학 구별이 해소되기는 했다. 그러나 이로 인해서 수험생들에게 수험 기회가 단 1회만 주어진다는 사실이 문제점으로 드러나면서 '수험 기회의 복수화' 계획을 추진하게 되었다. 수험 기회를 복수화하는 방안으로서 그 이전의 전기·후기대학과 같이, 유력 대학들이 어느 한쪽에 치우치는 것 없이 동·서 구분을 통해서 국립대학을 A, B 두 개의 그룹으로 분류했다. 그러나 도쿄(東京)대학과 교토(京都)대학 양 대학에 합격한 경우 대다수의 합격자들은 도쿄대학을 선택하는 경향이 강하게 나타났다. 결국 이로 인해서 대학 간의 일원적인 서열이 더욱 분명하게 보이는 '한 줄 세우기식 학력경쟁'만이 심화되었다. 그래서 이에 대한 대안으로 교토대학이나 도쿄대학이나 입학정원을 이등분하여 같은 날짜에 시험을 실시한다는 분리·분할방식으로 변화하게 되었다.

또한 문부성은 1990년부터 '공통 제1차학력시험'(대학입시센터시험)을 사립대학에서도 이용할 수 있도록 하는 조치를 강구했다. '공통 제1차학력시험제도'가 발족한 당시에는 사립대학들이 이 제도에 그리 큰 관심을 보이지 않았다. 사립대학들은 대학의 자치, 학문의 자유를 확보한다는 차원에서도 입학자의 선발·결정 수단인 학력시험을 국가 기관에 일임하면 국가의 통제를 받을 위험이 있다고 판단했기 때문이다. 더욱 현실적인 이유는 막대한 수험료 수입과 관련한 재정적 요인도 작용하고 있었다. 그러나 최근에는 사립대학도 일부분의 입학정원에 대해서 '대학입시센터시험'을 제1차시험으로서 이용하고, 혹은 이 시험만으로 입학자를 선발하는 대학이 늘어나고 있다. 어쨌든 국립·사립대학은 모두 일류·명문대학일수록 공통시험보다는 독자적인 입학시험을 고집하고, 이를 통해서 고도한 학력을 가진 학생을 선발할 수 있다는 사고방식이 일반적인 현상으로 되고 있다.

또한 수험경쟁의 완화책으로서 입학자 선발의 다양화 정책이 출현하기 시작했다. 새로운 선발 수단으로서 문부성이 일찍부터 권장했던 것은 입학시험에 따르지 않고 학교장의 추천서만으로 평가하여 입학을 인정하는 이른바 '추천입학제'이다. 추천을 할 때 재학 중의 학업성적 평균점수(GPA)의 하한선이 설정된 경우가 많으

14) 교과는 유형별 분류로서 그 안에 세부항목으로 과목을 설정했다. 예를 들면, '이과' 교과 안에 '물리·화학·생물·지학' 등의 과목을 포함하는 것이라고 할 수 있다.

며, 또 이 제도에 따른 지원자가 많은 경우에는 학력 판정을 위하여 간단한 시험을 실시하는 대학도 적지 않다. 이 외에도 스포츠, 예술 등의 재능, 자원봉사활동 경험, 면접, 소논문 등을 선발 수단으로 도입하는 대학도 꾸준하게 늘고 있다.

내신서를 중시하는 이 방식은 1970년대부터 문부성이 학교장으로부터 추천을 받아 입학자를 선발하는 추천입학제도를 인정하는 것에서 구체화하기 시작했다. 현재 사립대학 입학자의 1/4 정도는 이러한 추천입학으로 대학에 진학하고 있으며, 단기대학(短期大學)의 경우도 70% 정도의 입학정원이 추천입학으로 진학하고 있다. 더 많은 학생을 모집하기 위하여 추천만으로 입학시키는 대학까지 등장하고 있다. 일류대학 중에서도 학교장 추천입학제도를 적극적으로 활용하는 대학까지 나오고 있는 실정이다. 이때 추천서에 작성하는 내용은 고등학교 재학 중의 성적·내신점수이기 때문에 이제 일본의 대학이 반드시 입시 일변도라고 말할 수는 없다.

일본의 입학자 선발제도에서 또 하나의 특징은 대학 부속 고등학교 졸업자에게 소정의 학력시험을 거치지 않는 입학제도가 있다는 것이다. 그것은 사립대학의 독자적인 제도이며, 이 부속 고등학교의 졸업자는 거의 자동적으로 대학 진학이 인정되기 때문에 이 학교를 이른바 '에스컬레이터 학교'라고 부른다. 유력 사립대학이나 대다수 여자대학이 이런 유형의 부속학교를 가지고 있는데, 그중에는 소학교 및 유치원 단계부터 이와 같은 '에스컬레이터' 시스템을 운용하는 대학도 있다. 대학 입시경쟁이 격심해지는 과정에서 일단 입학하면 사실상 무시험으로 대학 진학을 할 수 있는 '에스컬레이터 학교'에 대한 진학 희망자 수는 매년 증가하고 있으며, 대학 측도 그에 따라 이런 유형의 학교를 신설·확충하는 데 노력하고 있다. 전체적으로 '에스컬레이터 학교'의 진학자 수가 고등교육 인구에서 어느 정도를 차지하는지에 대한 공식 통계는 나오지 않고 있다. 그러나 입학하기가 굉장히 어려운 사립대학 중에서 게이오기주쿠대학 재학생의 약 20%, 와세다대학의 약 10% 정도가 '에스컬레이터 학교' 출신자라고 보고 있다.

3) 입학자 선발제도의 현실과 문제점

현재 일본은 대학 진학의 경로로서 1) 입학시험을 통한 진학, 2) 고교 추천을 통한 진학, 3) 부속학교를 통한 진학 등 세 가지 사례가 있다. 입학자의 3가지 진학 경로 중 어느 것을 채택할 것인가는 기본적으로 대학 자율에 맡기고 있다. 대부분의 대학은 이 세 가지 방식을 여러 가지 비중으로 조합하여 입학자를 선발하고 있는데, 주류를 점하고 있는 것은 여전히 입학시험이고 다른 두 가지 방식은 이를 보완하는 역할을 하고 있을 뿐이다. 선발방법을 다양화함에도 불구하고, 일본이 '대학입시의 나라'라고 불리는 것도 이에서 비롯한다고 할 수 있다.

그런데 각 대학이 입학자 선발을 어떤 방식으로 할 것인가 하는 문제는 그 대학이 국립인가 사립인가, 아니면 위계 서열의 어디에 위치하는가에 따라 완전히 다르다. 일반적으로 사립보다는 국립, 대학 서열이 하위에 있는 대학보다는 상위에 있는 대학이 입학시험을 통한 선발을 중시하는 경향이 강하다. 국립대학의 경우, 대학 서열의 정점을 차지하는 도쿄대학과 같은 대학은 부속학교를 통한 진학 방식도 없고, 추천입학제도 실시하지 않는다. 수험생은 대학입시센터시험으로 5개 과목(영어 · 국어 · 수학 · 사회 · 이과)과 대학 독자적인 2차 시험으로 4개 과목(영어 · 수학 · 국어 · 사회 혹은 이과)을 응시해야 하며, 특히 2차 시험의 성적이 결정적으로 중시되고 있다. 그러나 같은 국립대학이어도 대학 서열이 하위로 내려갈수록 추천입학제를 채택하는 학교가 (입학자 전체에서 차지하는 비율은 비록 작지만) 늘어나고, 수험생에게 요구하는 시험과목 수는 줄이는 대신에 학력평가에서 차지하는 입시센터시험의 비중이 높아지는 경향이 나타나고 있다. 다만, 국립대학은 전체적으로 대학 서열의 상위와 중위 이상을 차지하고 있으며, 특히 상위권 대학의 대다수를 국립대학이 차지하고 있는 것이 일본 대학의 특징이다.

이에 비해 사립대학은 입학자 선발 방식이나 방법이 상당히 다양하다. 예를 들면, 와세다대학이나 게이오기주쿠대학과 같이 대학 서열의 상층부를 차지하는 대학도 부속학교를 통한 입학제도와 추천을 통한 입학자가 상당한 비율을 차지하고 있다. 그러나 양 대학도 입학시험을 통한 선발이 주류를 이루고 있으며, 상위를 차지하는 대학일수록 입학시험을 중시하는 경향이 강하다고 볼 수 있다. 또한 수험생에게 요구하는 시험과목 수도 상위권 대학은 많은 반면 하위권 대학은 겨우 1~2개 과목 정도를 요구하는 것이 일반적이다. 입시센터시험의 결과를 이용하는 대학 수도 꾸준하게 늘어나고 있지만, 이 공통 테스트의 성적으로 입학을 인정하는 대학 수는 아주 한정되어 있다. 여전히 사립대학도 각 대학에서 자체적으로 실시하는 입학 시험에 대한 의존도가 높은 상황이다. 다만, 문부과학성의 '다양화' 정책에 따라 입학시험의 성적 또는 학력평가 이외에도 소논문, 면접, 스포츠 및 예술 특기 전형, 자원봉사활동 경험 등을 평가수단으로 채택하는 사학이 증가하는 경향이 있다. 입학 선발의 다양화는 국립보다는 사립에서 두드러지고 있으며, 이러한 경향은 대학 서열의 하층을 차지하는 사학에서 더욱 강하게 나타나고 있다. 이와 같이 일본 대학의 입학자 선발방법은 대학 서열의 상층에 있으며 국립대학일수록 입학시험을 중시하는 단순화 경향이 있는 반면에, 대학 서열의 하위권이면서 사립대학일수록 입학시험 이외의 다양한 선발방법을 중시하는 경향이 있다.[15]

입학자 선발제도 측면에서 일본과 미국 간 차이를 보면 아주 재미있는 현상을 발견할 수 있다.[16] 그중의 대표적인 것이 공평성의 문제다. 현대사회의 고등교육 시스템 속에서 입학자 선발이 객관적이고 공평한 기준에 따라 실시될 것을 기대하고 있다. 공평성에 대한 기대는 고등교육이 대중화되는 과정에서 더욱 커지게 된다. 그래서 객관성 및 공평성이라는 측면에서 시험을 통한 학력평가, 즉 표준화된 공통 테스트를 통해 학력평가를 하는 것이 뛰어난 발상이라고 할 수 있다. 이와 동시에 어떤 기준이나 방법을 통한 선발이 공평하다고 볼 것인가, 혹은 어떤 유형의 대학에서 공평성을 더욱 매력적인 것으로 기대할 수 있는가에 대한 기준은 국가마다 차이가 있다. 그리고 그 차이는 대학이 어떤 교육목적을 가지고 있는가라는 또 하나의 문제와 관련된다.

일반적으로 일본은 국가 세금으로 운영하는 대학(국공립대학), 선발과정이 엄격하여 진학 희망자가 집중하는 대학, 그리고 교양교육보다는 전문직업교육을 중시하는 대학에 대해 더욱 큰 공평성을 기대하고 있다. 고등교육 시스템의 상층부를

15) 일본과 마찬가지로 대학 위계 서열이 분명한 미국의 고등교육은 일반적으로 ① 선발적(selective), ② 경쟁적(competitive), ③ 개방적(open) 그룹 등 세 가지 유형으로 구분할 수 있다. 그런데 일본의 대학은 선발적인 대학일수록 단순한 선발방법을 쓰고, 개방적인 대학일수록 다양한 선발방법을 쓰고 있다. 이에 반해 미국은 일본과 완전히 반대되는 현상이 나타나고 있는데, 미국의 대학 서열 상위를 차지하는 대학은 주로 사립대학이며, 이들 선발적 대학은 다양한 선발방법을 적용하고 있다.

16) 天野郁夫, **日本の教育システム**(東京: 東京大學出版會, 1996), 102-104.

점하고 있는 국립대학은 그런 측면에서 공평성을 강하게 요구받는 대학의 전형이라고 할 것이다. 국민들은 이런 국립대학이야말로 입학시험의 성적을 통해 입학자를 선발하는 것이 공평하다고 생각하며, 그 이외의 선발 수단을 도입하는 것을 원치 않는다. 이와 같은 관점에서 볼 때, 공통 테스트인 입시센터시험은 문제내용이 너무 평범하여 고득점 수험자가 집중하는 국립대학에서 학력의 평가기준으로서 객관성 · 공평성을 가지지 못한 것으로 지적받을 수 있다. 일본의 엘리트 대학들이 입학시험 중시 정책을 그만두지 못하는 것도 모두 이런 이유에서 비롯한다. 또한 사립의 엘리트 대학을 향해서도 강한 공평성을 기대한다. 그것은 다양한 선발 방식 · 방법을 활용하는 이들 대학의 경우도, 주류를 이루는 것은 여전히 입학시험을 통한 '일반선발'이라는 것에서 단적으로 나타난다. 예를 들면, 졸업동문의 자녀, 거액의 기부자, 혹은 예체능 특기자 기준으로 입학자를 선발하는 것은 공평성을 손상시키는 것으로 비판한다. 이 대학들은 '추천입학'조차도 엄격한 학력 기준을 설정하는 것이 일반적이라고 할 수 있다.

그런데 공평성을 기대하는 것은 미국에서 선발과정이 엄격한 일류대학의 경우도 마찬가지다. 그러나 미국에서 학력 기준에 대한 공평성은 고등학교 재학 중의 성적(GPA)과 공통 테스트(SAT, ACT)로 충분히 보장하고 있으며, 그 이외에도 다양한 선발방법을 도입하는 등 일본에 비해 허용적인 사회 분위기라고 할 수 있다. 예를 들면, 문화적 · 사회적 · 경제적 조건이 열악한 상황에 있는 사람으로서 학력의 평가 기준은 하위권이어도 입학을 허용하는 조치, 그리고 동창생의 자녀라고 하는 개인 속성을 고려하여 입학자를 결정하는 조치 등은, 결국 공평성을 손상하는 것이 아니라 이를 고양하는 것이라는 사회적인 합의가 조성되어 있다. 이와 같이 공평성을 탄력적으로 해석하는 것 자체가 대학 서열의 상층부를 점하고 있는 사립대학이 추구하고 있는 인간 형성을 위한 교양교육을 중시하는 대학 설립 이념과도 부합하는 것이다.

4. 최근 대입제도 개혁을 위한 새로운 연구 동향

1) 1990년대의 새로운 대학입시 개혁-중앙교육심의회의 개혁안

일본의 입학자 선발제도는 입시 중심의 성격을 지니면서도 점차 다양화하는 방향으로 나아가고 있다. 그러나 입학자 선발제도의 기초가 되는 것은 학력 중시의 사고방식이며, 일류대학일수록 입학시험에 많은 관심을 가지는 경향을 보이고 있다. 대체로 입학자 선발방법은 객관타당성, 실용성, 공평성의 세 가지 요건을 충족시키는 것을 전제로 하고 있다. 일본은 학력평가를 중시하는 과정에서 유전적인 능력보다도 노력을 통해 얻어지는 능력을 중시하는 경향을 보이고 있다.

일본의 교육은 전체적으로 아동을 평등하게 취급하는 것이 공정한 방식이라고 생각하고 있으며, 교사는 모든 아동들에게 열심히 노력하면 학력이 상승하고 희망하는 학교에 갈 수 있다는 신념을 제공하는 것이 일반적이었다. 즉, '곧 성공할 수 있는 아동이 있고, 성공하는 데에 시간이 걸리는 아동이 있다.' 는 긍정적인 사고방식을 가지고 있는 것이다. 누구나 노력하면 성공할 수 있다는 사고방식에 기초하여 언제나 현재 시점의 학력이 중요한 평가 기준이 된다는 논리의 평등주의를 지향하고 있다. 그러나 학력 중시의 방법만으로 모든 것을 해결하는 것은 아니며, 어떤 상황에서는 학력 이외의 조건을 가미하여 입학자를 선발하는 것이 사회적으로 인정되고 있다.

학력 이외의 조건을 가미하여 입학자를 선발하는 과정은, 우선 그 교육기관이 어떤 교육목적을 가지고 있는가와 관련되어 있다. 일본의 대학교육은 기본적으로 전문교육을 지향하고 있으며, 그런 측면에서 입학자는 고도의 전문적인 지식 · 기술을 익히기 위하여 일정 수준 이상의 지적 능력을 가지는 것이 필요하다. 다만, 의사 · 교사 · 변호사와 같이 지적 능력 이외에도 윤리성을 요구하는 직업에 관련한 분야는 학력 이외의 평가 기준을 도입할 필요가 있다고 보고 있다. 또한 대학이 독자적인 교육이념을 가지고 있는 경우, 그 이념에 따라서 입학자 선발방법이 사회적으로 인정되는 경우도 있다. 그래서 사립대학을 중심으로 자신들의 교육이념을 적절하게 수용할 수 있는 입학자 선발과정의 독자성을 요구하는 소리가 증대하고 있으며, 다양한 입학 선발방식을 수용 · 실시하고 있다.[17)]

일본에서도 사립대학 중에서는 다양한 입학자 선발방법을 사용하는 대학들이 있다. 게이오대학이나 와세다대학과 같은 일류대학에도 부속학교를 병설하고 있는데, 일단 부속소학교 혹은 중학교에 입학하면 그 뒤로는 거의 자동적으로 대학까지 진학할 수 있는 학교가 간토(關東) 지역에만 약 70여 개 정도 있다. 이는 일본만이 가지고 있는 독자적인 교육시스템으로서 사립대학은 이와 같이 특권적인 입학 과정을 통해서 대학 발전방향을 모색하고 있다. 그래서 사립대학의 경우 일반입시를 통해서 치열한 학력시험에 합격한 자가 있는가 하면, 학력시험도 없이 추천입학으로 진학하는 자도 있으며, 부속학교에서 진학한 자도 있을 정도로 입시제도의 다양화가 정착해 가고 있다.

반면에 국립대학은 학력시험 이외의 입시방법에 대해서는 다소 소극적이라고 할 수 있다. 이는 사회적으로도 국립대학이 사립대학과 차이가 있다는 인식을 반영한 것이라고 할 수 있다. 그러나 사회적인 '공평성'이라는 관점에서 국립대학도 입학자의 선발방법 다양화 정책에 참여하여 사회인 입학제도, 해외 귀국자 자녀에 대한 특별선발시험 등을 채택하고 있다. 이와 같이 여러 가지 측면에서 사회적으로 핸디캡을 가지고 있는 계층과 집단에 대한 입시배려정책을 추진하는 것이 향후 대학입시개혁에서 큰 요인으로 작용할 것이라고 본다.

현재 일본의 입시경쟁은 장기적인 관점에서 보면 소자녀화(少子女化: 자녀를 적게 낳아서 외동딸, 외아들 중심의 가정문화를 형성하는 현상—필자 주)가 진행되면서 대학 · 고등학교의 전체 학생 수용력이라는 상황에서 점차 완화되는 경향을 보이고 있다. 대학의 학생 수용능력은 2008년에 100%에 도달할 것으로 추정하고 있으며, 고등학교 진학률은 이미 1996년 현재 97%에 도달하고 있는 실정이다. 그러나 특정 일류대학 · 고등학교를 둘러싼 입시경쟁은 여전히 심각한 상황에 처해 있다. 그러므로 학교교육을 정상화시키기 위해서는 입학자 선발제도의 개선과 학력(학교력) 중심 사회의 편견을 시정하는 방안을 통해서 입시경쟁을 완화해야 할 것이다.

17) 天野郁夫, 日本の教育システム(東京: 東京大學出版會, 1996), 280-292.

지금까지도 문부과학성은 선발방법의 다양화, 평가척도의 다양화, 수험 기회의 복수화, 추천입학제도의 개선 등 다양한 방식으로 입학자 선발에 관한 제도 개선 노력을 하고 있다.

대학 입학자 선발제도는 대체로 학력시험체제에 편중하고 있어서 학생 스스로 배우고 사고하는 능력에 대한 평가와 다양한 개성을 적극적으로 활용하는 방안이 부족한 실정이다. 그래서 일본 문부과학성은 다음과 같은 5대 기본방향에 따라서 입시제도를 개선하고자 했다.

1. 선발방법의 다양화, 평가척도의 다원화
2. 초등 · 중등교육의 개선방향을 존중하는 차원으로 입학자 선발제도의 개선
3. 영향력 있는 특정 대학을 중심으로 솔선수범하는 입시제도 개선
4. 입학자 선발제도의 개선을 위하여 여러 가지 조건 정비와 관련 시책의 추진
5. 고등교육 전체를 유연한 시스템으로 전환

일본 문부과학성의 자문기관인 중앙교육심의회는 대학센터시험과 대학별 본고사 등 학력시험에 치중하는 입학자 선발제도를 개선하여 선발방법을 다양화하고 평가척도를 다원화하는 방식으로 여러 가지 방안을 추진했다. 그래서 각종 조사보고서, 소논문, 면접, 실기검사, 추천문 등을 활용하여 종합적이면서도 다각적인 평가를 신중하게 추진하고 있다. 그리고 여러 가지 활동 경험과 학습 성과 등에 대해서도 평가를 모색하고 있다. 일반 성인들은 고등학교 졸업 이후에 일정한 직업 체험, 자원봉사활동 경험이 있는 자가 대학 진학을 희망할 경우 문호를 확대하는 방안을 마련했다. 또한 전문고등학교 혹은 종합학과 졸업생들을 배려하여 특별선발제도와 추천입학제도를 확대하는 방안도 마련했다. 그 밖에도 학교를 지정하여 동일계열의 진학 희망자에 대한 추천입학제도를 확대하는 방안도 모색하고 있다. 특히 고등학교 생활을 통해서 문화 · 스포츠 활동 혹은 자원봉사활동을 적극적으로 수용한 학생을 입학 사정에 높이 평가하는 방안도 장려하고 있으며, 해외 귀국자 자녀에 대한 특별선발제도도 추진하고 있다.[18)]

한편, 대학입학선발제도의 또 다른 특징으로서 지역을 중시하는 관점에서 입학

정원의 일부를 할당할 지역을 지정하여 추천입학을 실시하는 방안도 추진하고 있다. 장애가 있는 학생들은 입학선발과정에서 우대 정책을 추진하고, 동일 대학의 동일 학부 · 학과에 대하여 복수의 선발 기준을 모색하는 방안도 추진하고 있다. 그 밖에도 영향력 있는 특정 대학에 입시선발제도의 개혁을 강력하게 요청하여 여타 대학의 입시개혁에 영향을 미치는 구체적인 실천 계획도 수립했다. 학생들이 대학에 진학할 수 있는 기회를 확대하기 위하여 기존의 4월 입학제도 이외에도 10월 입학제를 확대할 계획이다. 이와 같은 10월 입학은 해외 귀국학생 및 외국인 유학생, 일반 성인 이외에 일반 학생을 대상으로 하고 있는데, 일반 학생을 대상으로 하는 경우 학력선발고사 이외에 여러 가지 대안들을 신중하게 실시하는 방안을 추진하고 있다.

그런데 대학입시제도는 고등학교 학생의 학습 · 활동을 정확하게 평가하는 방식으로 개혁하는 것이 필요했다. 그래서 고등학교의 내신조사서를 적극적으로 활용하여 내신조사서의 유효성을 높이는 방안을 추진했다. 중앙교육심의회는 고등학교의 교육을 활성화시키기 위하여 대학에서 고등학교의 이수과목 지정제도를 통하여 학력선발시험에 따르는 학생들의 입시 부담을 덜어 주고자 하는 방안도 추진하고 있다. 특히 고등학교 교육의 취지를 벗어나지 않는 수준에서 사고력과 종합학습능력을 측정하는 방식으로 학력시험을 개선하는 방안도 마련했다. 개별 교과에 대한 학력시험체제도 개선하여 영어의 듣기 평가, 이과의 관찰 · 실험 등을 활용하는 방안을 실시하고 있다.

1989년 이후 현재까지 시행하고 있는 대학입시센터시험제도는 사립대학까지 이를 채택하도록 권장함으로써 대학입시제도 개선의 새로운 전환점을 마련했다. 대학입시센터시험을 통해서 각 대학별 본고사를 점차 감축시키고, 나아가서는 대학별 본고사를 통하여 점수별 당락을 결정하는 현행 대입제도를 근본적으로 개혁하고자 했다. 예를 들면, 예술대학과 같이 실기검사를 중시하는 대학은 센터시험의 결과를 복수연도에 걸쳐서 이용할 수 있도록 했다. 그와 함께 동일 대학에서 전 · 후기 분할모집 방안을 활성화하여 후기 일정의 모집인원 비율도 적정선 이상으로

18) 日本文部科學省 編, **文部科學白書**(東京: 東京大學出版會, 1996), 150-172.

조정하도록 했다.

이와 같은 대학입시제도 개선방안을 획기적으로 수행하기 위하여 공정한 입시행정과 선발제도를 마련하고자 여러 가지 방식으로 개혁방안을 모색하고 있다. 그래서 학생들에게 더욱 많은 입학 기회를 부여하는 차원에서 여유가 있는 입시 일정을 확보하기 위하여 입시선발이 끝나는 시기를 4월 이후까지 연장하는 방안을 모색하고 있다. 또한 대학입시를 준비하는 학생들을 대상으로 진로지도를 개선하고 대학에 관한 정보를 충실하게 제공하는 방안도 모색하고 있다.

2) 대학입시의 다양화와 개혁 – 2000년 교육개혁국민회의 최종보고

2000년부터 오부치(小渕) 내각의 자문기구로 출범한 교육개혁국민회의는 2년간 국민 여론을 수렴한 끝에 2000년 12월 22일 최종보고를 제출했다. 이는 2002년 이후 문부과학성의 자문기구인 중앙교육심의회의 제안에 전폭 수용되어 집약적으로 표출되고 있다. 그중에서도 대학입시 개혁은 그 이전에 10년 이상 실험적으로 추진해 온 내용을 구체적으로 실천하는 방식으로 활용되는 것으로 평가할 수 있다.

2002년 이후 새로운 대학입시 개혁은 주로 주입식 교육으로도 가능한 입시 출제의 경향을 개편하여 대학입시를 다양화하는 방향으로 나아가고 있다. 동시에 이는 그 이전 10년 동안 지속적으로 추진해 온 대학입시 개혁을 쉽게 실천할 수 있는 내용부터 새롭게 적용하는 세 가지 항목으로 정리한 것이라고 할 수 있다.

첫째, 대학입학시험은 문제를 발견하는 능력, 문제의 해결방법을 추출하는 능력, 그리고 추리력 혹은 논리적으로 생각하는 능력 등 다양한 자질을 적절하게 평가하는 방식으로 개혁한다. 이는 고등학교의 교육력 혹은 교육과정을 충실하게 반영하는 방향으로 추진해야 하는 것을 전제로 하고 있다. 이러한 관점에서 각 대학은 대학 자체의 설립이념 및 교육목표에 기초하여 고등학교에서의 학습달성도 시험, 면접, 소논문, 추천, 혹은 이를 종합적으로 수행하는 어드미션 · 오피스(Admission Office) 입시 등을 채용하는 등 대학입시를 다양하게 추진한다.

둘째, 국제화를 추진하고 고등학교 졸업 후 학생에게 사회 체험 등의 시간을 부여하는 관점에서 대학의 10월 입학을 많은 대학에서 실시할 수 있도록 적극적으로 추진한다. 이는 지난 10년 동안의 대학입시에서 몇몇 대학에서 과도적으로 수행한 실적이 긍정적으로 반영되어 세계적인 추세가 되고 있는 가을 입학제도를 일본의 교육 상황에 맞게 수용하는 움직임으로 평가할 수 있다.

셋째, 대학에 입학할 당시의 입학정원 규제 조치를 탄력적으로 운영하여 학생에게 도전의 기회를 부여하는 잠정입학제도를 대학이 자율적으로 선택하여 실시할 수 있도록 한다. 이는 대학입학시험에서 합격선에 근접한 일정 비율의 수험생을 잠정적으로 입학시켜서, 1년간 면학 성과를 지켜본 후에 합격 여부를 판정하는 방식으로 대학의 수용정원을 탄력적으로 운용하는 방식이라고 할 수 있다.

그중에서 대학입시의 다양화에 대해 '교육개혁국민회의 보고'는 다음과 같이 제언하고 있다. "대학입학시험은 문제를 발견하는 힘, 문제의 해결방법을 파악하는 힘, 그리고 추리력이나 논리적으로 사고하는 힘 등 다양한 자질을 적절하게 평가해야 한다."라고 입시 성격을 규정했다.[19] 그래서 이와 같은 관점에서 각 대학이 그 이념 및 목표에 기초하여 고등학교에서의 학업성취도시험, 면접, 소논문, 추천 혹은 이를 종합적으로 실시하는 어드미션 · 오피스 입시까지도 구상하는 것이다.

그런데 이 보고가 발표되기 전에 이미 문부과학대신 자문 중앙교육심의회는 1999년 12월 16일 '초 · 중등교육과 고등교육과의 접속을 개선하기 위한 보고'라는 답신서를 제출한 바 있다. 이에 따르면, 지금부터의 선발방식은 대학과 학생 간 더욱 좋은 방식으로 상호 선택을 도모하는 것이 중요하다고 보고, 이에 더하여 특색 있는 입학자 수용정책(Admission Policy)을 확립해야 한다고 제언했다. 이것은 각 대학이 가지고 있는 교육이념 · 교육목적 · 교육과정 등의 특색에 따라 수험생에게 요청하는 능력 · 적성 등에 대한 구상을 통합한 입학자 수용방침을 명시하고, 수험생들이 자신의 능력 · 적성에 적합한 대학 · 학부 · 학과 등을 선택할 수 있게끔 하는 것이다. 이를 위해 대학 또는 학부 · 학과는 교육이념이나 교육내용이 다른 경우, 각각의 입장에 어울리는 입시 방식을 채용하는 것을 통해 실질적으로 입시를 다양화해야 한다는 것이다.

이와 관련하여 중앙교육심의회 답신은 '점수 1점이 오르고 내리는 것에 따라 합

19) 有園格, 大學入試の多樣化, 下村哲夫 編, **教育改革と '21世紀日本の 教育' 讀本**(東京: 教育開發研究所, 2001), 96.

격 여부가 결정되는 방식의 객관적인 공평성만을 고집'하는 현행 학력시험 중심의 선발방식에 문제가 있다는 것을 지적했다.[20] 즉, 입학시험은 교과 · 과목의 기초적인 지식뿐만 아니라, 논리적인 사고력과 표현력 등의 학습을 뒷받침해 줄 수 있는 기본적인 능력 · 기능, 그리고 대학에서 공부할 수 있는 의욕 등을 종합적으로 측정할 수 있어야 한다는 것이다. 또한 입학 시점의 학력만이 아니라 학문에 대한 강한 관심과 의욕을 포함하여 입학 후에 학생이 성장할 가능성도 포함해야 한다고 지적하고 있다. 결국 중앙교육심의회 답신은 학력만이 아니라 배운 것을 사회 진보에 살리고자 하는 공공성, 높은 윤리관에 바탕한 인간성, 직업 체험이나 직업 경력, 환경 · 복지 · 청소년활동 · 스포츠 · 국제협력 등 다양한 분야의 자원봉사체험 등을 대학의 교육목표, 교육내용 등에 따라 적절하게 평가할 것을 제안하고 있다.

이를 참고로 하여 교육개혁국민회의는 2000년 7월 26일「제3분과회 심의 보고」중의 '대학입학시험의 다양화 추진'이라는 항목에서 다음과 같이 정리하고 있다. 즉, 대학입시는 각 대학이 대학의 이념, 목표에 더하여 고등학교의 학업성취도시험 결과를 활용하고, 대학의 독자적인 선발시험, 면접, 소논문 등을 부과하는 등 다양한 방식으로 변화해야 한다는 것이다. 이와 함께 추천입학제와 AO(Admission Office) 시험도 적극적으로 추진할 것을 요구하고 있다.

이와 같은 대학입시개혁은 그 이전에 수행해 온 내용 중에서 여러 가지 측면에서 별다른 부작용이 없는 내용을 중점적으로 추진하는 방식이라고 할 수 있다. 대학입시의 다양화 방식을 긍정적으로 분석하여 실현 가능한 부분부터 개혁을 실시하는 이러한 구상은 우리의 대학입시 개혁과 관련해서도 좋은 모델이 될 수 있을 것으로 생각한다.

5. 결론-개혁을 위한 새로운 과제

현재 입학시험 중심의 입학자 선발제도를 지키고 있는 일본의 4년제 정규 대학

20) 有園格, 大學入試の多様化, 下村哲夫 編, **教育改革と '21世紀日本の 教育' 讀本**(東京: 教育開發硏究所, 2001), 96-97.

은 동일 연령 인구에서 차지하는 진학자 비율이 40%를 넘어서는 가운데 지금까지 경험하지 못한 새로운 경험을 하고 있다. 그런 현상은 다음과 같은 세 가지 유형으로 정리할 수 있다.

첫째, 지금까지 대학이 주 고객으로 생각한 것과는 다른 수험생 계층이 출현한 것이다. 이를테면 외국의 중등학교 졸업생, 직업고교 졸업생, 고교 졸업 후 직업 경력이 있거나 가정주부 경험을 가진 이른바 '사회인' 수험생 등이 그런 경우에 속한다. 이런 사회인 수험생은 종래와 같은 방식의 입학시험에서는 상당히 부담을 가질 수 있다. 이와 같은 '비전통형' 수험생이 증가하는 현상과 함께 고등교육도 대중화하는 현상이 일어나고 있다. 그래서 문부과학성은 대학이 '사회인' 수험생을 위한 별도의 '입학자 정원'을 설정하고, 선발방법도 특별하게 배려할 것을 요청했다. 이는 '공평성'과 관련된 새로운 방식이라고 할 수 있다. 현재는 국립대학을 포함하여 많은 대학이 이러한 '비전통형' 수험생을 선발하는 과정에서 기존의 '전통형' 수험생과는 다른 입학정원 및 시험방법을 채택하기 시작했다.

둘째, 고등학교와 대학 모두 1990년대 이후 지속적으로 추진하고 있는 교육과정 개혁으로 인해 충격적인 변화를 맞이하고 있다. 문부과학성은 수차례에 걸친 교육과정 개혁을 통해 기존의 획일적인 구조로 전국 모든 학교에 동일하게 적용하는 교육과정을 개정하고자 했다. 이미 1994년부터 고등학교에서 학생의 과목 선택권을 자유롭게 인정하는 방식으로 개혁했다. 이에 따라 대학의 교육과정도 변화하지 않을 수 없었다. 그간 일본의 대학 교육과정은 전기 2년간의 일반교육과 후기 2년간의 전문교육으로 구분하여, 문부과학성에서 전기 2년간의 일반교육 교육과정 편성 기준을 마련했다. 그러나 고등교육 진학률이 상승하고 학생의 학력과 요구가 다양해지는 과정에서 4년간의 모든 교육과정 편성을 대학 자율에 맡기는 양상으로 변하고 있다. 따라서 대학입학자 선발제도는 고등학교교육과 대학교육을 연계하는 역할을 하고 있는 차원에서, 입학자 선발방법도 각 대학의 학부교육 이념과 고등학교 교육과정 변화에 따라 다양해지는 양상으로 변한 것이다.

셋째, 대학 진학 해당연령 인구, 즉 만 18세 인구가 점차 감소하고 있다. 일본의 18세 인구는 1980년대 후반부터 증가하기 시작하여 1993년에 205만 명으로 절정에 달했었다. 그러나 그 후 점차 감소하기 시작하여 2000년 150만 명으로 감소하고, 2010년에는 약 120만 명 대까지 감소할 것으로 예측하고 있다. 다른 한편으로 진학 희망자 비율은 이미 50%를 넘어서고 있기 때문에 앞으로도 대학의 수용 정원이 대폭 상승할 것이라고 기대하기는 어려운 실정이다. 오히려 현재의 입학 수용력을 전제로 하게 되면, 일부 명성이 있는 극소수 대학을 제외하고는 치열한 수험 경쟁이 완화되고, 대학 진학은 더욱 쉬워질 수 있을 것이다. 현재도 학생 수업료에 재정 기반을 두고 있는 '개방적 형태'의 사립대학들은 거의 무시험 · 무선발 방식의 입학시험제도를 적용하고 있는 실정이다.

이와 같은 세 가지 변화와 관련하여 일본의 대학입학자 선발제도는 새로운 개혁을 요구받고 있다. 앞으로의 일본 고등교육은 일부 대학 서열이 높은 명문대학을 제외하고는 개방형 체제의 대학으로 평준화할 가능성이 높다고 볼 수 있다. 그런 측면에서 이제 일본의 고등교육 개혁은 대학입학 관문에 대해 높은 진입 장벽을 치기보다는 미국 대학과 같이 대학 졸업 관문을 엄격하게 하는 측면에서 대학의 학사관리, 학력평가제도 등을 강조하는 새로운 개혁이 필요하다고 본다.

일본의 대학입학자 선발제도는 1세기여 동안 입학시험을 중시하는 선발방법을 계속 지켜왔다. 여러 가지 개혁을 하여도 이와 같은 선발제도의 기본 구조는 거의 변하지 않았다. 이는 입학자 선발이 단순히 기술적인 측면의 문제가 아니라 그 사회가 지배하는 가치체계에 뿌리박은 문제라는 것을 의미하고 있다. 이는 교육만의 문제가 아니라 문화와 사회, 그리고 정치 · 경제에 관련된 문제인 것이다. 즉, 정치 · 경제와 사회 · 문화 · 교육 시스템이 변화할 때 입학자 선발과정이나 선발방법도 그에 따라 변할 수도 있는 것이다.

현재 일본 사회는 경제적 · 사회적 변화의 결과로 인해 교육 세계에 있어서 양적인 확대, 즉 중등교육의 보편화와 고등교육의 대중화가 상호 결합하여 입학자 선발방법에 큰 충격을 주고 있다. 그리고 입학자 선발제도의 변화는 지금까지의 교육, 그리고 사회 · 경제적 변동 속에서 1세기 이상 고수해 온 '입학관문의 전통'을 한꺼번에 깨기 위한 모습으로 압박하고 있다. 이와 같은 일본의 경험은 바로 유사한 과정을 겪고 있는 한국의 경우에도 곧 닥쳐 올 시련이라고도 예측할 수 있다.

참고문헌

日本文部省. 我が國の文教施策. 2000.

日本文部科學省. 文部科學白書. 2002.

日本文部科學省. 文部科學白書. 2003.

久保義三. 昭和教育史(上). 東京: 三一書房, 1994.

多田建次. 日本近代學校成立史の研究. 東京: 玉川大學出版部, 1988.

牧柾名・神田修 編. 學校からみた教育政策. 東京: 有斐閣, 1983.

森田尙人 編. 教育のなかの政治. 東京: 世織書房, 1994.

小川利夫・新海英行 編. GHQの社會教育政策. 東京: 大空社, 1990.

杮沼肇. 近代日本の教育史. 東京: 教育史料出版會, 1990.

新堀通也. 大學教授職の綜合的研究. 東京: 多賀出版, 1984.

伊ヶ崎曉生. 文學でつづる教育史. 東京: 民衆社, 1974.

田中節雄. 近代公教育-裝置と主体 . 東京: 社會評論社, 1996.

天野郁夫. 試驗の社會史. 東京: 東京大學出版會, 1983.

天野郁夫. 學歷の社會史. 東京: 東京大學出版會, 1992.

天野郁夫. 大學- 変革の時代. 東京: 東京大學出版會, 1994.

天野郁夫. 日本の教育システム. 東京: 東京大學出版會, 1996.

片桐芳雄. 自由民權期教育史研究. 東京: 東京大學出版會, 1990.

下程勇吉. 日本の近代化と人間形成. 京都: 法律文化社, 1984.

下村哲夫 編. 教育改革と '21世紀・日本の教育' 讀本. 東京: 教育開發研究所, 2001.

海後宗臣・仲新. 近代日本の教育. 東京: 東京書籍, 1979.

丸山眞男. 忠誠と反逆. 東京: 筑摩書房, 1992.

http://www.mext.go.jp

http://www.u-tokyo.ac.jp

중국의 대학입시제도*

이경자

* 본 연구는 한국교육학연구(2005.11권 1호)에 게재한 논문을 수정 · 보완했음.

1. 들어가는 말

한 · 중 관계는 오랜 역사와 전통을 유지해 왔다. 20세기 들어 한때 정치적 이념의 차이로 양국의 관계가 소홀해지기도 했지만 중국의 개혁 · 개방정책, 세계정세의 변화, 그리고 한국의 정치 · 경제적 변화를 통하여 다시 과거처럼 밀접한 관계를 구축해 나가고 있다. 1992년 8월 한 · 중 수교 이후, 정치 · 경제 · 문화 등 많은 분야에서 양국 간 교류가 점점 확대 · 심화되어 가고 있다. 그러나 아직도 곳곳에서 부족한 부분이 눈에 띈다. 교육 분야도 예외는 아니다. 지금 중국에서 불고 있는 '한류'(韓流)보다 더 심각하게 한국에서는 중국 열풍인 '한류'(漢流)가 불고 있다. 이것은 중국 유학과 중국어 학습이라는 교육 분야에서 더욱 뚜렷하게 드러나고 있다. 그러나 이렇게 단기간의 어학연수, 또는 장기간의 유학을 떠나는 수많은 학생에 대한 정책적 차원에서의 관심과 교육에 대한 보다 정확한 이해가 부족하다. 학생의 적성이나 흥미를 고려하지 않고, 목적의식을 지니지 않은 채 부모에게 떠밀려 단순히 학위를 따기 위한 발걸음이 계속되고 있다. 특히 한국의 대학입시에 대한 심리적 스트레스와 소위 명문대를 나오지 않으면 사회적으로 인정받기 어려운 상황에서 다른 국가에 비해 중국의 미래성과 학비의 저렴함 등이 이들의 유학을 더 부추기고 있다는 생각이 든다.

교육인적자원부가 2004년 4월 1일을 기준으로 제시한 국내외 유학생 통계를 보면 현재 해외에서 유학 중인 한국인 학생은 18만 7,683명으로 2003년 15만 9,903명보다 17.4% 증가했다고 밝혔다. 국가별로는 미국이 2001년 5만 8,457명에서 지난해 4만 9,047명으로 감소했다가, 2004년 다시 5만 6,390명으로 증가했다. 중국은 2001년 1만 6,372명, 2003년 1만 8,267명, 2004년 2만 3,722명으로 급증했다. 현재 중국에 유학하고 있는 많은 외국 유학생 중에는 중국의 발전 잠재력을 내다보고 졸업 후 중국에서 취업할 기회를 찾을 계획인 학생들도 상당수인 것으로 알려지고 있다. 한국도 중국과의 교육 교류가 급증했음을 알 수 있다.

이러한 시점에서 중국의 대학입시제도에 관해 보다 면밀히 살펴볼 필요가 있다고 생각한다. 중국의 대입시험은 정치적 사건에 따라 몇 차례 바뀌었다. 이에 본 연구는 중국의 현행 대학입시제도에 커다란 영향을 미쳤던 문화대혁명을 중심으로 시행되었던 대학입학시험 및 현행 대학입시제도인 '3+X'에 대해 살펴보고자 한다. 최근 중국으로의 조기유학 및 중국 명문대 진학을 목적으로 유학하는 현실 속에서 중국의 대학입시제도를 이해할 수 있는 계기가 되리라 기대한다.

2. 중국 입시제도의 동향

1) 전통사회의 선발제도

중국은 고대사회에 이미 고대학교 계통이 형성되었다. 일찍이 하(夏), 상(商)나라 때 학교가 존재했다는 문헌적 기록이 있다.[1] 이러한 고대학교에서의 교육내용은 주로 양로(養老), 지식을 전수하고 군사기술을 익히는 것이었다. 오늘날의 대학에 해당하는 교육기관도 고대에 설립되었는데 서주의 성균(成均), 상상(上庠), 벽옹(辟雍), 동서(東序), 고종(瞽宗), 반궁(泮宮) 등이 바로 그 예다. 서주의 학교는 크게 관학과 국학으로 구분되며 국학은 크게 대학(大學)과 소학(小學)으로 구분된다. 오늘날의 고등교육기관에 해당하는 국학의 학제를 살펴보면 다음과 같다.[2]

이러한 국학의 입학생은 오늘날과 같이 시험으로 선발한 것이 아니라 출신성분

1) 『孟子』, 『說文解字』, 『漢書 · 儒林傳』에 하(夏)나라에 이미 교(校)가 있었고 『禮記 · 王制』와 『禮記 · 明堂位』에도 하나라의 학교를 '서'(序)라고 불렀다고 기재되어 있다. 또한 정현(鄭玄)의 『의례(儀禮)』 주에 하후씨의 학교를 '상'(庠)이라고 불렀다(郭齊家, 이경자 역, 중국의 고대학교(서울: 원미사, 2004), 21.

2) 郭齊家 · 李庚子 譯, 중국의 고대학교(서울: 원미사, 2004), 35.

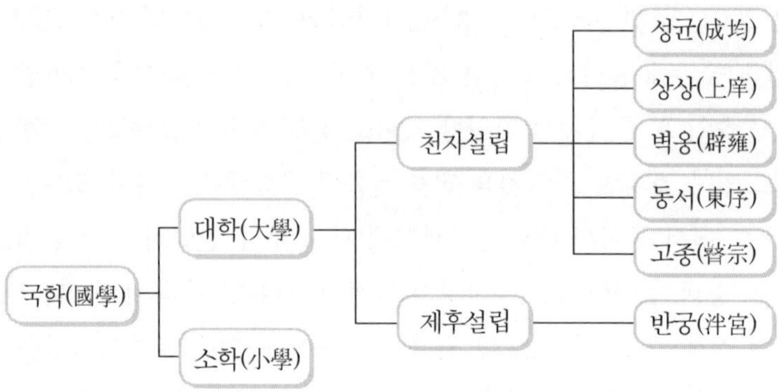

[그림 1] 서주 국학의 학제계통도

으로 선발했다. 국학의 교육내용은 주로 육예(六藝: 禮, 樂, 射, 御, 書, 數), 육덕(六德: 知, 仁, 聖, 義, 忠, 和) 및 육행(六行: 孝, 友, 睦, 姻, 任, 恤)을 중심으로 이루어졌으며, 이것이 시험의 주요 내용이 되었다. 교육내용을 살펴보면 단순한 지식 훈련이 아니라 육예를 몸소 실천함으로써 그 사람의 됨됨이를 가늠했음을 알 수 있다. 즉, 과거의 교육은 지식을 습득하기 위한 교육이기보다 오늘날의 '인성교육'을 중시한 것이다.

중국의 시험제도는 서주의 '선사'(選士)에서 기원한다. 당시 '사'(士)의 선발은 학교에서의 단순한 실력으로만 뽑는 것이 아니라 인품도 선발기준이 되었다. 춘추시대에는 '관리를 스승으로 삼고'(以吏爲師), '법으로 가르치는'(以法爲敎) 것을 중심으로 당시의 법령으로 시험 보거나 책을 외는 것, 문장을 쓰는 것 등으로 시험을 보아 관리를 뽑았다. 또한 스승이 직접 강의하면서 학생의 평소 행동을 살펴 평가했다. 예를 들면, 공자는 72명의 제자들을 각각 평가하여 사학에서 학생들의 학습을 격려했다. 그 후 한대에 이르러 '찰거제'(察擧制)가 제정되었다. '찰거'란 추천을 통해 관리를 선발하는 것이다. 황제가 삼공구경(三公九卿), 지방군수 등 고급관리에게 품덕이 고상하고 재간(才幹)이 있는 백성 또는 하급관리를 조정에 추천하여 조정에서 직접 임명하거나 형식적인 질문을 거쳐 관리로 승격시켜 주었다.[3] 이것

3) 射青 · 湯德用, **中國考試制度史**(合肥: 黃山書社, 1995), 17.

은 한고조(高祖) 11년(기원전 196년)에 실행되었으며, 후에 과거제도의 토대가 되었다. 그 후 이러한 찰거제도에 오늘날의 필기시험과 구술시험이 결합되었으며 찰거의 종류도 다양해졌다.

한대(漢代)에는 오늘날의 고등교육기관에 속하는 태학(太學)에 매년 시험을 치르는 '세시'(歲試)가 있었다. 이것은 동한에 이르러 일년에 두 번 치르는 것으로 바뀌었는데, 이러한 태학에서의 시험에는 사책(射策),[4] 책시(策試),[5] 구두시험(口試) 등이 있다. 위진남북조(魏晉南北朝) 시기에 이르러 개인의 재능과 덕행에 의해 인재를 등용하는 구품관인법(九品官人法, 즉 구품중정제)[6]을 실행했으며, 수(隋)나라 말기 606년에 '진사과'(進士科)가 설치되면서 중국 역사에 획을 긋는 과거제도가 실시되었다. 이것은 청말(淸末, 1905년)까지 1300여 년 동안 실시되다가 폐지되었다. 이러한 시험제도는 학교교육을 발전시켰을 뿐만 아니라 과거에 신분만으로 관리를 뽑던 모순을 벗어나 능력 있는 사람을 뽑는 수단이 되었다.

중국의 근대 고등교육은 청광서(光緖) 24년(1898)에 경사대학당(京師大學堂, 현재의 베이징〔北京〕대학)[7]이 설립되면서 시작되었다. 근대학제는 청광서 28년(1902)에 장백희(張百熙)가 제정한 「흠정학당장정(欽定學堂章程)」을 반포했는데, 이른바 '임인학제'(壬寅學制)라고 한다. 이것은 중국 정부가 반포한 최초의 학제이지만 실행

4) '사책'(射策)은 한대 태학에서 치렀던 일종의 시험방법으로 한무제(漢武帝) 시기에 시작되었다. 그 구체적인 방법은 시험 출제자가 유가경전의 내용에 근거하여 문제를 제시한 후, 문제의 난이 정도를 갑(甲), 을(乙) 등으로 구분해서 비단 또는 종이에 적어 밀봉한 후 응시자가 임의로 갑, 을 종류의 문제를 뽑아 대답하는 것이다.

5) '책시'(策試)란 '책문'(策問)이라고도 하는데, 한대에 관리를 뽑던 시험방법 중 하나다. 원래 동한 사공(司空) 서방(徐防)이 영원(永元) 14년(102)에 상서를 올려 기존의 시험방법을 바꾼 것이다. 시험의 형태는 교사가 먼저 가법 장구에 의해 50개의 시험문제를 출제한 후 학생의 대답이 좋으면 '상제'(上第)로 평가했다. 당시 조착(晁錯), 공손홍(公孫弘), 동중서(董仲舒) 등이 모두 책시로 시험을 보아 요직에 임했다.

6) '구품관인법'(九品官人法)은 군읍(郡邑)에 소중정(小中正), 주(州)에 대중정(大中正)을 설치하고 그 재덕과 품덕을 상상(上上), 상중(上中), 상하(上下), 중상(中上), 중중(中中), 중하(中下), 하상(下上), 하중(下中), 하하(下下)의 9품으로 나누어 인재를 등용하는 방법 중 하나다.

7) 중국 근대 최초의 국립대학으로 청광서 24년(1898)에 설립되었다. 1902년 중국 최초의 신식학교로 설립된 경사동문관(京師同文館)이 경사대학당(京師大學堂)에 합쳐져 1912년 현재의 명칭인 베이징대학으로 개명되었다. 2000년에 이르러 1952년에 분리된 베이징의과대학(北京醫科大學)과 합병함으로써 세계적인 종합대학으로 성장하고 있다.

되지는 못했다. 그 후 청광서 29년 11월(1904년 1월)에 청정부가 주정학당장정(奏定學堂章程), 즉 '계묘학제'(癸卯學制)를 반포했다. 이러한 계묘학제는 크게 3단계 6급으로 구분되는데 소학교육 9년(초등소학 5년, 고등소학 4년의 두 단계임), 중학교육 5년, 고등교육 11~12년(고등학교 또는 대학 예과 3년, 분과〔分科〕대학당 3~4년, 통유원〔通儒院〕 5년)이다. 이것은 중국에서 법령 형식으로 공포되고 전국에 보급된 최초의 근대학제라고 볼 수 있다.

이러한 계묘학제가 실행되면서 1905년 과거제도가 폐지되었다.[8] 이어서 1915년 신문화운동이 일어나고 1919년 5 · 4운동이 일어나면서 내세운 민주와 과학은 전통교육사상과 충돌했다. 1916년 유학생들이 대거 귀국하여 외국의 교육사상을 국내에 소개하고 많은 외국의 학자를 초빙했다. 당시, 미국의 교육가 듀이(John Dewey)와 몬로(Paul Monroe) 등이 연이어 중국을 방문하여 미국의 교육제도, 실용주의 교육이론, 아동중심 교육이론 등 새로운 교육사상을 중국에 소개했다. 이러한 것은 중국의 교육개혁에 커다란 영향을 미쳤다.

1922년 9월 학제회의 후, 다시 전국 각 성의 교육회(教育會)의 회의를 거친 후, 11월 1일에 '임술학제'(壬戌學制), 이른바 '신학제'(新學制)를 실시했다. 신학제는 미국의 학제 6 · 3 · 3 · 4제를 채택하여 초등 6년(초급소학 4년, 고급소학 2년), 중등교육 6년(초급중학 3년, 고급중학 3년), 고등교육 3~6년(대학교 4~6년, 전문학교 3년 이상)을 따랐다. 이것은 중국에서 10년 동안 실행되었으며 그 영향도 매우 컸다. 일부 학교에서는 5 · 4 · 3(소학 5년, 초급중학 4년, 고급중학 3년)학제 또는 5 · 3 · 3(소학 5년, 초급중학 3년, 고급중학 3년)학제를 시행하기도 했다.

8) 우리나라의 과거제도는 고려 4대왕인 광종 9년(958) 후주인으로 고려에 귀화한 쌍기(雙冀)의 건의로 실시되어 갑오개혁(1894) 때 폐지되었다. 중국에서는 수양제(隋煬帝) 대업 2년(606)에 진사과(進士科)를 설치했는데 이것을 과거제도의 시작으로 보지만 학자마다 이견이 있다. 이러한 과거제도는 계속 내려오다가 1905년에 폐지되었다. 이러한 과거제도가 시행되는 동안 갖가지 폐단이 많았지만 서민들에게 이것은 자신의 신분을 상승시킬 수 있는 방법이기도 했다. 그러나 과거제도가 폐지됨으로 인해 신분상승의 통로가 막히자 1905년을 전후로 한편으로는 자신의 향학열로, 다른 한편으로는 자신의 신분을 상승시키기 위해 유학생이 많아졌다. 그중 특히 중국과 가까운 일본으로 유학을 가는 학생이 많아졌다.

2) 중국의 대학입학시험

(1) 문화대혁명 이전의 대학입학시험

1949년 중화인민공화국이 성립되고, 1951년 10월에 「학제개혁에 관한 결정(關于改革學制的決定)」이 반포되었다. 이것은 중국학제의 새로운 발전이다. 이 학제는 1922년의 학제와 소련학제의 합리적인 요소를 반영하여 중국 단층학제의 전통을 살려 다양한 학교가 서로 관련되도록 했으며, 노동자의 자녀들도 교육을 받을 수 있는 평등권리를 보장했다.

이러한 학제 개혁 후 유아교육, 초등교육, 중등교육, 고등교육을 실시하고 각종 정치학교와 정치 훈련반을 설치하여 교육했다. 이러한 개혁학제로 말미암아 초보적으로나마 중국학제가 유아교육, 성인교육, 직업교육을 포괄하는 현대교육을 지향하는 것으로 발전했다.

1950년 교육부는 「학생모집규정(招生規定)」에서 대학입학시험에 관한 사항을 다음과 같이 발표했다. 그 지원자격은 첫째, 공·사립고등학교 졸업자로 졸업증서 또는 상급학교로 진학하기 위한 자격을 갖춘 자, 둘째, 후기 사범학교 졸업자로 졸업증서 또는 졸업 후 만 2년의 경력이 있는 자, 셋째, 공·사립고등직업학교 또는 중등기술학교를 졸업한 자로 졸업증서 및 졸업 후 경험이 만 2년 된 자, 넷째, 고등학교에 상응하는 동등학력을 갖춘 자로 현(縣) 이상 인민정부 또는 시(市) 인민정부 교육행정기관의 증명이 있거나 현 이상의 단체, 해방군 단체 이상의 정치기관에서 증명을 받은 자다. 당시 시험과목은 국어(國文), 외국어(영어 또는 러시아어), 정치상식, 수학, 세계역사, 세계지리, 물리, 화학 등 8과목을 공동 필수과목으로 했다. 이러한 시험과목은 문화대혁명까지 조금씩 변화가 있었지만 기본 골격은 거의 비슷했다. 이 「학생모집규정」에서 처음으로 시험날짜를 7월 21에서 8월 10일로 제시하고 늦어도 8월 25일까지 합격자를 발표하도록 했으며, 1951년에는 7월 15일에서 17일까지 시험을 보고 늦어도 8월 10일까지 합격자를 발표하도록 했다. 그 후 문화대혁명 전까지 학생들은 7월에 대학입학시험을 치렀다.[9] 문화대혁명 이전의 대학

9) 李國鈞·王炳照, **中國教育制度通史**(濟南: 山東教育出版社, 2000), 352-358.

〈표 1〉 1952~1965년 대학입학률 (단위: 만명)

년 도	수험생수	입학생수	입학률
1952	5.9	5.32	90.35
1953	8	6.24	77.88
1954	12.5	9.23	73.78
1955	17.5	9.78	55.92
1956	36.1	18.46	51.13
1957	25.2	10.56	41.89
1958	27.4	26.56	96.9
1959	32.7	27.14	83.72
1960	32	28.41	88.73
1961	37.2	16.9	45.44
1962	38.9	10.68	27.43
1963	39.8	13.28	33.36
1964	34.4	14.7	42.74
1965	35	16.42	46.92

입학률을 보면 〈표 1〉과 같다.[10)]

위의 〈표 1〉을 살펴보면 1952~1965년이라는 14년 동안 대학입학시험에 참여한 수험생수가 매우 빠르게 증가했음을 알 수 있다. 이러한 고등교육열은 해마다 증가하여 수험생과 입학률이 동보적(同步的)으로 증가할 수 없자 경쟁률이 더 치열해졌다.

(2) 문화대혁명 시기의 대학시험

1966년에서 1976년 문화대혁명 기간 동안 대학교육은 본래의 취지를 상실했다. 1966년부터 전국의 대학기관은 장기간 수업을 하지 않고 학생을 모집하지 않았다. 1970년 베이징대학과 칭화대학(清華大學) 등에서 학생을 모집하기 시작했는데, 시험에 의한 학생모집이 아니라 스스로 원하는 사람이 입학원서를 내기도 하고, 대

10) 劉海峰 等, **中國考試發展史**(武昌: 華中師範大學出版社, 2000), 343.

중의 추천, 지도자의 인정과 학교의 심사를 통해 학생을 모집했다. 나이는 대체로 20세 전후로 노동자, 농민, 해방전사와 청년간부, 농촌의 지식청년으로 당시에 이들을 '공농병학생'(工農兵學員)이라고 불렀다.[11] 원래 고등학교를 졸업해야 대학에 입학할 수 있었던 것이 중학교 심지어 초등학교만 마치고도 대학에 들어갈 수 있었다. 신입생의 수준 저하로 교학에 많은 어려움을 가져왔을 뿐만 아니라 대학교육의 원래 취지를 상실했다. 이러한 제도로 인해 자격도 없는 학생이 입학하는 등 입시 부정이 만연했다. 통계에 의하면 이 10년이라는 기간 동안 국가는 10만 명의 연구생을 배양하고 대학생 100여만 명을 배양하여 사회의 진보와 발전을 저해했다.

당시 대학의 학제는 문화대혁명 전 4~5년이었던 것이 2~3년으로 단축되었다. 예를 들면, 1970년 베이징대학, 칭화대학에서 학생을 모집할 때 학과마다 수업연한이 조금씩 달랐는데, 일반적으로 2~3년으로, 그 밖에 1년 정도의 진수반(進修班)도 있었다. 당시 학습내용은 주로 마오쩌둥(毛澤東) 저서를 중심으로 정치, 교학실습, 과학연구, 생산 세 가지가 결합된 실무과목과 전략기술을 중심내용으로 하는 군사체육과목이었다.[12]

이렇게 문화대혁명이 제시한 '학제단축', '편협한 교육내용'으로 인해 문화대혁명 기간 동안 교육의 발전이 거의 이루어지지 못했다. 이때 그동안 이어져 내려왔던 중국의 학제와 교육이 제 역할을 할 수 없었다. 심지어 학제의 단축 등으로 많은 대학이 문을 닫고 인재를 배양하지 않아, 중국이 학문적 · 문화적으로 많은 분야에서 침체기에 빠졌다.

(3) 문화대혁명 이후의 교육

문화대혁명을 겪는 동안 교육의 발전은 거의 이루어지지 않고 오히려 쇠퇴하는 분위기였다. 1977년 겨울, 덩샤오핑(鄧小平)의 지지 아래 10년 동안 중단되었던 대학입학시험제도를 부활시키자는 움직임이 일어났다. 따라서 1977년 11월, 12월 두 차례에 걸쳐 전국에서 대학입학시험이 행해졌다. 대학입학시험제도가 부활되자 사회

11) 李國鈞 · 王炳照, **中國教育制度通史**(濟南: 山東教育出版社, 2000), 378.
12) 李國鈞 · 王炳照, **中國教育制度通史**(濟南: 山東教育出版社, 2000), 380.

에서 많은 반응을 불러일으켰다. 그동안 시험을 보고 싶어도 볼 수 없었던 1966년, 1967년 고등학교 졸업생이 마침내 자신들의 꿈을 펼치고자 시험에 응시했다. 억눌러 온 배움의 열망에 가득찬 청년들은 입학의 기회를 어떻게든 놓치고 싶지 않았던 것이다. 이때 각 성(省)에서 출제한 시험문제로 전국에서 대학입학시험이 행해졌다. 무릇 공인, 농민, 농촌으로 돌아갔던 지식청년과 군인, 간부와 이에 상응하는 고등학교 졸업생은 모두 이해 겨울에 시험에 응시했다. 이해 겨울부터 570만 명의 수험생이 그동안 굳게 닫혀졌던 시험장으로 향했는데 이해에 입학한 신입생이 273만 명이었다. 입학한 신입생은 이미 결혼하여 30여 세가 넘은 부모가 된 사람부터 10여 세의 고등학생도 있었는데, 심지어 어떤 학생은 선생님보다 연령이 많았다.

당시 시험은 크게 문과, 이과로 구분되어 문과에서는 정치, 어문, 수학, 역사, 지리, 이과에서는 정치, 어문, 수학, 물리, 화학을 시험 보고 외국어과에 지원하는 자는 이것 외에 외국어를 시험 보았다. 1978년에는 각 성에서 출제한 시험문제로 전국에서 시험을 치렀다. 시험은 크게 문과·이과로 나누고 문과(철학과 외국어학과 포함)에서는 정치, 어문, 수학, 역사, 지리, 외국어를 시험 보고 이공계(의학과와 농업학과 포함)에서는 정치, 어문, 수학, 물리, 화학, 외국어를 시험 보았는데 외국어에는 영어, 러시아어, 일어, 프랑스어, 독일어, 스페인어 등으로 수험생은 이 중 한 가지를 선택했다.[13] 1978년에 총 610만여 명의 수험생 중에서 신입생이 40여만 명이나 되었다. 대체로 우수한 초등학교 졸업생이 우수한 중학교에 들어가고 우수한 중학교 졸업생이 우수한 고등학교와 대학교에 들어갔다. 이처럼 엄격한 시험제도로 인해 편법으로 대학에 들어가는 부정한 방법이 점점 사라지고 보다 많은 사람이 시험에 임하여 공정한 경쟁을 할 수 있었다.

이렇게 문화대혁명이라는 10년 동안의 큰 재난으로 교육상의 혼란 국면이 끝나자, 학제를 다시 고쳐 중학교의 학습연한을 연장시키고 전문대학과 기술전문학교를 회복시켰으며 직업고등학교를 세웠다. 또한 전문대학과 대학교의 양 체제를 두고 전문학과를 설립했다. 이에 따라 학위제도와 대학원 교육제도를 확대하고 다양한 성인 교육기관을 중건시켰다. 이때부터 중국의 학제는 점점 체계적으로 발전하

13) 李國鈞·王炳照, **中國教育制度通史**(濟南: 山東教育出版社, 2000), 386.

기 시작했다. 조건과 환경이 비교적 좋은 대학은 전문학원과 과학연구기관에 대학원을 설립했다. 석사생은 수업연한이 2~3년으로 학사학위 수여자나 이와 동등한 학력을 소지한 자로 학업을 마치면 이들에게 석사학위를 수여했다. 박사생은 수업연한이 3년으로 석사 학위 수여자나 이와 동등한 학력을 갖춘 자로 학업을 마치면 이들에게 박사학위를 수여했다. 직업연구생은 수업연한을 연장할 수 있었으며 학업을 마치면 이에 상응하는 학위를 받았다.

문화대혁명 후, 많은 학교 교육기관이 예전처럼 회복되자 그동안 배움의 욕구를 충족시키지 못했던 사람들이 배움의 욕구(自學熱)를 충족시키고자 했다. 그중 '대학에 들어가려는 열의'(高考熱)가 대단했다. 대학시험을 보려는 사람이 많아지자 1979년 이후 다양한 대학이 설립되었는데, 예를 들면 정규대학 외에 여가 대학, 영상대학, 야간대학, 직업대학 등이다. 1982년부터 1986년까지 청년들은 단순한 '배움'의 욕구보다 대부분 '학력열'(文憑熱)이 강했다. 따라서 지식과 학력에 대한 강렬한 욕구로 당과 국가는 다양한 교육모형을 제정했는데 검정고시(自學考試) 제도는 당시 학구열에 불타는 사람들에게 새로운 교육의 기회를 주었다. 이 시기에 학벌은 사람들에게 직업을 마련해 주는 '안정된 자산'이나 마찬가지였다.

1986년 4월 12일, 제6회 전국인민대회 제4차 회의에서 「중화인민공화국 의무교육법(中華人民共和國義務教育法)」에 9년의 의무교육을 실행할 것을 규정했다. 이 법에 의해 국가, 사회, 학교와 가정은 학생들이 의무교육을 받을 수 있는 권리를 보호해야 했다. 따라서 만 6세가 된 아동은 성별, 민족, 종족을 구별하지 않고 제한된 의무교육을 받아야 했다. 이때부터 중국에서 법에 의한 9년의 의무교육이 점차 실시되었다. 중국의 이러한 9년제 의무교육은 2003년 말, 전체 인구의 92%에 도달했다.

현행 중국 고등교육의 수업연한은 대학교 4년, 의과대와 소수의 이공대는 5~6년이다. 대학원생은 크게 석사와 박사로 나누며 일반적으로 석사 3년, 박사 3년 과정이지만 최근에 베이징대학을 중심으로 석사 2년, 박사 4년으로 학제에 탄력성을 두고 있다. 과거의 고등교육이 종합성 대학의 소수학과였다면 지금은 이과, 공과, 농과, 의과 등 다양한 대학과 전문학과가 있다. 일부대학은 직업인들에게도 개방했는데 영상대학, 개방대학, 야간대학 등이 그 예다.

1990년대 이후 중국의 정치와 경제체제는 새로운 단계를 맞이했다. 특히 사회주의 시장경제가 발전하자 교육체제와 더불어 21세기 세계의 경제, 과학기술이 매우 빠르게 발전했다. 이로 인해 교육도 현대화로 향했으며, 특히 고등교육 체제에 커다란 변화가 일어나 교육사업이 크게 활기를 띠었다. 그동안 사람들이 학력열에 치중했다면 1994년 이후는 청년들 사이에서 자격증을 취득하고자 하는 '자격증열'이 대단했다. 이것은 1994년 국가가 대학 졸업생의 직업대책으로 원래의 '계획분배'를 '계획분배를 담보하지 않는 것'으로 전환했기 때문이다. 즉, 예전에는 학생이 대학에 들어가면 학비를 지불하지 않았을 뿐만 아니라 생활 등 방면에서 국가의 보조를 받고 졸업 후에도 국가로부터 일자리를 제공받았다. 그러나 이제 일부 대학은 학비를 내야 하며 국가에서 일률적으로 일자리를 제공하던 것을 책임지지 않게 되었다. 이것은 중국교육사상 커다란 의의를 지니는 개혁이다. 이러한 개혁으로 여러 해 동안 지속되었던 '학력열'이 국가에서 계획분배를 하지 않는다는 사회적 요구의 움직임 아래 많은 사람이 '학력'보다는 '자격증'을 추구하려는 성향으로 바뀌었다.

1998년은 컴퓨터와 신경제가 대두되던 해다. 야후(Yahoo)의 양즈위엔(楊致遠), 소호(Sohu)의 장차오양(張朝陽) 등 IT 엘리트 제조의 네트워크 신화 후 많은 사람들, 특히 재능 있는 젊은이들이 점점 IT산업에 관심을 갖기 시작했다. 특히, 중국 최고의 명문이라 하는 칭화대 학생이 창업을 하는 데 주도적이었다. 또한 해외에서 유학을 하고 귀국한 고급두뇌 인력 이른바 '하이구이파이'(海歸派)가 창업에 뛰어들어 새로운 창업분위기가 형성되었다.

인사부 관원에 의하면 2001년 8월 20일 현재, 개혁·개방 이후 중국은 모두 38만 명이 유학을 떠나고 그중 13만 명이 이미 고국으로 돌아왔으며, 약 25만 명은 외국에 남아 공부하기도 하고 일을 하기도 한다고 했다. 외국에 있는 25만 명의 유학생 중에 많은 사람이 교육, 과학기술계에 몸담고 있으며 국제과학기술 외에 금융 관리와 각종 과학기술기업에서 두각을 드러내고 있다. 그중 대다수는 중국의 현재 사회·경제발전에 매우 필요한 인재이다. 1977~2000년 대학입학률을 살펴보면 〈표 2〉와 같다.[14]

14) 劉海峰 等, **中國考試發展史**(武昌: 華中師範大學出版社, 2000), 353.

〈표 2〉 1977~2000년 대학입학률

년 도	수험생수	입학생수	입학률(%)	년 도	수험생수	입학생수	입학률(%)
1977	5,700,000	272,971	4.8	1989	2,662,118	618,940	23.2
1978	6,102,640	292,278	4.8	1990	2,832,751	618,124	21.8
1979	4,684,802	284,102	6.1	1991	2,956,261	619,874	20.97
1980	3,327,869	288,111	8.7	1992	3,026,357	754,192	24.9
1981	2,589,020	282,962	10.9	1993	2,861,361	923,952	32.3
1982	1,867,025	304,935	16.3	1994	2,508,061	899,846	35.9
1983	1,672,727	359,807	21.5	1995	2,530,813	925,940	36.6
1984	1,643,565	426,854	25.97	1996	2,665,917	956,812	35.9
1985	1,758,972	499,292	28.4	1997	2,842,659	1,080,411	38
1986	1,914,340	572,055	29.9	1998	3,191,307	1,083,627	33.96
1987	2,275,063	596,661	26.2	1999	2,840,972	1,548,554	54.5
1988	2,716,408	694,842	26.6	2000	3,400,000	1,734000	51

위의 표를 살펴보면 문화대혁명 이후, 대학시험을 보려는 수험생수가 갑자기 많아졌다가 줄어들었음을 알 수 있다. 이것은 문화대혁명 동안 충족되지 못했던 학습욕구가 어느 정도 충족된 1982년부터 수험생수가 꾸준히 많아진 것이다. 대입수험생이 점점 증가하면서 학생모집 또한 늘어나 입학률이 과거보다 높아졌다. 2000년에 이르러 수험생 중 약 50%가 입학한 통계에 근거하면 고등교육이 과거에는 소수에 집중되었다면 시간이 지나갈수록 이러한 고등교육이 대중화되어 감을 알 수 있다. 지난 1988년부터 2002년까지 중국 전역 대학의 모집정원은 108만 명에서 340만 명으로 3배 이상 증가했으며, 대학입학률은 대략 15% 이상에 도달했다고 언론은 밝혔다. 이 같은 대학 재학생 수의 급증은 중국의 고등교육이 대중화단계에 진입했음을 의미한다.

3. 중국의 현행 대학입학제도

1) 현행 대학입학제도 3+X

중국은 1952년 처음으로 전국통일 대학입학시험을 실시했다. 그러나 이 제도는 1966년~1976년 문화대혁명 동안 중단되었다. 1977년 대학입학시험이 부활될 때, 입학생은 일반적으로 25세를 초과하지 않고 고등학교를 졸업했거나 이와 동등한 학력의 소지자였다. 당시 대학입학 시험유형은 문화대혁명 이전의 문과, 이과로 구분된 것을 그대로 따랐다. 문과유형으로는 정치, 어문, 수학, 역사, 지리, 외국어 등 6과목이고, 이과유형으로는 정치, 어문, 수학, 물리, 화학, 생물, 외국어 등이 있었다. 기타 예능방면은 이와 다른 시험과목을 선택했다. 이러한 과목은 설립 당시 대학교에서 인재를 선발하는 방식 및 중 · 고등학교의 교육과정에 중요한 작용을 했다.

중 · 고등학교의 '시험만을 위한 교육(應試教育)' 경향을 극복하기 위해 1983년 교육부에서 고등학교 졸업 예정자에게 후이카오(會考, 졸업시험)를 제시하고, 1985년 후이카오제도를 실행한 후 대학입학 시험과목수를 줄였다. 먼저 이과 7과목, 문과 6과목을 각각 '3+2' 모두 5과목으로 줄였다. 즉, 후이카오의 토대에서 대학입학 시험과목에 대해 개혁하기 시작했다. 왜냐하면, 과거에 문과 · 이과가 분리된 시험체제는 거의 모두 시험을 위한 과목으로 시험과목이 너무 많아 학생의 부담이 매우 컸기 때문이다. 따라서 1987년 국가위원에서 상하이에서 모두 4과목을 시험보는 '3+1' 방안을 시도하는 것을 비준했다. 1991년 후난(湖南), 하이난(海南), 윈난(雲南) 등 세 개의 성에서 시험과목을 개혁하기 시작하여 총체적인 경험을 근거로 1995년 상하이 이외에 전국 기타 지방에서 문과에서는 어문, 수학, 외국어에 역사, 정치를 시험 보고, 이과에서는 어문, 수학, 외국어에 물리, 화학을 시험 보는 '3+2' 방안을 실행했다.

1998년 하반기에 교육부는 '3+X'라는 대학입학 시험과목을 설치하라는 개혁방안을 제시하고 1999년 광둥성(廣東省)에서 '3+X' 과목 설치방안을 시행했다.

즉, 어문, 수학, 외국어 3과목을 필수과목으로 하고 1과목을 선택하는 일종의 3+1을 선택했다. 2000년에 이르러 이러한 방안은 더욱 확대되었다. 2000년 1월 베이징(北京), 안후이(安徽) 등 성시(省市)에서는 봄, 여름 두 계절에 대학입학시험을 보았다. 과거보다 시험의 횟수가 증가되었는데 그 목적은 학생들에게 '시험 한번으로 인생이 결정된다(一考定終身)'는 정신적 스트레스를 줄이기 위한 것이었다. 이것은 중·고등학생들이 균형 있게 배우고 그들의 개성과 장점을 계발하며 더불어 이것을 통해 현 중·고등학교에서의 교육이 특정 과목에 치우치는 단점을 없애려는 의도였다.

2002년 베이징에서 실시된 대학입학시험으로 '3+X' 과목의 구체적인 형식을 살펴보면 다음과 같다. 문과 수험생은 어문, 수학, 외국어와 '문과종합', 이과 수험생은 어문, 수학, 외국어와 '이과종합'이다.[15] 그중 어문, 수학, 외국어의 문제는 베이징에서 자율적으로 출제했다. '문과종합', '이과종합'은 교육부에서 출제한 문제로 시험을 보았다. 여기서 '문과종합'이란 지리, 역사, 정치 3개의 과목을 말하고 '이과종합'은 생물, 화학, 물리 세 과목을 말한다. '문과종합', '이과종합'은 총점이 300점, 시험시간은 150분이다. 종합식 시험에는 두 가지 유형이 있는데 그 첫째 유형은 4지 선택형이고, 둘째 유형은 주관식 문제다. 이과는 첫 번째 유형에 40%를 두 번째 유형에 60%를 두고 문과는 두 유형 각각 50%의 비중을 둔다. 2003년에 시행한 대학입학 시험은 시험 보는 시기에 커다란 변화가 있었다. 전통적으로 7월 7일에 보던 것을 6월 7일로 시험 시기를 한 달이나 앞당겼다. 따라서 시험 자체만으로도 커다란 정신적 스트레스를 받는 수험생에게 날씨까지 무더워 이른바 '죽

15) 종합과목은 '문과종합'(정치, 역사, 지리)과 '이과종합'(물리, 화학, 생물)으로 나누고 '문과·이과종합' 또는 '전문과목 정도의 종합'으로 나누었다. 2004년 이후, 최종적인 방향은 물리, 화학, 생물, 역사, 지리, 정치의 문·이과로 나누어졌던 과목을 6개 과목(대종합)으로 했다. '종합과목'은 고등학교에서 배웠던 과목을 토대로 종합능력을 측정하는 것이다. 이것은 물리, 화학, 생물, 정치, 역사, 지리 등 과목을 일률적으로 나열한 것이 아니라, 수험생이 중·고등학교에서 배운 지식을 얼마나 이해하고 장악하고 응용할 수 있는지의 능력을 측정하는 것이다. '3+2'의 통일된 체제 아래 배운 지식과 능력을 시험 보는 것과 비교해 보면 '종합과목'은 현실생활과 관련된 문제와 실제문제를 물어보는 문제로 보다 현실적이고 통합적인 시험이다(http://learning.sohu.com/20040331). 1999년부터 대학입학 시험은 처음으로 광둥(廣東)에서 종합과목시험을 보고, 그 후 점점 이 시험이 확대되어 2002년에 이르러서는 전국의 각 성시(샹캉香港, 오먼澳門, 타이완臺灣을 제외함)에서 모두 종합과목시험을 채택했다.

음의 7월'로 인식된 것이 어느 정도 불식되었다.

짧은 시간 내에 대학입학 시험은 전국 각 성시의 교육부에서 출제한 문제를 이용했는데 2004년에는 11개 성시에서 자율적으로 출제했다. 2004년 700만 명의 수험생은 모두 15개로 분류된 시험유형 중 선택해서 시험을 보았다. 시험과목도 전국 각 성시에서 '3+2', '3+X', '3+X+1' 등 다양한 양식이 병존했다. 이것은 수험생이 공부할 때 보다 구체적인 목표를 지니고 공부한 내용과 시험출제 내용이 서로 적합하도록 하여 좋은 성적을 받도록 한 것이다. 이 해의 대입시험제도의 변화는 분산화 · 지방화 · 다양화의 길을 걸어 학교와 학생에게 선택의 폭이 넓어졌다.[16)]

이렇게 1980년대 중반 이후 대학입학 시험제도는 '3+1', '3+2' 또는 '3+X', '3+X+1' 등의 시험방안이 시행되었다. 여기서 3은 어문, 수학, 외국어로 필수 시험과목이며 1, 2, X는 각 전공의 요구에 따라 1과목, 2과목 또는 3과목을 추가하는 것이다. 이렇게 하여 과거보다 학생의 시험부담이 줄어들었다. 이것은 과거의 '시험만을 위한 교육'에서 일부 벗어날 수 있었으며, 학교 교육개혁과 수험생의 질을 개선할 수 있었다. 그러나 이러한 개혁이 가져온 문제도 잇따라 발생했다. '3+X'는 비록 통일된 대학입학 시험제도로 변화되기 시작했지만, 배운 내용과는 적합하지 않다는 문제도 제기되었다. 따라서 교육부는 대학입학시험 개혁방안에 대해 다음과 같이 제시했다.

(1) 대학입학시험의 제도개혁

대학입학고사에 대한 새로운 단계의 개혁을 보면 다음과 같다.[17)]

교육부에서 발표한 「일반고등학교의 학생모집 시험제도 개혁에 관한 의견(關于進一步深化普通高等學校招生考試制度改革的意見)」에서 제시한 대학입학시험에 대한 새로운 개혁내용은 다음 네 가지로 요약된다.

첫째, 대학입학시험 내용에 대한 개혁이다. 이 개혁은 총체적으로 능력과 소질을

16) http://learning.sohu.com/20050106

17) http://learning.sohu.com/20040331

검사하는 데 중점을 두었다. 시험출제 범위는 원칙적으로 '교학의 내용을 따르지만 이 내용에 구속되지 않는'(고등학교 교육대강을 가리킴) 범주 내에서 시험문제를 출제한다. 이것의 의미는 지식이 교학대강을 따르고 그 범주를 크게 벗어나지 않는다는 것이다. 따라서 이미 배운 지식을 충분히 이용하여 문제를 해결하고 분석할 수 있다. 문제 출제는 과거에 주로 지식에 치중했다면 사고를 묻는 문제에 치중하고 응용 문제와 능력 문제를 증가시켰다. 또한 중국과 세계의 경제, 과학기술, 사회 발전과 관련지어 문제가 출제되었다. 시험 내용은 단편적인 학과 지식과 능력을 시험하는 것을 중심으로 종합능력을 측정하는 것이며, 전통적인 학업과 관련된 지식 관념을 묻는 것을 타파하고 학업능력을 조사하는 것과 동시에 이러한 능력을 뛰어넘는 종합능력을 테스트하는 것에 치중했다. 시험문제를 적당히 줄여 학생에게 보다 사고할 수 있는 시간적 여유를 부여했다. 시험은 학생들에게 난이도가 높지 않도록 계획하지만 일정한 난이도와 사고의 시간을 조절했다. 답안은 학생의 사고확장에 유리하도록 구성했고 학생이 보다 넓은 사유공간을 갖도록 해서 침착해야 문제를 풀 수 있도록 했다.

둘째, 대학입학 시험과목의 개혁이다. 1999년부터 시작되어 약 3년 동안 '3+X' 과목을 시험방안으로 했다. 여기서 '3'이란 어문, 수학, 외국어로 모든 수험생이 반드시 치뤄야 하는 과목이다. 영어는 점진적으로 듣기평가를 중시했다. 'X'는 대학교의 과정, 대학의 특징에 맞는 요구에 부응하여 물리, 화학, 생물, 정치, 역사, 지리 6개 과목 또는 종합과목(문과종합, 이과종합 또는 전문과목 종합을 포함) 중 한 과목 또는 몇 과목을 정해서 시험 본다. 수험생은 자신이 원하는 것에 따라 대학에서 정한 과목 시험에 응시해야 한다.

셋째, 대학입학시험 형식의 개혁이다. 2000년 베이징, 상하이, 안후이에서 진행된 춘계시험의 개혁이 있었고 2001년 베이징, 상하이, 안후이, 내이멍구(內蒙古) 자치구에서도 계속해서 이 항목에 대한 개혁이 이루어졌다. 일년에 두 번 행해지는 대학입학시험은 수험생의 정신적인 압력을 덜어 주고 보다 많은 시험기회를 부여했다. 그러나 현행 전국통일 시험은 변하지 않고 있다.

넷째, 등록방식의 개혁이다. 대부분 지역에서 인터넷으로 등록하게 함으로써 공정성을 가져 왔으며, 아울러 인력, 재력을 아낄 수 있었다.

이러한 대학입학시험제도의 개혁은 이미 커다란 성과를 낳았으며 교육부는 대학의 학생모집을 위한 시험제도 개혁을 추진하고 있다.

(2) 시험과목의 다양화[18)]

2003년 전국 대부분의 성(省), 시(市), 자치구(自治區)는 모두 '3+문과종합/이과종합'이라는 대학입학 시험유형을 실행했다. 그중 '3'은 어문, 수학, 외국어 3과목을 가리키고 점수는 모두 150점이다. 문과종합(정치, 역사, 지리 과목 포함)과 이과종합(물리, 화학, 생물 과목 포함)은 점수가 모두 300점이다. 그러나 'X'의 차이는 매우 크다. 광둥의 'X'는 수험생이 자신의 희망과 특기에 따라 자유롭게 선택할 수 있었는데 물리, 화학, 생물, 정치, 역사, 지리, 영어(2), 종합, 체육, 음악, 미술 등 11과목을 포함하며 150점 만점이다. 장수(江蘇)는 '3+1+1'의 유형을 실행하고 랴오닝(遼寧)은 교육부에서 출제한 문제를 부분적으로 채택하여 '3+문과·이과 대종합+1'의 시험방안을 실행했다. 여기서 '3'은 어문, 수학, 외국어 3과목으로 300점 만점이다. '1'은 물리, 화학, 생물, 정치, 역사, 지리 6과목 중 하나를 선택하는 것으로 150점 만점이다. 광시에서의 시험 선발방식은 본과 전문과목으로 분류하는 방법을 채택했다. 2004년 수험생은 반드시 교육부에서 출제하는 통일된 시험인 대학입학시험을 치러야 했다. 시험과목은 '3+X'로 하고 필수 공통과목인 어문, 수학, 외국어 3과목 외에 물리, 화학, 생물, 정치, 역사, 지리와 문과·이과 대종합 등 7과목 중에서 2~3과목을 선택하여 시험을 보았다. 단과대학 및 종합대학은 선택과목을 다음과 같이 제한했다.

X1–물리·화학, X2–물리·생물, X3–생물·화학, X4–정치·역사, X5–정치·지리, X6–지리·역사, X7–종합·물리, X8–종합·화학, X9–종합·생물, X10–종합·정치, X11–종합·역사, X12–종합·지리

수험생은 지원 시 자신이 정한 수험과목에 응시해야 한다. 2차에 걸친 대학입학

18) http://learning.sohu.com/20040331

시험을 실행한 후, 수험생은 모두 매년 두 번에 걸쳐 응시할 수 있다. 2004년 전국적으로 '3+X'라는 시험유형이 실행되었지만 일부 성시에서의 대학입학 시험과목에 커다란 변화가 있었다. 예를 들면, 허난에서는 '3+대종합+1' 방안을 실행하던 것을 '3+문과·이과종합' 방안으로 바꾸었다. 2004년 대학입학시험 개혁의 범주가 확대되어 24개의 성시에서 새로운 대학입학시험 방안을 채택했다.

2004년 베이징의 대학입학 시험과목은 여전히 3+X로 '3'은 어문, 수학, 외국어로 수학은 문과, 이과로 나누고 외국어 시험에 듣기시험이 추가되었다. X는 문과종합 또는 이과종합이다. 대학입학시험 중 어문, 수학, 영어, 문과종합, 이과종합은 베이징에서 단독으로 출제했다. 일어, 러시아어 시험은 계속해서 교육부에서 출제한 문제로 시험을 보았다. 교육부의 통일된 계획에 따라 베이징의 대입시험에서 외국어와 수학 시험시간은 어문과 수학을 각각 다른 날짜 첫 시간에 보고 외국어 시험은 오후 3시에 거행되었다.

외국어시험은 듣기시험이 포함되었는데 수험생은 시험 15분 전에 시험장에 도착하여 시험감독의 주의사항을 들어야 한다. 2004년 베이징에서만 약 8만여 명의 수험생이 자율적으로 처음 출제한 문제를 풀었다. 예전과는 달리 베이징에서 이루어지는 대학입학시험은 부분적으로 시험 시간이 조절되어 외국어를 첫날에 보았다. 중국의 대학입학시험은 이러한 정식적인 시험 외에 특정 방면, 예를 들면 수학, 과학, 문학 등에 뛰어난 학생이 추천에 의해 입학하는 경우도 있다.

2) 2005년 대학입학시험 개혁 방향

1977년 대학입학시험이 회복된 이래로 시험개혁이 끊임없이 이루어졌는데 교육부에서 제시한 2005학년도 대학입학시험 개혁안을 살펴보면 다음과 같다.[19]

(1) 대학입학 시험유형 및 과목

2002년 상하이, 장수, 허난, 광둥에서는 '3+문과·이과종합+1', 광시에서는

19) http://learning.sohu.com/20040810

'3+Xi', 기타 성시에서는 '3+문과 · 이과종합'을 선택했다. 그중 톈진(天津), 산시(山西), 장시(江西)에서는 새 과정을 선택했다. 2003년 랴오닝, 상하이, 허난, 광둥에서는 '3+문과 · 이과종합+1', 광시에서는 '3+Xi', 장수에서는 '3+2'로 시험을 보고 기타 성시에서는 '3+문과 · 이과종합'으로 시험을 보았다. 그중 톈진, 산시, 헤이룽장(黑龍江), 장수, 안후이, 장시, 산둥(山東), 허난, 칭하이(青海)는 새로운 과정으로 시험을 보았다. 2004년은 대입시험 체제 혁명의 1년이 된 해로 2004년 랴오닝에서는 '3+문과 · 이과종합'을 채택하고, 상하이, 광둥, 광시에서는 '3+문과 · 이과종합+1', 장수에서는 '3+2'를 채택했으며 기타 성시에서는 모두 '3+문과 · 이과종합'을 채택했다. 그중 베이징, 네이멍구, 광시, 하이난(海南), 시장(西藏)의 모든 시험과목은 구과정을 따랐다. 산시(陝西)는 이과종합 중의 생물을 새 과정으로 하고 기타 구과정을 채택했으며, 그 나머지 성시는 새 과정을 채택했다. 주의해야 할 것은 2005년 전국 각 성시의 모든 대학입학시험이 모두 새로운 과정을 채택한 것이다. 대학입학 시험유형은 소수의 성에서 약간의 조절을 했을 뿐, 커다란 변화는 없었다.

(2) 시험출제 방식

2002년 상하이에서 단독으로 시험문제를 출제한 것 외에 기타 성시에서는 교육부에서 출제한 문제를 중심으로 채택했다. 2003년 상하이에서 실시한 시험 과목은 모두 자율적으로 출제한 것이며, 베이징은 단독으로 어문(語文, 국어), 수학, 영어를 출제했다. 기타 성시 및 베이징은 그 외 과목에서 모두 교육부에서 출제한 시험문제를 채택했다. 2004년 베이징, 톈진, 상하이, 장수에서는 대학입학 시험문제를 모두 자율적으로 출제했으며 랴오닝, 저장(浙江), 후베이(湖北), 충칭(重慶), 광둥은 어문, 수학, 영어를 단독으로 출제하였고, 기타 과목 및 기타 성시에서 모든 과목은 교육부에서 출제한 문제를 중심으로 채택되었다. 대학입학시험의 개혁 추세를 보면 시험문제를 자율적으로 출제하는 비율이 점점 확대되었다는 점을 알 수 있다.

(3) 대학의 자율적인 학생모집

2003년 자율적으로 학생모집을 한 곳은 다음과 같다. 베이징대학, 중국런민대학(中國人民大學), 칭화대학(清華大學), 베이징사범대학(北京師範大學), 중국정파대학(中國政法大學), 푸단대학(復旦大學), 통치(同濟)대학, 상하이지아통대학(上海交通大學), 화둥리공대학(華東理工大學), 화중사범대학(華東師範大學), 난징대학(南京大學), 동난대학(東南大學), 난징항콩반천대학(南京航空辦川大學), 난징이공대학(南京理工大學), 허난대학(河南大學), 중국야오커대학(中國葯科大學), 난징농업대학(南京農業大學), 저장대학(浙江大學), 중국과학기술대학(中國科學技術大學), 화중커지대학(華中科技大學), 중산대학(中山大學), 총칭대학(重慶大學) 등 22곳이다. 2004년 6곳의 학교에서 자율적으로 학생을 모집했는데 따리엔(大連)이공대학, 동베이대학(東北大學), 시안지아통대학(西安交通大學), 우한대학(武漢大學), 화중사범대학(華中師范大學)과 화난이공대학(華南理工大學)이다. 향후, 자율적으로 학생을 모집하는 대학교는 더 증가할 것이다.

(4) 시험 규칙

시험 규칙을 살펴보면 다음과 같다.[20]

1. 수험생은 '수험증'이 있어야 시험장에 들어갈 수 있으며 어떠한 책과 신문, 원고물을 가지고 들어갈 수 없다. 단지 문구류, 예를 들면 연필, 볼펜, 만년필, 삼각자 등을 가지고 갈 수 있다. 단, 계산자와 계산기는 가지고 들어갈 수 없다.
2. 수험생은 시험보기 15분 전에 시험장에 들어가야 하며, 수험증에 있는 번호대로 의자에 앉고 더불어 수험증은 책상의 왼쪽 모서리에 놓아 감독관이 검사하기에 편하도록 해야 한다. 시험 시작종이 울리면 시험문제를 풀기 시작한다.
3. 15분 늦으면 입장할 수 없으며, 시험이 시작된 지 30분 후에야 시험장을 떠날 수 있다.

20) http://learning.sohu.com/20040331

4. 수험생이 시험문제에 의문이 있을 때는 감독관에게 물어볼 수 없지만 시험문제의 내용에 영향을 주지 않는 내용, 예를 들면 시험문제를 잘못 나누어 주거나 글자가 잘 보이지 않을 때 등의 문제는 손을 들어 물을 수 있다.
5. 답안은 일률적으로 남색이나 검정색 연필 또는 남색, 검정색 볼펜으로 쓴다.
6. 시험지의 정해진 부분에 이름과 수험번호를 쓰고 기타 표기는 하지 않는다.
7. 시험장소 내에서는 반드시 안정을 취하고 담배를 피울 수 없다. 시험장 근처에서 떠들어서는 안 된다.
8. 시험 종료시간이 되면 수험생은 쓰던 답안을 멈춘 뒤, 시험지와 답안지를 책상에 그대로 놓는다. 시험지와 답안지를 가지고 나갈 수 없다.
9. 수험생은 반드시 시험장소의 규칙을 지키고 잡담을 하지 말며, 타인의 답안을 몰래 보지 말고 시험지를 바꾸지 말아야 한다.

4. 나오는 말

고대 중국에서 고등교육기관이 생긴 이후, 그 교육내용의 심화학습을 위해 시험은 오래 전부터 존재해 왔다. 그리고 이러한 시험은 서주시대의 선사에서부터, 추천으로 인재를 선발했던 한대의 찰거제와 지금의 대학입학시험과 같은 성격을 지닌 수대의 과거제도까지 그 종류와 방법이 매우 다양했고, 역사 또한 장구했음을 알 수 있다. 1300여 년 동안 내려오던 과거제도가 1905년 폐지된 이후, 중국의 입시제도는 정치적 사건에 따라 조금씩 변화되어 왔다.

중국의 현행 대학입학시험은 1952년 전국통일 대학입학시험을 실시한 이후로 수험생수가 끊임없이 증가했다. 문화대혁명 이전, 많은 대학은 특성화 교육에 중점을 두어 세워졌다. 예를 들면, 베이징대학은 문과중심교육, 칭화대학은 이공계중심교육, 베이징사범대학은 교사양성기관으로 현재에도 많은 대학이 특성화 대학으로 자리 잡고 있다. 현재, 중국 대학종합평가에서 서열 1위를 달리고 있는 칭화대학에는 문화대혁명 이전에 이미 '노벨반'으로 불리는 특별반을 두어 1957년 노벨 물리학상 수상자(양쩐닝, 楊振寧)를 배출하기도 했다.

그러나 1966년부터 1976년까지 10여 년간에 걸쳐 진행된 '문화대혁명'은 대학입학시험에 엄청난 충격과 영향을 주었다. 이 기간 동안 중국의 교육은 거의 발전이 없었다. 문화대혁명 기간 동안 많은 지식인이 숙청당하고 대학교육기관이 강제로 폐쇄되거나 다른 학교에 합병되었으며, 다른 지역으로 학교가 이전되기도 했다. 설령 학생을 모집하는 대학이 있다 하더라도 입학시험에 의한 선발이 아니라 '공농병학생'이며, 이들은 노동 경험이 있거나 추천에 의한 입학생으로 문화대혁명 이전의 학생들과 비교해 볼 때, 그 수준이 상당히 낮았다. 대학에서의 교육 내용도 마오쩌둥 사상을 중심으로 한 정치, 군사 훈련 등으로 당시 대학의 기능은 학문을 하는 곳이기보다 실제 훈련을 하는 장소에 불과했다.

1976년 문화대혁명이 끝난 후부터 정상적인 대학 운영이 시작된 중국의 대학입학시험제도는 1977년 대학입학시험제도의 부활과 함께 끊임없는 시행착오 속에 오늘날의 대학입학시험인 '3+1', '3+2' 또는 '3+X', '3+X+1' 등에 이르고 있다. 대학 내에서도 질적·양적인 인재양성으로 대학의 시험체계가 안정되기 시작했다. 1990년대에 들어서서 기존 대학들이 통합되거나 새로운 명칭을 가진 대학들이 설립되고 특성화되었다. 문화대혁명 기간에 중단되었던 중국의 우주개발계획도 1992년 다시 시작되면서 중국은 러시아와 미국에 이어 2003년 유인 우주선 선저우(神舟) 5호를 발사하는 데 성공했다. 이것은 문화대혁명 이전에 많은 대학에서 실시되었던 특성화 교육과 무관하지 않다.

대학입학시험은 한국뿐만 아니라 중국에서도 큰 관심을 갖고 있는 화제 중 하나다. 어떻게 좋은 인재를 뽑아 교육시켜 사회에 환원할 수 있는가는 대학교육의 사명이라 생각한다. 그러나 이러한 순수 목적을 달성하기 위한 밑받침으로 대학의 '재정'을 고려하지 않을 수 없다. 따라서 중국의 대학도 이젠 '살아남기 경쟁'에 진입하고 있다. 이러한 '살아남기 경쟁'에 대한 방법으로 국내적으로 첫째, '대학 간의 합병화'가 빠르게 진행되고 있고, 둘째, 1994년부터 장기간의 사업으로 우수한 인재를 양성할 수 있는 세계적인 대학 육성프로그램인 '211공정'(工程)[21] 사업을

21) '211공정'이란 중국이 21세기를 대비해서 100여 개의 대학과 학과를 집중적으로 건설하자는 것으로, 그 목적은 고등교육의 발전을 추진하고자 하는 것이다. 이러한 중점대학은 국가에서 다양한 혜택을 부여하

시작하여 교육 및 다양한 연구 분야에서 많은 성과를 내려고 노력하고 있다. 국외적으로는 첫째, 각 대학에서 해외 학생을 끌어들이기 위한 다양한 방법을 모색하고 있으며, 둘째, 2008년 베이징 올림픽과 2010년 상하이 엑스포 개최지 확정 및 2001년 WTO 가입 후, 교육시장이 개방되면서 한 · 중 교육, 사회, 문화, 경제 등 다양한 방면에서 한국 및 다양한 국가들과의 교류협력을 강화하고 있다.

어느 시대를 막론하고 시대적 요청에 적합한 인재를 선발하는 것은 매우 중요한 의미를 갖는다. 그 선발방법이 시대적 · 사회적 조건에 따라 차이가 있지만 대부분의 방법이 시험이란 것을 통해 이루어진다는 것은 예나 지금이나 변함이 없다. 시험이 최고의 방법은 아니지만 객관화된 차선책이었다고 사료된다. 이에 중국의 대학입시제도는 우리에게 시사하는 바가 크다. 유구한 양국관계는 물론이거니와 가장 오랜 선발제도를 유지하고 게다가 유가를 중심으로 한 '교육을 중시하는 분위기'의 국민적 정서까지 매우 흡사하기 때문이다. 우리와는 다른 체제와 정치노선을 걷으면서 나름대로 시도한 중국의 대학입시제도는 아직 변화 중이지만 이러한 변화에 대한 연구가 우리의 교육발전에 나름의 공헌을 하리라 믿고 앞으로 보다 심도 있는 논의를 기대해 본다.

참고문헌

高時良. **中國古代教育史綱**. 北京: 人民教育出版社, 2003.

郭齊家 · 李庚子 譯. **중국의 고대학교**. 서울: 원미사, 2004.

曲士培. **中國大學教育發展史**. 太原: 山西教育出版社, 1993.

方曉東 · 李玉非 · 畢誠 · 宋薦戈 · 王洪元. **中華人民共和國教育史綱**. 海口: 海南出版社, 2002.

射青 · 湯德用主 編. **中國考試制度史**. 合肥: 黃山書社, 1995.

楊學爲 · 朱仇美 · 張海鵬主 編. **中國考試制度史資料選編**. 合肥: 黃山書社, 1992.

여 집중적으로 지원되고 있다. 따라서 많은 대학이 중점대학에 속하고자 합병, 특성화 등의 방법으로 노력하고 있다.

王炳照 · 郭齊家 · 劉德華 · 何曉夏 · 高奇. **簡明中國教育史**(修訂本). 北京: 北京師範大學出版社, 1998.

劉海峰 等. **中國考試發展史**. 武昌: 華中師範大學出版社, 2002.

李國鈞 · 王炳照主 編. **中國教育制度通史**(第七卷). 濟南: 山東教育出版社, 2000.

李國鈞 · 王炳照主 編. **中國教育制度通史**(第八卷). 濟南: 山東教育出版社, 2000.

中華人民共和國教育部新聞班公室. **中國教育新聞大事記**. 北京: 中國人民大學出版社, 2003.

http://learning.sohu.com/20040331

http://learning.sohu.com/20040810

http://learning.sohu.com/20050106

동북저널. 2003.8.11-17.

北京日報. 2004.2.13.

중앙일보. 2005.1.26.

대만 다원입학제도의 개혁방안 논의

최영표

1. 서 론

대만의 정식명칭은 '중화민국'으로 1911년 손문 선생이 세운 국민당 정부가 세운 나라다. 이 정부는 19세기 말 청제국의 쇠퇴와 한족의 민족운동에 힘입어 남경을 수도로 삼아 중국천하를 재통일하였으며, 2차 대전 중에는 세계 5대 강국으로서 우리 독립운동에 물심양면으로 도움을 준 형제의 나라였다. 그러나 일제와의 긴 전쟁에 지치고, 마오쩌뚱의 중국공산당과의 주도권 싸움에서 실패하여 마침내는 대륙까지 넘겨주고 1949년 대만으로 천도하게 되었다.

이후 1970년대 후반 미국의 단교로 시작되는 각국의 국교단절사태로 말미암아 국제적으로 고립되고, 국내적으로는 토착민[1]과 이주민[2] 사이에 분쟁이 폭발되어 고웅(高雄) 사건이 터지는 등 사회적으로 불안했던 적도 있었으나, 1990년대 후반 평화적으로 민진당에 정권을 이양하고 안정된 사회 속에서 번영을 지속하고 있다. 총인구는 약 2,200만 명으로 선주민족인 고산족이 30만 명 정도이고 나머지는 중국대륙에서 이주한 한족인데, 민남계(閩南系)가 제일 많고 다음이 객가계(客家系)이다.

이와 같이 대만은 근대 이전에는 비록 미개발지로 남아 문화적 후진성을 면치 못하였으나 근대 이후에는 그들의 정치 · 역사가 중국과 밀접하게 연결되어 왔으며,

1) 1949년 이전 이주한 중국인으로 본적이 대만으로 되어 있는 자들을 지칭하는데, 이들이 집단적으로 이주하기 시작한 것은 16세기 무렵이었으며 청 말기에는 이주가 급증하여 250만 명에 달했다.

2) 1949년 장개석 국민당 정부가 대만으로 쫓겨 갈 때 동행한 주민을 말한다. 이들은 본적이 대륙으로 되어 있다.

또한 사회 · 문화의 모든 면에서 중국의 전통적인 요소를 근간으로 삼아 발전해 왔다. 대륙의 공산주의체제인 중화인민공화국과 다른 삼민주의 이념에 기반하고 있는 중화민국, 국제적으로는 대만이라 불리고 우리와는 1992년 단교된 채 어설픈 관계를 유지하고 있는 나라, 대만의 대학입시제도는 최근 들어 새롭게 개혁되고 있다.

이러한 사회적 배경을 지니고 있는 대만을 대상으로 하여 본고는 먼저 대학입시 개혁의 배경을 살펴보고 이어서 금년부터 적용되고 있는 다원입학방안(多元入學方案)을 구체적으로 소개한 후 마지막으로 나름대로의 논의를 하는 것으로 이 글을 마치고자 한다.

2. 대만 대학입시 개혁의 배경

1) 대만의 학교제도와 예전의 대학입시

대만의 현행 학제는 6 · 3 · 3 · 4제[3])를 근간으로 하고 있어 단선제에 속하나, 후기 중등단계부터 학술계열과 직업계열로 엄격히 구분 · 운영하고 있어 분지형(分枝型) 또는 포크형(Fork type)의 색채를 많이 띠고 있다. 초등과 전기 중등단계까지는 보통교육을 위주로 하며, 후기 중등단계부터는 기초학술계열인 고급중학교와 직업교육계열인 고급직업학교로 구분하고, 고등교육 단계 또한 학술교육계열인 일반대학(교)과 직업교육 계열인 전과학교(專科學校), 기술대학으로 구분하여 운영하여 왔었다. 그리고 민생주의에 기반을 두어 중소기업 우선정책을 펴 옴으로써 직업계열을 적극 육성하여 후기중등단계의 직업교육 비중이 한동안 70%를 넘기도 하였으나 지금은 지식사회의 도래에 부응하여 학술계열을 늘려 60% 수준으로 낮아져 있다.

예전의 대학입시는 연합고사제도(聯考)로써 1984년 7월부터 시행되었던 제도로 선시험 후지원 제도였다. 전국을 한 학군으로 하여 전 · 후기 구별 없이 1차에 연합고사 성적순으로 배정하는 방식이었다. 지원은 8개로 구분된 대학입학고시 응시계열(문 · 법 · 상 · 이A · 이B · 농A · 농B · 의) 내의 학과별로 제한 없이 허용하고 있었기 때문에 고득점자가 탈락하는 일은 거의 없었다.

한편 학생의 능력과 적성에 따른 진학을 유도하며, 대학의 특성에 따라 학생을 선발할 수 있도록 강화시켜 주기 위해서 연합고사의 응시계열을 앞서 언급한 바와 같이 8개로 세분하고 학부 또는 전공별로도 가중점제도와 과락제도를 적용할 수 있도록 했다. 그러나 가중점제 적용과목수는 입시의 복잡성을 피하기 위해 응

---

3)

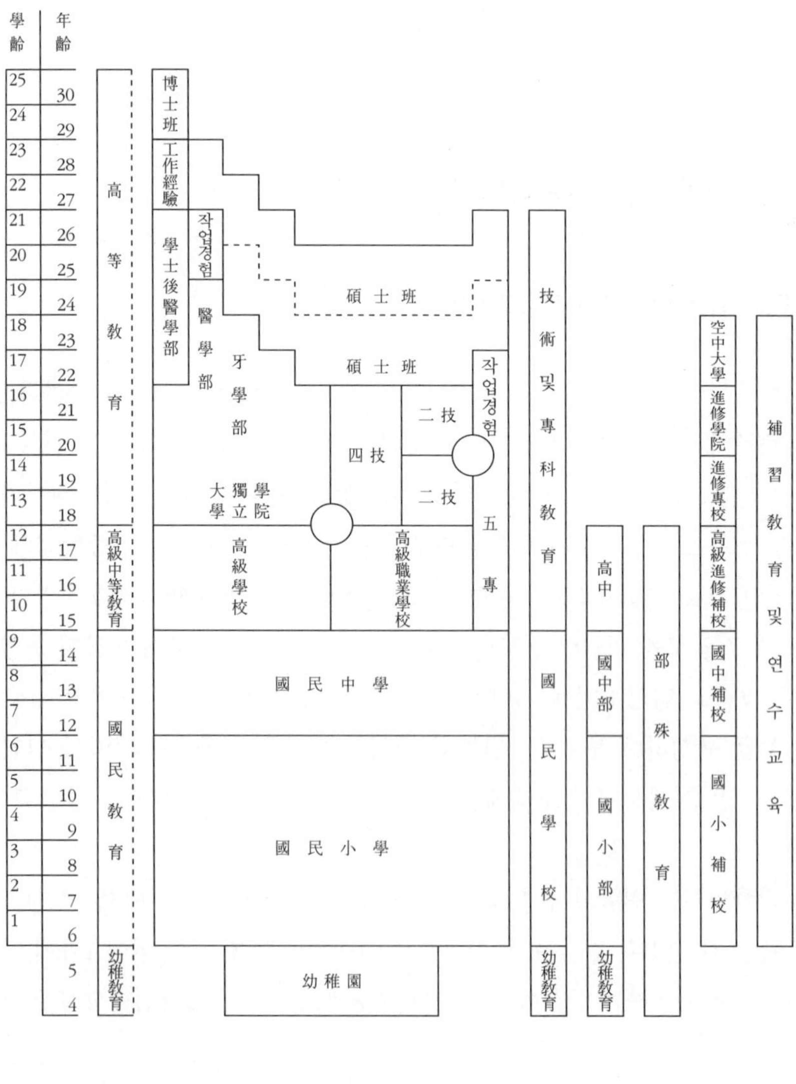

시과목의 과반수를 넘지 않도록 했으며, 가중치는 150%를 상한선으로 했었다.

이 제도 또한 기회의 균등화 원칙에 입각하여 공평한 기회를 제공하는 데 초점을 두고 있다고 하겠는데, 학벌주의 사회구조 때문에 적성을 무시한 진학사례가 많아 입학 후 전과 희망자가 지속적으로 발생하는 등 문제점도 많았다.

2) 교육개혁심의위원회의 문제 제기

대만의 행정원교육개혁심의위원회는 1996년 12월에 교육개혁보고서를 제출했는데, 이 보고서에서 연합입시제가 표준화된 획일적인 특성을 띠고 있어 객관성, 공정성은 지니고 있지만 교육적으로 여러 문제를 파생하고 있기 때문에 필히 개혁되어야 함을 주창했다.

구체적으로는 연합입시제는 지원→연합고사→연합고사 성적에 따라 대학에 배치하는 과정을 밟음으로써 지육중심(智育中心)의 입시위주 교육으로 치닫고 있다는 것이다. 따라서 학생의 적성과 흥미, 취미를 개발하지 못하고 있으며, 양습관(良習慣)을 길러 내지 못하고, 바람직한 인생관 · 세계관도 육성하지 못하고 있다는 문제점을 지니고 있다. 또한 적성에 따른 인재를 배치한다는 적재적소(適材適所)의 목표와 다양성을 지닌 자주적인 인재를 길러 내는 목표를 훼손하고 있다는 비판을 제기했다.

이어서 연합입시제의 장점으로는 일반적으로 공평성을 들고 있는데 기술상의 공평성만 관심을 두고 있지 이념상의 공평성, 즉 학생이 적성에 맞는 대학, 학부에 진학할 수 있는가 하는 적재적소의 원리는 감안하지 못하고 있다는 지적을 했다. 기존의 연합입시제는 학생의 지원과 연합고사 고득점순에 따라 배치하고 있기 때문에 대학의 학생선택권은 인정하지 않았다. 실제적으로 입시생은 우수대학 순위(排行榜)에 따라 지원하고 있는 실정이어서 진학 후 적응하지 못하고 전과를 요청하거나 다시 재수하여 진학하고자 하는 자가 많은 것이 현실이었다. 또한 우수대학의 입학경쟁은 매우 치열한 데 비해, 하위대학은 정원도 채우지 못하는 현상이 발생되고 있다.[4] 교육의 본질적인 측면에서 보더라도 기존의 연합고사는 몇 개 시험과목 점수만을 능력으로 보고 있어 교육목표 측면에서도 지육(智育)만을 감안할 뿐,

덕 · 체 · 군 · 미육(德 · 體 · 群 · 美育)[5]은 충실히 반영하지 못하고 있다. 결과적으로 학교교육의 정상화를 심각하게 훼손하고 있다는 비판을 낳고 있다.

3) 교육개혁심의위원회의 개혁방향 건의

이러한 문제점에 직면하여 위원회는 '다원입학제도의 추진'(推動多元入學制度) 항목으로 대학입시의 개혁방향과 원칙을 건의하였는데 구체적으로는 네 가지로 요약된다.

첫째, 입시는 두 부분의 평가를 거치도록 한다. 첫 부분은 기초과목 능력의 평가로 표준화된 통일고시 방식으로 치르도록 하며 선별의 기준으로 삼는다. 두 번째 과정은 기타 항목의 표현 부분으로 다양한 방식의 평가자료를 사용한다. 이 과정의 시험이 꼭 지필고사일 필요는 없다. 시험도 대학 단독으로 실시할 수도 있고 연합해서 실시할 수도 있다. 모집단위도 학부단위로 또는 대학단위로 하든지 자율적으로 선택할 수 있도록 하여 융통성을 둔다. 장기적으로는 기초과목 성적, 내신 성적, 집단활동 상황, 경시대회 성적, 추천장 등을 포함할 수 있도록 하며 특수과목을 시험 볼 수도 있다. 그리고 시험은 문제은행식을 채택하도록 한다.

둘째, '대학입학고시중심'이 주관하여 '대학다원입학방안'을 연구 · 제시하도록 한다. 구체적으로 추천전형을 지속하면서 연합입시제도를 개선하도록 하고 시험과목, 점수계산과 대학 배치에 융통성을 두며 2단계로 전형하는 새로운 연합입시제로 나아가도록 한다. 새 연합입시제와 추천전형제는 상보적 관계이어야 하며 대학 선발권도 확보하고 하급 학교교육의 정상화가 이루어질 수 있어야 한다.

셋째, '대학입학고시중심'은 대학다원입학방안 중의 통일고시, 수 차의 부문별 과목시험을 시기별로 안배하여 입시생이 개인의 요구에 따라 선택하고 응시할 수

4) 대만도 최근 입학학생자원의 감소로 인하여 하위 대학들이 입학정원을 채우지 못하는 경우가 많다. 예컨대, 2003년의 경우 전국적으로 28개 학부, 103명이 미달되었다.

5) 대만의 교육목표는 지 · 덕 · 체 외에 군육과 미육을 포함하여 5육으로 하고 있다.

있도록 한다. 대학은 학생표현의 방식과 표준을 정하며, 입시생은 시험성적과 관련 자료에 따라 지원할 수 있도록 하여 입시제도가 근본적으로 변화되도록 한다.

넷째, 대학입시제도는 고교 졸업생을 어떻게 모집하고 사회인을 어떻게 모집할 것인가를 포함하여야 한다.

3. 다원입학제도 방안

2005년 7월에 처음으로 적용된 입시제도는 앞서 언급한 행정원 교육개혁위원회의 건의에 따라 마련된 안을 지난 몇 년간 시범적으로 실시하면서 수정 · 보완한 방안으로서, 2003년 3월 21일 대학입시위원회 연합회 2002학년도 제2차 대회에서 통과되어 동년 7월 8일 교육부가 공포하였는데 구체적으로 살펴보면 다음과 같다.

1) 새 입시의 목표 및 흐름도

이번 제도는 먼저 대학입학시험 종류와 모집 방법 및 시기를 분리하여 다원입학의 정신을 실현하도록 하고 있다. 그리고 학생모집이 공평성, 다원성, 간편성의 원칙에 부합되도록 하면서 대학도 원하는 인재를 선발할 수 있는 자율성을 갖도록 하는 데 목표를 두고 있다. 이 안을 이해하기 쉽도록 흐름도로 제시하면 〈그림 1〉과 같다.

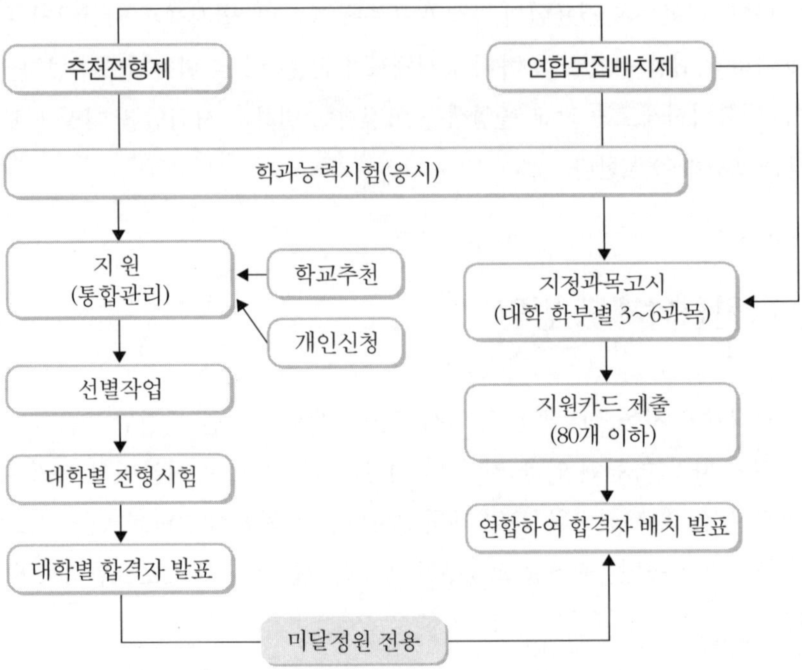

[그림 1] 새 입시의 흐름도

2) 시험 종류

시험 종류는 학과능력고시, 지정과목고시, 예체능과고시의 세 가지가 있는데 입시생은 원하는 입학 방법에 따라 필요한 시험을 선택하여 응시하도록 하고 있다.

(1) 학과능력고시

이 시험은 앞서 언급한 바와 같이 입시생을 1차 선별하는 역할을 하는데 매년 2월 말 이전에 실시하도록 하고 있다. 국어, 영어, 수학, 사회, 과학의 5개 교과를 포괄하고 성적은 15등급으로 표시하도록 하고 있다. 각 시험문제는 고교 1, 2학년 필수 과목의 교육과정 표준을 기준으로 하며, 추천전형제와 연합모집배치제에서 모두 활용된다.

(2) 지정과목고시

이 시험은 대학입학고시중심이 매년 7월 초에 실시하는데, 국어, 영어, 수학(갑), 수학(을), 물리, 화학, 생물, 지리, 역사의 9개 교과를 포괄하고 있다. 입시생은 각 대학 · 학부가 규정한 시험조건에 따라 자신이 과목을 선택하여 시험을 보는데 성적은 100점 만점으로 계산한다. 각 교과의 출제 범위는 고교 1~3학년 과정 표준을 기준으로 삼도록 하고 있다. 이 시험은 연합모집배치제를 통해 진학하려고 하는 자에게 적용된다.

(3) 예 · 체능과고시

이 시험은 '대학모집위원회연합회'가 전문기관에 위탁하여 매년 3월 중순 이전에 실시한다. 음악, 미술, 체육, 무용, 희극 등의 계열을 포괄하는데 이 계열의 추천전형제 및 연합입시배치제에 적용된다.

3) 학생모집

각 대학은 특성에 따라 학생모집 조건을 결정하고 적성을 지닌 학생을 모집할 수 있도록 하는데, 앞서 언급한 추천전형제와 연합모집배치제의 두 가지로 구분된다. 전자는 전국성 '대학추천전형입학기구'와 대학교 · 학부가 담당하며, 후자는 '연도연합배치위원회'가 주관하도록 하고 있다.

(1) 추천전형제

이 제도는 학교추천제와 개인신청제로 구성되어 있는데, 전자는 개별 고등학교가 대학 · 학부가 규정한 추천 조건에 따라 당해 연도 졸업예정자를 추천하는 제도이며 고교별로 1개 대학의 학부에 2~3인을 추천하도록 하고 있고 학생별로는 1개교에만 가능하다. 이에 대해 후자는 입시생 개인의 뜻에 따라 추천하는 방식으로 대학입학자격을 지닌 자 모두가 가능한데, 자신의 적성, 취미와 부합되는 대학 · 학부를 선택하여 신청하는 방식으로 5개교까지 가능하다. 학교추천제와 개인신청제 양식은 같으며 학생별로 1장의 신청서에 모두 기재하여야 하며 개별 학생은 한 대학 · 학부에 대해서는 한 가지 방식만 선택하여야 한다.

각 대학이 추천전형제에 의해 선발할 수 있는 정원은 교육부가 제시한 기준에 의하도록 하고 있다. 각 대학이 추천전형제를 두지 않든지 또는 추천전형으로만 학생을 선발하든지 기본적으로 학교추천제에 의한 모집정원은 교육부가 정한 기준보다 적지 않도록 하고 있다. 그리고 각각 학교추천제와 개인신청제에 의해 선발하는 정원은 총정원제에 의해 전용하지 못하도록 하고 있다. 단, 정원만큼 뽑지 못하였을 경우 연합입시배치제에 의한 모집정원에 합산하여 뽑을 수 있다.

참고로 2002년 추천전형제에 의해 선발한 통계치를 제시하여 이 방식에 의한 선발의 가능성을 파악하는 데 도움을 주고자 한다(〈표 1〉 참고).

〈표 1〉 추천전형제에 의한 입학생 통계(2002학년도) (단위: 명)

	대학수 학부수	모집 정원	응시고교수/ 응시학생수	심사 통과지수	학과능력 시험통과 선별자수	전형 포기자	지정항목 전형자수	합격자수	합격 포기자수	실제 합격자수
2002년	55 708	9,847	309 75,147	75,045	22,793	1,848	20,945	8,581	1,607	6,974
2003년	50 563	7,156	340 70,462	70,328	19,027	2,260	16,767	6,826	1,328	5,498

자료 : www.ceec.edu.tw

2003년 통계를 보면, 50개 대학 563개 학부가 추천전형제에 의해 모집하는 정원은 7,156명이었는데 응시학생수는 약 10배가 조금 못되는 70,462명이었으며 1차 학과능력시험을 통해 5만여 명을 탈락시켰다. 1차 선별된 19,027명 중 일부 포기자를 제외하고 2차 16,767명이 전형을 거쳤는데, 이 중에서 40%에 해당하는 6,826명만이 합격되었다. 이를 볼 때, 추천전형제를 통해 선발하는 숫자는 응시자의 10% 미만으로 모집정원을 채우지 못하고 있다. 즉, 추천전형제에 의한 입학은 매우 엄격한 기준에 의하여 이루어지고 있음을 알 수 있다.

– 추천전형제의 실시 절차와 운영

입시생은 모두 학과능력시험에 참가하여야 하며, 대학은 이 시험 이외에 별도로 다른 시험을 지정할 수 있다. 실시절차를 보면 지원신청→선별→각 대학별 전형

→합격사정 · 발표→합격자 등록상황 점검의 순서로 진행된다.

지원 신청은 전국을 관할하는 '대학전형입학기관'이 통일된 양식에 의하여 신청을 받으며, 학과능력 시험성적에 의해 선별하는데 모집정원의 3배를 원칙으로 한다. 이어서 각 대학 · 학부는 지정항목전형시험을 부과할 수 있는데 이 시험은 3월 말부터 4월 말까지의 금, 토, 일요일에 실시하도록 하고 있다. 이어서 합격자 발표가 있으며 합격자 중복등록 상황을 점검한다. 만일 추천전형제에 합격하고도 만족하지 않을 경우에는 합격을 포기하여야만 연합입시배치제에 응시할 수 있다.

(2) 연합모집배치제

대학 학부별로 성적에 따라 배치하는데, 먼저 학과능력시험을 검정 기준으로 삼은 후 학부별로 규정한 3~6개 교과의 지정과목고시(예 · 체능과 시험 포함) 성적을 합산하여 선발하도록 하고 있다. 구체적인 모집 및 실시 방식을 보면 다음과 같다.

- 모집방식

예전의 연합고시제에 기초를 두고 있는 방식으로 새 입시안에서는 획일적인 연합고시에 의하지 않고 다원화된 시험에 의해 선발하도록 하고 있다. 즉, 학과능력시험과 지정과목고시 및 예 · 체능과고시를 통한 다양한 성적을 사정자료로 삼는데, 주로 지정과목고시의 성적에 따라 배치를 받는다.

- 실시방식

학생 지정과목 응시→시험 후 지원카드 제출→합격사정 및 배치 발표의 순서로 진행되어 선시험 후지원제의 특성을 지닌다. 학생의 지정과목 응시지원에 관련된 사항은 '○○년도연합배치위원회'가 제시한 모집요강에 따르도록 하고 있어서 학생은 이 위원회가 제시한 양식에 의해 작성하여 신청한다. 지원카드 작성은 두 가지가 있다.

하나는 지정과목고시 중에서 진학하고자 하는 학부가 요구하는 과목을 선택하여 지원하는 것이며, 또 하나는 진학하고자 하는 학부를 지원하는 것인데 한 입시생이 지원할 수 있는 학부(과) 수는 모두 80개 이하로 하고 있다. 따라서 우수한 학생이 탈락하는 경우는 거의 없다고 할 수 있다.

이어서 필요한 시험에 응시하며 시험성적을 계산하는 과정으로 이어진다. 학과능력시험의 성적은 단지 검정용으로만 사용되며 주로 지정과목고시 성적을 합산하여 사용하게 된다. 이 성적은 대학·학부별로 자신의 뜻에 따라 가중 처리하는데 가중방식은 1.00, 1.25, 1.50, 1.75, 2.00의 5가지다.

합격 사정은 '연도연합배치위원회'가 각 대학 학부가 규정한 모집조건에 의해, 먼저 검정한 후, 성적 계산, 동점자 사정의 순서로 배치하는 과정을 거친다. 즉, 대학·학부가 규정한 지정과목고시(예·체능과 고시 포함)의 성적과 학생이 지원한 학부(과)의 순서를 관계 지어 우수한 자를 합격시키는 방식으로 처리하는데 이 과정은 매우 복잡하여 모두 컴퓨터로 처리한다. 역시 연합배치위원회가 주관하여 컴퓨터 처리한 후 각 대학·학부별로 합격자를 일제히 발표하게 된다. 2003년도 연합모집배치제에 의한 입시생 통계를 제시하여 이해를 돕고자 한다.

응시자 총수	104,608(100.00%)
합격자 총수	87,059(83.22%)
탈락자 총수	17,549(16.78%)
정원미달 학부 및 학생수	28개 학부, 103명

먼저 2003년도 전체 입학생 통계를 보면, 추천전형제 정원이 7,156명이며 연합모집제의 정원이 87,162명(합격숫자와 미달숫자 포함)으로 총 94,218명으로 추계된다. 이로 보면 추천전형제의 비율이 7.6%이며, 연합모집제의 비율이 92.4%에 해당함을 알 수 있어 연합모집제가 아직까지도 주류임을 알 수 있다.

연합모집제에 의한 합격비율을 보면 83.22%로 아직까지도 진학의 문호가 완전히 개방되어 있지 않음을 알 수 있다. 그러나 후발 대학의 28개 학부에서는 103명이 미달되어 있는 상황을 볼 때 대만의 대학도 학생모집에 많은 신경을 써야 하는 상황에 도달했음을 알 수 있다. 2003년도 2월 말 본인이 대만을 방문하였을 때 타이베이시의 유수한 M사립대학이 학생을 모집하면서 자신의 대학이 제시한 인증제를 통과한 학생에 대해서는 졸업 후 4년간 상당액의 봉급이 보장된 취업처를 보장하겠다는 획기적인 방안을 제시하면서 학생을 모집하는 상황을 목도하였는데 최근 대학의 문호를 개방한 동북아 국가들의 공통된 실정임을 체감할 수 있었다. 2006년의 대학입학 통계를 보면 탈락자의 비중이 16.63%로 2002년과 대동소이하여 학생모집에 어려움을 겪고 있음을 알 수 있다.[6)]

– 입시 일정

참고로 2004년도에 수행된 연합모집배치제의 일정을 제시하면 아래와 같다.

4. 27~5. 6	지정과목고시 응시, 응시료 납부
6. 2	대학입학고시중심 '시험 응시증(准考證)' 우송
7. 1~7. 3	지정과목고시 실시
7. 19	대학입학고시중심 성적표 우송
7. 22~7. 26	의의 있을 시 성적 재심 청구
7. 27~7. 30	배치 지원카드 제출
8. 9	배치 결과 발표
8. 9~8. 14	의의 있을 시 배치결과 재심 청구

이로 볼 때, 대만의 대학입시는 응시하고부터 배치결과 발표까지 약 3개월여의 시간이 소요됨을 알 수 있다. 이처럼 시간적으로 여유가 많지 못함으로 인한 문제를 해소하기 위하여 2006년도 입시부터는 2005년 11월 1일에 시작하여 2006년 6월 20일에 끝내도록 하고 있어 수험생들이 1학기 때부터 여유 있게 입시에 응하도록 했다.[7)]

6) 2006년의 대학입학 통계를 보면 아래 표와 같다.

응시자 총수	106,663(100.00%)
합격자 총수	88,920(83.37%)
탈락자 총수	17,743(16.63%)

7) 2006년도에 수행된 연합모집배치제의 일정을 제시하면 아래와 같다.

2005.	11. 1~11. 24	지정과목고시 응시, 응시료 납부
	11. 27	대학입학고시중심 '시험 응시증(准考證)' 우송
2006.	1. 22~1. 23	지정과목고시 실시
	2. 22	대학입학고시중심 성적표 우송

4. 대만 대학입시 개혁안에 대한 논의

첫째, 입학 방법과 전형방법의 다원화 도모

기존의 대학 진학 방법은 표준화된 연합고시에 의해 하나의 길만을 제공했다. 그리고 우리의 수학능력시험과 같은 연합고시의 성적만을 합격의 기준으로 삼아 전형방법도 획일화되어 있었다. 그러나 이번 대학입시안에서는 대학진학의 루트를 연합입시제를 위주로 하면서도 고등학교의 추천, 그리고 학생 자신의 추천을 통해 진학하도록 하는 추천전형제의 길을 두도록 하여 다원화하고 있다.

또한 전형방법에서 대학수학능력을 기본적으로 파악하여 사정의 대상으로 삼고자 학과능력시험을 두고 있으며, 대학의 특성을 반영하여 원하는 인재를 길러 낼 수 있도록 지정과목고시를 별도로 부과하도록 하고 있다. 이외에도 추천전형제에서는 대학별 전형시험을 두어 시험 이외에 내신자료, 집단활동 상황, 경시대회성적 등의 다양한 자료를 활용하여 사정할 수 있도록 하여 입시위주 교육의 병폐를 완화하려는 노력을 하고 있다.

둘째, 적성에 따른 진학 유도

이번 입시개혁안에서는 학생들의 적성에 따른 진학을 유도하려는 특성을 강하게 띠고 있다. 예전에 없던 추천전형제를 신설하여 학교당국과 개인의 뜻을 반영하도록 하고 있으며, 전형방법에서도 학생의 적성을 파악하는 다양한 자료를 활용하는 조치를 두고 있다. 예컨대, 기본적인 수학능력을 파악하는 학과능력시험 이외에도 별도로 전공의 특성에 맞는 적성을 파악하기 위한 대학별전형시험을 두고 있다. 그리고 학과능력시험도 총점을 반영하지 않고 15등급으로 나누어 기본적인 능력의 유무를 파악하는 데 중점을 두고 있다. 또한 연합모집배치제에서도 지정과목고시

2. 24~3. 1	의의 있을 시 성적 재심 청구
4. 24~5. 25	배치 지원카드 제출
6. 14	배치 결과 발표
6. 20	의의 있을 시 배치결과 재심 청구

를 두어 전공의 특성에 맞는 과목만을 대상으로 하여 보다 심층적인 적성을 파악하려는 길을 두고 있다.

셋째, 하급학교 교육의 정상화 유도

예전의 연합고사제는 하급학교가 입시위주 교육에 빠지게 하고 있어 학교교육이 위축될 수밖에 없다는 문제점을 지니고 있었다. 이러한 문제점에 직면하여 이번 새 입시에서는 학교교육의 정상화를 도모하는 다양한 조치를 두고 있다. 예컨대, 내신성적, 추천장, 집단활동 상황 등의 다양한 자료를 활용하여 사정할 수 있도록 하고 있다. 그리고 학과능력시험의 성적도 총점이 아닌 등급을 기준으로 삼고 있어 기본능력의 파악에 중점을 두고 있다.

넷째, 대학의 학생선발권 확보

예전의 연합고사제에서는 대학의 학생선발권을 인정하지 않았으며 전공이 요구하는 특성을 반영하는 것도 한계가 있었다. 이러한 문제점을 인식하고 이번 새 입시에서는 대학과 학부의 특성을 반영하여 학생을 선발할 수 있도록 하고 있다. 추천전형제에서 대학별 전형시험을 부과하도록 하고 있으며, 연합모집배치제에서는 지정과목고시를 두어 전공이 요청하는 과목만을 대상으로 하여 심층적인 수학능력을 파악할 수 있도록 하고 있다. 또한 대학 또는 학부별로 전공의 특성에 따라 5가지로 구분된 가중치를 적용할 수 있도록 하고 있다.

다섯째, 공정성, 객관성, 투명성의 최대한 확보

대만 사회는 우리와 같이 학벌사회 풍조가 깊이 뿌리박혀 있다. 따라서 명문대학에 진학하는 것이 대만 사회에서 성공하는 최대의 지름길이라는 인식이 만연되어 있다. 이 때문에 대학입시는 모두의 관심사다. 이러한 상황으로 교육행정당국은 입시의 공정성, 객관성, 투명성을 확보하는 조치를 마련하지 않으면 안 되게 되어 있다.

이러한 요청에 부응하고자 추천전형제나 연합모집배치제 모두 개별대학의 의견을 중시하면서도 교육부가 강력히 개입하여 전문성을 지닌 별도의 위원회 예컨대, 지정과목고시중심, 대학추천전형입학기구, 연합배치위원회가 입시를 주관하도록 하고 있다. 그리고 요구되는 각종 지원서나 형식과 절차 등을 표준화하여 제공하고 있다. 또한 모집정원, 지정과목 등도 표준화하는 등 강력히 통제하고 있다. 또한 전국대학의 합격자 사정도 컴퓨터를 활용하여 공정하고 객관적으로 투명하게 처리하는 방식을 채택하고 있다.

참고문헌

최영표 외. **현대비교교육발전론** 대만편. 서울: 교육과학사, 2003.

行政院教育改革審議委員會. **教育改革總諮議 報告書**. 1996.

臺灣教育部. **大學多元入學方案**. 2003.

臺灣教育部. **중화민국 교육통계**. 民國92年(2003), 93年(2004), 95年(2006).

www. edu. tw

www.ceec.edu.tw

미국의 대학입시제도*

곽덕주

* 이 글은 본래 '대화와 실천을 위한 교육사랑방' 모임에 미국의 대학입시제도를 간단히 소개하기 위해 쓴 것으로서, 말미에 제시된 참고문헌의 자료를 기초로 하여 미국의 대학입시제도에 대한 정보적 지식을 체계적으로 재구성하는 데 초점을 두었다.

1. 들어가는 말

미국의 대학입시제도를 살펴보는 것은 한국의 대학입시제도의 특징과 문제점을 반추해 보는 데 유용하다. 한국의 대학입시제도가 많은 역사적, 정치적, 사회적 배경 차이에도 불구하고 미국의 제도를 오랫동안 추종해 왔다는 점에서 그러하고, 그럼에도 불구하고 (혹은 그렇기에 당연한 결과인지 모르지만) 우리 사회가 직면하고 있는 입시제도의 문제점들이 미국 사회에서는 동일한 방식으로 일어나고 있지 않다는 점에서 그러하다. 그리하여 미국의 대학입시제도의 특징을 상세히 살펴봄으로써 우리나라 대학입시제도의 특징과 개선방향에 대한 시사점을 간접적으로 암시받을 수 있을 것이다.

미국은 다양한 민족을 받아들인 모자이크 문화의 나라로 교육제도 또한 미국의 국가 성립 상황과 형성 과정을 반영하여 다양한 것이 특징이다. 미국 교육은 청교도들이 신대륙에 정착하면서 자기 마을에 학교를 세워 마을 공동체의 주요 사업으로 교육을 시작한 역사를 가지고 있기 때문에, 학교의 운영도 각 지방마다 그 지방의 주민들이 원하는 방식으로 운영하게 되어 있다. 그리하여 미국의 교육제도는 주에 따라 다르며 동일한 주 내에서도 지역에 따라 차이가 나는 경우도 있다. 즉, 전국적으로 통일된 교육제도는 없으며 고도의 지방 분권화로 교육은 각 주의 개별적 권한에 속한다. 물론 연방정부가 지방정부와 함께 정책과 운영에 참여하지만 일차적인 법적 책임은 주정부가 지니며 연방정부는 학교교육의 질 개선과 기회 균등의 신장 등을 위한 교육 프로그램에 대하여 재정적 지원을 하는 정도의 역할을 담당하고 있다. 먼저 미국의 교육현황과 학제에 대하여 간단히 소개한 후 대학입시제도에 대해 본격적으로 살펴보겠다.

2. 미국의 교육현황과 학제

1) 교육현황

미국은 초·중등학교의 약 90%가 공립학교 위주인 교육 체제를 지니고 있다. 여기서 공립학교란 미국 사회의 모든 어린이들에게 입학을 허용하며 국가 세금에 의해 지원받고 무시험 진학을 허용하는 모든 초·중등학교를 말한다. 현재 미국 어린이의 대다수가 공립학교에 다니고 있으며 체육시간을 제외하고는 모든 수업이 남녀공학으로 이루어지고 있다.

〈표 1〉에서 보듯이 교사 1인당 학생비율은 상대적으로 가난한 주에 속하는 유타주의 경우에도 21.9명으로 세계적 기준에 비추어 볼 때 상대적으로 낮은 편에 속하며 영재교육을 제공하는 공립학교의 비율도 꽤 높다. 또한 학생 1인당 예산도 잘 사는 주인 뉴저지 주의 경우 12,159달러에 이르며, 100% 연방정부, 주정부, 지방정부에 의해 지원되고 있는 것 같이 보인다.(〈표 2〉 참조)

〈표 1〉 미국의 학교 수 및 학생·교사 수(2000년, 2001년 기록)

교육구(School District)	14,859개	교육행정기관 단위. 한 교육구가 여러 도시의 학교를 관장할 수도 있음
공립학교 수	84,596개	특수학교, 직업학교, 대안학교 제외
사립학교 수	27,223개	캘리포니아 주에 가장 많음 (3,318개)
공립학교 학생	47,222,778명	남한 정도의 인구
사립학교 학생	5,162,684명	
공립학교 교사	2,952,991명	
사립학교 교사	395,317명	
교사당 학생비율	16명	유타 주: 21.9 명, 버몬트 주: 12.1명
영재교육 제공 공립학교	초: 71%,중: 60%	아이오와 주: 98.1%

〈표 2〉 미국의 학생 1인당 예산(2000년, 2001년 기록)

학생 1인당 예산	8,529달러	뉴저지 주: 12,159달러, 미시시피 주: 5,653달러
이 중 연방정부 지원 비중	569 달러, 7.1%	
이 중 주정부 지원 비중	3,974 달러, 49.8%	
지방정부 지원 비중	3,438 달러, 43.1%	
교사의 평균 연봉	43,335 달러	
교육예산 중 임금지출 비중	64.7%	

〈표 3〉 미국의 공립고교 졸업생수(2000년, 2001년, 2002년 기록)

공립고교 졸업생수(2002년)	2,608,736명	
2012년 예상 공립고교 졸업생수	2,779,740명	2000년에 비해 9.2% 증가, 대학입학경쟁 가열
공립고교 졸업생 비율	67.7%	뉴저지 주가 88.7%로 가장 높음
고교졸업생 인구비율	84.1%	성인인구의 3/4이 고등학교 이상 졸업
AP(우수반)코스 제공 공립학교	51.2%	대학학점 인정제
SAT 평균점수 (총점 1600)	1,020점	아이오와 주가 1,196점으로 제일 높음

〈표 3〉에 따르면, 미국의 공립 고등학교 졸업생 비율이 점차 높아지고 있다. 또한 학생 1인당 교육 예산이 가장 높은 뉴저지 주가 다른 주에 비해 그 졸업생 비율이 가장 높다는 사실과 영재교육을 제공하는 공립학교 비율이 98%에 이르는 아이오와 주가 SAT 평균점수에서 가장 높다는 사실은 교육에 대한 투자가 높을수록 실제 교육 성취가 향상될 수 있을지도 모른다는 예측을 가능하게 한다.

다른 한편, 의무교육이 끝나는 고교졸업 시 졸업시험(minimum competency testing)이 주마다 치러진다. 이 시험을 통과한 졸업생 비율이 67.7% 밖에 이르지 않아 절반에 가까운 학생들이 졸업장 없이 학교를 떠날 정도로 학력이 저하되었다고 사회적 비난의 여론이 높다.

명문 공립학교의 경우, 적은 수이기는 하지만 다른 교육구나 해당 교육청 직원 자제들에 대한 입학 할당제가 적용되는 것 외에는 입학을 위한 공정 경쟁을 원칙상 적용한다. 즉, 해당 교육구 학생들을 우선적으로 고려하며 성적순으로 입학을 허가한다. 입학 후 일정 성적을 유지하지 못할 경우 유급이 되거나 다른 학교로 보내지

기도 한다. 유명 사립학교 입학 시에도 전국사립학교연합단체가 관장하는 사립학교 입학시험을 치러야 한다.

2) 학 제

미국의 학제는 유치원을 포함하여 보통 12년제인 단선형의 형태를 취하고 있으나 주에 따라 다양한 학제를 운영하고 있다. 미국의 법적 의무교육 연한은 6세부터 시작하여 18세까지다. 대부분의 초등학교는 부설 유치원을 함께 갖고 있고 초등학교 입학 전에 유치원 취학 여부는 학부모 및 학생들의 자율적 판단에 맡기고 있다. 미국 학제에서 초등, 중등의 개념은 우리나라처럼 학교 급이 아니라 학년으로 구분한다. 다음은 다양한 형태의 미국 학제를 대체적으로 요약하여 정리한 도표다.(〈표 4〉 참조)

미국의 학제는 대체로 4가지 유형이 있다고 볼 수 있다. 6-2-4제와 6-3-3제(Elementary School-Junior High School-Senior High School)는 중등교육기간을 Junior High School과 Senior High School로 나눈 경우다. Junior High School은 2년 과정 혹은 3년 과정이고, 이에 따라 Senior High School 과정도 4년 과정 혹은 3년 과정이 된다. 한편, 4-4-4제(Elementary School-Middle School-High School)는 초등교육기간을 Elementary School과 Middle School로 나눈 경우다. 이런 경우 초등교육기간은 Middle School을 포함하여 8년인 경우가 많다. 마지막으로 6-6제(Elementary School-High School)는 Elementary School 6년, High School 6년으로 학교를 운영하는 경우다.

〈표 4〉 미국의 학제

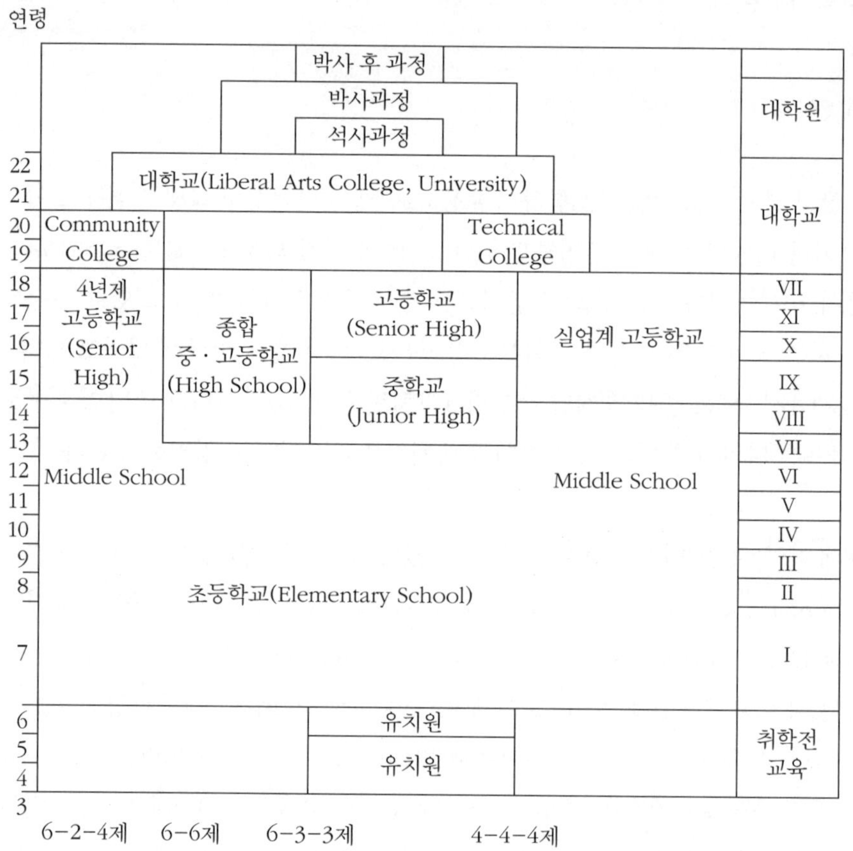

3. 미국의 대학입시제도

1) 개 괄

미국에는 3,400여 개의 대학이 있다. 수가 많은 만큼 그 규모나 교육의 질도 다양하다. 그리하여 미국에서 대학에 들어가는 것은 당락의 문제라기보다는 선택의 문제라고 말할 수 있다. 규모나 질에 상관없이 대학에 들어가고자 마음을 먹는다면 그에 맞는 대학을 찾을 수 있기 때문이다. 하지만 좋은 대학에 들어가기 위한 입시 경쟁은 우리나라 못지않게 치열하다. 미국의 대학입학사정은 다소 복잡하다. 대학별로 입학사정이 다른데다, 같은 대학이라도 일반입학(Regular Admission), 조기입학(Early Admission), 조기결정(Early Decision), 조기전형(Early Action), 수시전형(Rolling Admission) 등 입학사정방법에 다양한 프로그램을 두고 있기 때문이다.

따라서 대학입학 준비를 할 때는 전문가의 도움을 받거나 거의 '연구'에 가까운 사전조사를 해야 한다. 한국의 대학입시문화와 다른 몇 가지 점만 간단히 언급하자면 첫째, 입학연령이 신축적이다. 몇 년간 사회생활을 하다가 대학에 들어가는 일이 전혀 어색하지 않다. 둘째, 고등학교 3학년 때의 수학능력시험만을 위해 공부하는 한국 학생들에 비해 장기간에 걸친 대학입학 준비 기간이 필요하다. 전문가들은 9학년 때(고등학교 1학년)부터 계획을 세워 나가기를 권한다. 셋째, 한국과 같은 서열식 대학 순위가 존재하지 않는다. 언론에 보도되는 것은 특정 기준에 입각한 참고자료일 뿐이다. 넷째, 학교성적이 중요하긴 하지만 그것은 대학입학의 한 요소에 불과하다. 학교성적 이외의 요소가 당락을 결정하는 경우도 많다. 〈표 5〉는 미국의 대학들이 주로 신입생 입학사정의 내용으로 삼는 항목이다.

〈표 5〉 미국 대학의 신입생 입학 사정 항목

GPA와 SAT	주로 1차 양적 평가의 고려 대상
고교 4년간 이수한 과목의 수준	과목 수준은 AP, Honors, Regular 3가지로 나누어짐 AP와 Honor에 해당되는 과목은 일정 학점 이상일 때 가산점이 붙음
특출한 재능	주가 아니라 전국 규모에서 입상해야 인정받음
학과 외 활동과 봉사활동	어떤 일을 어떻게 하여 어떤 효과를 보았으며 그것이 얼마나 신선한 것이었는지, 그 과정 중에 드러나는 지도력을 평가함
에세이	자신에 대한 소개로서 2차 질적 평가에서 가장 중요한 평가 항목 중의 하나임
가정환경	기부금을 기대하는 사립대학이 아니라면 어려울수록 유리함
추천서	그리 중요하지 않음. 마지막 고려 사항임
인터뷰	그리 중요하지 않음
운	상황에 개입된 요인들 간의 통제할 수 없는 역학관계에서 오는 운

2) 학생들의 입시 준비

(1) AP

AP는 'Advanced Placement'의 약자다. 간단하게 정의하자면, 고등학생이 고등학교에서 수강하는 대학 학과목이다. 이 프로그램을 개설한 목적은 우수한 고등학생에게 더 높은 학업의 기회를 주기 위해서다. 미국의 고등학교는 학력 편차가 심하기 때문에 우수한 학생은 보통의 학과목 수업을 지루해한다. 이들을 지적으로 자극하기 위해 '대학위원회'(College Board)의 주관하에 대학과 고등학교는 서로 협력하여 대학 수준의 학과목을 고등학교에서 가르칠 수 있는 교사를 양성하고, 해당 고등학교에 특별반을 편성하여 이들로 하여금 우수 학생들에게 대학 학과목을 가르치도록 한다.

이 프로그램의 수강은 학생에게 세 가지 이익을 주도록 되어 있다. 첫째, 고등학교에서 대학 수준의 학과목을 들으며 지적 충족감을 맛볼 수 있게 하고, 둘째, 많은 경우 이때 받은 학점을 대학에서도 인정해 주기 때문에 대학 학점을 미리 따는 효과도 있다. 물론 이 학점을 대학에서 인정받기 위해서는 AP시험을 치러 일정 수준의 성적을 받아야 한다. 학생들의 AP 수강을 통한 가장 큰 이점은 대학입학사정 과정에서 스스로를 돋보이게 하는 것이다. 많은 대학이 특히 우수한 대학일수록, 학생들이 수강한 AP 과목과 그 성적을 알고자 한다. 해당 학생이 학업에 대해 얼마나 적극적인지를 알 수 있기 때문이다. 여기서 우리는 학업에 대한 학생들의 적극성을 장려하는 미국의 교육문화를 읽을 수 있다.

학년이 끝나가는 매년 5월, 과목별로 AP시험을 치른다. AP시험은 과목마다 문항수, 유형이 조금씩 다르지만 과목별로 2시간 30분에서 3시간 정도 걸리며, 시험마다 크게 다지선다형인 영역 I과 주관식인 영역 II로 구성된다는 것이 공통적이다. AP 프로그램은 대학위원회가 주관하여 1955년에 시작하였으며 지금은 10만 명의 고등학교 교사가 19개 영역의 31개 과정, 34개 시험에서 고등학생들을 대상으로 대학 학과목을 가르치고 있다. 미국 고등학교 중 이 프로그램에 가입해 있는 비율은 60% 정도이고 점차 늘어나는 추세다. AP 강좌가 개설되지 않은 학교에 다니거나 홈스쿨링을 하는 경우에도 AP시험을 치를 수 있다. 매년 수백 명의 학생들이 혼자서 공부하여 AP시험에 도전하곤 한다. 어떤 주에는 AP 온라인코스가 제공되기도 한다.

한편, 매년 9월 대학위원회에서는 AP시험에서 우수한 성적을 거둔 학생들에게 각종 상을 수여한다. 비록 상금은 없지만 이 상을 받은 학생은 큰 영예와 함께 이 사실이 대학에 통보되는 혜택이 주어진다.

(2) IB

IB는 'International Baccalaureate'의 약자로 '국제학위'로 흔히 번역된다. 하지만 이 프로그램을 이수했다고 해서 학사학위를 주는 것은 아니고 보다 집중적으로 공부할 수 있는 프로그램으로 보는 것이 정확하다. IB를 관장하는 IBO (International Baccalaureate Organization)가 IB 프로그램을 만든 목적은 복잡한 지구촌 사회에서 학생들을 똑똑하고 책임감 있게 행동하도록 교육하기 위해서다. 이를 위해 IBO는 세계적으로 통일된 기준에 따라 교육과정을 만들어 다음과 같은 3가지 프로그램을 제공하고 있다.

1. PYP(Primary Years Program): 3~12세의 학생을 위한 프로그램
2. MYP(Middle Years Program): 11~16세의 학생을 위한 프로그램
3. DP(Diploma Program): 16~19세의 학생을 위한 프로그램

이상의 세 가지 프로그램 중에서 DP는 해당 학생이 전 세계 어느 나라에서 공부하건 대학 진학을 위한 충분한 준비를 할 수 있도록 구성되어 있다. 예를 들어, 한 학생이 A라는 나라에서 IB 자격증을 취득한 후 B라는 나라의 대학에 진학할 때, 만약 그 대학이 IB 자격증을 인정하는 학교라면 학생의 준비가 충분함을 입증할 수 있다. 하지만 미국에서 공부하는 학생들이 DP에 관심을 기울이는 이유는 이를 취득하면 대학 진학 시 각종 혜택이 주어지기 때문이다. 따라서 세계적으로 동일한 수준의 대학입학 준비라는 원래의 목적과 달리 현실적으로 미국에서 IB 자격증 프로그램은 대학 진학을 원하는 고교생이 도전하는 우수반을 의미하는 때가 많다.

(3) 미국의 모의 대학입학시험 PSAT/NMSQT

PSAT는 모의 SAT 시험으로 SAT에 직접 반영되지는 않지만 SAT 시험 성적을 예상할 수 있기 때문에 학생들이 참고자료로 삼기 위해 치르는 것이다. 이 시험은 1년에 두 차례 시행된다.

(4) GPA

GPA(Grade Point Average)는 한 학생이 고등학교 4년 동안 택한 모든 과목들의 평균성적 또는 평균점수를 말한다. 학년에 따라 그 반영 비율의 정도에 차이가 있다. 기본적으로 고등학교 GPA는 과목 성적의 합계를 과목수로 나누어 구하지만 학교에 따라서 과목 성적의 기준을 조금씩 달리할 뿐만 아니라 Honor 강좌, AP 강좌, IB 강좌에 대해 가산치를 다르게 부여하고 있기 때문에, 실제 GPA 계산 방법은 학교마다 차이가 있다. 따라서 학교들 사이의 GPA를 비교하기 위해서는 이러한 과목 성적 기준과 가산치에 대한 이해가 필요하다.

Honor 강좌, AP 강좌, IB 강좌에 대해서는 일반 고교 교과목보다 가산치를 부여하여 계산한다. 어떤 과목에 얼마의 가산치를 부여하고 또 얼마의 가중치를 부여하는가는 학교에 따라 조금씩 차이가 있다. 일반적으로 AP 강좌에 가장 많은 가산치를 부여하고 Honor 강좌에 그 다음으로 많은 가산치를 부여한다. 한 가지 염두에 둘 것은 이러한 가산치는 성적이 C 이상인 경우에 적용된다.

어떤 대학은 고교 석차를 요구하는데, 이는 절대평가 방식으로 산정되는 가운데 나타나는 성적 인플레를 보완하려는 의도에서다. 미국은 고등학교들 간의 학력 격차가 심하다. 따라서 각각의 고등학교에서는 대학입시에서 자기 학생들에게 좀 더 유리한 조건을 만들어 주기 위하여 고교 석차를 대신하는 대안을 찾는 데 노력한다. 이에 따라 최근에는 대학입학 사정과 장학금 심사에서 불이익을 방지하기 위하여 성적표에 고교 석차를 나타내지 않는 학교도 많이 늘어나고 있는 추세이다. 또 고교 석차 대신에 학생의 석차를 10% 단위의 범위로만 나타내는 경우도 있는데 이것은 학생의 실제 성적을 어느 정도 정확하게 파악할 수 있는 장점이 있는 반면, 여전히 상위 10% 내에 드는 학생에게 불리하게 작용할 가능성이 있다. 하지만 많은 대학의 경우 지원 학생이 나온 고등학교의 평균 학력 수준에 대하여 나름대로 정보를 축적하거나 보유하고 있고, 전혀 모르는 새로운 학교의 경우 이를 파악할 수 있는 근거를 개별 학교로부터 요청하고 있기 때문에 아주 터무니없는 불이익을 받을 우려는 적다고 볼 수 있다.

3) 대학입학시험의 종류

(1) SAT(Scholastic Aptitude Test)

SAT는 미국 판 대학입학시험이다. 대학위원회가 ETS(Educational Testing Service)에 의뢰하여 시험문제를 개발하게 한다. SAT 시험을 운영하는 이유는 고등학생들의 전국 기준 학력 수준을 알기 위해서다. 미국에는 약 25,000개의 고등학교가 있으므로 당연히 학교별로 학력차가 광범위하게 나타난다. 따라서 대학교 입학사정에서 고등학교 내신만을 고려하면 불공평할 수밖에 없다. 그리하여 전국적인 시험을 치러 동일한 기준으로 학생의 수준을 평가하려 한다. SAT는 그중 가장 지명도가 높은 시험이다. 2001년의 경우 300만 명의 학생들이 SAT 시험에 응시했다. 미국의 많은 대학에서 SAT 시험 결과를 입학 사정에 이용하고 있지만 이 시험이 모든 학생들에게 강제된 것은 아니다. 대학입학을 희망하는 학생들이 선택적으로 치르는 시험이다. SAT와 같은 용도이며 마찬가지로 널리 알려진 시험으로 ACT(American College Test)가 있는데, 이 역시 미국 판 대학입학시험의 한 종류이다.

1926년에 처음 시행된 SAT 시험은 우리나라의 수학능력시험과 마찬가지로 그 이후 교육 현장에서의 요구를 받아들여 끊임없이 변화해 왔다. SAT의 변천사는 다음과 같이 정리될 수 있다.

- 1926년: 제1차세계대전 중 'The Army Alpha'로 불리는 미국 육군들의 지능검사로 시행되던 것을 전쟁이 끝난 후 개정하여 대학입학시험으로 1926년 처음 활용함
- 1933년: 훗날 하버드 대학 총장이 된 Conant가 지방 출신 학생 중 학문적으로 뛰어난 학생들을 선발하여 장학금을 주기 위하여 SAT 시험을 활용. 그는 SAT가 응시자의 출신이나 학교의 학습내용에 상관없이 순수한

지적 능력을 측정할 수 있는 장점이 있다고 생각함

- 1938년: 대학위원회에 가입한 모든 대학교들이 합의하여 SAT를 공통의 장학생 선발을 위한 대학입학시험으로 활용함
- 1942년: 모든 지원자를 대상으로 한 대학입학시험으로 발전
- 1994년: 수학문제에서 전자계산기 사용이 허용되기 시작하고 영어문제에서 반의어 문제 사라짐
- 1995년: 점수 산출 방식이 바뀜
- 2005년 3월: SAT I의 대폭 변경. 영어 시험의 이름이 'Verbal'에서 'Critical Reading'으로 바뀌고 단어 실력을 평가하는 유추 시험이 없어지며 독해 영역이 강화됨. 한편, 수학 시험은 기존의 'Quantitative Comparisons' 영역이 없어지고 'Algebra II'가 들어가면서 전체적으로 난이도가 높아짐. 한편, SAT II에 있던 작문 시험(에세이)이 SAT I에 추가됨

SAT 시험은 SAT I과 SAT II로 나뉘어져 있다. SAT I 시험은 추론능력시험(Reasoning Test)이라고도 불리는데, 언어 영역과 수학 영역 두 과목으로 이루어져 있다. 이들 과목은 필수 시험으로 총 3시간 동안 시험을 치르도록 되어 있다. 언어 영역의 경우 문장 완성, 유추, 비판적 독해의 3가지 유형으로 문제를 출제한다. 수학의 경우 기본 다지선다형, 수량비교 등으로 구성되어 있다. 보통 SAT I은 대학에서의 수학 능력을 예측하기 위한 검사로서 학업성취도보다는 타고난 지적 잠재력과 적성을 측정하도록 되어 있다.

SAT II 시험은 과목별 시험(Subject Test)이라고도 불리는데 선택 시험이다. 고등학교에서의 학업성취도를 재는 검사다. 미국의 고등학생들은 대개 자기가 들어가고 싶어하는 대학의 입시요강을 사전에 확인하고 해당 대학에서 요구하는 과목 2~3개를 택해 시험을 보도록 되어 있다. 과목 당 1시간씩 시험을 치른다. SAT II는 5개 영역에서 총 22개 과목 시험이 있다. 구체적으로는 영어 영역(문학, 작문), 역사 영역(미국사, 세계사), 수학 영역(수학I, 수학II), 과학 영역(생물, 화학, 물리), 외국어 영역(중국어 듣기, 불어, 불어 듣기, 독일어, 독일어 듣기, 현대 히브리어, 이태리어,

일본어 듣기, 한국어 듣기, 라틴어, 스페인어, 스페인어 듣기, 영어 숙달도)이 있다. 한국어 시험도 중국어, 독일어, 프랑스어, 히브리어, 이태리어, 일본어, 라틴어, 스페인어와 함께 제2외국어로 올라와 있다.

SAT 시험은 매년 7차례 시행된다(10월, 11월, 12월, 1월, 3/4월[미국, 푸에르토리코, 미국령에서만], 5월, 6월에 한차례씩). 모두 토요일 날 시행되는데 학생은 원하는 만큼 자주 시험을 치를 수 있다. 대부분의 대학에서는 여러 번 치른 시험 중에서 가장 성적이 좋은 것을 택해 입학사정에 반영한다. 절반 이상의 미국 고등학생들이 고

〈표 6〉 SAT I 과 II의 과목들

<table>
<tr><th></th><th colspan="2">과목</th><th>시험시간</th></tr>
<tr><td rowspan="2">SAT I(필수)
추론능력 시험</td><td colspan="2">언어 영역</td><td rowspan="2">합계 3시간</td></tr>
<tr><td colspan="2">수학 영역</td></tr>
<tr><td rowspan="5">SAT II(선택)
과목별 시험</td><td>국어 영역</td><td>Literature
Writing</td><td rowspan="5">과목별 1시간</td></tr>
<tr><td>역사 영역</td><td>U.S. History
World History</td></tr>
<tr><td>수학 영역</td><td>Mathematics Level I
Mathematics Level II</td></tr>
<tr><td>과학 영역</td><td>Biology E/M
Chemistry
Physics</td></tr>
<tr><td>외국어 영역</td><td>Chinese with Listening
French
French with Listening
German
German with Listening
Modern Hebrew
Italian
Japanese with Listening
Korean with Listening
Latin
Spanish
Spanish with Listening
English Language Proficiency</td></tr>
</table>

교 재학 중 SAT 시험을 두 차례 정도 치르는 경향이 있다. 11학년(고등학교 2학년) 때에 한번 보고 12학년(고등학교 3학년) 때에 한번 더 보는 식이다. 통계에 의하면, 11학년 때 보는 시험과 12학년 때 보는 시험은 평균적으로 30점 정도의 차이가 난다고 한다.

보통 미국의 고등학생들이 SAT 시험을 준비하는 방법에는 5가지가 있다고 한다. 첫째, 이 시험의 주관처인 대학위원회에서 운영하는 웹 사이트의 SAT 준비 센터를 방문하는 것이다. 그곳에서 무료로 관련 자료들을 입수할 수 있다. 기출 문제도 몇 가지 볼 수 있다고 한다. 둘째, 역시 대학위원회 홈페이지에서 무료로 제공하는 'Mini-SAT'나 'SAT PrepPacks'를 다운로드받는 것이다. 셋째, 서점에서 출판된 SAT 관련 책자를 구입해서 공부하는 것이다. 넷째, SAT를 치르기 전 10학년이나 11학년에 PSAT/NMSQT 시험을 치르는 것이다. 이 시험은 SAT의 전 단계 시험으로서 SAT 시험을 미리 한번 경험해 보는 기회를 가질 수 있다. 하지만 대학위원회는 이상의 5가지 방법에 앞서 중요한 것으로 평소 풍부한 독서와 공부로 기초 실력을 닦아 두도록 특별히 강조하고 있다.

SAT 시험 준비와 관련하여 학부모들에게 중요한 문제는 과연 SAT 전문학원을 보내는 것이 필요한가 하는 문제다. 이에 대해서는 찬반 입장이 대립되어 있다. 그 입장을 요약하면 다음과 같다. SAT 학원이 필요하다고 보는 입장은, 풍부한 경험으로 학생들이 짧은 시간 안에 SAT 시험을 준비할 수 있도록 해 주고, 그 결과 SAT 학원에 다닌 학생과 그렇지 않은 학생들 사이에는 성적 차가 크다고 설명한다. 특히 새 학년이 시작되기 전 미국의 길고 긴 여름방학을 이용하여 집중 정리하면 그 효과가 뛰어나다고 주장한다. 이 설명은 미국식 입학제도에 익숙하지 않은 한국인 부모들에게 호소력 있게 들리지만 그 반대의 목소리도 높다. 이들은 SAT 시험에 익숙해지는 문제는 웹 사이트나 관련 책자들을 통해 충분히 가능하다고 주장하며, SAT 학원들이 성적이 향상된 경우만 강조하여 선전한다고 지적한다. 결국 보다 중요한 것은 평소의 꾸준한 학습태도이지 단기간의 처방이 아니라는 것이다. 하지만 미국의 경우 SAT 시험을 둘러싸고 한국 사회에서와 같은 사교육의 과열화 현상이 일어나지 않는 것은 단기간에 끌어올린 SAT 점수가 대학의 입학에 결정적인 영향을 주지 않는 데에 있는 것 같다.

(2) ACT

ACT(American College Testing Program) 시험은 비영리기관 'ACT Incorporation'이 시행하는 전국 규모의 대학입학시험으로 1959년에 처음 시행되었다. 비슷한 대학입학시험인 SAT에 비해서는 덜 알려져 있지만 영어와 수학만 치르는 SAT I 시험과 달리 읽기시험과 과학이 추가되는 등 고교 시절의 학업에 좀 더 비중을 둔 문제가 출제된다. 이 점에서 어떤 대학들은 ACT 시험결과를 선호하기도 하고 또 어떤 대학에서는 SAT와 ACT 두 가지 결과 모두를 입학사정 시 요구하기도 한다. 아이비리그(Ivy League)의 모든 대학에서도 ACT 시험결과를 인정하고 있다. 일반적으로는 동부와 서부의 대학, 그리고 사립대학들이 SAT를, 중부 지역의 대학 및 공립대학이 ACT를 선호하는 것으로 조사되고 있다.

ACT 시험과목은 영어, 수학, 독해, 과학추론 등 네 과목이다. 문제는 다지선다형으로 총 215문제가 출제된다. 휴식시간을 포함하여 5시간이 걸리는 시험이다. ACT 시험은 일년 중 6차례 실시된다. ACT 시험을 준비하는 데는 3가지 방법이 있다. 하나는 이 시험을 주관하는 ACT Inc.의 웹 사이트를 방문하여 문제유형을 파악하는 것이고, 두 번째로는 공식 CD 롬인 'ACTive Prep'를 구입하여 공부하는 것이며, 세 번째로는 Getting into the ACT과 같은 관련 책자를 구입하여 준비하는 것이라고 한다.

4) 미국의 다양한 대학입학전형 제도

미국의 대학입학전형 제도는 다양하다. 대개 12월 말까지 원서를 접수해서 그 결과를 3~4월에 통보받는 일반적 방법(Regular Admission) 외에도 일찍 접수하는 방법, 중간에 입학하는 방법 등 다양한 전형 제도가 있다. 한편, 미국의 대학입학전형은 복수지원, 복수합격 제도다. 한 지원자가 여러 대학에 동시에 지원할 수 있고 또 동시에 입학허가를 받을 수도 있다. 이 중 마음에 드는 곳을 결정하여 수락 편지를 보내 입학을 확정짓는다. 그러면 대학입학을 준비하는 지원자는 얼마나 많은 대학에 지원서를 내야 하는가? 이에 대해 대개 '2+2+2 Plan'이라는 조언이 있다. 이 방법은 수준별로 자기가 원하는 대학을 두 학교씩 선정하는 것이다. 첫 번째 두 대학은 입학은 하고 싶지만 자신의 조건에서 입학하기 거의 힘든 대학, 두 번째 두 대학은 자신의 실력을 감안할 때 도전해 볼 만한 대학, 세 번째 두 대학은 자신의 수준으로 볼 때 합격이 확실시되는 대학으로 선정한다. 이 계획은 무작정 많은 지원서를 보내지 않으면서 수준별로 다양한 대학에 도전해 볼 수 있는 장점이 있다. 물론 이것은 대학에 지원서를 보낼 때의 한 가지 기준일 뿐 개인 사정에 따라 다양하게 바꿔서 시도해 볼 수도 있다.

다음은 대학들이 채택하는 다양한 입학전형 제도들이다. 대학들마다 학교의 성격과 수준에 맞는 학생들을 유인하기 위하여 적절한 방식의 전형 제도를 택하여 입학 정책으로 삼는다.

(1) 일반전형(Regular Admission)

가장 일반적인 대학 진학 방법으로 12학년 때 12월 말까지 입학원서를 접수하고, 그 합격 여부를 이듬해 3월 말이나 4월 초에 통보받는 방법이다. 대학별로 입학원서 접수마감일과 합격통지 날짜가 다르다.

(2) 조기입학(Early Admission)

우수한 고등학생들을 위해 고등학교 졸업 전에 대학에 입학할 수 있도록 한 제도다. 이 제도를 이용하여 대학에서 공부하게 된 학생은 신분적으로는 고등학생이면서 대학생인 경우로 이해된다. 조기입학에는 두 가지 경우가 있다. 하나는 고교 졸업 전에 대학의 풀타임 학생으로 입학하는 것으로 이 경우 대학 1학년 동안의 성적이 해당 고등학교로 보내져 고등학교 졸업장을 취득하는 데 근거가 되도록 한다. 다른 하나는 고등학교에서 공부하면서 대학에서 파트타임으로 등록하여 공부하는 것이다. 이 경우 대개는 11학년을 마치고 나서 여름방학 동안 혹은 12학년의 가을학기부터 대학에서 공부하게 된다. 어느 경우나 조기입학은 우수한 고등학생들에게 미리 대학생활을 경험하게 해 주고 또 도전적인 공부를 할 수 있게 하기 위한 것이다. 따라서 이를 지원하는 학생은 그 이전 11학년까지 상당한 학업 실력을 보여주어야 한다. 대학에서 요구하는 필수과목을 수강해 두고, ACT나 SAT 시험 성적을 준비하고, 재학 중인 학교의 교장선생님이나 상담교사로부터 조기입학이 해당 학생에게 도움이 될 것이라는 추천서와 함께 부모의 동의서를 입학원서와 함께 제출해야 한다.

(3) 조기결정(Early Decision)

대학입학 신청을 일반전형보다 일찍 시작하고 또 그 입학허가 여부를 보통보다 일찍 알 수 있게 한 제도다. 구체적으로는 12학년의 11월이 되면 대학입학 신청을 하고, 그해 12월 혹은 이듬해 1~2월에 입학여부를 통보받는다. 12학년으로서는 만약 입학이 결정된다면 그 나머지 기간을 대학입시 스트레스에 시달리지 않아도 된다는 장점이 있고, 대학으로서는 조기에 우수한 입학 희망자를 선별한다는 장점이 있다. 하지만 조기결정의 경우 그 결과에 구속된다는 단점이 있다. 즉, 만약 희망했던 대학에서 학생을 받아들이겠다는 의사를 통보하면 그 학생은 그 대학에 반드시 진학해야 하고 지원한 다른 대학에 이 결정을 통보해야 한다. 따라서 조기결정으로 대학을 진학할 때에는 한 대학만을 신청할 수 있고 일단 합격이 되면 나중에 더 나은 조건의 대학이 나타나더라도 그 조기결정지원학교에 가야만 하기 때문에 이 입학전형을 선택할 때에는 신중에 신중을 기해야 한다.

(4) 조기전형(Early Action)

대학입학 신청을 일반전형보다 일찍 시작하고 또 그 입학허가 여부를 보통보다 일찍 알 수 있게 한 제도다. 구체적으로는 12학년의 11월이 되면 대학입학 신청을 하고 그해 12월 혹은 이듬해 1~2월에 입학여부를 통보받는다. '조기결정'과는 달리 그 결과에 의해 구속되지 않는다. 즉, 복수의 대학에 입학을 신청할 수 있고 여러 곳에서 허가를 받더라고 그중 하나를 선택할 수 있다. 미국에서는 현재 약 400개에 달하는 대학이 조기결정 혹은 조기전형 제도를 실시하고 있다.

(5) 수시전형(Rolling Admission)

입학신청서 마감일과 합격여부 통지 날짜가 일률적으로 정해져 있는 일반전형과는 달리, 입학원서 제출 순서에 따라 일정 시간이 지나면 합격여부를 먼저 알려 주는 제도다. 대개는 입학원서를 제출한 지 2달이 지나면 통지가 온다. 이런 제도를 운영하는 대학교에 원서를 내면 일반전형을 채택하고 있는 학교에 비해 합격여부를 빨리 알 수 있기 때문에 대학 선택에 대해 여유를 가질 수 있다. 다만 이 제도를 채택하고 있는 대학의 경우 지원자는 그 대학에 입학하겠다는 자신의 최종결정 역시 빨리 알려 줘야 한다.

(6) 후기전형(Midyear Admission)

미국의 한 학년도는 9월에 시작해 이듬해 8월에 끝나는데 그 중간인 1월에 대학에 입학하는 제도다. 대학에서 결원이 생겨 보충해야 할 경우, 미리부터 학년도 중간에 입학할 것을 약속하고 학생을 모집하는 경우, 다른 대학에서 가을 학기를 다니고 나서 전학하는 경우 등이 있다.

(7) 시험입학(Admission by Examination)

시험을 치러 대학에 입학하는 것을 가리키는데, 다음과 같은 3가지 경우가 있다. 첫째, 고졸 학력이 없는 학생이 고등학교 학력인정시험을 치러 그 성적을 제출하는 경우다. 둘째, 고등학교 졸업장이 없거나 홈스쿨링을 통해 공부했거나 인가받지 않은 고등학교를 나왔거나 하는 경우에 SAT 성적 혹은 ACT 성적을 제출하여 대학입학을 결정할 경우다. 셋째, 역시 위와 동일한 경우 대학에서 준비한 별도의 시험을 치러 대학에 입학하는 경우다.

(8) 편입(Transfer)

대학 간 전학의 경우다. 한국과는 달리 미국에서 활성화되어 있는 제도다. 학생으로서는 좀 더 나은 기회를 찾을 수 있다는 장점이, 또 학교로서는 결원이 생겼을 때 보충할 수 있다는 장점이 있다. 가장 전형적인 것은 2년제 초급대학(Community College)을 졸업하고 나서 4년제 대학의 3학년에 편입하는 것이다. 그 다음으로 흔한 것은 4년제 대학에서 2학년까지 다니고 다른 4년제 대학의 3학년에 편입하는 것이다. 이와는 별도로 1학년 1학기만 마치고 전학을 하는 경우도 있다. 물론 어느 경우이건 성공적인 전학을 위해서는 우수한 성적을 증명해야 한다.

(9) 등록연기(Deferred Entrance/Deferred Enrollment)

대학에 합격은 했지만 외국에서 공부한다거나 일한다거나 여행한다거나 하는 여러 가지 사정으로 바로 등록할 수 없는 학생들을 위해 보통은 1년 동안 등록을 연기할 수 있도록 한 제도다. 학교에 따라서는 2년까지 연기해 주기도 한다. 해당 대학에서는 그 신청서와 함께 약속한 기간 이후 등록할 것을 확약받는 차원에서 해당 학생들에게 보증금을 유치하도록 한다. 이 기간 중에는 다른 대학에 등록하는 것을 금하는 학교도 있고, 또 학교에 등록하겠다는 의지를 중간에 한번 재확인하도록 하는 학교도 있다. 해당 학생이 약속한 기간이 지나 등록하여 재정 지원을 요청할 경우, 그 요청은 해당 학년도의 신입생과 함께 처리된다.

4. 미국의 대학입학 관련 기관

1) 대학위원회(College Board)

고교 졸업생의 대학 진학을 원활히 하기 위해 1900년에 설립되고, 4,500개 이상의 중등학교와 대학교, 그리고 다른 관련 교육기관들이 속한 비영리협회다. 대학입학, 입학안내, 학생평가, 장학금 지원, 대학등록에 관한 것뿐 아니라 교수와 학습에 관한 프로그램과 서비스도 제공한다. SAT, PSAT/NMSQT, AP 등을 주관하며 수월성의 원칙과 평등의 원칙을 표방한다고 말해진다. 이 기관의 발전사를 살펴보면 다음과 같다.

- 1단계: 1900년 처음 설립 당시는 학생들의 지원과 입학사정절차를 간소화하기 위해 몇몇 대학의 대학입시시험만을 주관하도록 함
- 2단계: 그 이후 다른 많은 대학들이 참여하여 전국적 차원의 공동 대학입시시험을 주관하게 됨. 이와 더불어 개인의 상이한 가족 배경이나 전국 고등학교마다 다른 학점체계, 교육내용에도 불구하고 학생들의 학업성취를 하나의 척도로 예측할 수 있게 하는, 민주적 정신에 부합하는 표준

화된 평가체제의 정립으로 지명도를 얻기 시작함.

- 3단계: 대학입학 사정에 도움을 주고 대학 학점을 주는 AP 시험체계를 개발함. 학생들이 성공적으로 자신에게 맞는 대학을 선택할 수 있도록 대학입학관련 정보를 전자화하고, 학자금의 부족으로 대학입학에 어려움을 겪는 학생을 돕기 위한 대학 장학금 정보 서비스 프로그램을 개발함. 고등학교 학생들의 학업성취를 개선하고 대학 진학을 쉽게 하기 위한 프로그램을 개발(SAT 문제은행 온라인 발행, AP 교사 육성을 위한 워크숍 등)함. 고등학교 입시생, 입시교육을 하는 고등학교 교사, 신입생을 선발하는 대학교, 이들 모두에게 필요한 정보와 서비스를 제공하는 기관이 됨

2) 전국대학입학카운셀링협회(National Association for College Admission Counseling)

1937년 설립되고 대학입학관련 업무에 종사하는 고등학교 상담교사, 대학재정 담당관, 대학입학 담당관 등 총 7,800명의 대학입학 전문가가 결집되어 있는 전국적 규모의 협회로서 학생들의 중등교육 단계에서 고등교육 단계로의 진학을 도와주기 위한 정보제공기관이다. 학교의 상담교사와 대학입학 담당관은 고교 졸업생들의 대학 진학에 필요한 정보의 일차적 정보원들이다. 학생들이 자신의 능력과 수준, 적성에 맞는 대학을 제대로 선택할 수 있도록 돕는 데에 이들 간의 정확한 정보교환과 자유로운 의사소통이 필수적이라고 인식한 NACAC는 이들 간의 정기적이고 개방적인 의사소통을 매개하는 역할에 집중한다. 이 협회에 참여하는 자들은 미국 내에서 일하는 사람이 대다수이지만, 54개국에 달하는 외국의 관련 업무 전문가들도 포함되어 있다. 버지니아 주의 알렉산드리아에 본부가 있는 NACAC는 미국 내 전역을 돌며 대학정보 박람회나 예술대학 정보 박람회를 개최하는 것 외에도 각종 대학입시관련 조사보고서를 작성하고 전국 규모의 학회를 주관하며 관련 간행물 사업을 하는 등, 다양한 활동을 펼치고 있다.

5. 나가는 말

이제까지 살펴본 미국의 대학입시제도에 대한 정보에 덧붙여 한국의 대학입시제도와 차별화되는 미국 제도의 두드러진 특징을 몇 가지로 정리하며 이 글을 마치고자 한다.

첫째, 미국의 대학에는 입학사정을 전담하는 전문적 입학사정관이 있다는 것이다. 이것은 입학에 관련되는 업무의 노하우를 지속적으로 축적하여 그 대학이 장기적으로 일관된 입학 정책을 펼 수 있게 하며 더불어 입학 사정 과정의 능률성과 합목적성을 높이는 데 크게 공헌하는 것같이 보인다. 예를 들어, 입시생의 고등사고능력을 재기 위한 SAT I의 검사 타당성에 대하여 대학의 입학사정관들은 오랫동안 많은 의문을 제기해 왔다. 이는 대학위원회로 하여금 보다 나은 검사도구를 개발하도록 촉구하는 한편, 수험생들의 SAT 점수를 고정적이고 일률적으로 적용하기보다는 그 수험생에 관한 다른 자료들과의 관련성 안에서 탄력적으로 해석하는 성숙된 평가 풍토를 가능하게 한다.

둘째, 미국의 대학입시제도는 철저히 대학의 자율성과 시장의 원리에 기대어 작동한다는 점이다. 국가 개입의 여지가 전혀 없다. 이는 고등학교와 대학을 연결시켜 주고 매개해 주는 대학위원회나 전국대학입학카운셀링협회와 같은 민간전담기구의 중요성을 더욱 부각시킨다. 이 기구들은, 한편으로 학생들의 학력의 질을 관리, 통제하고 다른 한편으로 적절한 수준의 대학에 적절한 능력과 재능의 잠재력을 가진 인재가 배치될 수 있도록 정보를 매개하고 의사소통의 장을 마련하며 의견을 조정하는 역할을 한다.

셋째, 미국의 대학입시제도는 능력주의에 기초하여 학생들의 대학 선택권 범위와 학교의 학생 선택권의 범위를 상호 극대화하는 것을 지향하는 제도다. 즉, 미국의 대학입시제도는 우리나라의 경우처럼 대학입학 적격자를 걸러 내는 기능을 중시하기보다는 학생들이 자신들의 고등교육을 위한 진로를 잘 선택할 수 있도록 도와주는 기능, 즉 선택을 격려하는 기능을 위주로 발전해 왔다.

넷째, 대학입학시험의 성적순에 따라 일사불란하게 대학 순위가 정리되어 발표되는 한국과는 달리, 미국에서의 소위 '좋은 대학' 순위는 다양한 곳에서 다양한 기준으로 만들어진다는 점이다. 일례로, 매년 미국의 대학 순위를 집계하여 발표하는 'US News'나 'World Report' 같은 곳에서는 대학의 순위를 학생들의 대학 입학시험 평균성적, 전임으로 일하는 교수진의 비율, 재정보조 규모, 재등록 비율, 강좌 당 학생수 등을 종합적으로 고려하여 이를 박사, 석사, 학사 과정별로, 또는 경영학이나 공과대학과 같은 분야별로 나누어 평가하고 있다.

이러한 차별적 특성에도 불구하고 오늘날 우리나라의 대학입시제도는 형식상으로는 미국의 제도를 많이 닮아 있고 더욱 닮아가고 있는 추세다. 획일적이거나 한 줄 세우기 식 평가방법을 피하기 위한 대학의 입시사정 항목의 다양화가 그것이고, 학생의 선택권을 넓히기 위한 대학의 입학전형제도의 다양화가 그것이다. 하지만 이것은 어디까지나 형식상의 유사성으로만 머문다. 왜냐하면, 과열화된 사교육, 공교육의 부실화 등과 같이 미국에서는 잘 일어나지 않는 부작용이 초래되는데 이것은 우리 사회의 문화적 배경과 제도적 기반이 미국의 그것과 많이 다르기 때문인 것으로 보인다. 우리 사회에서는 역사적으로 국가 중심의 중앙집권적 방식으로 교육제도가 운영되어 왔기 때문에 지방 분권적이고 민간 중심으로 운영되는 미국의 교육제도를 우리 사회에 그대로 이식하는 것은 이미 많은 부작용을 예고했다고 볼 수 있다.

하지만 그렇다고 하여 이제 와서 지난 수십 년 동안 이식해 온 제도를 원점으로 되돌려 우리와 유사한 문화적 풍토와 사회적 환경을 지닌 다른 선진국의 제도를 처음부터 다시 이식하자고 하는 것도 어불성설이다. 오히려 이제는 미국 사회에서 미국적 교육제도를 가능하게 한 역사적, 사회적 조건을 살피고, 현재 우리의 교육제도가 기반으로 하는 사회적, 제도적 조건을 비교하고 분석하는 것을 통하여 일방적으로 이식된 교육제도를 우리의 사회적, 문화적 풍토와 미래 비전에 맞게 조금씩 고쳐 나가는 것이 보다 현실적인 방법같이 보인다. 이러한 관점에서 볼 때 우리나라의 대학입시제도를 당장 이리저리 뜯어 고치거나 새로운 입시제도를 도입하기보다는 대학의 자율성과 공적 책임성의 정착, 대학의 권위에 대한 국민들의 신뢰 구축, 시민의식의 성숙 등을 가능하게 할 사회적, 교육적 제도를 마련하는 일이 합리적인 대학입시제도 정립을 위한 보다 시급한 과제가 아닌가 싶다.

참고문헌

구자억. 미주의 교육 현황과 주요 개혁. 서울: 한국교육개발원, 2003.

존 김. 존 김의 미국 명문대 입학 전략서. 서울: 백산 출판사, 2004.

http://www.usaedunews.com/edu_05_084.htm

http://www.collegeboard.com/splash

http://www.nacac.com

영국의 교육제도와 입시제도의 최근 동향

이병곤

1. 입시제도의 이해를 위한 영국 학교 제도의 개관

영국의 교육제도를 한눈에 살펴보는 일은 쉽지 않다. 우선 잉글랜드와 웨일즈, 북아일랜드가 갖추고 있는 교육제도, 교육서비스를 전달하는 방식, 전담 기구 등이 각각 다르며, 특히 스코틀랜드의 교육제도는 앞의 3개 지역과 더욱 다른 모습을 띠고 있기 때문이다. 두 번째로는 전통적 교육기관이 오랫동안 온존하면서 완만한 변화를 겪어 왔다는 특성이 있다. 새로운 교육제도가 도입되더라도 기존 제도를 완전히 폐기하지 않고, 존속시킴으로써 새 제도와 공존하는 형태로 발전과정이 이뤄졌다는 측면, 그리고 중앙정부보다는 지방정부가 교육에 대한 더 많은 책임을 담당해 왔기에 그만큼 지역적 격차가 크게 존재한다는 측면들이 영국 교육제도에 대한 설명을 한층 복잡하게 만든다.[1] 먼저 다음에 제시한 〈표 1〉을 살펴보면서 기본 학제를 설명해 보기로 한다. 지역마다 조금씩 다르기는 하지만 영국의 어린이들은 만 3세에 이르면 유치원에 등록하여 3~5시간씩 공교육을 받기 시작한다. 이어서 초등학교 1학년 이전에 준비반(Reception) 1년 과정을 포함하여 모두 7년간의 초등학교 교육을 받게 된다. 그 이후에는 중학교와 고등학교가 통합된 5년간의 중등학교 교육과정이 이어진다. 1988년 교육법 제정에 따라 도입된 국정교육과정에 의거하

1) 이 논문에서는 잉글랜드, 웨일즈, 북아일랜드 지역에 적용되고 있는 교육제도를 설명하게 될 것이며, 스코틀랜드는 독자적인 교육체제와 대학입학시험 정책을 갖추고 있기 때문에 서술의 편의상 제외시켰다. 따라서 별도의 언급이 없는 한 이 논문에서 '영국'이라 기술된 부분은 잉글랜드와 웨일즈, 북아일랜드 지역을 지칭한다. 사실 교육정책 실행의 구체적인 영역으로 더욱 세밀하게 좁혀 들어가서 기술하자면 이들 세 지역 사이의 편차도 엄연히 존재하지만 이 글에서는 그렇게까지 엄밀하게 구분하여 기술하지 않으려 한다.

〈표 1〉 영국의 기본 학제

학 년	나이(만)	학교 구분	국정교육과정
Nursery	3~4	유치원	기초 단계 (Foundation Stage)
Reception	4~5	초등학교 (Primary School)	
Year 1	5~6		주요 단계 1 (Key Stage 1)
Year 2	6~7		
Year 3	7~8		주요 단계 2 (Key Stage 2)
Year 4	8~9		
Year 5	9~10		
Year 6	10~11		
Year 7	11~12	중등학교 (Secondary School)	주요 단계 3 (Key Stage 3)
Year 8	12~13		
Year 9	13~14		
Year 10	14~15		주요 단계 4 (Key Stage 4)
Year 11	15~16		
Lower 6	16~17	대입 예비학교 (Sixth Form)	A-레벨 준비단계
Upper 6	17~18		

여 초등과 중등 교육과정은 각각 주요단계 1, 2와 주요단계 3, 4로 나뉘어 있으며, 단계마다 도달해야 할 학업성취 수준이 따로 정해져 있는데, 이때마다 국가에서 마련한 표준 성취도 검사를(SATs: Standard Attainment Tasts) 치러야 한다.[2)]

〈표 1〉에서 7학년과 11학년 사이를 '중등학교'로 간단히 표기했지만 사실 이 연령대의 학생들이 재학하고 있는 학교의 종류는 매우 다양하기 때문에 각각의 특징과 장단점을 소개하자면 별도의 지면을 필요로 한다. 다만, 이 글에서는 지난 1967년부터 중등교육이 인문계와 실업계로 분리되어 있지 않은 종합중등학교(comprehensive school) 체제로 운영되어 왔으며, 교육과정은 영어, 수학, 과학, 시

2) 제1절의 구성을 위해 영국의 교육제도를 개관하고 있는 기초 문헌으로 아래의 두 가지 자료를 참조하였음을 밝힌다. (1) Liam Gearson (eds.), *Education in the United Kingdom: Structures and Organisation* (London: David Fulton Publishers, 2002), (2) Gill Holt et al., *Education in England, Wales and Northern Ireland: A Guide To The System* (Berkshire: National Foundation for Educational Research, 2002).

민교육과 같은 9개의 핵심 교과와 상업, 디자인 과목 같은 다수의 선택 교과로 나뉘어 있다는 점만 밝히고자 한다.

또한 중등과정은 표에서 알 수 있듯이 5년제 중등학교와 2년제 대입 예비학교로 나뉘어 있다. 16세에 끝마치는 중등과정까지가 우리나라에서 통용되는 용어로 표현하자면 '국민공통 교육과정'을 이수하는 시기다. 특히 주요단계 4를 시작하는 중등과정 후반기(10학년)부터는 학생의 장래를 결정짓는 중요한 시기인데, 이때부터 2년간 자신이 원하는 과목을 8~10개 정도 선택하여 중등학교 졸업자격시험을 준비해야 한다. 우리말로 번역하자면 '중등학교 일반 자격증명(General Certificate of Secondary School)'이 되겠는데, 영국에서는 GCSE로 통칭된다.

의무교육 기간이 종료되는 16세에 치르는 이 시험은 말 그대로 '자격증명'의 의미를 지니고 있다. 영국 학교에서는 졸업장이 따로 없다. 그 대신 과목별로 취득한 자격증이 이를 대신한다.[3] 불과 20여 년 전만 해도 중등학교를 졸업하고 대학에 진학하는 학생들의 비율이 20퍼센트밖에 되지 않았기 때문에 고등교육을 받지 않는 학생들은 과목별로 받은 등급을 이력서에 적어 넣어 입사 서류로 제출하거나 직업교육을 받고 싶은 학생은 계속교육 칼리지 측에 이 같은 자격증명을 제출하곤 했다. 예를 들어, 'GCSE 수학 A', 'GCSE 영어 B'와 같은 형식으로 말이다. 물론 최근에는 이런 의미가 퇴색되고, 대학에 진학할 때 필요한 사정 자료로서 그 기능을 대신하는 것으로 자연스럽게 그 용도가 많이 변화되었다.

〈표 1〉 하단부에 표시된 마지막 2년 과정은 대입 예비학교(Sixth Form)[4]로서 이 영역을 올바로 이해하는 것이 앞으로 이 글에서 전개될 영국의 입시제도에 대한 설명을 명확하게 파악하기 위한 지름길이다. 더욱이 우리나라에는 이 부분에 상응하는 교육기관이 없기 때문에 각별한 주의가 필요하다. 중등학교를 졸업한 16세 이상

---

3) 중등학교에는 학적부나 졸업증명서 같은 서류가 없다. 극단적인 경우겠지만 만약 어떤 학생이 그 어떤 과목에서도 자격증명을 취득하지 못하고 의무교육 기간을 마쳤다면 그(녀)는 노동시장에 편입할 때나 진학에 필요한 사정 자료를 제출할 때 자신의 중등교육 과정 이수 사실을 입증할 방법이 없다.

4) 5년 동안의 중등학교 과정을 마치고, 6년차 공부를 시작하는 후기 중등학교 과정이라는 의미에서 이런 용어를 사용한다. 'Form'이라는 단어에는 학년이나 학급이라는 뜻이 담겨 있다. Sixth Form의 특성을 고려해 볼 때 대학입학을 원하는 인문계열 학생들을 가르치는 학교이므로 이 논문에서는 '대입 예비학교'로 의역하여 사용하기로 한다.

의 학생들이 대학입학 이전까지 교육을 받기 때문에 '포스트16(Post 16) 교육', '터셔리 교육'(Tertiary Education) 혹은 '계속교육'(Further Education)이라 부르기도 하는데, 이 영역은 인문계와 실업계로 나뉘어 있다.

특히 대학 진학에 목표를 두고 있는 인문계 과정 학교를 대입 예비학교(Sixth Form College)라고 부른다. 이 학교들은 종합중등학교와 한 울타리 안에 위치하기도 하고, 별도의 교육공간을 확보한 2년제 교육기관으로 설립되어 있기도 하는 등 다양한 양상을 보인다. 과정을 마치고 시험을 치르면 과목별로 'A-레벨 수학 B등급' 'A-레벨 사회학 A등급'과 같이 자격증을 취득할 수 있다.

실업계 경로를 선택하여 국가기술 자격증을 취득하려는 학생은 계속교육 칼리지(Further Education College)에 등록하면 된다.[5] 주로 16세~19세의 학생들이 공부를 하지만 등록된 학생 가운데 31퍼센트 정도는 성인학습자들로서 이들은 재취업 교육이나 실용 · 취미 교육을 받고 있다.

18세까지 학비는 무료다. 또한 그 이상 나이가 든 학생이라 해도 교육대상자의 상황에 따라 다르지만 공부를 계속하고자 하는 의욕이 있는 국민이 경제적 어려움 때문에 학업을 포기하도록 방치하지는 않는다. 이러한 이해를 바탕으로 다음 절에서는 영국의 대학입학시험 제도에 대해서 더욱 자세하게 살펴보기로 하겠다.

2. 영국 대학입학시험제도의 실제와 특징

1) 대학입학시험의 진행 과정[6]

(1) 생애 경로와 시험과목의 선택

대입 예비학교(Sixth Form College)에 진학한 학생은 무엇보다 자신이 장차 대학

5) 2006년 현재 중등학교와 대입 예비학교가 같은 공간에 설립되어 있어서 11~18세 사이의 학생들을 가르치고 있는 학교는 모두 3,155개교다. 여기에는 362,800명의 대입 예비학교 학생들(17~18세)이 재학하고 있다. 한편, 독립된 공간에 설립된 대입 예비학교는 101개교에 이르며, 140,500명의 학생이 재학하고 있고, 계속교육 칼리지와 터셔리 칼리지에는 모두 442,500명이 등록되어 있는 것으로 나타났다. *The Times Educational Supplement* 4,722호(2007. 2. 2): 19-20.

에 진학하면 어떤 전공을 선택할 것인지를 결정해야 한다. 그래야만 A-레벨 시험 과목을 선택할 수 있다. 만약 어떤 특정한 대학의 건축학과에 진학하고 싶은 학생은 그 대학의 건축학과에서 요구하는 과목들, 이를 테면 기하학, 수학II, 물리학을 선택하여 시험에 대비하는 방식이다. 시험과목을 선택할 때는 16세에 치른 GCSE 자격증명 취득 과목 가운데서 자신의 적성에 맞는 것을 우선적으로 고려한다. 여기에 더하여 대입 예비학교 1년차 동안 AS-레벨 과정으로 공부했던 5과목 가운데 3과목을 선택하여 심화학습을 하는 것이 일반적이다(이렇게 2년차에 실시되는 심화학습 과정을 A2-레벨이라 함).

(2) 과목별로 자격증 수여 기구를 선정

한국의 수학능력시험과 달리 A-레벨 시험을 주관하는 주체는 국가가 아니라 일종의 민간법인 형태의 교육사업체라 할 수 있는 '자격증 수여 기구(Awarding Body)'다. 영국의 대학입학시험 주관 부서는 기능에 따라 각기 세분화되어 있는데, 우선 1997년에 설립된 정부 기관인 '자격증 및 교육과정평가원' (Qualifications and Curriculum Authority: QCA, 이하 교육과정평가원으로 약칭)에서는 계속교육기관에서 달성해야 할 교육목표와 수준에 대해 총체적인 지침을 제시하고, 시험의 난이도를 조율하는 역할을 담당하고 있다. 한편, 자격증 수여 기구는 교육과정평가원의 지

6) 이 부분에 대한 기술은 다음 자료들을 참고하여 작성되었음을 밝힌다. '자격증명 및 교육과정평가원(QCA)' 에서 발간한 안내서. QCA. *AS and A Levels: the official student guide to the system*. 2006. 영국의 입시제도 운영은 정부로부터 교육적 책임을 위임받은 다양한 공적 기구들 사이의 협의를 통해 유지되고 있다. 따라서 입시제도에 대해 더욱 폭넓은 정보를 얻기 위해서 아래와 같은 기관에서 발간했거나 웹사이트에 탑재되어 있는 자료들을 함께 참고하였다.

- www.dfes.gov.uk/qualificatons 영국의 교육기술부(Department for Education and Skills) 웹사이트, 특히 이 서브디렉토리는 자격증 제도에 관한 정보를 개괄적으로 수록하고 있다.
- www.qca.org.uk QCA는 한국의 교육과정평가원과 유사한 기능을 한다. 자격증이나 시험 제도와 관련된 자료를 풍부하게 갖고 있다.
- www.ucas.com 대학입학지원청이며, 대학에 입학원서를 제출하려면 이 기관을 이용해야 한다. 조금 지난 상황이기는 하지만, 런던 외곽 지역에 위치한 한 학교에서 A-레벨 과정을 준비하고 있는 과정을 필자가 직접 현장 취재를 했던 경험이 이후의 자료를 검색하고, 변화된 상황을 정리하는 데 많은 도움을 주었다. 당시의 현장 취재 기록은 다음 자료에 실려 있다. 이병곤, 고교의 자율평가, 대학이 믿는다. 중등 우리교육 11(1997): 60-65.

침에 따라 각 과목별로 교수요목을 구성하고, 교사에게 필요한 학습지도서를 발간하며, 최종적으로 A-레벨 시험의 출제와 채점까지 담당하는 기능을 한다. 현재 잉글랜드에서는 에덱셀(EdExcel), OCR(Oxford, Cambridge and Royal Society of Arts Examinations), 그리고 AQA(Assessment and Qualification Alliance)와 같은 3대 자격증 수여 기구가 이러한 역할을 담당하고 있다.[7)]

(3) 수행평가, 포트폴리오 작성, 지필고사

학생이 자신의 진로와 대학입학시험을 치르고자 하는 교과목을 모두 선택하였으면, 대입 예비학교 입학 당시인 11학년 때부터 시험 대비에 들어간다. 첫해에는 AS-레벨을 준비하는데, 1년 동안 배워야 하는 교과 5개를 선택한다. 2년차부터는 자신이 선택한 5과목 가운데 3과목을 선택하여 심화학습을 지속하도록 되어 있다. 2001년부터는 이 과정을 A2-레벨이라 부른다.(세부 사항은 140쪽 '2) A-레벨, AS-레벨, 직업교육 A-레벨' 참조)

많은 과목의 시험을 하루에 모두 치러야 하는 우리나라의 수학능력시험과는 달리, A-레벨은 2년 동안의 학업성취 결과가 꾸준히 축적되고 기록되는 다면 평가적 요소를 지니고 있다. 과목별로, 그리고 자격증 수여 기구마다 모두 조금씩 배점 기준이 다르기는 하지만, 대개 학생들이 제작한 포트폴리오, 소논문 제출, 수업 현장에 감독관이 직접 방문하여 학생들의 실제 능력을 테스트하는 방식, 그리고 지필고사로 이뤄지게 된다.

(4) 대학입학지원청(UCAS)에 입학 지원서 제출

신입생을 선발하는 최종적인 권한은 각 대학이 가지고 있다. 다만, 학생들로 하여금 대학입학에 필요한 서류 전형 절차를 진행시키고, 일선 칼리지와 각 대학들 사이를 연계시켜 주는 국가 기구로서 대학입학지원청(UCAS: University and College Admission Service)이 설립되어 있다. 이에 따라 모든 수험생들은 12학년이 시작되는 첫 학기인 9월 중으로 대학입학지원청에 입학 지원서를 제출해야 한다.

7) 참고로 웨일즈에는 WJEC, 북아일랜드에는 CCEA가 각각 자격증 수여 기구의 역할을 맡고 있다.

수험생은 모두 6개의 대학에 원서를 제출할 수 있다. 대개 자기의 실력으로 합격할 수 있는 가능성이 가장 높은 대학 2곳, 자기 실력보다 약간 버겁거나, 아니면 약간 더 쉽게 입학할 수 있는 대학을 각각 2곳씩 선택하여 지원하는 것이 일반적이다. 대학입학지원청은 각 대학의 입시 사정 기준에 대한 정보를 수집하여, 칼리지 측과 수험생들이 쉽게 검색하고 활용할 수 있도록 입학정보 제공 서비스도 병행하고 있다. 또한 각 대학이 최종 합격자를 선정한 이후에 여러 가지 사정으로 결원이 발생했거나, 또는 어느 대학에도 입학이 어려워진 학생들이 생겨난 경우 이들에게 적합한 학생이나 대학을 찾아주는(Clearing Process) 역할을 담당하는 통합적이며 일괄적인 창구이기 때문에 영국의 입시제도에서 매우 중요한 축을 형성하고 있다.

(5) 진학 희망 학과에서 면접시험

영국의 입시제도는 전형적인 '선지원 후시험' 방식을 채택하고 있다. 대학입학지원청에 원서를 제출한 다음, 일정한 기간이 지나면 개별 수험생들은 각 대학으로부터 언제쯤 면접시험을 실시하겠으니 응시하라는 통보를 첫 학기 말이나 다음 학기 초반인 1월경에 받게 된다.[8] 이 면접시험에서 각 대학은 해당 수험생의 학업성취도와 잠재력을 판단하여 조만간 치르게 될 대학입학시험에서 지원자가 각 과목별로 어떤 등급을 성취하면 입학이 가능할 것이라 결정을 내리고 이를 대학입학지원청을 통해 알려 준다. 여기에는 무조건 합격(Unconditional Offer)과 조건부 합격(Conditional Offer)이 있는데, 아주 특별한 경우가 아니라면 대개 조건부 합격 통보를 받게 된다.

(6) 시험의 실시

앞의 137쪽의 '(3) 수행평가, 포트폴리오 작성, 지필고사' 에서도 언급했듯이, 영국의 입학시험은 2년간의 대학입학 준비과정 전체를 통해 실시되는 것과 다름이 없다. 한국의 수학능력시험처럼 객관식 문제들이 아예 없는 것은 아니지만, 일부의

8) 영국의 한 학년도는 9월에 시작하며, 3학기제로 구성되어 있다. 가을학기는 9월~12월 중순, 봄학기는 1월 초순~4월 중순, 여름학기는 5월~7월 중순에 끝난다.

자격증 수여 기구에서, 또는 일부 교과목에서 객관식 지필고사가 간혹 존재한다 해도, 전체적으로 볼 때 객관식 문제에 대한 배점 비중이 현저하게 낮은 편이다. 한편, 지난 1989년부터 영국의 대학입학시험에는 A－레벨의 절반 정도 수준으로 성취 목표가 설정되어 있는 AS－레벨 제도가 부가되었다. 이렇게 새 제도를 도입한 이유는 기존의 A－레벨이 3개의 교과목에만 집중하도록 설계되었기에 학생들이 갖춰야 할 지식의 폭을 지나치게 협소하게 규정하고 말았다는 비판을 끊임없이 받았기 때문이다.[9] A－레벨과 AS－레벨, 그리고 2001년부터 도입된 '직업교육 A－레벨'에 대해서는 140쪽의 '2) A－레벨, AS－레벨, 직업교육 A－레벨'에서 좀 더 자세히 언급할 것이다.

(7) 시험 성적 통보와 최종 학교 선택, 추가 모집

답안지에 대한 채점이 모두 끝난 다음 각 자격증 수여 기구들은 대학입학지원청과 개별 대학, 그리고 모든 수험생들에게 시험결과를 우편으로 발송해 준다. 지원자의 시험결과가 대학 측에서 제시한 조건을 충족시켰으면 합격이 되는 것이다. 대학입학지원청에서는 합격을 확인한다는 공문을 지원자에게 발송하는데, 지원자는 이 우편물에 동봉되어 있는 회신 양식을 작성하여 14일 이내에 해당 대학 측에 우송하면 모든 입학 절차가 종결된다. (대학입학지원청의 웹사이트에 마련되어 있는 유카스트랙(Ucastrack)을 통해서도 수험생은 자신의 당락 여부를 추적할 수 있다.)

만약 어느 곳에서도 합격이 되지 않았다면 이 지원자의 이름은 자동으로 대학입학지원청 컴퓨터의 '학생 재배치 시스템' (Clearing System)에 등재되며, 그 학생의 집으로는 추가배치 지원서(Clearing Entry Form)가 배달된다. 이러한 과정을 통해 다른 대학에서 합격 통지를 받았을 경우, 합격생이 직접 해당 대학으로 추가배치 지원서를 발송해 주면 모든 입학 절차가 끝난다.

9) George Walden, *We Should Know Better: Solving the Education Crisis* (London: A Paperback Original, 1996), 112-113.

(8) 소청(Appeal)과 휴식년(Gap Year)

통보된 성적이 예상 점수와 전혀 다른 결과가 나왔을 경우에는 수험생과 학부모들이 해당 자격증 수여 기구를 상대로 채점 과정과 결과에 대해 재확인을 요구하는 소청 절차를 밟을 수 있다. 이와 같은 소청은 자신이 입학을 원했으나 탈락을 하게 된 대학 측을 대상으로 진행할 수도 있다.

한편 대학에 합격하였으나 곧바로 학업을 시작하고 싶지 않은 학생들은 자신의 의지에 따라 입학 시기를 1년간 늦출 수 있다. 그런 다음 평소에 하고 싶었던 프로젝트를 시도해 보거나 시간제 아르바이트를 한다든지, 세계 각국으로 배낭여행을 떠난다든지, 아니면 국내외에서 자원봉사활동을 펼치는 등 대학입학 이전에 다양한 경험을 쌓을 기회를 가져 보는 것이다. 이것을 휴식년(Gap Year)이라고 하는데, 합격한 대학 측에 '입학 유예'(Defer) 신청 서류를 제출하면 허락받을 수 있다.

만약 자신이 진학하게 될 대학이 마음에 들지 않을 때에도 휴식년을 신청한 다음 부족한 과목을 공부할 수도 있다. A-레벨 성적은 다음 해에도 여전히 유효한 자격증이므로, 자신이 부족했던 과목만 보완하면 된다. 그렇기 때문에 "영국에는 재수생이 없다"는 주장이 가능하다.

2) A-레벨, AS-레벨, 직업교육 A-레벨

현행 입시제도의 공식 명칭은 '일반 교육자격 증명 고급 수준'(General Certificate of Education Advanced Level)인데, 이를 간편하게 줄여서 A-레벨이라 부른다. 이는 지난 1951년 기존의 고등학교 자격증(Higher School Certificate)이라는 시험제도를 대신하여 도입된 것이니 무려 58년간 지속되어 온 시스템이라 할 수 있다.[10)]

A-레벨은 여러 차례 부분적인 수정을 거쳐 오다가 「커리큘럼 2000」이라는 보고서에 담긴 입시제도 개편안이 2001/2002학년도부터 적용되어 오늘에 이르고 있다. 이 개편안은 두 부분으로 나뉜 A-레벨을 더욱 조직화하여 대입 예비학교 1년차

10) Alison Wolf, "Qualifications and assessment" in Richard Aldrich, *A Century of Education* (London: RoutledgeFalmer, 2002), 206-227. 영국의 시험제도사 1백년을 회고하고 분석하면서, 울프는 이 논문을 통해 사회의 변화에 조응하는 시험제도의 특성에 대해 흥미로운 고찰을 제시해 주고 있다.

에 AS(Advanced Subsidiary) 레벨, 2년차에는 A2-레벨 시험을 치르도록 구분한 것이 가장 큰 특징이다. 즉, AS와 A2를 결합한 것이 '완전한 A-레벨' (full A-levels)인 것이다.

사실 AS-레벨은 교육과정의 폭을 확대하기 위해 이미 지난 1989년부터 도입되었던 것으로써 '완전한 A-레벨' 시험의 절반에 해당하는 점수를 얻을 수 있다. 2001년의 개편으로 달라진 것은 AS-레벨의 선택 폭을 5개 과목으로 강화하고, 이수 단위 제도를 도입해서 A2 과정과의 연계성과 유연성을 확보한 점이라 하겠다. 즉, AS와 A2는 각각 3개의 이수 단위로 구분, 마치 대학에서 학점을 모으듯이 이수 단위를 취득하도록 구성되어 있다.

당초 A-레벨이 처음 도입되던 1950년대에는 통과/실패(Pass/Fail)로만 성적이 평가되었으나 각 대학 측에서 이러한 시험 등급으로는 변별력이 부족하다는 점을 문제 삼자, 얼마 후 고득점자들에게 '최우수(distinction)'라는 등급을 부여하기도 했다. 현재와 비슷한 형태로 평정 시스템을 도입한 시기는 이보다 한참 뒤인 1963년이었다. 그 이후로 부분적인 수정을 거쳤지만 커다란 변화 없이 2006년 현재에 이르게 되었는데, A부터 E까지 5가지 등급으로 성적이 매겨지며, 자격증 취득 실패를 의미하는 U(Unclassified) 등급도 함께 존재한다.

(1) AS-레벨과 A2-레벨

A-레벨은 학위 취득을 위해 고등교육기관으로 진학하려는 학생들(13학년)에게 요구되는 평가체제다. A-레벨 과정에 진입하려면 중등학교를 마쳤을 때 적어도 4~5과목 이상의 GCSE 시험에서 C등급 이상의 교과 자격증을 이미 취득하고 있어야 한다. 2006년에는 모두 80만 명 정도의 학생들이 A-레벨 시험에 응시했다. 언어, 과학, 수학, 인문학 등 80개의 다양한 교과목 가운데 일부를 수험생이 선택하여 준비할 수 있다. 학생들은 전통적으로 3과목의 A-레벨을 준비하도록 되어 있는데, 이것은 지금도 예외가 아니다. 시험은 학교 내부에서 진행되는 수행평가와 외부에서 평가하는 지필시험으로 나뉘어 있으며, 이 두 가지 점수를 합산하여 입학사정 자료로 활용한다.

교육과정은 사전에 규정되어 있는 몇 가지 단원(Units)으로 구성된다. 마치 대학에서 일정한 수준의 학점을 취득해야 졸업이 가능한 것과 비슷한 형식을 갖추고 있는데, 이를 이수 단위(Modules) 체제라 부른다. AS-레벨은 3개의 단원, A2도 3개의 단원으로 구성된다. 대입 예비학교 1년차에 5과목의 AS-레벨 과정을 마친 학생은 그 가운데 3과목을 선정하여 A2-레벨 과정으로 심화학습을 하게 된다. 즉, 같은 과목을 AS-레벨과 A2-레벨로 선택하여 수강하였을 경우 총 6단원을 학습하게 되어 '완전한 A-레벨' 한 과목을 마친 셈이 되는 것이다. A2로 연계가 되지 않은 AS-레벨은 그 자체로 독립적인 자격증명으로서의 기능을 가진다. A-레벨은 대학에 진학하지 않고 노동 시장에 곧바로 취업을 하려는 졸업생들도 그대로 활용할 수 있는 독립된 형태의 자격증이다.

2001년 개편 이후 달라진 두 번째 특징은 시험을 치르는 방식이다. 이수 단위 형식의 A-레벨을 선택한 학생은 하나의 단원이 끝나는 시기마다 시험을 치르게 된다. 또한 이때에 수험생이 충분한 준비를 하지 못하였거나 특별한 개인적 사정이 있을 경우에는 1회에 한하여 같은 단원에 대한 시험을 다시 볼 수 있도록 되어 있다. 수험생은 두 번 치른 시험 가운데 더 좋은 결과를 최종 점수로 선택하면 된다.

일선 학교에서 수험생에게 A-레벨 1과목을 준비시키려면 대개 주당 8시간을 배정한다. 따라서 어떤 수험생이 3과목의 A-레벨을 준비하고 있으면 그 학생은 최소한 주당 24시간의 수업을 받도록 되어 있으며, 여기에 더하여 도덕교과나 체육교과 등 시험과목에 포함되지는 않지만 일선 학교에서 필요하다고 판단하는 교과목에도 수업시간이 추가로 배정되어 있다.

평가는 지필고사 점수(70퍼센트)와 수행평가(30퍼센트) 점수를 합산하여 이뤄진다. 특히 A2 시험의 모든 과목은 총점 성적 비율의 20퍼센트가 반영되는 '개요 평가'(synoptic assessment)가 포함되어 있다. 개요 평가는 해당 선택 교과목에 대해 수험생의 전반적인 이해 정도를 측정하도록 설계되어 있는 시험이다.

(2) 직업교육 A-레벨(Vocational A-level)

영국 정부는 2001년 교육과정 개편에서 '일반 국가 직업기술 자격증명'(General National Vocational Qualification: GNVQ) 제도는 그대로 존속시켰다. 이 제도는 16~18세 학령기의 학생들에게 제공되는 실업계 교육 자격증명으로서 직업교육과정을 마친 학생들이 취득하도록 되어 있다. GNVQ는 단원별로 구성된 이수 단위 시스템으로 짜여 있다. 자격증은 3가지 종류가 있는데, 기초, 중급 그리고 고급으로 분류된다. 특히 이 가운데 '고급 GNVQ' (Advanced GNVQ)를 '직업교육 A-레벨' (Vocational A-Levels)이라 부른다(〈표 2〉 참조).[11]

〈표 2〉 '직업교육 A-레벨'의 종류와 학업 수준

	교육기간	자격증 수준	비 고
기초(Foundation)	1년	GCSE D~G등급	-
중급(Intermediate)	1년	GCSE A*~C등급	-
고급(Advanced)	-	Vocational A-레벨	명칭이 변경됨

GNVQ는 학습량에 따라 다시 3종류로 구분된다. 3단위, 6단위, 12단위로 나뉘어 있는데, 이 과정을 마치면 각각 AS-레벨, A-레벨 1과목, A-레벨 2과목에 해당하는 자격증 점수를 취득할 수 있다. 따라서 직업교육 경로를 선택하더라도, 본인의 의사 결정 여부에 따라 대학에 입학하기 위한 자격을 동등하게 누릴 수 있는 것이다. GNVQ 과정은 중등학교와 동일한 공간에 설립된 대입 예비학교, 별도로 설립된 대학입학 준비 칼리지, 또는 계속교육 칼리지 등에서 제공되며, 모든 국민이 원하기만 한다면 연령과 상관없이 누구나 무료로 수강할 수 있다. 한편, NVQ (National Vocational Qualification)는 GNVQ보다 훨씬 폭이 좁은 직업교육과정으로 설계되어 있다.

(3) 평 가

앞의 140쪽의 '2) A-레벨, AS-레벨, 직업교육 A-레벨'에서 언급했던 것처럼 A-레벨 시험에 대한 평가는 A~E등급, 그리고 U등급으로 분류되며, 시험 성적은 매년 8월 중에 발표된다. 수험생은 자신의 점수를 통보받은 다음 이의가 없으면,

11) Peter Gordon and Denis Lawton, *Dictionary of British Education* (London: Woburn Press, 2003), 103-104.

자격증 수여 기구 측에 최종 통보를 해 줘야 하는데, 이를 '성적 확인 통지(cashing in)'라 한다. 하지만 만약 자신의 점수가 만족스럽지 못하거나 예상 점수보다 지나치게 낮게 나왔다거나, 시험 당일 안정적으로 평가에 임하지 못할 만한 일이 있었다면 재시험의 기회가 한번씩 더 주어진다.

채점관들은 과목별로 시험 답안을 평가할 때 '일괄 평정 척도(Uniform Mark Scale)'라는 것을 사용하는데, 실례를 들자면 A-레벨 한 과목에 대한 만점 점수는 600UMS, AS-레벨은 300UMS다. 이와 같은 UMS 점수를 가지고, 이미 정해진 환산표에 따라 과목별로 최종 등급을 매기는 것이다(〈표 3〉 참조). 한편, 대학입학지원청에서는 과목별 등급에 따라 이를 표준점수로 환산하여 학생들이 지원한 대학 측에 통보를 해 주는데, 등급에 따른 환산 점수를 정리해 보면 〈표 3〉과 같다. 만약 어떤 학생이 A-레벨 3과목에서 모두 B등급을 받았다면 300점을 기록하게 될 것이고, 여기에 인터뷰 점수나 중등학교 시절 성적, 학교장의 추천 점수, 기타 여러 가지 성취 점수들을 누계하여 대학 측은 지원자의 당락을 결정하게 되는 것이다.

〈표 3〉 등급별 환산 점수

등 급	A-레벨	AS-레벨
A	120	60
B	100	50
C	80	40
D	60	30
E	40	20

3) 영국 대학입학시험제도의 특징

(1) 관련 당사자들 사이의 신뢰에 바탕을 둔 전통적인 제도

최근 들어 A-레벨에 대한 문제점을 지적하는 경향[12]이 점점 강해지고 있기는

12) 예를 들면, 다음과 같은 문제가 지적되어 왔다. ① 본문에서도 여러 차례 거론했듯이, A-레벨의 시험 과목 선택이 너무 협애하다. ② 시험 채점관의 업무량이 너무 무리하게 주어진다. 1,000단어로 이뤄지는

하지만 전반적으로 볼 때 이 시험 제도는 지난 56년 동안 비교적 안정적으로 지속되어 온 것이라 볼 수 있다. 입시에 대비해 온 대학입학 준비 칼리지, 수험생, 학부모, 평가 기관, 대학과 정부 사이에 신뢰가 없으면 단 1년도 유지될 수 없는 제도임에도 지난 2005년에 시행된 한 여론조사 결과를 보면 73퍼센트의 영국인들은 "일부 개선의 여지가 있긴 하지만 A-레벨 시험의 공정한 관리에 대해 신뢰하고 있다."라고 응답했다.[13]

(2) 학생 선발의 최종 책임을 대학 당국에 부여

학생 선발의 최종 책임과 권한은 어디까지나 고등교육 기관들이 가진다. 1980년대 이후 고등교육에 대한 수요가 폭발적으로 늘어나고 있고, 고등교육의 수혜를 누린 졸업자들에게 경제적 보상이 더 주어지고 있다는 사실이 밝혀지면서 대학 진학에 대한 중요성이 모든 국민에게 더욱 부각되고 있는 것도 사실이다. 하지만 입시 정책을 다루고 있는 정부의 모든 문서에서는 학생 선발의 최종 책임 소재가 각 대학에 있음을 거듭해서 분명하게 밝히고 있다.

(3) 선지원 후시험 체제

앞의 135쪽의 '1) 대학입학시험의 진행 과정'에서 서술한 입시 제도의 절차에서 드러났듯이 영국의 A-레벨은 지원자가 자신의 예상 점수에 맞춰 진학하고 싶은 대학을 선정하고, 먼저 입학 허가를 받은 다음 추후에 시험을 치러서 성적을 제출하는 형식을 띤 전형적인 '선지원 후시험' 체제다. 그러나 이러한 전통에 대한 문제점이 지속적으로 제기되어 왔는데, 일례로 대학입학지원청이 밝힌 통계 자료에

1개의 답안지를 작성하기 위해서 수험생은 보통 3시간 정도를 투입한다. 그런데 채점관 1명이 1시간에 평균 6.5개의 답안을 평가하는 것이다. 입시 일정상 채점 기간은 길어야 28일인데, 이 기간 안에 주어진 분량을 모두 처리하려면 상당한 무리가 따른다고 한다(*The Times Educational Supplement*, 2004. 5. 16.). ③ 난이도 조정 실패와 답안지 채점결과 처리 미숙으로 인해 정부는 커다란 정치적 부담을 떠안아야 했다. 특히 2002년에는 이 문제가 크게 불거지면서 일부 수험생이 피해를 입자, 이 사건에 대한 책임을 지고 에스텔 모리스(Estelle Morris) 교육기술부 장관이 사임하는 사태까지 일어나기도 했다.

13) *The Guardian*, 2005. 8. 16. 보도. 2005년 8월 12일~14일 사이에 18세 이상의 영국 성인 1,006명을 대상으로 무작위 추출하여 전화 설문을 실시한 The Guardian/ICM의 조사결과이다.

따르면 수험생이 재학하고 있는 학교에서 대학 측에 제시한 예측 점수 가운데 55퍼센트가 나중에 수험생이 실제로 받게 된 점수와 차이가 난다고 한다.[14] 일선 학교에서는 대부분 학생들의 실제 성취 점수보다 예측 점수를 높게 평가하는 경향이 있으며, 단지 9퍼센트만이 실제 점수보다 낮게 평가되었다고 한다.

(4) 관련 기관별로 입시 업무를 전담하는 구조

영국의 입시제도는 입시 관련 기관별로 각기 맡은 역할을 수행하도록 구성되어 있다. 각 대학은 입학사정에 대한 세부적인 원칙을 정하여 학생을 선발할 권한을 갖고 있으며, 대학입학지원청은 전국의 예비 진학자들이 제출한 입학사정 자료를 각 대학에 이송하고, 대학과 지원자 사이의 적절한 선택을 돕는 업무를 관장한다. 한편, 교육과정평가원에서는 대학입학시험 문제의 난이도 조정과 출제 경향을 확정하여 발표하고, 민간 법인인 평가 전문기관들은 세부적인 교수요목을 확정 구성하고, 현장 평가에서부터 지필고사 답안지의 채점에 이르는 대학입시 진행의 실질적인 과정을 모두 책임지고 있다.

(5) 소수의 선택 과목을 다면적으로 평가

A-레벨은 주관식 지필고사, 실습 능력, 포트폴리오, 종합생활기록부, 교사 또는 학교장의 추천서, 봉사 활동, 인터뷰 등 다양한 사정 자료를 종합적으로 활용하도록 되어 있다. 특히 이 가운데 일반적으로 주관식 지필고사의 비중이 가장 높다. 그렇기 때문에 A-레벨 시험은 '암기식'이나 '벼락치기' 방식으로 준비할 수도 없고, 객관식 시험처럼 시험 당일의 운이 작용할 가능성도 거의 없다.

(6) 인문계와 실업계 과정의 자격 증명이 분리

A-레벨은 대입 예비학교에 재학하고 있는 학생들이 치르는 인문계 자격증명 시험이기 때문에 계속교육 칼리지에서 공부하는 학생들은 GNVQ를 취득하도록 되어 있다. 특히 2001년부터 '고급 GNVQ' 자격증명의 명칭을 '직업교육 A-레벨'

14) http://news.bbc.co.uk/go/pr/fr/-/1/hi/education/5003366.stm 2006. 5. 22. 보도.

(Vocational A-Levels)로 바꾸었는데, GNVQ의 도입 초기부터 그래 왔듯이 여전히 A-레벨과 동등한 가치를 인정받고 있다. 다시 말해 학생들은 졸업 이후 직업 세계로 진입할 때 이 자격증을 그대로 활용할 수 있으며, 지원자가 원하기만 한다면 대학입학 사정 자료로도 제출할 수 있다. 이 밖에도 최근 '대학 및 칼리지 조합'(University and College Union) 등 여러 곳에서 각광을 받고 있는 인터내셔널 바칼로레아(International Baccalaureate: IB)[15] 점수와 EU 회원국들 사이에 인정되는 각종 졸업 자격증도 대학입학 사정과정에서 공정하게 그 가치를 인정받을 수 있도록 배려하고 있다.

(7) 고등교육의 대중화에 따른 제도 수정이 요구

A-레벨이 도입되었던 1950년대에는 17세 이후에도 계속해서 교육을 받고 있는 학생들의 비율이 10퍼센트, 대학에 진학하는 학생은 4퍼센트에 머물던 시절이었다. 당시에는 응시생의 30퍼센트가 시험에서 탈락했다고 한다. 그렇기 때문에 고등교육의 대중화를 선언하고, 향후 계속교육 과정을 끝마친 학생들 가운데 50퍼센트(현재는 43퍼센트)까지를 대학으로 진학시키려고 기획하고 있는 정부의 정책 의도에 비추어 볼 때, 오래 전 엘리트 교육에 초점을 맞추어 설계된 입시제도를 대폭적으로 수정해야 할 불가피한 상황이 도래한 것이다. 최근에 지적되고 있는 주요한 문제점들을 제시하자면 A-레벨 상위 등급 취득자가 많아져서 변별력이 떨어진다는 점, 채점의 정확성에 대해 계속해서 의문이 높아지고 있다는 점, 그리고 수행평가 준비 과정에서의 부정행위를 완전히 근절하기 어렵다는 점으로 귀결된다.

앞의 146쪽의 '(6) 인문계와 실업계 과정의 자격 증명이 분리'에서 언급한 인터내셔널 바칼로레아 시험은 언론 보도를 통해 그 장점이 대중들 사이에 폭넓게 인식

---

15) 영국을 비롯한 여러 나라에서 그 결과를 인정해 주고 있는 대학입학시험 제도다. 6과목을 이수하도록 되어 있는데, 2개의 외국어, 수학, 과학, 인문학, 그리고 학생 자신이 고른 선택 과목을 포함하고 있어야 한다. 이 가운데 3과목은 고급, 나머지 3과목은 중급 과정으로 구성된다(Peter Gordon and Denis Lawton, p. 132.). 2006년 12월 현재 영국에서는 46개 학교에서 IB 시험을 치를 수 있도록 교육과정을 제공하고 있다고 한다. 토니 블레어 총리는 지난 2006년 버밍엄에서 열린 한 교육 관련 행사에서 "오는 2010년까지 추가로 100개의 학교가 IB 시험을 준비할 수 있도록 그 수를 단계적으로 늘려나갈 것"이라 발표한 적이 있다(*The Guardian*, 2006. 12. 1).

되고 있으며, 오는 2008년부터 도입하기 위해 개발이 끝난 '케임브리지 프리-유'(Cambridge Pre-U) 역시 비상한 관심 아래 국민들의 주목을 받고 있는 상황이다. 이 시험은 케임브리지대학의 한 부서인 '케임브리지 국제 시험'(Cambridge International Examinations) 측에서 개발한 것으로 2007년 9월에 공식 발족시킬 예정이라 한다. 이 시험은 이수 단위 방식의 A-레벨과 달리 2년차 수업과정이 모두 끝난 다음에 평가를 받는 '계선형 자격증명'(linear qualification) 형식이며, 3~4과목을 선택하도록 되어 있는데, 특히 그 가운데 1과목은 심화학습을 하도록 구성되어 있다고 한다.[16)]

이러한 상황에 직면하여 대학입시제도에 대한 정부 차원의 수정안은 크게 보면 두 가지 차원에서 이뤄져 왔다. 첫 번째는 현행 입시제도의 틀을 유지한 상태에서의 개혁안이라 할 수 있겠는데, 스티븐 슈와츠(Steven Schwartz) 교수를 위원장으로 하는 입시개혁위원회가 발표한 「고등교육으로의 공정한 입학: 올바른 실천을 위한 권고(2004)」[17)]가 그것이다.

두 번째는 영국의 후기 중등교육 체제에 대한 전면적인 개혁안을 포함하여 입시제도와 관련하여서도 대담한 제안을 담고 있는 보고서로 「14세~19세, 교육과정과 자격증에 대한 개혁(2004)」[18)]이 제출된 바 있다. 전직 교육과정평가원 원장이던 마이크 톰린슨(Mike Tomlinson) 경이 이 기획을 이끈 위원장으로 활약했다.

이 두 가지 정책 제안서는 영국의 입시제도 개혁에 대해 고찰해 보려는 이 논문의 의도에서 보자면 매우 중요한 내용을 담고 있는데, 그 핵심적인 제안 사항에 대해서는 다음 절에서 좀 더 자세히 살펴보기로 하겠다.

16) *The Guardian*, 2006. 9. 22.

17) Admissions to Higher Education Steering Group, *Fair admissions to higher education: recommendations for good practice* (Nottingham: DfES Publications, 2004).

18) Working Group on 14~19 Reform, *14-19 Curriculum and Qualification Reform* (Nottinghamshire: DfES Publications, 2004). 이 보고서는 관련 자료들이 담긴 부록(Annex)과 함께 2권의 분량으로 편재되어 있다.

3. 영국의 대학입시제도 개혁안

1) 슈와츠 보고서: 공정한 대학입학 정책 수립을 위한 권고

(1) 현행 입시제도가 안고 있는 단점

① 지원자가 지닌 장점이란 과연 무엇인가?

이 질문은 최근 들어 많은 학생들이 입학하고 싶어 하는 우수한 대학이나 인기 학과로의 입학 경쟁이 치열해지면서 더욱 중요한 과제가 되었다. 2006년 현재 A-레벨은 96.6퍼센트의 합격률, 24.1퍼센트의 A등급 취득률을 기록하고 있다.[19] 이에 따라 각 대학의 입학 사정 담당자들은 최고 등급을 받아 오는 수많은 지원자들 가운데 최종 합격자를 선정해야 하기 때문에 상당한 어려움을 겪고 있는 실정이다. 일부 대학에서는 최종 합격자들을 상대로 별도의 부가적 평가를 실시하여 당락을 결정해야 하는 상황도 자주 발생하고 있다. 결국 지원자가 지닌 장점은 무엇이며, 어떤 측면에 비중을 두어 학생을 선발할 것인가에 대한 질문이 첨예하게 제기될 수밖에 없는 형편인 것이다.[20]

어떤 대학에서 학생들의 중도 탈락률이 높으면, 이는 입학 당시의 사정 과정에

19) Peter Wilby, A grade for the better-off, *The Guardian*, 2006. 8. 19. 『인디펜던트』 신문의 편집국장이기도 했던 윌비는 이 글에서 "가장 뛰어난 최상위권 학생들을 위해 '슈퍼 A 플러스(A*)' 등급을 새로 도입하자."는 주장에 반대 의견을 분명히 하면서 이렇게 말했다. "가정 형편과 우수한 시험 성취도 사이에는 높은 상관관계가 있어 왔다. …… 그럼에도 왜 소수의 옥스퍼드대학이나 케임브리지대학에 진학하는 학생들을 위해 입시 체제를 바꿔야 하는가? 사실 그동안 A-레벨의 문제점으로 지적되어 왔던 사안은 '교과 영역이 너무 좁고, 전문적이며, 학문 중심적이라는 것'이었지 않았나? 평가 등급의 세분화는 전혀 거론되지 않았던 문제였다."

20) 특정 대학의 특정 학과에 지원자가 몰려들면서 발생했던 매우 특이한 사례를 소개하면 다음과 같다. 지난 2004년 잉글랜드 서부 요크셔 지방의 '리즈 메트로폴리탄(Leeds Metropolitan) 대학'과 '허더스필드(Huddersfield) 대학'에서는 40명 정원인 물리치료요법(physiotherapy) 과정에 무려 600명의 지원자가 몰려들자 하는 수 없이 컴퓨터를 이용한 추첨으로 신입생을 선발했다. 리즈 메트로폴리탄 대학의 사이몬 리(Simon Lee) 부총장은 "오히려 이렇게 하는 것이 지원자들에게 동등한 입학 기회를 준 셈이며, 열정을 다해 선발 정책의 공정성을 지켜가려는 제도"라며 대학 측의 견해를 밝혔다. http://news.bbc.co.uk/go/pr/fr/-/1/hi/england/west_yorkshire/3662755.stm 2004. 4. 27. 보도자료.

결함이 있음을 나타내는 것이다. 2002년 현재 영국 대학의 중도 탈락률은 7.8퍼센트 정도인데, 이는 고등교육 시스템 운영에 치명적인 결과를 가져다 준다. 중퇴한 학생 개인에게도 손해가 크지만 그 기간 동안에 대학과 정부가 투입한 재정적 투자에 대한 손실, 그리고 다른 학생이 등록했더라면 교육과정 이수가 가능했을 것이란 상황까지 가정한다면, 누군가의 기회비용이 그만큼 더 손실된 것이기 때문이다.[21]

② 과연 무엇이 '공정'한 입학 절차인가?

입학 사정 시스템에 대한 공정성은 여러 갈래로 제기될 수 있다. 첫째로 현행 시스템은 지원자가 성취한 과거의 학력 향상 기록을 참고로 하여, 그것을 바탕으로 예측된 점수에 따라 입학을 허가해 주는 방식이다. 이럴 경우에 노동 계층의 자녀가 상대적으로 불리한 입장에 놓이게 된다는 연구 보고가 상당수 제출되어 있다. 또한 각 대학별로 제시되고 있는 평가방식에 대해 지원자들이 사전에 충분한 정보를 갖고 있거나 그에 대해 신뢰할 수 없을 때, 그리고 각 대학별 평가방식 사이에 일관성을 유지하고 있지 못할 때 공정성에 대한 문제가 제기될 수 있다.

또 다른 측면도 존재한다. 현재 영국 대학에 입학을 지원할 때는 A-레벨 시험 성적이 주종을 이루고 있으나 점차 직업교육 영역에서 취득한 GNVQ 점수, 인터내셔널 바칼로레아 점수 등 학생들이 다양한 사정 자료를 제출하여 지원할 수도 있기 때문에 어려움이 더 크다. 이처럼 다양한 지원 자료와 지원 통로들이 수험생이나 학부모들에게 잘 알려져 있지도 않고, 또한 각 대학들이 내규로 정하고 있는 입학 사정과 관련된 규정들이 복잡하여 입학 업무를 담당하는 직원들이 중층적으로 존재하는 규정들을 통일된 형태로 이해하고 있는지 불확실하다는 것이다.

이상의 논의를 통해 영국의 대학입시에서 가장 커다란 이슈는 "어떻게 하면 공정한 입학 사정 시스템을 창출할 수 있을 것인가" 하는 질문으로 집약될 수 있겠다. 부연하자면, 모든 개별 지원자들이 자신의 출신 배경과 관계없이 고등교육에 접근할

21) 영국의 대학은 1개 학교(Buckingham University)를 제외하고는 모두 세금, 지원금, 기부금 등으로 유지되는 공영 교육기관이므로 이 논의는 그만큼 중요하다. 납세자가 부담하는 공공 재원으로 운영되기 때문에 모든 국민들에게 가능하면 교육 기회의 평등을 골고루 제공해야 하기 때문이다. 중도 탈락 비율은 영국의 고등교육통계청(Higher Education Statistics Agency) 자료에서 인용하였다.

수 있는 기회를 동일하게 누리도록 배려하는 것이 정책 수립자들의 목적이 되는 것이다. 이러한 기회가 균등하게 부여되어야만 모든 개인이 지닌 장점, 능력, 포부 수준에 맞추어 적절한 대학의 알맞은 학과에서 공부할 수 있기 때문이다.

이 목적이 달성되려면 무엇보다 지원자가 갖고 있는 장점과 능력에 따라 선발이 가능해야 하는데, 입시 정책을 통해 이들 요소를 정확하게 평가하는 것이 그리 쉽지 않은 과제로 남는다. 지금까지 가장 많이 사용되어 온 사정 자료는 중등교육과정을 마치고 취득한 GCSE 자격증 성적과 대입 예비학교에서 성취한 학업 성적 기록(한국의 종합생활기록부와 유사), 그리고 A-레벨 점수다. 그런데 이 기록들은 지원자가 '지금까지 어떤 능력을 가지고 있느냐'를 보여 주고 있지만 '앞으로 어떤 능력을 발휘할 수 있느냐'를 정확하게 예측해 주지는 못한다. 게다가 이 기록들은 사회 경제적으로 불리한 배경에 놓였던 학생들이 겪고 있는 어려운 상황과 그들이 지니고 있는 잠재적인 능력을 제대로 반영해 주지 못한다. 한편, 각 대학들은 다양한 출신 배경을 가진 신입생들이 대학의 학습 문화 형성은 물론, 궁극적으로는 다양성을 띤 사회의 건설에 공헌할 것이라는 사실도 간과하지 않고 있다.

여기서 더 나아가 슈와츠 보고서에서는 심각하지 다뤄지지는 않았으나 다수의 영국인들이 A-레벨의 문제점으로 바라보고 있는 현실적인 사안 두 가지를 더 언급하기로 한다. 첫 번째는 채점관들이 수험생들의 답안지를 평가할 때 너무나 많은 실수를 범한다는 사실이다. 최근 채점결과의 45퍼센트가 부정확하게 실시되었다는 보고서를 대학입학지원청이 발표하기도 했다.[22] 이러한 와중에 지난 2002년 여름에는 한 시험평가 기관이 A-레벨 성적을 소홀하게 채점한 사건이 언론에 보도되면서 급기야 당시 에스틸 모리스 교육기술부 장관의 사임까지 초래하는 미증유의 사태가 불거졌었다.[23]

22) http://news.bbc.co.uk/go/pr/fr/-/1/hi/education/4227546.stm 2005. 9. 9. 보도자료.

23) 당시 이 사건은 영국 교육계에 상당한 파장을 초래했고, A-레벨 제도의 신뢰성과 안정성에 대한 국민적 의구심을 불러일으킨 사태라고 할 수 있다. 베로니카 보러(Veronica Brough)라는 한 중등학교의 심리학 교사에 의해 촉발된 대학입학시험 답안지 채점 오류 사태에 대한 전말은 다음 자료에 상세하게 잘 소개되어 있다. Martin Bright and Tracy McVeigh, How the A-level scandal caught fire, *The Observer*, 2002. 9. 22.

또 다른 요인은 A－레벨 성적을 매길 때 중요한 비중을 차지하는 수행평가(coursework) 자료 작성에서 수험생들의 부정행위가 점점 더 늘어나고 있다는 사실이다. 제2장에서 설명했던 것처럼 A－레벨 수행평가의 준비 과정은 전적으로 학생 개인과 학교 측의 양심적인 행동에 맡겨 놓고 있는 것과 다름이 없다. 시험평가기관이 공정성을 유지하기 위해 수시로 학교 현장과 평가 기록에 대한 감사를 한다고는 하나, 제도 자체의 특성상 완벽한 통제는 사실상 거의 불가능하다.

이와 관련하여 노팅엄 트렌트 대학의 진 언더우드(Jean Underwood) 교수는 「디지털 기술과 시험에서의 부정행위」라는 보고서를 통해 시험 부정의 다양한 양상과 규모를 소개하고 있다. 특히 이 보고서에서는 PDA, MP3, 그리고 휴대전화를 이용한 하이테크 부정행위(hi-tech cheating)가 급증하고 있음을 지적하면서 구체적인 유형을 정리해 놓고 있다.[24] 또한 교육과정평가원 자료에 따르면 2005년에는 4,500명의 수험생이 부정행위를 하다가 적발되었는데, 이 가운데 1,100건이 휴대폰을 몰래 시험장에 가지고 들어온 것이었다고 한다.[25]

슈와츠 보고서는 바로 이와 같은 현실적 상황 아래 정부 차원에서 시험제도의 개선을 위해 전문가들에게 연구를 의뢰함으로써 탄생하게 되었다는 배경을 가지고 있다. 슈와츠 보고서에 담겨 있는 입시제도 개편의 원칙과 세부적인 개선 권고안을 간단히 정리해 보면 다음과 같다.

(2) 공정한 입학 사정을 위한 원칙과 개선안

보고서는 가장 먼저 투명성의 원칙을 제시하고 있다. 이를 위해서는 무엇보다 입학 정책이나 사정 기준, 절차 등을 포함한 입시 관련 정보를 학생과 학부모에게 효과적으로 제공하는 요인이 중요시된다. 그 밖에 각 교과목별로 지필고사와 수행평가 결과에 대한 점수의 반영 비율, 기타 지원자의 요건이 총점에서 차지하는 비율,

24) QCA, *Digital Technologies and Dishonesty in Examinations and Tests*, 2006. 12. 하이테크 부정행위에 대한 유형별 조사결과에 대해서는 이 보고서의 5~7쪽을 참조할 것. 아래의 웹 주소를 참조하면 전자 자료를 열람할 수 있다.
www.qca.org.uk/downloads/qca-06_digital-technologies-dishonesty-exams-tests-report.pdf

25) *The Guardian*, 2006. 9. 25.

소청 제도에 대한 안내 등이 자세하게 뒤따라야 한다는 것이다.

두 번째 원칙은 지원자의 학업 능력을 정확하게 판단하기 위해 수험생이 가진 능력을 보여 줄 수 있는 동등한 기회가 보장되어야 함을 강조한다.

세 번째는 타당성과 신뢰성 있는 평가방법을 개발하자는 것이다. 현재 치러지고 있는 A-레벨 시험과는 별도로 대학별로 개발된 시험이나 그 밖에 새로운 평가방법을 모색해 보고, 지원자를 입학시킨 뒤에 학업 수행에 대한 모니터링까지도 병행하여 입시 평가방법이 과연 공정하게 개발, 적용되고 있는지 양자 사이의 연관성도 검증해야 한다는 것이다.

끝으로 지원자들이 대학입학 지원 과정에서 부딪히게 되는 걸림돌을 최소화 하자는 원칙이다. 예를 들면, 입시 사정 자료로서 기술교육과 관련된 자격증을 박대한다던지, 장애인 수용 시설의 부족으로 소외계층들이 합격할 수 있는 기회를 막아서는 안 된다는 것이다.

슈와츠의 보고서는 이 밖에도 10여 가지 제안들을 포함하고 있는데, 대부분 앞에서 강조한 '공정한 입학 사정 시스템'의 창출과 관련된 사안들이다. 예를 들어, 대학별로 실시되고 있는 특례 입학 제도가 기존의 「기회 균등법」에 저촉되는 사항이 없는지 재고할 것을 요청한다든지, 유럽연합국 소속 학생들이 지원하는 데 장애가 없도록 전국적으로 통일된 지침을 만들 필요가 있다는 제안 등이 그것이다.

그러나 입시제도가 안고 있는 좀 더 심각한 문제점들, 예를 들면 수험생들의 답안지를 정확하게 채점하지 못하고 있는 문제에 대한 대안, 또는 수행평가를 작성할 때 광범위하게 벌어지고 있는 부정행위를 방지할 구체적인 대안 등에 대해서는 위의 보고서에서 뚜렷하게 제시되지 않고 있다.

A-레벨을 대체할 시험제도로는 지난 2000년대 초반부터 인터내셔널 바칼로레아 시험이 자주 거론되어 왔으며, 오는 2008년부터는 케임브리지대학에서 새롭게 개발한 '케임브리지 프리-유'(Cambridge Pre-U) 시험이 새롭게 도입될 예정으로 있지만 이들 시험 체제 역시 큰 틀에서 보자면 수행평가의 중요성을 A-레벨만큼 강조하고 있고, 지필고사 역시 모두 주관식을 채택하고 있기 때문에 앞서 제기된 문제를 근원적으로 개선할 만한 대안이 될 수 있을지는 지켜보아야 할 일이다.

2) 톰린슨 보고서: 14~19세의 교육과정과 자격증 체제에 대한 개혁

(1) '디플로마(diploma)[26)]' 체제의 도입

전직 교육과정평가원 원장이던 마이크 톰린슨 경(Sir Mike Tomlinson)을 위원장으로 한 특별위원회는 지난 2004년 10월 18일, 14~19세 사이의 학생들을 대상으로 하는 교육과정과 평가체제 전반에 대한 개혁안이 담긴 보고서 「14~19 Curriculum and Qualifications Reform」(이하 '톰린스 보고서')을 발표했다.

이 개혁안은 기존의 다양한 시험들을 하나의 단일 체제 아래 재편성하고, 이와 더불어 직업교육을 한층 강화한다는 내용을 주요 골자로 하고 있는데, 특히 GCSE와 A-레벨 같은 시험은 물론 다양한 직업교육 관련 자격증까지 통합한 체제로서 향후 10년 이내에 모두 4단계로 구분된 '디플로마'(diploma) 제도(〈표 4〉 참조)를 도입할 것을 천명했다.

그러나 이 보고서가 처음 발표되었던 2004년 10월 당시 찰스 클라크 전 교육기술부 장관의 긍정적인 입장을 표명과는 달리[27)] 그의 후임으로 임명된 루스 켈리(Ruth Kelly) 전 교육기술부 장관은 톰린슨 보고서가 제안하고 있는 권고안을 최종 승인하지 않음으로써 개혁안이 구체적으로 실현될 가능성이 아직까지 열리지 않고 있다.

그럼에도 이 보고서는 교사, 중등 후기 교육기관, 교원노조, 대학 관계자를 비롯한 광범위한 교육 전문가 집단으로부터 상당히 긍정적인 반응을 이끌어 냈으며, 2007년 현재 영국 정부도 톰린슨 보고서에 대한 수용 여부를 재검토하여 오는

26) '디플로마'를 우리말로 적절히 옮기기란 거의 불가능한 것 같다. 원래는 대학과 같은 고등교육기관에서 수여하는 졸업증명서의 뜻을 가지나 영국에서는 일부 교육기관에서 학사학위(BA degree)보다 한 단계 낮은 과정을 마쳤을 경우에 수여해 왔다. 또는 A전공을 마치고 학사 과정을 졸업한 사람이 계열이 전혀 다른 B전공의 석사 과정으로 편입을 할 경우에는 B전공 관련 교육과정으로 이뤄진 1년 과정의 디플로마 과정을 마칠 것을 요구하기도 한다. 하지만 독일과 같은 곳에서는 디플로마가 석사학위와 동등한 위치를 갖고 있기도 하다. 톰린슨 보고서에서 적용하고 있는 디플로마는 영국의 교육적 전통 아래 쓰이고 있는 용어를 차용한 것이라 판단된다. 즉, 중등교육과 고등교육 사이를 연계하는 후기 중등교육 과정을 성공적으로 마쳤을 때 수여하는 자격증으로 규정하면 이후의 논의에 대한 이해가 한결 수월해 질 것이라 생각한다.

27) http://news.bbc.co.uk/go/pr/fr/-/1/hi/education/3751644.stm 2004.10.18. 보도.

2008년에 다시 결정을 내릴 것이라 밝히고 있기 때문에 향후 수용 가능성이 매우 높은 상황이다. 특히 교육기술부가 2005년에 내놓은 후기 중등교육과정과 관련한 교육정책 자료집에서도 14~19세 사이의 학생들을 위해 새롭게 디자인한 디플로마 과정을 2008년부터 도입하기 시작하여 2015년까지 단계적으로 적용해 나갈 예정임을 밝히고 있어 향후 귀추가 주목된다.[28)]

(2) 「톰린슨 보고서」의 핵심 내용

① 자격증명 제도의 통합과 핵심 능력의 강화

보고서는 향후 10년 이내에 기존의 GCSE, A-레벨, 그리고 직업교육 A-레벨 등 각기 분리된 시험제도를 모두 '디플로마'로 이름 붙인 단일 제도로 통합할 것을 권고했다(〈표 4〉 참조). 새 제도에 따르면 학생들은 각 수준별로 문해력, 수학, 그리고 정보통신기술 분야로 나뉘어 있는 세 종류의 '핵심'(core) 기술을 익혀야 한다. 또한 학습자별로 자신이 흥미 있는 영역을 선택하여 주요 학습(main learning) 분야를 선정, 공부를 지속할 수 있도록 할 예정이다. 주요 학습 영역은 인문계와 실업계를 망라하여 20개 분야를 선정하도록 되어 있다.[29)]

여기에는 후기 중등교육과정을 마친 학생들이 실제로 어떤 능력을 가지고 있는지를 미래의 고용주들이 잘 알 수 있도록 자격증 체제를 개편하겠다는 의도가 담겨 있는 것이다. 참고로 2004년 현재 영국의 중등학교 졸업자들 가운데 42퍼센트만이 영어와 수학 교과에서 GCSE 자격증을 취득(A~C등급 이상을 받아야 함)하고 있는 상황이다. 또한 16세 학생들의 높은 중도 탈락률도 심각한 교육문제 가운데 하나였는데, 이번에 작성된 보고서에서는 아무런 자격증도 없이 중등학교에서 이탈하는

---

28) DfES, *14-19 Education and Skills* (Norwich: The Stationery Office, 2005) 특히 디플로마 제도의 향후 도입 일정에 관해서는 제7장(50~58)에서 구체적으로 언급하고 있다.

29) 이 보고서가 사례로 제시하고 있는 학습 영역 가운데 일부를 소개하면 다음과 같다. (14-19 Curriculum and Qualification Reform, p. 25.)
건강, 공적 서비스 / 과학과 수학 / 농업, 원예학, 수의학 / 공학이나 제조업 분야의 테크놀로지 /정보통신공학 / 여가, 여행, 관광업 / 상업 분야 / 역사, 철학, 신학 분야 / 사회과학 /예술, 미디어, 출판 / 교육과 훈련 분야 / 언어, 문학, 문화 / 경영, 행정, 법 분야

〈표 4〉 디플로마 체계와 현행 자격증 체계

수 준	디플로마		국가 자격증 수 준	현행 국가 자격증 수준
고 급 (Advanced)	핵 심	주요학습	수준3	AS-레벨, A-레벨, 직업교육 A-레벨, NVQ[30] 수준3, 기타 동등한 수준의 자격증
중 급 (Intermediate)	핵 심	주요학습	수준2	GCSE A*~C등급, NVQ 수준2, GNVQ 중급, 기타 동등한 수준의 자격증
초 급 (Foundation)	핵 심	주요학습	수준1	GCSE D~G등급, NVQ 수준1, GNVQ 초급, 기타 동등한 수준의 자격증
도 입 (Entry)	핵 심	주요학습	도 입	도입 수준의 자격증

출처: *14-19 Curriculum and Qualification Reform*, p.46.

학생들이 없도록 '핵심' 기술을 비롯한 기초 능력을 배양하고, 미래 사회가 요구하는 더욱 다양한 직업기술을 연마하도록 교육 기회를 제공하겠다는 의지를 보인 것이다.

② 개인차를 존중 - 교육과정 운영의 탄력성 제고

학생들은 자신의 능력 수준에 맞추어 스스로 학업의 속도와 깊이를 선택하며, 학습자가 평가를 받을 준비가 되어 있다고 생각할 때 시험을 볼 수 있도록 배려된다. 이를 실현하기 위해 혼합 학년 클래스 제도의 실시를 권고하고 있다. 우리나라에서는 학년별로 교육과정과 교과서가 세분화되어 편성되어 있으나 영국의 국정교육과정은 주요 단계별로 전수되어야 할 최종 학업 결과만을 명시하고, 이를 달성하기

30) 국가 직업기술 자격증 수준(National Vocational Qualification)을 의미하는 것으로 잉글랜드와 웨일즈 지역에 적용된다. 영국에서는 역사적 특성상 수많은 '자격증 수여 기구'가 나름대로의 기준으로 자격증을 부여해 왔다. 따라서 자격증을 취득하기 위해서 필요한 교육연한, 기술 수준이 각자 다르기 때문에 이를 통합적으로 관리하기 어려웠었다. NVQ는 이러한 배경 아래 도입되었으며, 자격증의 종류가 다르다 하더라도 대략 어느 정도 수준인지를 파악할 수 있도록 아래와 같이 5가지 등급을 정해 놓았다.
- 수준1: GCSE D~E등급, 또는 GNVQ 기초 수준(중등학교 전반기 초급 수준)
- 수준2: GCSE 4~5과목에서 A~C등급 수준(중등학교 전반기 졸업 수준)
- 수준3: A-레벨 2과목을 마친 수준(대입 예비학교, 또는 계속교육 기관 졸업 수준)
- 수준4: 대학 졸업 수준
- 수준5: 대학원 졸업 수준

위한 과정은 학습자와 교육기관에 맡겨 놓는 형식이다. 한편, 평가체제에서 중급 단계까지는 학교 현장의 교사들이 내부 평가를, 고급단계는 외부 평가를 실시하도록 되어 있다. 특히 내부 평가는 시간제한을 둔 테스트, 평가자의 관찰, 과제 내주어 풀게 하기, 현장에서의 실사 또는 간단한 필기고사 등의 방법을 활용한다.

이러한 체제는 '맞춤형 학습과정'을 강조한다. 특히 학습자들은 자신의 전공 영역 선택은 물론, 선택한 전공을 폭넓게 공부할 것인지, 아니면 더욱 세분화된 전공 영역으로 좁혀서 공부할 것인지를 결정할 수 있다. 전자는 개방형 디플로마(open diploma)라고 하며, 후자는 전문화된 디플로마(specialised diploma)라고 부른다. 다음에 제시된 〈표 5〉를 참조하면 좀 더 구체적으로 이 체제에 대해 이해를 할 수 있을 것이다.

이 표는 어떤 학생이 '디플로마 고급 개방형' 진로를 선택했을 경우를 예시한 것이다. 이 학생은 고급 과정 첫해에 라틴어, 프랑스어, 응용 상업, 미디어연구를 선택했고, 두 번째 해에는 프랑스어와 응용상업을 심화과정으로 선택했다. 또한 BTEC[31)]에서 인증하는 기술자격증 과정 가운데 미디어 과목도 이수했음을 보여준다. 이렇게 BTEC 자격증 취득을 이수 과목으로 부가하면 이 학생은 우수 또는 최우수 디플로마 자격을 받을 확률이 높아진다. 왼쪽 칼럼의 심화 프로젝트를 보자. 지역 신문 특별판을 편집 제작하도록 되어 있는데, 이는 주요 학습 영역의 현장체험 교육과정을 통해 완성될 수 있다. 한편, 이 학생은 기능문해력과 의사소통 분야에서 '수준 3'을 기록하고 있어서 역시 우수 또는 최우수 디플로마 자격증을 받을 수 있을 것이다. 이처럼 다양한 교육과정은 대입 예비학교, 칼리지 등을 통해 제공받으며, 또한 직장 체험은 상업 분야나 지역의 미디어 산업 분야에서 제공받도록 되어 있다.

31) Business and Technology Council의 약칭이다. 1974년에 발족되었던 이 기구는 1996년까지 기술대학(polytechnics)을 비롯하여 계속교육기관이나 고등교육기관에 자격증을 수여해 왔으며, 현재는 다른 자격증 수여 기구인 에덱셀(Edexcel)로 그 기능이 병합되었다. BTEC에서 수여하는 자격증의 종류는 다음과 같다. 초급(First Certificate: 중등 전반기), 중급(National: 중등 후반기), 고급(Higher National: 대학 수준). 이들 과정은 이수 단위 형식으로 제공된다. Peter Gordon & Denis Lawton, 2003, p. 35. 그리고 Davis Blake & Vincent Hanley, *The Dictionary of Educational Terms* (Hampshire: Arena, 1995), 21~22 참조.

〈표 5〉 디플로마 고급(개방형)

<table>
<tr><td rowspan="4">핵 심
수준3: 심화 프로젝트 → 지역 신문 특별판 편집 제작하기
공통지식, 기술, 속성
수준2: 기능 수학
수준3: 기능 문해력 & 의사소통
수준2: 기능 정보통신 기술
개인적 복습, 공부 계획, 상담 지도
폭넓은 활동 자격</td><td rowspan="3"></td><td rowspan="3">A2: 프랑스어</td><td rowspan="3">A2: 응용 상업</td><td>BTEC 국가 디플로마 이수 단위: 페이지 레이아웃과 디자인</td></tr>
<tr><td>BTEC 국가 디플로마 이수 단위: 미디어 상품 출판하기</td></tr>
<tr><td>BTEC 국가 디플로마 이수 단위: 프린트 미디어 제작하기</td></tr>
<tr><td>A1: 라틴어</td><td>A1: 프랑스어</td><td>A1: 응용 상업</td><td>A1: 미디어연구</td></tr>
</table>

핵심－30퍼센트, 주요 학습－70퍼센트

출처: *14-19 Curriculum and Qualification Reform*, Annexes, p. 21.

③ 교육과정의 폭 다양화

앞서 서술했듯이 각 수준별 교육과정은 핵심 기술(core)과 주요 학습(main learning)으로 나뉘어 있으며, 각 수준별로 180학점을 취득하도록 되어 있다. 특히 '핵심(core) 영역'은 모두 60학점으로 구성되는데, 이 영역은 〈표 5〉의 왼쪽 칼럼에 제시되었듯이 '기능(functional) 영역'과 '심화 프로젝트(extended projects) 영역'으로 다시 세분된다. '핵심 영역'은 모든 수준의 디플로마 과정 학생들이 거쳐야 하는 과정으로써 문해력, 수리력, 정보기술, 의사소통기술 등 일상생활에서 필요한 기본적인 기술과 관련된 수업을 받도록 하자는 것이다. 이 가운데 '기능 영역'은 소논문 작성, 공연 만들기, 정원 가꾸기 프로젝트 등 개인이 갈고 닦은 기량을 가장 잘 보여 줄 수 있는 요소로 구성된다. 한편, '심화 프로젝트 영역'에는 수상 경력, 직업 체험, 보수를 받으며 일했던 경험, 그리고 자원봉사활동 등이 포함된다. 이것은 기존의 A－레벨 과정에 들어 있는 '수행평가'를 대치하는 개념으로써 각 대학들이 입학 사정을 하는 과정에서 이 프로젝트의 결과를 통해 현행 체제보다는 조금 더 이른 시기에 학생들의 잠재적 가능성을 파악할 수 있도록 했다. 이와 같은 고급 과정에서 요구되는 모든 학업을 이수하면 총 180학점을 취득하게 된다. 초급과 중급 디플로마 과정 역시 각각 180학점을 취득하도록 되어 있다(〈표 6〉 참조).

〈표 6〉 '디플로마 고급' 체제에서의 학점 취득

주요 학습 – 120학점	A2 레벨에서 최소한 40학점	
	A1 레벨에서 80학점	
핵심 기술 – 60학점	심화 프로젝트	고급 수준에서 20학점
	기능 수학	고급 수준에서 총합 40학점
	기능 문해력 & 의사소통	
	기능 정보통신기술	

출처: *14-19 Curriculum and Qualification Reform*, p. 49.

④ 기존의 대학입학시험제도를 개편

앞서 설명한 방식대로 교육과정의 편성과 평가 시스템이 바뀐다면 기존의 대학입학시험 정책에는 획기적인 변화가 초래될 것이 자명하다. 위원회는 초급과 중급 디플로마 과정에서는 통과/실패, 또는 통과/실패/우수/최우수와 같은 평가 척도를 적용할 것이라 밝혔다. 한편, 고급 디플로마 과정을 마친 학생들에 대해서는 8가지로 세분화된 평가 척도를 적용할 예정이다. 특히 뛰어난 학업 능력을 가진 학생들은 현재의 A–레벨 평가 수준보다 더욱 어려운 '최고 난이도' (stretch) 시험을 치를 수 있다. 이에 따라 평가 등급은 기존의 U, A~E등급 이외에 A 플러스(A*) 등급을 신설하고, 더 나아가 최상위 5퍼센트의 학생들에겐 A 더블 플러스(A**) 등급을 수여할 예정이라고 한다. 위원회는 현재 대학 측이 수험생에 대한 변별력 부족으로 고충을 겪고 있는 실정을 감안, 이와 같은 등급 체계를 디플로마 제도가 완전히 정착되기 이전에라도 기존의 A–레벨 시스템에 우선 적용할 수 있음을 시사했다.

⑤ 점진적 개혁

톰린슨 보고서는 현행 자격증 체제를 전면 개편한 듯이 보이지만 앞서 제시한

〈표 5〉를 통해 알 수 있듯이 사실은 기존의 'GCSE'와 'AS-레벨', 'A-레벨', 그리고 '직업교육 A-레벨'을 '디플로마'라는 하나의 커다란 우산 아래 재편한 것이다. 가장 대표적인 특징이라 할 이수 단위(module) 시스템은 기존의 A-레벨과 GCSE 체제에서 차용된 것이다. 자격증의 수준 체계에 관해서도 마찬가지 원리가 발견된다. 〈표 4〉에서 알 수 있듯이 현행 GCSE는 '디플로마 중급' 자격증 체제 안에 편입되어 있다. 물론 '중급' 자격증은 지금처럼 외부 평가에 의존하는 것이 아니며, 고급 단계로 이어지는 '징검다리'로서의 기능이 더욱 강화된 것이기도 하다. 다만, '디플로마 중급' 자격증이 예전의 GCSE나 A-레벨이 그러했던 것처럼 하나의 독립된 자격증으로서 기능하게 되지는 않을 것이다.

이에 따라 '디플로마 중급' 단계까지는 학교의 내부 평가에 의존하고, 마지막 단계인 '디플로마 고급' 과정에서 상대적으로 강화된 외부 평가체제를 도입하는 것으로 시스템이 구성되어 있다. 이러한 개편의 핵심 메시지를 통해 우리는 현재와 같이 경쟁적이며, 교육기관들에게 부담감을 안겨 주는 평가제도를 간소화하면서도 동시에 효율성을 높이겠다는 위원회 측의 의지를 읽을 수 있다. 현행과 같은 A-레벨 평가체제를 유지하려면 한 학교당 평균 15만 파운드(2억 7천만 원) 정도의 비용이 들어간다고 한다. 2004/2005학년도에 영국 중등학교 전체에서 지출한 평가 비용은 모두 1억 9,700만 파운드(3,546억 원)에 이른 것으로 조사되었다.[32]

4. 한국 사회에 던지는 시사점

1) 한국의 대학입시는 '순수하게' 교육문제인가?

우리는 비록 앞에서 영국의 대학입학 시험제도를 살펴보긴 했지만 그러한 고찰을 통해 한국의 입시문제를 '직접적으로' 해결해 줄 만한 구체적인 정책 대안을 벤치마킹하기가 매우 힘들다는 사실이 드러났다고 본다. 그러므로 영국의 입시 정책

32) *The Times Educational Supplement*, 2006. 2. 24.

가운데 일부라도 차용해서 한국의 입시문제 해결책을 기획한다는 것은 가능하지도 않고, 결코 바람직하지도 않다.

지금과 다른 좀 더 근원적인 해결책을 찾고자 한다면 외국의 우수한 사례를 찾기 전에, 나는 무엇보다 대한민국 사회가 대학입시제도 앞에서 조금 더 솔직하게 자기 고백을 해야 할 것으로 바라본다. 나는 이렇게 묻고 싶다. 모든 국민들에게 질곡으로 작용하고 있는 대학입시제도는 과연 '순수하게' 교육문제로 환원될 수 있는 성질의 것인가? 왜 우리는 우리의 자녀들이 서울대학이나 연세대학, 고려대학을 비롯한 최상위권 고등교육기관에 진학해 주길 바라며, 그 목적을 달성하기 위해 그토록 '자학에 가까운 헌신'을 하고 있는 것일까? 만약 이 질문에 대한 대답이 '순수하게 교육적인 목적 때문이 아니다'라면 대학입시문제를 해결하고자 하는 솔로몬의 지혜는 결코 교육의 영역에서만 한정시켜 찾아질 수 없음을 분명히 해야 한다. 그러고 나서 그동안 한국 사회가 겪어 온 사회적, 정치적, 역사적, 심리적 영역을 총체적으로 점검하면서 해결책을 찾기 위한 노력을 병행해야 한다. 우리 국민들은 이미 이 사실을 내심 또렷이 자각하고 있지만 근원적인 해결책을 찾아 나서려 하지 않고, 입시문제만 제기되면 교육 전문가들에게 시련의 십자가를 걸머지우는 행위를 반복해 왔다고 생각한다.

따라서 다음에 제시할 시사점들은 한국의 입시제도가 당면한 문제점들을 당장 해결할 수 있는 '현실적 대안'과는 거리감이 있을 수밖에 없다. 그러나 입시문제의 궁극적 해결점을 찾기 위한 노력의 일환으로서 영국 사회라는 거울에 비친 한국 사회의 모습을 객관적으로 관찰할 수 있다면 이 논문에서 시도하려는 비교 연구의 가치는 여전히 살아 있을 것이라 생각한다.

2) 이해 당사자 사이의 신뢰에 바탕을 둔 제도

(1) 입시제도는 그 사회의 교육문화를 반영

한국의 대학입시 정책은 해방 이후 지금까지 13차례에 걸쳐 수정에 수정을 거듭해 왔다. 그럼에도 아직까지 국민들로부터 신뢰를 받을 만한 최선의 방책을 찾지 못했다. 그 이유에 대한 탐색을 염두에 두면서 나는 영국의 A-레벨 시험이 시행되는 과정을 유심히 살펴보았고, 해답의 일부를 얻을 수 있었다.

앞서 살펴보았듯이 영국의 입시제도에서는 참여자가 누구든 마음만 먹으면 아주 쉽게 입시 부정을 저지를 수 있다. 사실, 최근 들어 영국 사회에서도 수행평가 자료 작성이나 포트폴리오 제작 등에 수험생 이외의 조력자들이 부당하게 도움을 주고 있는 사례가 늘고 있다는 보도가 자주 등장하기도 한다. 그런데도 국민들 사이에 A-레벨에 대한 신뢰도는 73퍼센트나 될 정도로 여전히 높게 나타난다.

우리나라에 그대로 도입되었더라면 '국가적 대혼란'으로 몰아넣었을 것임이 분명해 보이는 이 허술한 제도가 영국 사회에서는 60년 가까이나 유지되어 왔다는 사실은 무엇을 말해 주는가? 수험생, 학부모, 대입 예비학교, 대학 측의 입학사무처, UCAS를 비롯한 입시 관련 국가 기구, 자격증 수여 기구 등 관련 당사자들이 서로 간의 신뢰를 바탕으로 하여 A-레벨이라는 제도가 갖고 있는 장점을 함께 살려 나가려고 노력해 왔기 때문일 것이다. 입시제도뿐만 아니라 모든 사회정책의 성패는 바로 이처럼 그 사회가 지니고 있는 '결'을 따라서 좌우된다고 할 수 있겠다. 영국 사회는 그들만이 고수해온 '교육 영역에서의 결', 즉 독특한 교육문화가 형성되어 있으며, 이들은 그러한 사회적 풍토에 걸맞은 입시정책을 발전시키고, 다듬어 왔던 것이다.

A-레벨의 취약성을 극복하고자 새롭게 도입을 모색하고 있는 인터내셔널 바칼로레아 시험이나 케임브리지 프리-유(Pre-U) 시험 역시 근본적으로는 학생들의 학업 능력을 측정하기 위해 수행평가와 주관식 지필고사를 주요한 평가 요소로 삼고 있음에 주목해야 한다. 학습자의 통합적 사고 능력을 측정하고, 고등교육기관에 진학하여 독립적인 연구를 수행할 수 있는지 그 학업 능력 여부를 진단하기 위해서는 주관식 평가만큼 정확한 도구가 없다는 그들의 철저한 교육관을 엿볼 수 있는 대목이다.

(2) 입시제도 문제를 선결하겠다는 정부의 의지

우리가 말하는 객관식 시험을 영어로 옮기면 'Multiple Choice Test'가 된다. '객관적'이라는 의미를 가진 'Objective'라는 단어가 전혀 들어가 있지 않다. 단지 '여러 가지 선택지 가운데 정답 하나를 고르는 시험'일 뿐이다. 용어의 함정에 빠지지 않는다면 우리는 이렇게 질문할 수 있어야 한다. 객관식 시험의 어떤 측면이 진실로 '객관적'인가?

바로 이러한 교육적 측면을 고려하였기 때문에 표준화된 객관식 성취도 검사보다 훨씬 더 공정한 시험 관리도 어렵고, 시간과 비용 역시 몇 곱절 더 많이 들어가는 주관식 시험제도의 원칙을 영국 사회는 고수해 왔던 것이다. 그런데 이 제도의 장점을 유지하려면 '(1) 입시제도는 그 사회의 교육문화를 반영'에서 언급했듯이 시스템에 관련되어 있는 개별 이해 당사자들의 공정한 참여 태도와 신뢰의 정신이 반드시 지켜져야 한다. 제도상의 허점을 가지고 있는 대학입학시험이라도 그것이 지향하고 있는 교육적 장점을 충분히 공감하고, 그 제도의 허술한 측면을 악용하지 않을 만큼 한국 사회의 이해 당사자들이 도덕적 책임감을 발휘할 수 있을 것인가?

우리나라의 학부모, 교육부 공무원, 대학 관계자, 사설 입시학원 원장, 수험생들 모두는 이 질문에 한번 정직하게 대답을 해 보아야 한다. 나는 그 대답이 부정적일 것으로 예상한다. 만약 그렇다면 그동안 한국의 현대사에서 나타난 입시 정책상의 난점은 '제도의 실패'에서 기인한다기보다는 이해 당사자들의 '도덕적 실패'에서 기인한다고 분석되어야 한다. 이 논문의 결론 부분을 작성하면서 아무리 깊이 성찰을 해 보아도 그 이외의 해답은 잘 구해지지 않았다. 이 문제를 어느 정도 해결하지 않고서 여러 가지 기능적인 방법의 탁월성을 이것저것 채택해 보았자 효력을 발휘하기 어려울 것이다.

3) 무엇이 진정으로 공정한 평가 시스템인가?

(1) 시험의 목적이 반드시 '능력의 분별'에 있어야 하는가?

한국의 수학능력시험처럼 전국적으로 치러지는 객관식 국가고사는 공정한 평가 방식인가를 재고해 볼 필요가 있다. 모두가 알고 있듯이 수학능력시험은 학생들을 선발하기 위해 전국 단위로 특정한 날을 정해 수험생을 대상으로 일제히 객관식 시험을 시행한 다음 총점 순서대로 서열화한다. 그런 다음 피라미드의 최정상에 있는, 명성이 높은 대학들부터 성적 순서대로 우수한 학생들을 거둬 가는 방식이다. 그렇다면 59만여 명의 수험생들이 산출한 시험결과는 어떻게 처리되는가? 과목별로 얻은 점수를 총합하면 정규분포 곡선이 나오게 되는데, 이 의미는 곧 모든 학생들의 원점수가 상대평가되어 승자와 패자가 분명하게 갈리도록 되어 있는 시험제도임을 뜻한다. 수험생수가 5천명이 되었든 50만 명이 되었든, 정규분포 곡선의 평균값 왼쪽에 위치한 학생들은 필연적으로 학업 '실패자'가 되는 것이다. 과연 이것을 공정한 평가방식이라 할 수 있겠는가?

참고로 A-레벨 응시자의 96.6퍼센트는 합격이다. 과목별로 U등급을 받지 않으면 합격으로 인정되는데, 지난 24년간 합격률이 꾸준히 증가해 왔고, 특히 상위 그룹의 24.1퍼센트 정도가 모두 A등급을 받고 있는 관계로 최상위권 대학에서는 학생들의 능력을 변별하지 못해 어려움을 겪어 왔다. 당연히 일각에서는 비판의 목소리를 드높게 제기하고 있다. 그럼에도 교육기술부 당국자들과 교원노조 관계자들은 "열심히 노력한 우리 학생들의 노고를 칭찬하지 못할 망정 그런 발언으로 수험생들이 거둔 자랑스러운 학업 성취를 비하하지 말라"[33]며 댓글을 발표한다.

교육과정평가원(QCA) 원장인 켄 보스톤(Ken Boston) 박사는 이렇게 말한다. "사람들은 능력 있는 학생만 선별하고, 뒤처진 학생을 방치하는 것으로만 교육제도를 이해하려 한다. 반면에 교육제도를 통해 국가가 필요한 인적 자원을 길러내고, 각 개인이 자신의 능력을 최대한 발휘할 수 있도록 해야 한다는 사실을 직시하지 않으려 한다."[34] 그는 또 다른 인터뷰에서 이렇게 주장하기도 했다. "당신은 우리나라 학생들 가운데 상위 5퍼센트만 학업 성취에 성공하고, 나머지 95퍼센트는 모두 실패하기를 바라는 건가?"[35]

한국의 수학능력시험이 표방하는 '총점주의'는 평가도구가 갖춰야 할 교육의 본질과는 상당히 거리가 멀다. 무엇보다 수학능력시험은 객관식 문항 위주로 학업 능력을 평가하며, 총점주의를 채택한다. 따라서 수험생과 학부모들로부터 대학입학 당락에 대한 항의를 그다지 받지 않아도 된다. 게다가 제도를 관리하는 입장에서 바라보면 비용도 아주 적게 드는 편리하고 안전한 제도다. 그러나 개별 수험생의 입장에서 생각해 볼 때 현행 수학능력시험은 '비록 투명하긴 하지만 결코 공정하지

33) *The Guardian*, 2006. 7. 13. 전국교원노조 존 뱅스(John Bangs) 위원장의 발언.

34) *The Guardian*, 2006. 8. 13.

35) *The Guardian*, 2006. 9. 23.

는 않은 제도'이기도 하다.

(2) 입시 정책에 대한 권한을 대학으로 이양(devolution)

그런 면에서 '공정성'과 관련하여 A-레벨 시험이 의미하는 또 다른 측면이 존재한다. 나는 여기서 국가가 시험제도에 관여하는 방식에 대해 논의하고 싶다. 우리는 시험제도의 공정성을 고려할 때 대학 당국이나 교육 담당자를 신뢰하지 못하기 때문에 국가가 대신해서 시험제도의 운영을 객관적으로 관리하고, 그 결과를 보증해 주길 바란다. 하지만 영국에서 시험제도의 '공정성'을 논의할 때 국가가 할 수 있는 일에 관한 한 그 성격과 역할이 확연하게 차이가 난다. 국가는 수험생과 학부모들에게 대학입학과 관련된 정보를 누구든지 쉽게 알 수 있도록 하는 일, 대학과 수험생 측이 서로 만족스러운 선택을 하도록 지원하는 일, 그리고 누구든지 고등교육의 혜택을 공평하게 누릴 수 있도록 평등한 입학 기회를 확대해 나가는 일을 도울 뿐이다.

어떤 학생을 선발할 것인가에 대한 최종적인 권한과 책임은 각 대학의 개별 학과에서 가지고 있다. 따라서 A대학의 화학과에 합격한 학생과 B대학의 화학과에 합격한 학생의 학업성취도나 잠재적 가능성을 단순하게 비교할 수가 없다. 아니, 비교할 필요도 없는 것이다. 왜냐하면, A대학과 B대학 화학과에서는 최선을 다해 자신들이 필요로 하는 학생들을 선발했기 때문이다. 이러한 결과를 두고 그 어느 누구도 '공정하지 않다'고 주장할 사람은 없다. 우리는 앞의 고찰 가운데, 특히 슈와츠 보고서의 내용을 통해 영국인들이 생각하는 대학입시에서의 '공정성'이 어떤 성격을 가지고 있는지를 충분히 검토했다고 본다.

이러한 상황을 고려하여 한국의 입시제도 개혁에 대해 또다시 '비현실적인 것'이라는 비판을 예측하면서도 나는 이렇게 제안하고 싶다. 학생에 대한 선발권을 완전히 대학 측에 일임하고, 국가는 시험제도의 운영이라는 막중한 책임선에서 한 발짝 물러서서 보라는 것이다. 이와 함께 총점주의 방식을 완전히 폐기하고, 각 대학의 각 학과별로 신입생 모집에 대한 입학 사정 기준을 상세하게 정하도록 하여, 입학 사정 기준이 철저하게 현장 중심으로 행사되도록 권한을 이양해 보자는 것이다. 총점 성적대로 학생들을 줄 세우는 것이 결코 교육적으로 바람직한 공정성을 확보하는 것이 아니라면 이러한 변화는 얼마든지 가능할 것이라고 본다.

4) 평가에 대한 철학

(1) 장기적 비전의 수립

교육평가는 교육 목적의 수립→교육과정 편성→학습자에게 필요한 지식과 기술의 전달이라는 순환 체계의 마지막 과정에 놓여 있기에 그 자체로 대단히 중요한 교육 실천과정이다. 따라서 일정 기간 동안 공부를 마친 학습자의 어떤 능력을, 어떤 방식으로 평가할 것인가는 교육과정의 구성과 전달 행위 전체에 커다란 영향력을 행사하게 된다. 그렇기 때문에 한 국가의 교육평가에 대한 철학이 어디에 있느냐에 따라 교육내용의 질적인 구성까지 달라질 것이다.

이런 측면을 고려한다면 입시제도의 개선안에 대한 고민 이전에 다음과 같은 질문이 선행되어야 한다. "앞으로 한국 사회는 어떤 능력을 가진 인재를 키워내야 하는가?" 이 질문은 비단, 교육철학자만이 던질 수 있는 화두가 아니다. 교육과정 영역이나 교육평가 영역의 전문가들은 물론 더 넓게는 정치학자나 경제학자들도 반드시 함께 던져 봐야 하는 핵심적인 질문일 것이다. 예를 들어, '단순한 지식의 축적보다는 통합적 사고력을 키워야 한다'는 관점을 채택할 수도 있겠고, 또는 '의사소통 능력이 높은 인재를 길러 내자'는 결정을 내릴 수도 있는 문제다. 어떤 방향이 되었든 각각의 답변은 이미 미래 사회에 대한 변화의 흐름을 예측, 또는 전망하고 있다.

〈톰린슨 보고서〉를 상기해 보자. 이 개혁안 역시 변화하는 시대에 대한 예견이 담겨 있다. 특히 '핵심 과정'에서 의사소통 능력과 정보통신기술을 강조하고 있음을 알 수 있다. 또한 학생들의 경험의 폭을 넓히고, 인문교육과 직업교육의 지나친 분리 현상을 극복하려 하고 있다. 한편, 청소년 전기에는 기초를 튼튼하게 가르치고, 청소년 후반기에는 전문화된 영역을 강조하여 고등교육으로의 연계를 자연스럽게 이어줌으로써 교육 시스템 사이의 효율적 연계를 강화시키려는 의도를 엿보게 된다. 이와 같이 자격증 수여와 평가체제를 개편하려면, 교육 체계를 둘러싸고 있는, 또한 교육 체계 내부의 전반에 걸친 중층적 요구사항과 바람직한 교육적 성

찰을 동시에 고려하는 통합적 접근이 동시에 요청되는 것이다.[36)]

(2) 공공성에 대한 인식 제고

한국 사회에서 자녀들이 대학입시 경쟁에서 성공하려면 '아빠의 경제력과 엄마의 정보력이 뒷받침되어야 한다'는 자조 섞인 우스갯소리가 널리 퍼져 있다. 문제는 안타깝게도 이 표현이 '슬픈 진실'로 여전히 우리 곁에 존재한다는 사실이다.

물론 경제적 배경과 고등교육 수혜 사이의 밀접한 상관관계는 비단 어제 오늘 일도 아니며, 한국만의 특정한 문제도 아니다. 잉글랜드 고등교육재정위원회(Higher Education Funding Council for England: HEFCE)가 2005년에 발표한 보고서에 따르면 급격한 고등교육 팽창이 이뤄지고 있는 영국 사회에서도 동일한 현상이 발생하고 있음이 드러났다. 런던의 '8학군'이라 불릴 만한 켄싱턴과 첼시(Kensington & Chelsea) 지역에서는 69퍼센트의 청소년들이 대학으로 진학하는 반면, 경제적 취약 지구라 할 셰필드의 브라이트사이드(Brightside) 지역 청소년들은 고작 8퍼센트만이 고등교육기관에 입학했다고 한다.[37)]

입시와 관련된 사교육 시장이 워낙 잘 발달해 있는 상황에서 입시제도에 관한 공적인 지원 체계를 세워야 한다는 주장이 얼마만큼 설득력을 가질지 모르지만 어찌되었든 '경제력 없는 아빠' 또는 '정보력 없는 엄마'를 둔 아이들이 불리한 입장에 놓이지 않고, 동등하게 고등교육의 수혜를 누릴 수 있도록 하는 제도적 장치를 최저선이라도 마련해야 할 것이다.[38)]

---

36) 영국 사회에서 상당한 존경을 받고 있는 교육계의 원로 지도자 메리 워녹 여사(Baroness Mary Warnock)는 미래의 대학교육 발전을 가로막는 문제에 대해 다음과 같이 지적하고 있다. "우리 시대에는 학습의 개념, 지식의 획득, 이성과 증거에 근원을 둔 창조적 상상력의 발휘라는 3가지 중요한 가치가 말할 수 없이 추락하고 있다는 사실에 커다란 문제가 있습니다. 특히 이런 현상이 대학에 진학하는 입학생들에게서 목격되고 있어요." (*The Observer*, 2006. 8. 20.)

37) Higher Education Funding Council for England, *Young Participation in Higher Education* (Bristol: HEFC, 2005): 136-138.

38) 사교육 시장의 기민한 대응력을 무력화시킬 수 있는 교육 정책을 고안하기란 사실상 거의 불가능에 가깝다. 그 극단적인 사례 가운데 하나가 바로 '한국에서 영업을 하고 있는 A-레벨 준비 학원'이다. 이들 학원은 영국으로 유학을 준비하는 중고교생을 가르치기도 하겠지만, 그보다는 영국에서 조기 유학을 하고 있는 우리나라 학생이 방학 중에 부모님을 만나러 모국에 잠시 들어와 있을 때에도 A-레벨 시험과목을

위의 두 가지 측면을 고려한다면 한국의 입시제도에 대한 개편은 좀 더 폭넓은 관점을 가지고 전향적으로 검토되어야 한다. 그렇게 하려면 먼저 단편적인 시각에 사로잡힌 채 시스템에 참여하고 있는 각각의 행위자들부터 스스로 비판을 해 봐야 할 것이다. 가장 적은 노력으로 능력이 있는 입학생들을 확보함으로써 대학의 명성을 지켜가려 하거나 또는 한 단계 업그레이드하려는 의도를 갖고 있는 대학 당국자들, 이름난 대학의 졸업장 취득이 '현대식 골품제도'의 상층부를 차지하는 것이라 굳게 믿고 자녀들을 입시 경쟁의 전쟁터로 내몰면서 극단적인 지원마저 아끼지 않는 학부모들, 이러한 상황을 이용하여 비정상적으로 성장해 온 사교육 시장과 그곳에 몸담고 있는 교육 관련자들, 교육의 본질 찾기와는 거리가 먼 학교 현장에서 하는 수 없이 입시 체제에 맞추어 학생들을 가르쳐 온 교육자들을 떠올려 본다. 행위 주체 모두가 각자의 입장에서 열심히 살아가고 있지만 아이러니컬하게도 그 어느 그룹도 교육의 진정한 목적을 달성하고 있다고 보기엔 상당히 거리가 멀다.

따라서 교육 정책을 기획하고 개발하는 책임을 진 연구자들과 교육 당국자들은 이와 같은 비교육적 악순환의 고리를 끊을 수 있도록 평가제도에 관한 광범위한 개선책을 수립해 나가야 한다. 이를 위해서는 교육평가에 관한 새로운 비전 수립의 선행이 요청되는 것이다.

5) 수학능력시험에 걸려 있는 과부하를 해소하는 방안

학제를 개편하고, 수학능력시험 실시 학령기를 낮춤으로써 입시 과열 문제를 해소할 수 있는 방법을 한 가지 제안해 본다. 현재 대한민국 교육부는 고등학교 1학년까지를 국민공통교육과정으로 정해 놓고 있으니 이 시스템의 틀을 활용해 보자는 것이다. 수학능력시험을 '중등학교 학력평가시험'으로 전환하여 고등학교 1학년 말에

준비시켜 준다. 즉, '영국에서 공부하는 한국인 조기유학생을 가르치기 위해 국내에 설립된 영국식 입시 학원'이다. 이런 정도라면 아무리 대학입시에 대한 선발권을 각 대학의 개별 학과로 일임하는 획기적인 조처를 단행한다 해도 분명히 '○○학원 ××대학 △△학과 준비반'처럼 대학별, 학과별 입시 준비반이 학원마다 생겨날 것으로 충분히 예상할 수 있다. 반면, 일선 고등학교에서는 학생들의 포부 수준에 맞춰 개별적인 진학 지도를 하는 데 큰 어려움을 겪을 것이다.

국가고시로 실시하고, 이 시험결과를 2년 뒤의 대학입학 사정에 일정 비율(예를 들면, 25퍼센트 정도)을 반영토록 한다. 나머지 2년 동안에는 각 대학의 해당 학과에서 정해 놓은 입학 사정 기준에 맞춰 학생들이 필요한 공부를 심화시키도록 하는 방안이다. 이 부분에 대해서는 교육과정평가원에서 교수요목을 개발하고, 교육인적자원부가 교원 연수 방안을 마련하는 등 후속 조처가 필요할 것이다.

정부는 고등학교 1학년까지 의무교육을 확대하고, 필요하다면 초등학교 과정을 5년으로 단축한다. 그러면 전기 중등학교 기간 5년을 무리 없이 확보할 수 있다. 이렇게 되면 자동적으로 유치원 1년, 초등학교 5년, 중학교 5년, 고등학교 2년, 대학 4년(1-5-5-2-4)으로 이어지는 학제 개편이 시도되어야 할 것이다. 그러면 앞의 '(2) 입시 정책에 대한 권한을 대학으로 이양'에서 제안한 것과 같이 입시에 대한 준비는 학생들과 학교가 자율적으로 실시하며, 선발에 대한 권한은 대학 당국이 전적으로 갖고 행사할 수 있게 된다. 가칭 '중등학교 학력평가시험'은 궁극적으로 주관식 출제가 바람직하겠지만 아직 우리나라의 교육 풍토에 맞지 않는다고 판단되면 현행 수학능력시험과 같은 형태의 객관식 표준화 검사로 실시하되, 총점보다는 등급으로 결과를 표시함으로써 과열 경쟁을 막고, 학생들의 시험에 대한 부담감을 덜어 주도록 설계한다.

고등학교 2년 과정은 장차 학생들이 고등교육기관으로 진학했을 경우 독립적인 학습이 가능하도록 '예비 전문교육과정' 수준으로 교육내용을 조직한다. 또한 그동안 교육 관련 시민단체에서 꾸준히 주장해 온 '수학능력시험을 자격고사로 전환하자'는 요구도 전향적으로 검토하는 방향으로 정책 수립의 여지를 남겨 놓았으면 좋겠다. 그렇게 되려면 앞의 '(2) 입시 정책에 대한 권한을 대학으로 이양'에서 제안한 것처럼 국가는 대학입학 정책과 관련한 책임선에서 한 발짝 물러섬과 동시에 모든 대학의 개별 학과가 학생 선발에 대해 더욱 엄중한 책임을 지도록 조치를 내려야 한다.

나는 이러한 학제 개편을 단행할 경우 우리나라 고등학교의 절반이나 되는 실업계 교육에 대한 획기적인 개선도 함께 포함되어야 한다고 생각한다. 이 문제를 깊이 있게 논의하기 위해서는 또 다른 지면을 필요로 하겠지만 기본적으로 후기 중등교육을 받고 있는 대한민국 고교생의 절반 이상을, 지난 30여 년 동안 그랬듯이, 국가가 방치하다시피 내버려두어서는 안 된다는 입장이다. 인문교육과 직업교육의 목적과 방법, 그리고 전달 체계에 대한 개혁이 졸업 자격증 체제와 입시제도의 재정비를 통해 새롭게 모색될 수 있도록 지혜를 모아야 한다. 특히 조만간 노동인구의 급격한 감소를 목전에 두고 있는 우리나라의 상황을 고려해 보면 학업 능력이 뛰어난 학생이든, 조금 뒤처지는 학생이든 각자의 능력과 소질에 맞게 잘 가르쳐서 우수한 인적 자원으로 양성해 내야 할 필요성이 절박한 시점이다.

이 모든 과정에 관련 이해 당사자들의 의견 개진과 더욱 정교한 정책적 보완 장치가 뒷받침되어야 함은 물론이다. 하지만 무엇보다도 새로운 학제 변경과 수학능력시험의 성격 전환, 그리고 실업계 교육의 대전환이라는 쉽지 않은 사안에 대해 정책 당국자들의 정치적 또는 정책적 결단이 병행되지 않으면 실현되기가 쉽지 않을 것이다.

6) 입시제도에 관한 정책 연구 전담 기구의 필요성

영국의 「톰린슨 보고서」나 「슈와츠 보고서」는 영국 사회가 처한 시대적 요청에 부응하고자 특별위원회를 구성하고, 수많은 공청회와 전문가 포럼을 거쳐서 발표된 연구 결과물이라고 할 수 있다. 우리나라에서는 입시문제가 곧 교육문제라고 할 만큼 그 비중이 크고, 개혁해야 할 과제가 산적해 있다는 사실을 감안하면 영국처럼 한시적 위원회 구성보다는 한 수준 더 높은 상설기구로서 전담 연구기관을 설립해 봄직하다.

새로운 기관의 설립이 현실적으로 불가능하다면 교육과정평가원을 비롯하여 직업능력개발원, 한국교육개발원 등 정부의 교육관련 기관들이 공동으로 특별 전담팀을 구성하고 민간 전문단체들이 함께 참여하는 형식으로 특별 기구를 편성하는 방안도 모색해 볼 수 있겠다. 이와 같은 전담 기구가 구성된다면 연구진 가운데 상당한 비율로 교육계의 전문가들이 포진되어야 하겠지만 사회학자, 역사학자, 심리학자, 미래학자 등 학제적 접근을 할 수 있는 전문 연구진, 그리고 산업 현장이나 노동계의 관점을 대표할 수 있는 인사들도 반드시 함께 포함시켜 구성해야 할 것이다.

천천히 수행하지만 꼼꼼하게 준비하고 챙기는 자세(slowly but surely)가 바로 영국 사회에서 우리가 배워야 할 미덕이라고 생각한다. 또한 이들은 논의 과정에서 모든 가능성을 열어 놓고 자유롭고 창의적으로 의견을 개진하지만, 일단 어떤 방향으로 나아가기로 사회적 합의가 이뤄지면 숱한 어려움을 겪더라도 확실하게 추진하고 그 책임을 묻는 자세를 견지하고 있다.

장기적 전망을 가지고, 충분한 사회적 합의를 거쳐서 창의적인 정책을 입안하고, 이를 성실하게 실현해 나가려는 노력만이 조금씩이라도 한 사회를 진보적인 방향으로 이끌어 가는 중요한 원동력이 될 것이라 생각한다. 특히 한국 사회의 입시문제를 해결하기 위해서 이보다 더 중요한 관점은 없을 것이다. 입시 정책을 개편하고 수립하기 위한 전담 기구의 편성과 운영이 더욱 절실하게 요청되는 것도 바로 이러한 맥락 아래 우리 사회가 놓여 있기 때문일 것이다.

참고문헌

이병곤. 고교의 자율평가, 대학이 믿는다. 중등 우리교육 11(1997): 60-65.

Admissions to Higher Education Steering Group. *Fair admissions to higher education: recommendations for good practice*. Nottingham: DfES Publications, 2004

Blake, Davis & Hanley, Vincent. *The Dictionary of Educational Terms*. Hampshire: Arena, 1995.

DfES. *14-19 Education and Skills*. Norwich: The Stationery Office, 2005.

Gearson, Liam (eds.). *Education in the United Kingdom: Structures and Organisation*. London: David Fulton Publishers, 2002.

Gordon, Peter & Lawton, Denis. *Dictionary of British Education*. London: Woburn Press, 2003.

Higher Education Funding Council for England. *Young Participation in Higher Education*. Bristol: HEFC, 2005.

Hodgson, Ann and Spours, Ken. *Beyond A Levels: Curriculum 2000 and the Reform of 14-19 Qualifications*. London: Kogan Page, 2003.

Hol, Gillt et al. *Education in England, Wales and Northern Ireland: A Guide To The System*. Berkshire: National Foundation for Educational Research, 2002.

Lloyd, J. G. *How Exams Really Work: The Cassell Guide to GCSEs. AS and A Levels*. London: Cassell, 1999.

QCA. *AS and A Levels: the official student guide to the system*. QCA: 2006.

QCA. *Digital Technologies and Dishonesty in Examinations and Tests*. QCA: 2006

Raffe, David and Spours, Ken (eds.). *Policy-making and Policy Learning in 14-19 Education*. London: Institute of Education. University of London, 2007

Spours, Ken & Savory, Chris & Hodgson, Ann. *Curriculum 2000: The Significance of the Learner Experience in the Reform of Advanced Level Qualifications*. London: Institute of Education. University of London, 2002.

Stanton, Geoff & Richardson, William (eds.). *Qualifications for the future: a study of tripartite and other divisions in post-16 education and training*. London: Further Education Development Agency, 1997.

Tomlinson, Sally. *Education in a Post-welfare Society* (Second Edition). Berkshire: Open University Press, 2005.

Walden, George. *We should Know Better: Solving The Education Crisis*. London: A paperback original, 1996.

Wolf, Alison. *"Qulifications and assessment" in Richard Aldrich. A Century of Education*. London: RoutledgeFalmer, 2002.

Working Group on 14~19 Reform. *14-19 Curriculum and Qualification Reform*. Nottinghamshire: DfES Publications, 2004.

www.dfes.gov.uk/qualificatons

www.hefc.ac.uk

www.qca.org.uk

www.ucas.com

http://news.bbc.co.uk

The Guardian. 2005.8.16.

The Guardian. 2006.12.1.

The Guardian. 2006.7.13.

The Guardian. 2006.8. 13, 19.

The Guardian. 2006.9.22, 23, 25.

The Observer. 2002.9.22.

The Observer. 2006.8.20.

The Times Educational Supplement. 2004.5.16.

The Times Educational Supplement. 2006.2.24.

The Times Educational Supplement. 2007.2.2.

프랑스의 입시제도와 교육문제

신선미

1. 프랑스의 입시문화

1) 시험과 과외

프랑스는 흔히 과외가 없는 나라, 바칼로레아(대학입학자격시험)만 통과하면 누구나 원하는 대학에 입학할 수 있는 나라, 대학이 평준화되어 입시경쟁이 없는 나라로 알려져 있다. 그러나 이는 사실과는 다소 거리가 있다. 한국과 정도의 차이는 있지만 프랑스에도 과외가 있고, 엘리트 교육을 담당하는 대학(혹은 특수학교)에 입학하려면 바칼로레아 성적은 물론 학교 성적도 좋아야 한다. 대표적인 그랑제콜이나 그랑제콜 준비반 학생들은 입학에서 졸업까지 한국의 고3 학생들 못지않게 긴장된 생활을 한다.

유럽에서 프랑스는 학력이 노동시장에서 매우 중요한 신호 역할을 하는 대표적인 나라다. 학력이 높을수록 직업 세계로의 이행이 순조롭고 빠르며 근로조건도 좋다.[1] 그래서 학생과 학부모들은 '어떻게 하면 바칼로레아에 더 좋은 점수로 합격할 수 있을 것인가'에 지대한 관심을 보인다. 학교나 교육당국도 '어떻게 하면 더 많은 학생들을 바칼로레아에 합격시킬 수 있는가'를 고심한다. 한 연령층에서 고3에 도달하는 학생의 비율은 68% 정도이고, 바칼로레아에 합격하는 학생의 비율은 63% 정도이다(프랑스 교육부, RERS, 2004). 우리나라 고등학생의 대학 진학률(80%)에 비하면 매우 낮은 수치다.

1) 부록 표 1 참고.

프랑스에서도 필요하면 고등학생은 물론이고 중학생이나 초등학생도 과외교습을 받는다. 프랑스 인터넷 검색 사이트에서 'cours particuliers(직역하면 개별 강의)'를 입력하면 과외학원이나 과외강사 소개회사 리스트를 볼 수 있다. 거기에는 대학생과 일반인을 위한 정보도 있다. 예를 들어 아카데미아(Académia)는 빠른 속도로 성장하고 있는 대표적인 과외 전문회사다. 바칼로레아 시험 준비를 위해 방학을 이용하여 일정 기간 집중적으로 과외를 하는 소규모 과외교습소들도 있는데, 이들을 '브아뜨 아 박(Boite à bac)[2]'이라고 부른다.

출판된 지 거의 120년이 된 Charles-Jules Bigot의 『Questions d'enseignement secondaire』(1886)라는 책에서 인용된 다음의 글을 보면, 그 당시 과외실태도 오늘날 한국 못지않게 극심했다.

> "바칼로레아 시험준비 '훈련사'가 파리의 전문직으로 등장하고 있다는 사실은 옛 세대의 풍자가들이 묘사한 돈 버는 데 정신 팔린 사립학교나, 종교계 기숙사의 목숨 건 경쟁만큼이나 주목할 만하다. 훈련사들은 루이 르 그랑 고등학교[3]가 우수한 학생들조차 합격을 못 시키는 데 비해, 자기들은 많은 열등생을 합격시킨다고 자랑한다. 의사, 변호사, 판사, 공증인, 약사, 심지어 고위 공직자와 정치가 중에, 이 비싸고 세심한 배려가 없이도 그 자리를 차지할 수 있는 사람이 얼마나 있겠는가! 수사학과 철학[4] 낙제생들은 소위 '바칼로레아 오븐'이라고 불리는 곳에 들어간다. 거기서 반복적이고 박식한 훈련이 실시되는데, 훈련사들은 매일 철자법과 어법상 오류를 고쳐 주고, 학생들의 암기력에 맞추어 아주 적절히 조절된 질문과 답을 그들 머릿속에 넣어 준다. 훈련사들은 3달에서 6달 동안 학생들을 감독하고, 훈련시키고, 활기를 돋우며, 목표 점수를 한시도 잊지 않게 하고, 쓸데없는 데 호기심을 불러일으키지 않도록 하며, 꼭 알아야 할 것만 가르친다. 드디어 위대한 날(시험일)이 오면, 수험생은 채점자들 앞에 선다. 그는 정확히 떨어지지 않을 만큼의 빨간 색, 검은 색[5]과 더불어 합격된다. 내일이면 그는 열렬히 외웠던 모든 것을 서둘러 잊어버릴 것이다. 바칼로레아

2) 바칼로레아 시험 대비 교실이라는 뜻이다.
3) 앙리 IV 고교와 더불어 지금까지도 파리의 최고 명문 고교다.
4) 당시 바칼로레아의 주요 시험과목이다.
5) 채점 시 사용하는 펜의 색깔이다.

를 받았는데 무엇이 중요하랴. 그것이 바로 그와 그의 가족, 그의 '훈련사'가 원했던 모든 것이다."[6)]

위의 인용문이 실린 Glasman과 Collonges(1994)의 연구 보고서는 1988년에서 1991년 사이에 동남부 론–알프스(Rhône–Alpes) 지방의 과외실태조사 결과를 소개하고 있는데, 12개 고교의 학생 9,400명 중 15%가 조사 당시, 과외를 받고 있었고, 10%는 과외교습을 희망했다. 한 번이라도 과외를 받아 본 경험이 있는 고교생은 36%였다. 부모의 사회 경제적 배경이 좋은 학생의 과외수강률이 높았는데, 경영자 또는 자유전문직에 종사하는 부모를 둔 학생의 과외수강률은 20%, 고위 관리직인 경우 22%인데 비해 중간계층은 16%, 노동자인 경우 10%였다. 학년이 높아질수록 과외수강률도 높았다. 중학교 2학년에서는 10% 남짓에 불과하나 고교 3학년은 20%였다. 한국과 달리 교사가 자신의 학생에게 직접 과외를 하기도 하였는데, 위 조사와 병행하여 2개 고교 교사를 대상으로 면접조사한 결과에 따르면, 39%의 교사가 학생으로부터 과외 교습해 줄 사람을 추천해 달라고 요청을 받은 적이 있으며, 32%는 직접 교습해 줄 것을 요청받은 적이 있다고 응답했다.

2) 프랑스 입시문화의 특징

프랑스에도 입학시험이 있지만 구체적인 방식은 우리와 큰 차이가 있다. 가장 큰 차이는 평가나 시험으로 학생들 간에 서열을 매기지 않는다는, 즉 절대평가제라는 사실이다. 바칼로레아 성적은 20점 만점인데, 학생이 받은 성적이 학급이나 학교 혹은 전국에서 몇 등인가를 알 수는 없다. 통상적으로 평균 16점 이상을 받으면 매우 우수한 성적이라고 보는데, 16점과 17점의 차이는 크게 느껴지지 않는다. 그렇지만 평균 10점과 9.5점은 큰 차이이다. 10점 이상이 되어야 합격이기 때문이다.

6) 이 글이 쓰였던 시대에 바칼로레아는 확실히 사회적 성공을 보장하는 수단이었다. 요즈음에는 한 연령층의 60% 정도가 바칼로레아를 받으므로 그 사회적 가치도 예전과 같지 않고, 바칼로레아를 위한 과외가 그 정도에 이르지는 않는다. 출처: Glasman D. & Collonges G., *Cours particuliers et constitution sociale de la scolarité*(Paris; CNDP, 1994), 7. 재인용.

둘째로, 일반 대학교의 경우 의과대학을 제외하고는 입학정원의 제한이 없다.[7)]인구가 많은 파리 지역에서는 특정 전공계열의 수용인원이 지원자 수에 비해 너무 많을 경우 일부 지원자들을 다른 계열에 배정할 수는 있지만, 원칙적으로는 고등학교든 대학이든 희망하는 교육을 받을 수 있는 능력을 갖추었다고 판단되는 학생들에게, 그에 적합한 교육기회를 제공하는 것이 국가의 의무다. 따라서 국가(교육당국)와 지방자치단체는 수요자의 교육수요에 맞추어 공급을 해마다 조절해야 한다. 그런데 학교급별로, 계열과 전공별로 지역에 관계없이 전국적으로 균등한 교육기회를 제공하는 일이 상당히 어렵기 때문에 교육부, 교육청, 학교는 신학기를 무사히 맞이하기 위해 일년 내내 준비한다.

셋째로, 입시경쟁이 존재하나 제한적이다. 바칼로레아 합격자는 누구나 대학교(université)에 등록할 수 있는 권리가 있으며 등록할 대학은 거주지, 보다 정확히는 출신 고등학교에 따라 결정된다. 따라서 대학교 입학에는 원칙적으로 경쟁원리가 적용되지 않는다.[8)] 참고로 바칼로레아 합격자의 74%가 이러한 방식으로 대학교에 진학한다. 대학교를 제외한 고등교육기관은 학생들을 선발하기 때문에 경쟁이 있다. 그러나 우수 학생들이 몰리는 그랑제콜 준비반, 엔지니어학교, 경영학교 입학을 둘러싼 경쟁이 중등교육 전체를 뒤흔들 정도로 일반화되어 있지 않다.

넷째로, 널리 알려진 바와 같이 프랑스에서는 입학이 그다지 중요하지 않고, 최종적으로 학위나 자격증을 획득하느냐가 중요하다. 고교 졸업 후 고등교육기관에 진학했다가 아무런 학위도 취득하지 못하고 학업을 마치는 인구가 한 해에 약 9만 명이나 된다. 대학을 2~3년씩 심지어 5~6년씩 다녀도 노동시장에서 인정하는 학위는 바칼로레아 밖에 없는 이들이 적지 않다. 프랑스에서는 일단 해당 교육과정을 이수할 능력이 있다고 여겨지는 학생들에게 '기회'를 부여한다. 그리고 교육과정 내내 평가를 통해 주기적으로 목표에 얼마나 도달하고 있는가를 학생들이 알 수 있

7) 의과대학의 경우에만 예외적으로 본과 시험 합격자 쿼터가 정해져 있다. 이 시험에 합격하지 못한 학생들은 다른 전공이나 학교로 진로를 바꾸어야 한다. 물론 대학교 이외의 고등교육기관은 선발을 통해 학생들을 뽑기때문에 능력 있는 학생이라도 떨어뜨릴 수 있다. 프랑스 고등교육기관의 종류는 〈표 1〉에 제시하였다.

8) 파리 지역의 경우 예외적으로 파리 9 대학의 일부 전공에 한하여 실제적으로 선발이 이루어지고 있다.

게 해 주고 목표에 도달하지 못하면 유급시키고, 끝내 목표에 도달하지 못하면 학위를 주지 않는다.[9)]

마지막으로, 프랑스에서는 학력이 중요하기는 하지만, 교육을 통해 획득한 학위나 자격[10)]이 중요하지 어느 학교에서 공부했는가는 크게 중요하지 않다. 대부분의 학위나 자격증은 국가가 발급하기 때문에 어느 학교에서 교육받았는가와 관계없이 대체로 동일한 사회적 가치를 인정받는다.

2. 프랑스의 교육문제

1) 중등교육의 다양화

프랑스에서도 입시와 진학을 둘러싼 어려움이 널리 인식되고 있기는 하지만, 대다수 학생들에게 심각한 고민거리가 되거나 국민적 갈등을 유발하는 논쟁의 대상으로 발전되는 일은 거의 없다. 바칼로레아 제도도 한국의 대학입시제도와 달리 자주 바뀌지 않고, 주로 고등학교 교육과정 개혁과 맞물려 변화된다. 그렇다면 한국의 입시제도와 같이, 프랑스의 가장 큰 교육문제로는 어떤 것이 있는가? 그것은 아마도 중등교육의 다양화일 것이다. 즉, '어떻게 하면 학생 개개인에게 적합한 교육을 제공할 것인가'가 프랑스 교육당국이 가장 심각하게 고민하는 문제다. 엘리트

9) 여기에 사정이나 하소연은 절대로 통하지 않는다. 각 학년의 최종 성적은 6월 말에 알 수 있는데 낙제한 과목에 대해 9월에 재시험을 치를 수 있다. 필자는 2년 전 점수가 잘못 나왔다고 찾아와서 다음 학기에 재등록할 테니 합격 점수를 달라고 요구하는 학생도 보았다. 이렇게 터무니없는 요구를 하는 학생들을 위해 교수는 몇 년 전 성적 처리표(출석상황, 보고서 점수, 시험 점수를 한 페이지에 정리한 자료)를 보관하고 있었다. 찾아온 학생은 그때 몇 번 결석했고, 보고서를 하나 안 냈기 때문에 도저히 점수를 줄 수 없었노라는 답을 듣고 더 이상 이의를 제기하지 못했다. "그것 때문에 학위를 못 받는다"고 하소연하는 학생도 있다. 그러나 답은 "네가 조건을 갖추었을 때 학위를 주는 것이지, 학위를 주기 위해서 점수를 주는 게 아니라는" 것이 교수의 대답이다.

10) 참고로 프랑스에서는 중등학교나 대학을 졸업할 때, 최종 시험에 합격한 경우 학위나 자격증을 받는다. 그런데 학교교육을 통해 획득할 수 있는 대부분의 학위나 자격증은 국가가 발급하는 것이므로 우리나라의 학교 졸업장과 매우 큰 차이가 있다.

중심의 중등교육이 대중화되면서 중 · 고등학교는 성적, 흥미, 적성, 교육 포부, 직업 포부, 가정의 사회 경제적 배경 등이 매우 이질적인 학생들을 받아들이게 되었다. 이들 모두에게 종래의 엘리트 중등교육 프로그램을 그대로 적용할 수 없으니, 어떻게 하면 그들의 다양한 교육수요와 개인적 특성에 알맞은 교육 프로그램을 제공할 수 있을 것인가가 가장 큰 고민거리가 된 것이다.

그 고민의 결과는 기술 바칼로레아나 직업 바칼로레아와 같이 새로운 바칼로레아 신설, 바칼로레아의 전공 통합, 바칼로레아 간 서열화 방지를 위한 전문화 등으로 나타났다. 바칼로레아의 계열이나 전공은 중 · 고등학교의 교육구조와 직결되어 있다. 참고로 중 · 고등학교의 계열과 전공 구조는 중등교육의 양적 팽창에 따라 무수한 변화를 겪었다. 2차 대전 직후에도 남아 있었던 복선형 교육구조가, 현재는 초등학교 5년, 중학교 4년 동안 공통교육과정이 적용되고 공식적인 계열 선택은 고등학교에서 하도록 바뀌었다. 이렇게 교육구조가 개혁되기까지의 과정은 간단하지 않다. 예를 들면, 1959년부터 시작된 중학교 교육구조 개혁의 결정판이었던 Haby 교육개혁은 1975년에 발표되었으나 실제로 현장에 적용되어 실현된 것은 1970년대 말이다. 또 현재 고등학교의 계열 및 전공구조는 90년대 중반 이후에 지금의 체제를 갖추었고, 그 후에도 계속해서 약간의 세부적인 변화가 일어나고 있다.

최근에는 계열 및 전공구조보다 그 구조 내에서 개별화 교육의 성공과 실패 여부가 관심거리다. 개별화 교육을 위한 정책은 여러 가지가 있으나 그중 한 가지 예로 고등학교에 TPE(Travaux Personnels Encadrés)라는 것이 있다. 학생 2~3명이 그룹을 이루어 담당교사의 지도하에 통합교과적 학습활동을 하는 것이다. 학생들은 약 50가지 주제 중에서 한 가지를 선택하고 한 학기 동안 학습활동을 한 후 보고서를 제출한다. 학습활동은 교사의 지도를 받아 이루어지지만 학생들의 자발적 행동이 주가 된다. TPE도 정규교과 활동이므로 그 평가결과를 바칼로레아 성적에 반영하고 있다.

2) 대학교 교양과정 실패율

고등교육 수준에서는 대학교 교양과정(DEUG)에서 탈락하여 학업을 종료하는 학생수를 줄이는 것이 가장 큰 과제다. 바칼로레아 합격자가 많아지고 그 만큼 대학입학자가 많아진 데 비하여, 그들이 예전의 엘리트 중심 중등교육에서 바칼로레아를 획득했던 학생들과 동질의 수학능력을 보유하지 못하기 때문에 발생된 문제다. 그렇다고 대학교육의 목표를 낮출 수는 없는 일이므로 어떻게 하면 이들이 성공적으로 대학교육을 마칠 수 있는가가 문제인 것이다.

프랑스 교육부 통계연보(RERS, 2003)에 따르면, 전체 대학입학생 중 2년 내에 교양과정을 마치고 학사과정에 진급한 학생의 비율은 31.2%이며, 몇 번 유급한 학생을 포함하여 5년 내에 학사과정에 진급한 비율도 56.1%에 불과하다. 일반적으로 우수한 학생들이 많다고 하는 과학 바칼로레아 합격자 중에도 30.8%만이 2년 내에, 64.4%만이 5년 내에 학사과정에 진급하는 데 성공했다. 인기가 중간 이하인 상업계 기술 바칼로레아 합격자 중에서는 7.7%만이 2년 내에, 21.2%만이 5년 내에 학사과정에 진급하였고, 수준이 가장 낮게 간주되는 직업계 바칼로레아 합격자는 3.4%만이 2년 내에, 8.4%만이 5년 내에 학사과정에 진급했다.

참고로 우수한 학생들이 모이는 그랑제콜 준비반, 엔지니어학교, 경영학교에서도 탈락자들이 많지만, 이들은 언제라도 자기 수준에 맞는 다른 학교(특히 대학 교양과정)로 옮길 수 있기 때문에 사회적으로 큰 문제가 되지 않는다.

3. 고등학교 진로결정

1) 고등학교의 종류와 전공

프랑스의 고등학교는 일반 및 기술계 고등학교인 '리세'(lycée)와 직업고등학교인 '리세 프로페쇼넬'(lycée professionnel)로 구분된다. 학생들은 중학교 2~3학년부터 진로선택 준비과정을 거쳐 중학교 4학년 말에 처음으로 진로를 결정한다. 즉, 일반-기술계 고교에 진학하느냐, 직업 고교에 진학하느냐, 직업 고교에 진학할 경우 어떤 전공을 선택하느냐를 결정한다. 그리고 일반-기술계 고교에 진학한 학생은 1학년 말에 바칼로레아 전공을 선택한다. 프랑스 고교 교육과정은 매우 전문화되어 있는데 일반계열의 경우 3가지 전공과정(문학, 경제-사회, 과학)이 있고 기술계열의 경우에는 9가지 전공과정이 있다(p. 187 〈표 2〉 참고). 직업계열에는 미용, 제빵, 목공, 배관, 선반 등 구체적인 직업기술을 배우는 CAP과정과 일정한 직업영역에서 다기능 훈련을 받는 BEP과정이 있는데, CAP는 약 200가지, BEP는 약 40여 가지가 있다. CAP와 BEP 다음 과정으로 1985년에 신설된 직업 바칼로레아 과정이 있는데, 그 전공도 약 40여 가지다.

2) 진로결정 방법과 과정

고등학교 진학단계의 진로결정에 가장 중요한 역할을 하는 것은 중학교의 학년위원회(Conseil de classe)다. 이 위원회는 학생들의 진로뿐만 아니라 유급도 결정하고 있다. 위원회는 학교장을 위원장으로 하고 교사, 학부모 대표, 학생 대표, 그리고 경우에 따라 해당지역 진로정보센터의 진로상담가 등으로 구성된다. 1970년대까지는 중학교 4학년 말이 되기 전에라도 학년위원회가 직업교육과정으로 진로를 바꾸도록 결정하면 학생과 학부모는 그 결정을 그대로 따라야 했다. 그러나 1980년대부터 학생과 학부모의 의견을 반영할 수 있는 통로가 보강되었다. 또한 첫 번째 진로결정을 중학교 2학년 말에서 4학년 말로 늦추어 학생들이 진로결정에 실수하더라도 만회할 수 있도록 했다. 즉, 중학교 2학년부터 앞으로 선택할 계열과 밀접한 관계가 있는 선택과목을 수강해야 하지만, 선택과목 결정이 곧 계열 결정으로 연계되지는 않는다.

중학교 4학년 말의 진로결정은 다음과 같은 과정을 거친다. 학년 초에 학부모들은 자녀가 배우는 교과목, 계열, 고등학교로의 진로 연결 등에 관한 자료를 받아보게 된다. 이와 함께 진로결정에 관한 정보를 소개하는 설명회도 개최된다. 학년 말이 되기 전까지 가정통신문을 통하여 희망하는 진로에 관한 학부모의 의견을 수집하고 그에 대한 의견을 보내는 과정을 몇 차례 거친다. 학년 말이 되면 학년위원회가 학부모가 희망하는 진로에 동의할 것인가를 결정한다. 이때 가장 중요한 판단기준은 중학교 성적이지만 경우에 따라서 학업성취도의 변화, 수업태도 등이 반영되기도 한다. 학년위원회에 참여하는 교사들은 '학부모가 원하는 대로 진학할 경우 학생이 해당 교육과정에 성공적으로 적응할 수 있는가' 에 관심을 가진다.

진로결정 결과는 학부모에게 통지되며, 학부모는 이를 근거로 자녀의 진로를 선택하든가 유급[11)]을 요청하게 된다. 학년위원회는 학부모의 요청을 검토하여 학생의 진로를 학교장에게 제안한다. 학부모의 요청과 학년위원회의 심사결과가 일치하는 경우에는 학교장이 학부모에게 그 내용을 알리는 것으로 간단하게 과정이 종결된다. 그러나 학년위원회의 심사결과가 학부모의 요청과 일치하지 않는 경우에는 이를 조정하는 절차를 거쳐야 한다. 먼저 학교장이 학생과 학부모에게 인터뷰를 신청하여 학년위원회의 심사결과를 알리고 이에 관해 논의하게 된다. 그 후의 결정권은 학교장에게 있다. 학교장은 학생의 진로 혹은 유급여부를 교사들과 학부모에게 통보한다. 필요한 경우 학교장은 서신을 통하여 학생의 능력과 흥미에 근거하여 최종심사결과를 학부모에게 설득한다. 이 모든 과정에도 불구하고 학부모가 학교의 심사결과를 받아들일 수 없는 경우, 8일 이내에 교육청에서 주관하는 심사기구에 소원을 신청할 수 있다. 이 심사기구는 학교장, 교사, 학부모, 진로상담가, 교육청 장학관 등으로 구성된다. 여기에서 학생과 학부모의 의견이 다시 한번 심각하게 고려되어 진로가 확정된다.

3) 진로교육과 정보제공

1980년대 이후 학생과 학부모에게 더 많은 진로결정권이 부여되면서 이들의 합리적인 진로선택이 교육성과나 교육체제의 효율성에 중요한 요인이 되었다. 이에 프랑스는 중학교 이후부터 체계적인 진로교육을 실시하고, 진로상담과 정보제공 서비스를 크게 강화시켰다. 즉, 중학교부터 모든 학생들은 학년 초에 개인 진로계획서를 작성하여야 한다. 이를 통하여 학생들은 스스로 진지하게 진로를 탐색하게 되며 그 결과로 제출된 보고서는 진로지도 자료로 활용된다. 학교는 교과시간(프랑

11) 유급은 다음 학년으로 진급할 능력이 없는 경우만이 아니라 원하지 않는 계열이나 전공으로 진학하는 것을 회피하기 위해서 선택되기도 한다. 우리나라에서는 입시경쟁의 부작용이 과다한 재수생으로 나타나는데 비해, 프랑스에서는 개인의 진로희망과 교사의 진로판단 간의 갈등이 유급률로 나타난다. 그래서 다른 학년보다 진로결정이 이루어지는 학년 말의 유급률이 매우 높은 편이다.

스어, 역사 · 지리, 기술, 물리, 생물 · 지구과학 등)을 통해 학생들이 진로를 생각하기 위해 필요한 경제환경, 직업세계, 직업활동 등에 관하여 일반적인 지식을 제공하여야 하는데, 각 교과 담당교사들은 학년 초에 진로상담가들의 도움을 받아 그 학년에서 다룰 주제들을 선정하고 그에 따라 각 교과목에서 다루어야 할 교육내용을 구성하게 된다. 교과활동 이외에 보충적인 진로교육 프로그램도 실시되는데, 예를 들면 진로결정 시기에 임박해서 학생과 학부모에게 정보를 제공한다든가, 외부로부터 직업세계 관련 전문가를 초대한다든가, 기업체와 연계하여 도움을 얻기도 한다. 이러한 진로교육 프로그램은 학교 이사회의 검토를 거쳐 학교장의 권한으로 실시된다.

프랑스의 중등학교에는 정보자료센터(Centre de Documentation et d' Information)가 설치되어 있다. 이 센터는 종래의 학교 도서관 기능을 확대개편한 것인데 학생들과 교사들에게 각종 학습자료와 진로정보를 제공한다. 학교 밖에는 진로정보센터(Centre d' Information et d' Orientation)가 있어서 지역 내 학교의 진로교육을 지원하며, 독자적으로도 진로교육 프로그램을 운영한다. 학생들은 진로계획서를 작성하는 과정에서 이 센터의 도움을 받을 수 있다. 진로정보센터에 근무하는 진로상담가들은 학생과 학부모의 진로결정을 도와줄 수는 있지만 결정권을 가지고 있지는 않다. 진로정보센터는 교육부에서 운영하는 기관으로 프랑스 전국에 약 600여 곳이 있으며, 약 4,300명의 진로상담가 혹은 심리상담가들이 근무하고 있다. 또한 직업과 교육에 관한 정보 생산과 배포를 전문으로 담당하는 국립교육-직업정보사무소(ONISEP)가 있어, 방대한 양의 진로정보 및 진로교육 자료를 제공하고 있다.

4. 고등교육기관의 종류와 입시제도

1) 고등교육기관의 종류

프랑스의 고등교육기관은 크게 대학교와 다양한 전문직업교육기관들로 구분된다. 고등교육기관의 종류별 학생수와 그 비율은 〈표 1〉과 같다. 그중에서 대학교는 바칼로레아 합격자라면 누구나 등록할 수 있다. 나머지 고등교육기관들은 선발과정을 통해 학생을 뽑으며, 학교 수준이 높으면 높은 대로, 낮으면 낮은 대로 경쟁이 있다. 특히, 엘리트 교육기관인 그랑제콜과 그랑제콜 준비반(CPGE)에 입학하기 위한 경쟁은 우리나라 명문대학 입학경쟁에 못지않게 치열하다. 합격했다고 경쟁이 없어지지도 않는다. 입학 후도 '수준'을 맞추지 못하면 유급되고, 결국 적응하지 못하고 일반 대학교나 IUT(공과계 2년제 대학)로 옮겨가는 경우가 매우 흔하다.

〈표 1〉 프랑스의 고등교육기관 유형별 학생수 및 학생수 비율[12]

단위:명, %

유 형		학교수	학생수	학생수 비율
대학교		93	1,309,871	59.3
전문 직업 교육 기관	공과계열 2년제 대학(IUT)	112	115,062	5.2
	고등기능사과정(STS)	2,100	245,070	11.1
	그랑제콜 준비반(CPGE)	485	75,338	3.4
	교원대학원(IUFM)	30	89,062	4.0
	각종 학교(그랑제콜 포함)	1,546	374,768	17.0
합 계		4,366	2,209,171	100.0

자료: 프랑스 교육부(2003). RERS.

2) 대학입시제도

(1) 바칼로레아의 종류

바칼로레아는 대학입학자격시험으로 전공에 따라 매우 세분화되어 있다. 크게 일반계열(Baccalauréats généraux), 기술계열(Baccalauréats technologiques), 직업계열(Baccalauréats professionnels)로 나뉘고 계열마다 여러 가지 전공이 있다. 전통적인 의미에서 바칼로레아는 일반계열의 문학 바칼로레아(Baccalauréat littéraire)

12) IUT는 대학 부설이고, STS는 기술계 고교에, CPGE는 좋은 일반계 고교에 병설되어 있다. 교원대학원(IUFM)은 학사학위 소지자가, 그랑제콜은 그랑제콜 준비반 졸업자들이 진학한다.

와 과학 바칼로레아(Baccalauréat scienctifique)를 의미한다. 그러나 중등교육에 대한 교육수요가 증가하고 경제 발전에 따라 산업계가 보다 높은 수준의 교육을 받은 노동력을 필요로 함에 따라 일반계열 바칼로레아의 종류가 세분화되었으며 기술계열(1946년)과 직업계열(1985년) 바칼로레아가 신설되었다. 직업계열 바칼로레아는 진학이 아니라 취업을 목적하지만 '바칼로레아'로서 대학교에 등록할 수 있는 권리를 부여한다.

〈표 2〉 일반계열 및 기술계열 바칼로레아의 종류

<table>
<tr><th>계 열</th><th>바칼로레아명</th><th>전 공</th></tr>
<tr><td rowspan="3">일반계열
바칼로레아</td><td>문학 바칼로레아</td><td>문학-외국어, 문학-예술, 문학-고어</td></tr>
<tr><td>경제사회 바칼로레아</td><td>경제사회</td></tr>
<tr><td>과학 바칼로레아</td><td>수학-물리, 생물학-지구과학, 기술-자동화시스템</td></tr>
<tr><td rowspan="9">기술계열
바칼로레아</td><td>산업기술 바칼로레아</td><td>기계공학, 토목공학, 에너지공학
자원공학, 전기공학, 전자공학</td></tr>
<tr><td>실험기술 바칼로레아</td><td>생화학, 실험화학 및 산업제조화학,
실험물리 및 산업제조물리</td></tr>
<tr><td>의료-사회 바칼로레아</td><td>의료사회</td></tr>
<tr><td>농업 및 환경기술 바칼로레아</td><td>농업 및 환경기술</td></tr>
<tr><td>식품생산기술 바칼로레아</td><td>식품생산기술</td></tr>
<tr><td>3차산업기술 바칼로레아</td><td>상업, 행정 및 커뮤니케이션, 회계관리 및 컴퓨터</td></tr>
<tr><td>응용미술 바칼로레아</td><td>응용미술</td></tr>
<tr><td>음악무용 바칼로레아</td><td>음악 및 무용</td></tr>
<tr><td>호텔 바칼로레아</td><td>호텔업</td></tr>
</table>

(2) 바칼로레아 시험과목과 채점

바칼로레아 시험과목은 일반계열 바칼로레아의 경우 공통필수과목, 선택필수과목, 선택과목으로, 기술계열 바칼로레아의 경우 공통필수과목과 선택과목으로 나뉘어진다. 즉, 일반계열에 속하는 문학 바칼로레아, 경제사회 바칼로레아, 과학 바칼로레아에만 선택필수과목이 있다. 학생들은 여러 가지 선택필수과목 중에서 한 과목을 선택하며 선택과목은 대체로 구두시험으로 치루어진다(부록 〈표 2〉부터 〈표 4〉 참고). 직업계열 바칼로레아 과정에는 16주 이상의 실습과정이 의무적으로 포함된다.

모든 시험은 3학년 말(6월)에 실시되나, 일반계열 바칼로레아의 경우 프랑스어 과목이, 기술계열 바칼로레아의 경우 프랑스어나 역사지리 과목(전공에 따라)이 1학년 말에 실시된다. 시험은 1차(본 시험)와 2차(재시험)로 구분되는데 재시험은 본 시험에서 적은 점수 차이로 불합격한 수험생에게 이를 회복할 수 있는 기회를 부여하기 위한 것이다. 재시험 대상 과목은 본 시험과목 중에서 수험생이 선택한 2과목으로 제한되며, 시험방법은 필기가 아닌 구두시험이다. 재시험이 필기시험으로 이루어지는 경우는 없다. 본 시험과 재시험에서 얻은 점수 중에서 높은 점수가 최종점수로 채택된다.

시험결과는 과목별 심사위원회에 의해 처리된다. 위원회의 최고책임자는 교육청장이 임명하는 대학교수이나, 실질적인 지휘는 지역 장학관들에 의해 임명된 부책임자들인 중등학교 교사들이 맡는다. 부책임자별로 하나의 심사반이 움직이는데, 1개 심사반이 담당하는 답안지는 1,000매가 넘을 수도 있다. 따라서 하나의 심사반은 다시 여러 팀으로 나눠진다.

모든 과목의 답안지는 20점 만점으로 채점된다(소수점 이하 없음). 바칼로레아에 합격하기 위해서는 전체평균 10점 이상을 받아야 하며, 이때 과목별 가중치는 반영되지 않는다. 평균이 8점 미만인 학생들은 불합격 처리되며, 8점 이상 10점 미만인 학생들은 6월 말에 재시험을 치를 수 있다. 우수한 성적으로 합격한 학생들에게는 성적에 따라 평언(mention)을 준다. 평언을 줄 때에는 과목별 가중치를 반영한다는 점이 특징인데, 평균 12점 이상 14점 미만인 경우 '우수한 편임' (assez bien), 14점에서 16점 사이인 경우 '우수함' (bien), 16점 이상인 경우 '매우 우수함' (très bien)이라는 평언을 받는다. 재시험을 통하여 평균점수가 10점 이상으로 조정된 학생들은 본 시험에서 이미 10점 이상을 받은 학생들과 함께 바칼로레아를 받을 수 있다. 그러나 재시험 결과로 과목별 가중치를 반영한 평균이 12점 이상이 되어도 평언(mention)을 받을 수는 없다.

일단 시험결과가 발표되면 응시자는 기계적인 착오 이외에는 평가결과에 대하여 이의를 제기할 수 없다. 물론 같은 답안지가 채점자에 따라 다른 점수를 받을 수 있다. 한 실험연구에 따르면 심한 경우 같은 답안지가 최저 3점에서 최고 13점까지 받았다고 한다. 이러한 문제점을 해결하기 위하여 과목별 채점이 완료되면 채점자들 간의 엄격성 차이로 인한 오차를 조정하는 과정을 거친다. 이 과정에서 학교성적이 활용되는데, 시험에서 얻은 점수와 학교성적의 차이가 큰 경우 채점내용을 재검토하는 것이다. 심사위원들은 처음의 점수를 상향조정할 수는 있지만 하향조정할 수는 없다. 구두시험으로 치러지는 재시험의 경우에도 시험관이 학교성적을 평가에 반영할 수 있었으나 1997년부터는 폐지되었다. 수험생은 원한다면 채점된 답안지를 열람할 수 있으며 이를 위해서는 시험결과가 발표된 후 7일 이내에 열람을 신청하여야 한다.

(3) 신입생별 대학교 배치

도시별로 대학교 수가 2~3개, 많아도 5~6개 정도 밖에 되지 않고, 일반적으로 각 대학별로 설치되어 있는 전공계열 분야가 다르기 때문에, 한 학생이 실질적으로 진학할 수 있는 대학교는 거의 정해져 있다. 다만, 파리와 파리를 둘러싼 일드프랑스 지역의 경우만 대학교 수가 15개이므로, 거주지 원칙을 따를 경우에도 인근에 2~3개의 대학이 있을 수 있다. 이 경우 학생이 학교를 선택하는 것이 아니라 교육당국이 학교를 배정한다. 이를 위해 'R.A.V.E.L.' (Recensement automatisé des voeux des élèves)이라고 하는 예비등록제도가 운영되고 있다. 예비등록에 참여할 수 있는 자격은 당해연도에 파리 지역에 소재한 고등학교를 졸업한 학생들로 한정되어 있다. 외국에서 바칼로레아 시험을 치렀거나 기타 바칼로레아와 동일한 자격을 획득한 학생이 파리 지역의 대학에 입학하기 위해서는 주거지 증명이 필수적으로 요구된다. 원칙적으로 고등학교가 학군제에 따라 학생들을 배치하므로 대학도 간접적으로 학군제가 시행되고 있는 셈이다. 예비등록제도의 취지는 학생들을 출신 고등학교에 가장 인접한 대학의 희망하는 계열에 배치하기 위한 것이다. 각 대학은 학생들의 예비등록을 접수하기 전에 계열별로 신입생 정원을 발표한다. 학생들은 인터넷을 통하여 지원하고자 하는 계열을 선호하는 순서에 따라 선택한다. 학생들의 희망과 각 대학의 수용가능인원은 일치하지 않을 가능성이 높다. 각 대학은 차이를 조정하여 학생들에게 입학 가능한 계열을 추천한다. 예를 들어, 사회과학계열에 지원한 학생에게 어학계열 입학을 추천하기도 한다. 희망계열에 입학이 가능한 경우에도 파리 지역 내 어느 대학에 배치될지는 예측할 수 없다.

바칼로레아가 없는 사람들은 다음의 두 가지 조건 중 하나를 충족시키는 경우 대학에 진학할 수 있다. 첫째로 D.A.E.U.(diplôme d' accès aux études univer-sitaire)라고 부르는 별도의 대학입학자격시험을 통과하는 경우다. 이 시험은 원칙적으로 2년 이상 학교공부를 중단했던 것이 증명되어야 볼 수 있으며, 연령이 최소 20세 이상이고 2년 이상의 직업경험이 있어야 하며, 직업경험이 없는 경우에는 24세 이상이어야만 응시할 수 있다. 시험은 대학에서 공부하고자 하는 계열(인문계열 혹은 자연계열)에 따라 2가지 종류로 나뉘며 각 대학에서는 이 시험을 준비하는 사람들을 위한 강좌를 열고 있다. 둘째로 각종 공사립 직업훈련기관에서 받은 교육, 직업경력을 가지고도 대학입학자격을 얻을 수 있다. 이에 필요한 원서교부와 심사는 해당 단과대학에서 담당한다. 이 경우에도 2년 이상 학교공부를 중단했던 것이 증명되어야만 한다.

5. 시사점 : 근본적인 교육문제는 무엇인가?

교육문제에 관한 대중적 논의를 듣다 보면 모든 교육문제는 결국 입시제도로 귀착되는 것 같다. 교사, 학부모, 학생 등의 일반 국민뿐만 아니라 일부 교육 전문가들도 그러한 시각을 공유하고 있다. 이러한 시각에서 보면 문제의 핵심은 입시제도이며, 그것을 여하의 교육현장에 문제를 일으키지 않는 방향으로 어떻게 개편할 것인가가 관심의 초점이 된다. 그런데 이런 식의 교육문제 진단은 곧바로 일종의 무기력증을 불러일으킨다. 지금까지 교육개혁사가 거의 입시제도 개혁사라고 할 만큼 입시제도를 수없이 바꿨음에도 갈수록 교육문제는 더 심각해지고 있으니, 우리에게 입시제도는 모든 것을 빨아들이는 블랙홀과도 유사하다. 모든 문제가 뒤엉켜 있어서 좀처럼 풀 수 없는 실타래와 같다.

입시제도의 개선방안을 모색하면서 흔히 언급되는 외국 사례는 프랑스의 대학입시제도다. 거기에서 주목하는 요소들은 대략 다음과 같다. 즉, 대학입학시험인 바칼로레아는 일종의 자격시험이지 선발을 위한 시험이 아니다. 대학교가 모두 국립이고 거주지에 따라 학교를 배정받으므로 대학이 '평준화[13]' 되어 있다. 바칼로레아 시험문제는 모두 논술식으로 객관식에 비해 훨씬 높은 고등정신능력을 요구한다. 그 밖에 바칼로레아 시험은 하루에 실시되지 않고, 1학년과 3학년 말에 나뉘어 실시되며, 거의 대부분의 과목을 시험 보는 3학년 말에는 며칠에 걸쳐 시험을 본다. 또 탈락한 학생들에게 재도전 기회를 주기 때문에 학생들에게 심리적 부담을 덜 준다.

그러나 그 보다 주목할 만한 가치가 있는 것은, 우리나라의 대학입시는 통과해야 할 어떤 것이지 도달해야 할 목표는 아닌 데 비하여, 프랑스의 바칼로레아는 누구나 사회에 진출하기 전에 호주머니에 넣어야 안심할 수 있는 최소한의 자격으로 인식되고 있다는 점이다. 우리나라에서는 대학입시가 초·중등교육의 발목을 잡고 있다는 비판을 받고 있지만, 프랑스에서는 어떻게 하면 보다 많은 학생들이 바칼로레아를 획득하도록 할 수 있는가가 고민거리다. 프랑스의 바칼로레아는 중등교육이 달성해야 할 목표로 간주되고 있는데, 왜 우리나라에서는 대학입시가 만병의 근원과도 같은가? 그것은 평가방식의 차이에 있다. 프랑스의 바칼로레아는 절대평가 방식을 취하고 있지만, 우리나라는 모든 수학능력시험 응시자를 서열지우는 상대평가를 실시하고 있다. 프랑스에서 고등학교나 대학입학의 당락을 결정하는 것은 '커트라인' 이 아니라 '해당 교육과정에 적응할 수 있는 능력' 이다. 입학시험 성적이나 내신 성적은 그 능력을 나타내는 중요한 지표다. 학교(교육당국)[14]는 능력이 있다고 판단되는 학생들의 교육수요를 받아들여야 한다.

우리나라의 입시제도를 같은 방식으로, 그러니까 입학정원에 관계없이 수학능력이 있고 교육을 희망하는 학생은 모두 다 받아주는 방식으로, 탈락한 학생들에게는 재도전의 기회까지 준다고 가정해 보자. 어떤 문제가 발생할 것인가? 무엇보다 소위 명문대학과 유망학과에 학생들이 집중될 것임을 쉽게 예측할 수 있다. 일부

13) 프랑스에서는 '평준화' 라는 개념을 사용하지 않지만, 우리나라에서 사용되는 평준화 개념을 프랑스의 대학교에 적용할 수 있다. 다만, 유의할 점은 대학교(90여 개) 이외에 매우 전문화되고 다양한 고등교육기관들이 있는데 이들은 선발경쟁을 통해 학생을 받는다는 것이다.

14) 공립 고등학교와 대학교가 모두 이 원칙의 적용을 받는다. 선발과정을 통해 학생을 선별적으로 받아들이는 고등교육기관은 여기에서 제외된다.

논객들은 이 문제를 대학 평준화로 풀려고 하지만 그것은 정법이 아니다. 고등학교 평준화가 강남을 키워 냈듯이 대학교 평준화는 수도권 인구집중과 지방의 인구 유출을 촉진시켜 균형발전에 큰 걸림돌이 될 수 있다. 정법이 있다면 그것은 첫째로 '능력 있는' 학생들을 만족시킬 수 있는 명문대학과 유망학과를 늘리는 것이며, 둘째로 고등학교와 대학을 특성화 · 다양화시켜서 그들 간에 서열 매기기 자체를 어렵게 만드는 것이다. 물론 아무리 특성화 · 다양화시킨다 하더라도 얼마간의 서열이 있을 수밖에 없지만, 좋은 대학이 많고, 학생들이 대학이나 학과의 서열보다는 특성을 우선적으로 고려한다면 서열화로 인한 문제는 통제 가능한 범위로 축소될 수 있을 것이다.

한국의 중등 및 고등교육은 1990년대까지 '한강의 기적'이라고 하는 경제성장에 못지않게 괄목할 만한 양적 팽창을 거듭해 왔다. 그러나 고등학교의 계열과 전공구조, 대학교육의 구조는 수많은 교육개혁을 거치면서도 달라진 것이 거의 없고, 2000년대에 들어 대학의 신입생 모집이 어려워지자 이제야 대학구조개혁에 착수하고 있는 형편이다. 고등학교에서도 특수목적고등학교나 특성화 고등학교가 늘어나고는 있지만 전체적으로는 평준화 체제를 유지하고 있고, 7차 교육과정 이후부터 선택중심 교육과정이 조금 더 다양하게 설치되고 있다.

입시제도가 만병의 근원인 듯하지만, 그것은 일련의 규칙일 뿐이며 게임하는 사람들이 원한다면 규칙은 얼마든지 바꿀 수 있다. 문제는 게임의 규칙보다 게임의 콘텐츠에 있다. 단순한 통로와 한정된 목표에 수많은 학생들을 몰아넣는 게임보다 복잡하고 구석구석에 매력적인 목표물이 다수 배치되어 있는 게임을 개발할 필요가 있지 않은가?

어떤 기준으로 지원자의 능력이나 장래의 성장 가능성을 판단할 것인가도 문제다. 커트라인에서 1점이 모자라기 때문에 '능력'이 없다고 판정하기는 어려울 것이고, 지원자가 스스로 인정할 수밖에 없는 이유를 들어 '능력'이 있고 없음을 판정해야 할 것이데, 누가 어떤 방법으로 그것을 수행할 것인가? 프랑스에서는 고등학교 입학의 경우 중학교 교사(해당 학년을 가르치는 교사 전원), 대학교 입학의 경우 바칼로레아 채점에 참여하는 교사가 그들이다. 따라서 교사는 학생들에 대하여 상당한 교육적 권위를 행사한다. 교사의 교육적 권위는 법적으로 국가의 보호를 받는다.

즉, 학생과 학부모는 채점된 답안지를 열람할 수 있으나 그 결과에 대하여 산술적인 오류를 제외하고는 어떠한 이의도 제기할 수 없다. 우리나라 교사들에게 이러한 정도의 교육적 권위와 학생 평가권을 부여할 수 있는가? 교사들이 그러한 권한과 책임을 받으려고 할 것인가?

대학교육을 받을 만한 능력이 없지만 대학에 입학하고 있는 학생들을 어떻게 할 것인가도 문제다. 학부과정만이 아니라 대학원의 석사와 박사과정도 학생수가 늘어나면서 학생들의 평균적인 능력 수준이 저하되었다고 한다. 이 문제는 결국 초·중등학교에서 교육과정이 요구하는 최소 수준의 학업성적에 도달하지 못한 학생들을 어떻게 할 것인가의 문제와 연계되어 있다. 이들을 방치하는 이상 교육의 질을 향상시키기 어려울 것이다.

우리가 진정으로 함께 고민해야 할 교육문제는 입시문제라기보다 이렇게 교육을 다양화, 특성화, 전문화시키고 질적 수준을 향상시키기 위한 방안이어야 하지 않을까 한다.

부 록

〈표 1〉 1998년 대졸 및 고졸자의 3년 후(2001년 봄) 취업상태

학 위		전공계열	실업률	정규직 비율	임금(유로) 중앙값	3년간 임금 상승률(%)	교육수준에 맞는 직업	능력에 맞는 직업	직업을 통한 자기실현
직업계열고등교육	DESS	자연과학	6.1	89	1,830	23	49	73	86
		인문사회	6.2	77	1,680	23	45	73	84
	IUP	공 업	4.9	90	1,680	35	59	75	80
		3차산업	3.0	76	1,520	20	60	61	81
	DUT	공 업	3.5	75	1,310	23	61	74	81
		3차산업	4.8	73	1,140	28	55	71	76
	BTS	공 업	3.5	73	1,250	24	54	71	81
		3차산업	5.0	74	1,140	23	59	70	80
일반계열고등교육	DEA	자연과학	7.2	78	1,770	26	46	75	89
		인문사회	6.5	64	1,560	20	44	64	71
	석 사	자연과학	5.6	62	1,370	20	38	71	86
		인문사회	10.0	69	1,300	20	34	62	77
	학 사	자연과학	6.2	68	1,300	16	27	61	78
		인문사회	7.4	66	1,130	21	38	64	75
	학 부 교양과정	자연과학	5.1	66	1,130	25	14	68	84
		인문사회	10.9	63	950	15	15	69	78
고교	바칼로레아	일반계	11.2	38	960	29	–	–	–
		기술계	9.1	51	930	24	–	–	–
		직업계	7.0	68	1,030	21	–	–	–

자료: CEREQ Bref 195호(2003년 3월), 200호(2003년 9월).

주) DESS와 DEA 학위는 바칼로레아+5년, 석사는 바칼로레아+4년, IUP는 공학계 특수고등교육기관으로 석사가 최종 학위이다. 학사는 바칼로레아+3년, DUT, STS, 학부 교양과정은 바칼로레아+2년 과정이다. 교육수준과 능력에 맞는 직업과 직업을 통한 자기실현 여부는 응답자의 주관적 평가결과다.

〈표 2〉 문학 바칼로레아

	가중치	유 형	시 간
■ 공통필수과목			
프랑스어	3	필 기	4h
프랑스어	2	구 두	20mn
과 학	2	필 기	1h30
수학–정보	2	필 기	1h30
문 학	4	필 기	2h
역사–지리	4	필 기	4h
제1외국어	4	필 기	3h
철 학	7	필 기	4h
제2외국어, 지방어 라틴어 중 택1	4	필 기	3h
체 육	2	내 신	–
■ 선택필수과목(1과목 선택)			
라틴어	4	필 기	3h
고대그리이스어	4	필 기	3h
미 술	3	필 기	3h30
	3	구 두	30mn
영화–시청각	3	필 기	3h30
	3	구 두	30mn
예술사	3	필 기	3h30
	3	구 두	30mn
음 악	3	필 기	3h30
	3	구 두	30mn
연극–드라마표현	3	필 기	3h30
	3	구 두	30mn
무 용	3	필 기	3h30
	3	구 두	30mn
제2외국어	4	필 기	3h
제3외국어	4	구 두	20mn
제1외국어(심화)	4	구 두	20mn
체육(심화)	2	내 신	–
TPE	2	내 신	–
■ 선택과목(최소 2과목 선택)			
외국어	구 두	or 필기	30mn
지방어		구 두	20mn
라틴어		구 두	15mn
고대그리이스어		구 두	15mn
수 학		필 기	3h
체 육		내 신	
미술 or 음악	구 두		30mn/40mn

〈표 3〉 경제사회 바칼로레아

	가중치	유 형	시 간
■ 공통필수과목			
프랑스어	2	필 기	4h
프랑스어	2	구 두	20mn
과 학	2	필 기	1h30
역사－지리	5	필 기	4h
수 학	5 or 7	필 기	3h
경제사회과학	7 or 9	필 기	4h or 5h
제1외국어	3	필 기	3h
제2외국어, 지방어 중 택1	3 or 5	구 두	20 or 30mn
철 학	4	필 기	4h
체 육	2	내 신	–
■ 선택필수과목(1과목 선택)			
경제사회과학 or 수학 or 외국어 or 지방어(심화) or 제1외국어(심화)	2	구 두	20mn
체육(심화)	2	내 신	–
TPE	4	구 두	30mn
■ 선택과목(최소 2과목 선택)			
외국어		구두 or 필기	20mn 2h
지방어		구 두	20mn
라틴어		구 두	15mn
고대그리이스어		구 두	15mn
체 육		내 신	–
미술 or 음악		구 두	30mn 40mn

〈표 4〉 과학 바칼로레아

	가중치	유 형	시 간
■ 공통필수과목			
프랑스어	2	필 기	4h
프랑스어	2	구 두	20mn
수 학	7–9	필 기	4h
물리–화학	6–8	필 기	3h30
		실 기	1h
생물 및 지구과학	6–8	필 기	3h30
or 생물–생태학	5	필 기	3h30
	2	실 기	1h30
or 산업기술	4	필 기	4h
	5	실 기	3h
역사-지리	3	필 기	4h
제1외국어	3	필 기	3h
제2외국어	2	필 기	2h
철 학	3	필 기	4h
체 육	2	내 신	–
■ 선택필수과목(1과목)			
수학, 물리-화학, 생물 및 지구과학, 농학–국토–시민성 중 택1	2	구 두	30mn
체육(심화)	2	내 신	–
TPE	2	구 두	30mn
■ 선택과목(최소 2과목)			
외국어		구 두	30mn
지방어		구 두	20mn
라틴어		구 두	15mn
고대그리이스어		구 두	15mn
미술(6) or 음악		구 두	30mn
		구 두	40mn

참고문헌

신선미. 프랑스에선 저학력층 취업난이 오히려 문제다. **교육개발** 31/2(2004): 16-20.

신선미. 꼭 알아야 할 프랑스교육에 대한 한국인의 오해 3가지. **교육개발** 31/4(2004): 25-29.

원윤수 · 류진현. **프랑스의 고등교육**. 서울: 서울대학교출판부. 2002.

Dominique Glasman and Georges Collonges. *Cours particulières et construction sociale de la socitété*. Paris : CNDP/FAS. 1994.

Gilles Rouet and Stanislave Poupineau. *Dictionnaire pratique de l' enseignement en France*. Paris : Ellipses. 1996.

Ministère de l' Education Nationale. *Repères et références statisitiques sur les enseigements, la formation et la recherche(RERS)*, 2003.

독일의 교육제도

게르다 마르틴 Gerda Martin
송순재 역

세계화가 진행되는 과정에서 산업형태뿐 아니라, 개별국가들의 교육제도 역시 세간의 관심사로 떠올랐다. 이 글은 독일 교육제도를 소개하기 위한 것이다. 단 개략적으로 기술하는 데 그쳤으며 상세한 부분까지 다루지는 않았다. 다음 두 가지 이유 때문인데, 첫째는 독일에서는 통일적이며 단일한 교육제도가 존재하지 않기 때문이다. 독일 연방공화국 내에 존재하는 16개 주는 문화와 교육정책에서 가능한 범위 내에서 독자적 권한을 행사한다. 다시 말해서 그 지향점은 같으나, 그 시행방식은 차이가 있다고 할 수 있다. 이런 이유로 독일의 학제에 대해서는 하나의 단위로서 말하기는 어렵고 다만 개개 주에서 시행하는 다양한 학제를 중심으로 말할 수 있을 뿐이다.

둘째로는 현재 독일 교육 정책이 하나의 커다란 변화를 겪고 있기 때문이다. 초·중등학교에 다니는 독일 학생들은 'PISA 연구'(15세 청소년들을 대상으로 한 국제학업성취도 평가)에서 상대적으로 좋지 못한 평가를 받고 있기 때문에 정부 차원에서는 그 필요한 개선책을 모색하고 있다. 대학교육 영역에서는 무엇보다도 재원결핍 문제 때문에 이를 재편하지 않으면 안 되는 상황을 맞고 있다. 게다가 국내 산업에 대한 외국 산업의 압박이 증가하고 있는데, 이 때문에 독일 대학은 학생들이 좀 더 빨리, 좀 더 효율적으로 공부하여 국제적 경쟁에서 좀 더 나은 성과를 거둘 수 있도록 대책을 마련해야 할 상황에 처하게 되었다. 개개 주들이 운영하는 교육제도들 간의 현격한 차이에도 불구하고, '각 주 교육부장관회의'(KMK: Konferenz der Kultusminister der Länder in der Bundesrepublik)의 일련의 토의 결과, 교육의 목표들이 서로 너무 다르지 않아야 한다는 점이 분명해졌다. 이는 어떤 학생이든 다른 주로 이사를 가더라도, 학업의 연속성이라는 점에서 지장을 받지 않도록 하기 위해서이다.

독일 연방공화국에도 물론 '연방-교육부' (Bundes-Bildungsministerium)라는 기관이 존재한다. 이 기관은 연방 차원에서 개개 주에 대해 어떤 영향력을 미치기 위해 지속적 노력을 기울이기는 하지만, 그것은 다만 일반적 과제 설정에 관한 것일 뿐 개개 주가 나름대로 향유하는 교육체제상 주권에 간섭해 들어가지는 못한다.

바이에른 주는 스스로를 교육문제에 있어 선두 주자로 이해하는 고로 — 예를 들면, 피사 연구에서 모든 주 가운데서 최상위를 차지했다 — 이 자리에서는 바이에른 주 학제를 중심으로 논의를 전개하기로 한다. 독일연방의 모든 학제는 법으로 규정한다. 예컨대, 바이에른 주에서는 '바이에른의 교육과 수업에 관한 법' (BayEuG)으로, 개개 학교 유형(하웁트슐레Hauptschule-주요학교, 레알슐레Realschule-실업학교, 김나지움Gymnasium-인문 · 자연 · 기술 · 예술 · 경제 · 사회계 김나지움)에 대해서는 주 산하 '수업 관장 관청'(예컨대, 김나지움에 대해서는 '김나지움 학교법' (GSO))을 위한 법으로 규정한다. 대학교는 개개 주 산하에 있는데, 주 국회가 여기에 상응하는 법을 보유하고 있다. 예컨대, 바이에른 대학교 관련사항은 '바이에른 주 대학교법' (BayHSchG)으로 규정한다. 그렇지만 대학교는 이 범위 내에서 법과 제도를 운용하는 데 상당히 자유롭다.

1. 유치원과 취학전 교육

인간의 교육은 탄생하면서부터 시작된다. 무엇보다도 갓난아이와 영아를 삶으로 이끌고 인간적 실존의 첫 번째 걸음을 떼어 놓도록 돕는 것은 부모의 과제다. 대부분의 가정에서 어머니들은 영아를 돌보고 아버지는 일하러 간다. 근본적으로 아이가 태어나면 아버지와 어머니는 3년간의 교육휴가를 사용할 수 있다. 부모는 누가 아이를 돌볼 것인지에 대해 합의해야 한다. 편부모로서 그렇게 오랫동안 일을 쉬기는 물론 쉬운 일이 아니다. 비록 국가가 교육비 명목으로 재정적 지원을 할지라도 말이다. 이 경우 이 연령대의 아이들을 맡아서 돌보는 탁아소(Kinderkrippe)를 이용할 수 있다. 대부분 여교사들이 일하는 이곳에서 아이들은 육체적으로나 심적으로 잘 자라도록 돌봄을 받고, 사랑으로 감싸 안아지고, 애무를 받고, 말하고, 놀이하며, 살아가는 법을 배운다. 그러나 특히 농촌 지역에는 이런 탁아소가 충분치 않다. 좀 더 널리 받아들여지는 견해에 따르면 아이들은 적어도 한 살부터 세 살까지는 집에서 키워야 한다는 것이다. 세 살 이후부터는 상당수 아이들이 유치원에 다니기 시작한다. 그곳에서 아이들은 대부분 반나절만 머문다(오후보다는 오전에). 하루 종일 유치원에 있는 아이들도 많다. 아침은 물론 점심도 거기서 먹는다. 대략 60여 년 전 유치원은 소위 '어린이 보호소' (Kinderbewahranstalten)로서 가난한 집 아이들이 다니는 곳이었다. 부유한 집에서는 아이들을 돌보는 소녀를 두었다. 그러나 시간이 지남에 따라 아이들은 여럿이 함께 키워야 좋다는 사회교육학적 인식이 싹트기 시작했다. 아이들은 다른 아이들과 사이좋게 어울려 지낼 줄 알아야 하고, 의사소통을 하며 하나의 무리 안에서 자기 자리를 찾는 법을 배워야 한다. 이 점은 아이를 하나만 둔 집이 지속적으로 늘어가는 오늘날의 추세에 비추어 볼 때 중요해 보인다. 오늘날 아이를 둘 이상 둔 집은 잘 찾아보기 힘들게 되었다. 독일은 고령화 사회에 접어들었다. 나이든 사람들은 아이들에게 적대적이 되었으며 아이들이 내는 소음을 듣기 싫어한다. 젊은 부부들 중에는 자기들만의 자유 시간을 즐기기 위해 아이를 갖지 않는 경우도 종종 있다. 좋은 직업을 가진 여성들 중에는 아이가 자기 경력을 쌓는 데 방해될까 염려하는 이들도 있다. 유치원은 이런 문제를 해결해 줄 수 있다는 점에서 중요하다. 유치원은 놀이감을 갖추어놓고 있으며, 아이들은 여기저기 모여서 '일' 과 '놀이' 를 서로 번갈아 가면서 한다. 아이들은 유치원에서 아주 많은 것을 배우지만, 단 놀이하는 방식으로 배운다는 점이 특별하다. 선생님들은 1, 2, 3차 연도로 나뉘어 있는, 즉 세 살, 네 살, 다섯 살 아이들을 위한 교육구조 안에서 주간 계획을 세워 작업한다. 예컨대, 아이들은 일주일 동안 내내 '해' 라는 주제를 가지고 공부한다 — 아이들은 그림을 그리고 공작으로 해를 만들고, 햇빛에 대해서 이야기하고 나아가서는 태양에너지에 대해서도 경험한다. 그렇지 않으면 '숲' 이라는 주제를 가지고 실제 숲으로 가서 작은 소풍을 즐기고, 또 그곳에서 목재 작업하는 것도 본다. 30여 년 전 유치원에는 학교에 대한 지향성이 강하게 반영되어 있었다. 유치원은 소위 예비학교로 생각되었던 것이다. 그곳에서 아이들의 호기심과 학습의 기쁨에 대한 잠재능력은 읽기, 쓰기, 셈하기를 위해 사용되었다.

그러나 그 후 사람들은 이러한 식의 이해로부터 벗어나기 시작했다. 아이들은 가능한 한 '아이'로 존재할 수 있어야 한다고 생각하는 부모들이 생겨나기 시작했다. 물론 현재 시점에서는 아이들을 가능한 한 빨리 학교의 교육과정에 편입시킴으로써 교육연한을 단축하자는 노력 역시 나타나기 시작했다. OECD가 2004년 9월 14일에 내놓은 교육보고서에 따르면 독일 교육체제는 다시금 좋지 못한 성적을 내놓았다. OECD에서 세계 전역을 대상으로 한 피사 연구를 함께 진행하고 있는 안드레아스 쉴라이허(Andreas Schleicher)는 국가가 아이들의 교육을 위해 어린 시절부터 좀 더 많은 재원을 확보할 것을 요청했다. 대부분의 교육학자들도 이러한 생각에 견해를 같이 하고 있다. 유치원에 보내는 것은 자유의사에 달렸고, 부모는 여기에 특정한 경비를 지불한다.

유치원은 학교 공부가 시작되기 전 단계에서 커다란 기여를 한다. 특히 언어능력을 습득하는 데 있어 그렇다. 예를 들면, 부모가 독일인이 아닌 경우(터키 노동자나 러시아, 우크라이나, 루마니아 및 동구권의 다른 국가들에서 이주해 온 가족 같은 경우)도 역시, 그렇게 아이들은 유치원을 다니면서 처음으로 독일어를 배워야 한다. 영어나 불어를 가르치는 유치원들도 많이 생겨나고 있다. 이런 곳에서 아이들은 영어 노래나 불어 노래를 부르고 몇몇 짧은 문장이나 인사를 익힌다. 무엇보다도 유치원은 어떤 점에서 사회적으로 균형감 있게 통합시키는 기회를 제공한다. 교육수준이 높지 않은 집 아이들에게도 역시, 중산층 집에서는 이미 익힐 수 있는 정도의 보편적 지식을 매개해 주는 것이다. 사회적 태도를 익힌다는 점에서 유치원 교육이 가지는 의미가 있는데, 즉 집에서 형제 없이 혼자 자란 버릇없는 아이를 지칭하는 '작은 왕자'나, 도무지 어떻게 해 볼 수 없는 '말썽꾼'이나 모두 서로 어울려 지내는 법을 배우도록 하자는 것이다.

특수 유치원도 있다. 이를테면, 청각이나 언어장애 아동을 위한 유치원이 그런 곳인데, 여기서 부모들은 아이들이 가능한 한 '정상적인' 환경 안에서 자라나기를 원한다.

이런 다양한 과제를 수행하기 위해서, 유치원 교사(대부분 여성이고 남성인 경우는 아주 드묾.)는 일정한 자격 조건을 갖추어야 한다. 즉, 3년 동안 전문대학에서 수업을 들어야 하고, 여기에 입학하려면 최소한 소위 '중간 정도의 성취도'를 입증해야 한다. 모든 유치원에는 학부모회(선출직)가 구성되어 있다. 유치원은 보통 시(혹은 지방자치단체)가 운영하지만, 교회(가톨릭교나 개신교)가 운영하는 경우도 있다. 이런저런 유의 유치원이 있을지라도 어떤 유치원을 보낼지 하는 문제는 부모들에게 그리 중요하지 않다. 가톨릭 신자이면서 아이를 개신교 유치원에 보내는 경우도 있으며 그 반대 경우도 있다. 이슬람교 아이들은 가톨릭과 개신교 유치원 모두에 입학할 수 있다. 종립 유치원에서는 어린이 수준에 맞는 종교 수업을 시킨다. 예컨대, 식사기도 하는 법이라든지. 그러나 이 경우 타 종파나 혹은 이슬람교 아이들은 함께 하도록 강요받지 않는다. 부모들이 유치원을 선택하는 기준은 보통 통학거리, 설비, 모둠 아이들 수(하나의 모둠은 스무 명을 넘지 않도록 하고 교사 한 사람과 보조교사 한 사람이 돌본다) 같은 문제가 중요한 역할을 한다. 유치원들 간에 순위는 없다.

2. 초등학교

여섯 살 이후에는 4년간의 초등학교 교육이 시작된다. 부모들은 보통 학군 때문에 초등학교를 선택할 수 없다. 그래서 거주 지역에 따라 특정한 학교가 배정되어 있다. 보통 부모들은 종파적(가톨릭교이나 개신교)으로나 특정한 교육 이념에 따라 설립된 사립학교(몬테소리 교육학이나 발도르프 학교)를 선택하지 않는다. 국가나 시가 설립한 초등학교는 수업료가 없다. 반면 사립초등학교는 수업료를 내야 한다. 보통 남녀공학이며 학급당 학생 수는 20명을 넘지 않는다. 바이에른 주의 경우 평균 24명이다. 초등학교—사립학교를 포함하여—는 모든 학교들처럼 국가 감독하에 있으며, 주마다 설치되어 있는 학교교육부(Schulministerium)가 그런 역할을 담당한다.

학교와 개개 교사는 정기적으로 감독을 받는다. 예컨대, 감독원(Aufsichtsbeamter), 학교교육위원회(Schulrat) 등이 직접 학교를 방문하여 교사의 수업을 관장한다. 학부모들이 선출한 학부모운영위원회(Elternbeirat, 학생 50명 당 한 명으로 최대 12명으로 구성)는 학생과 부모의 요구를 대변한다. 학생들은 자치적으로 학급반 대표를 뽑는다. 모든 학생은 교사와 접촉할 수 있다. 교사는 주간 면담 시간을 두어, 학부모가 내방하여 이야기를 나눌 수 있도록 하거나 혹은 그들이 제기하는 문제점에 대해 대화를 나누도록 한다. 학기가 진행되는 동안 교사는 학부모들을 학급 학부모회의에 초대한다. 여기서 학부모와 교사 사이에 생생한 정보가 오간다. 대부분의 학부모들은 이것을 역시 진지하게 받아들인다. 교사(초등학교에는 여교사가 많다)가 되기 위해서는 대학(대학입학자격을 전제로 한)에서 4년간 교사 수업을 쌓는다. (교사 자격)시험을 본 후 2년 동안 '수습 교사 기간' (Referendarzeit)을 가지는데, 이 시기 동안 교사지원자는 간단한 안내를 받은 후 자기 스스로 수업을 만들어 진행해야 하고(이것은 지속적으로 검토를 받는다.), 마지막 단계에서 다시 한번 시험을 본다. 초등학교 교사는 특히 교육학 분야에 정통해야 한다. 요컨대, 초등학교 교사에게 주요한 과제는 학습자료를 아이들에게 적절한 방식으로 매개하는 것이라기보다는 아이들의 행동양식을 올바르게 이해하는 것이다. 많은 초등학교들(특히 도시에 있는)에서 외국 아동이 차지하는 비율은 아주 높다. 10개국 이상 아이들이 함께 섞여 있는 학급들도 많다. 아이들 중에는 5분도 앉아서 집중할 수 없는 경우도 많다. 교사는 지속적으로 방법을 바꾸어야 하고 노련한 질문으로 아이들이 수업에 집중하여 참여할 수 있도록 하면서, 교수자료(그림 그리기나 공작 등으로)를 가지고 과제에 몰두할 수 있도록 해야 한다. 아주 집중할 수 없는 아이들이 많다. 텔레비전이나 비디오 매체 등에 과도히 노출되어 과민해지고 균형을 잃어버린 경우다. 이런 아이들은 집에서 책을 거의 보지 않고 과제에 집중하는 데 많은 어려움을 느낀다. 수업은 보통 오전 8시부터 오후 1시까지 이루어지며, 음식을 먹고 운동장에서 놀 수 있도록 휴식 시간이 한번 주어진다.

아이들은 집에서 1~2시간 정도면 할 수 있는 숙제를 부과받는다. 이렇게 숙제라곤 전혀 하지 않거나 대충 때우는 식으로 하는 아이들을 한 명의 교사가 제대로 지도하기는 어렵다. 마찬가지로 교사는 수업 중에 잡담을 나누거나 떠들거나 동급생을 공격적 행동으로 자극하는 아이들을 직접 '벌주기'도 힘들다. '체벌'은 어떤 경우에도 허락되지 않는다. 그런 아이들을 수업에 잘 참여시키고 모둠에 통합시키기 위해서는 교육학적 노련함과 예민함이 있어야 한다. 다른 한편, 교사와 아이들에게 가능한 한 많은 것을 요구하는 부모들도 많다. 왜냐하면, 4학년 말이 되면 상급학교로 진학하기 위한 전제 조건으로 일정한 지식의 수준이 평가되기 때문이다. 4학년 말 단계에서 아이들은 유창하게 읽고, 올바르게 쓰고, 문법을 활용할 줄 알아야 하며, 작은 글도 쓸 줄 알아야 한다. 수학 영역에서 아이들은 통용되는 도량형(度量型)의 기준을 가지고 네 가지 기본 계산법을 사용할 줄 알아야 하며, 기하학(원, 구, 직방체)의 기본 개념을 이해할 줄 알아야 한다. 3~4학년이 되면 영어를 배우기 때문에(일주일에 두 시간), 아이들은 구술 방식으로 영어를 표현할 수 있어야 한다. 향토연구, 음악, 미술, 종교 혹은 윤리 영역에서의 지식이 초등학교 교육내용의 윤곽을 설정한다. 습득한 지식 수준은 점수로 평가 기록된다. 독일에서 시행되는 평가방식은 통일되어 있으며 2학년에서부터 고등학교졸업자격시험에 이르기까지 1(최우수)~6(낙제)으로 나누어 부여한다. 1학년 단계에서는 점수 평가를 하지 않고, 학년 말 상세한 내용을 담아 기록으로 남긴다. 아이들의 성취도는 학년 내내 평가된다. 독일어, 수학, 향토학은 시험지를 가지고 하고, 구술평가도 하는데 이 경우 수업시간의 주의력, 파악하는 힘, 협력 활동 등에 관한 문제가 중요한 위치를 차지한다. 수업은 주로 교사가 학급에서 학생들과 대화를 나누는 방식으로 이루어진다. 교사가 질문을 던지면 (교사가 이끄는 대로) 학생들은 답변한다. 아이들이 어릴수록 교사의 손짓에 응답하며 열심히 답변하고 싶어한다. 물론 학생들도 무얼 좀 알고 싶을 때, 혹은 잘 이해가 되지 않는 경우 교사에게 질문을 할 수 있다.

초등학교 교실 분위기는 앞에서와 같은 어려움에도 불구하고 대체로 쾌활하고 부드럽다. 오늘날에는 지난 50, 60년 전 때처럼 선생님을 무서워하는 아이들은 거의 없다. 교사는 물론 학급에서 혼란이 일어나지 않도록 주의해야 하고 또한 학급 분위기를 조성하는 데 교사가 실권을 쥐지 않도록 유의해야 한다. 교사는 권위자나 존경받는 사람아 아니라 조정자로서의 역할을 수행한다. 교사가 일관성과 친절함 사이에서 균형을 잘 잡아나가는 것은 교육학적인 노련함에 해당하는 문제라 할 수 있다. 만일 교사가 너무 엄하면 학부모로부터 항의와 비난이 쏟아진다. 그렇지 않고 너무 유하게 하면 아이들은 이 점을 직감하고 교사를 오용하면서 공부가 주는 짐으로부터 피해 달아난다.

충분한 학습은 다음 학습 단계를 위한 전제가 된다. 만일 소위 '학급목표'에 도달하지 못한다면, 다시 말해서 학년 말 두 과목에서 5점(불충분 상태)을 받거나 한 과목에서 6점을 받게 되면, 그 학년 전체를 다시 반복해야 한다. 그러나 초등학교에서 이런 경우는 드물다.

아이들이 어떤 문제로 인해 정규교육과정을 잘 이수할 수 없으리라는 점이 사전에 명백히 파악되었을 경우, 다음과 같은 별도의 가능성을 선택할 수 있다. 학습지진이나 정신지체나, 시각장애나 청각장애를 위한 학교 등에 보내는 방안으로서, 비록 다른 한편으로는 장애 아동을 가능한 한 사회에 통합시키고, 또 될 수 있는 대로 이 아이들을 비장애 아동들과 함께 학교에 다니도록 하는 길을 아울러 모색할지라도 말이다. 그러나 가정에서 부모는 자기들 욕심대로 아이들을 몰아가면 안 되고, 아이들 나름대로 삶이 행복하게 되어 갈 수 있도록 유의해야 할 것이다. 근본적으로 모든 아이들과 부모들에게는 학교에 배정되어 일하는 학교심리학자와 상담할 수 있는 가능성이 주어져 있다. 이 상담구조는 아이들로 하여금 초등학교 단계에서부터 올바르게 출발하도록 돕기 위한 조치로 마련되었다.

3. 상급학교들

4학년 말에 이르기까지 독일 전역에서 모든 아이들을 위한 조건이 동일하다면, 그 이후 상급학년 과정은 아이들의 소질과 부모의 바람뿐 아니라, 거주지역이 조건 짓는 지리학적 여건에 ― 좀 첨예화시켜 표현하자면 ― 좌우된다. 이미 거론한 바 있거니와 모든 독일연방에 속하는 주는 자체 문화적 주권을 소유하고 있으며 자체 교육제도를 운용할 수 있다. 상당수 연방 주들은 '종합학교제도' (Gesamtschul-system) ― 즉, 모든 아이들을 5~6년간 함께 하나의 학교에 다니도록 하는 제도 ― 를 채택하면서, '아비투어' (Abitur), 즉 '고등학교졸업자격시험' 혹은 '대학입학자격시험' 을 치르기 원하는 학생들에 한해 2~3년 더 학교에 다니도록 하는 제도를 도입, 운영하는 편이다. 독일 전역에서 의무교육연한은 총 12년으로 되어 있기 때문에, 이렇게 하여 의무연한이 채워지도록 한다. 9학년을 마친 후, 예컨대 학생들은 수공업이나 공장 일을 위한 교육을 받거나, 혹은 장래 수공업 분야나 산업 분야에서 '마이스터' (匠人, Meister)가 되기 위한 과정을 밟을 수 있다. 이 경우 3년간 직업학교에 다녀야 하는데, 이 과정에서 학생들은 일주일에 한번 혹은 많은 직업 경로에 있어서는 일년 중 몇 주 동안, 공통교과와 작업노동에 관한 이론 수업을 받아야 한다. 실습은 공장에서 하고, 이론수업은 직업학교에서 한다. 이를 일컬어 '이원 체제' (duales System)라 한다.

10년 동안 학교수업을 받고 학업종료와 함께 학교를 떠나는 학생들은 (학교에서 시행하는 시험을 친 후) 소위 '중간단계의 학업종료 자격' 을 부여받거나 혹은 일정한 자격을 요구하는 직업교육(예컨대, 은행 직원이 되기 위한)을 받거나(단축과정의 직업학교 취학 의무에 해당), 혹은 2년간의 '직업전문고등학교' (Fachoberschule)를 다닌 후 직업전문고등학교졸업자격(Fachoberschulreife)을 취득하게 되고, 이후 많은 영역에서 직업전문고등학교 과정을 거쳐 '전문대학교' (Hochschule)에 진학하기도 한다. 종합학교 제도를 운영하는 주의 학생들은 김나지움 상위 단계에 지원할 것인지, 그리고 이런 경로를 거쳐 일반 대학교 입학 자격을 취득할 것인지에 대한 결정을 15~16세 사이에 내려야 한다.

종합학교들 간에도 차이가 있다. 소위 '협력적 종합학교' (additive kooperative Gesamtschulen)라는 것이 있는데, 여기서는 5학년에서 10학년에 이르는 과정에서 우수, 중간, 하위의 세 가지 등급에 따라 나누어 학생들을 분류하되, 단 이 세 가지를 하나의 지붕 아래 두고 공동 운영하는 형태를 말한다. 그런가 하면 '통합적 종합학교' (integrierte Gesamtschulen)라는 것도 있다. 여기서는 모든 학생들을 소질과 성취의지에 상관없이 한 울타리 안에서 가르친다.

많은 주에서는 소위 '올바른 안내단계' 혹은 '정향단계' (正向段階, Orientierungsstufe)라는 것을 두고 있다. 이것은 학생들이 6학년 말까지 함께 지내도록 하는 것으로, 5학년과 6학년 단계에서 학생들을 집중적으로 관찰하여 진로를 지도하기 위한 것이다.

이에 비해 다른 주에서는 '삼지체제' (三肢體制, ein dreigegliedertes System)를 시행하고 있는데, 여기서는 학생들이 초등학교를 마치면 소질에 따라 (또한 부모의 희망에 따라) 주요학교, 실업학교, 김나지움에 진학하도록 한다. 이 제도의 주요 골자는 학생들의 소질을 촉진하려는 데 있다. 영리한 아이들은 미진한 방식으로 촉진되어서는 안 되며 그들의 학구열이 그보다 소질이 못한 동급생들 때문에 방해를 받아서는 안 된다는 것이다. 그런가 하면 즐겨 공부하려 들지 않는 아이들이나 글공부보다는 실제적 일에 재능을 보이는 아이들은 지적 학습으로 과도하게 압박을 받아서는 안 되고 학습에서 좀 더 높은 요구수준을 제대로 따라잡지 못한다는 식의 질책을 받아서도 안 된다. 삼지체제(예컨대, 바이에른 주 같은 곳에서)를 옹호하는 사람들은 종합학교에서 바로 이 난점이 돌출하고 있음을 지적한다. 그러나 이 문제를 둘러싼 논의 전체는 현재 새로운 방향에서 이루어지고 있는데, 그 이유는 피사 연구에서 좋은 성과를 거둔 나라들(예컨대, 핀란드)에서는 그러한 조기 선별제도를 도입하고 있지 않고 있기 때문이다. 삼지체제에서는 근본적으로 10세 때 인생의 경로를 결정해야 한다. 초등학교 4학년 학생들은 독일어, 수학 및 향토연구의 세 가지 학과에서 평균 2.33점(적어도 두 학과에서 〈우수, gut〉를, 한 학과에서 〈만족스러운, brfriedigend〉 평가를 받아야 함)을 받아야 실업학교나 김나지움에 갈 수 있다. 이 점수를 받지 못하면 입학시험을 치러야 하는데, 합격할 기회는 그리 많지 않다. 초등학교 4학년 교사들이 자기 아이들을 무조건 좋게 평가해 달라고 요구하는 학부모들의 압력에 노출되는 것은 놀라운 일이 아니다. 그러나 그렇다고 해서 교사들이 오류를 범할 수는 없다. 이런 까닭에 가정교사나 사교육시설 등에서 비싼 비용을 지불하면서 그러한 요구수준에 도달하기 위해 과외공부를 하는 학생들도 적지 않다.

4. 삼지체제하에서의 주요학교(Hauptschule)

삼지체제하에서 초등학교 4학년 단계에서 '실업학교(Realschule)나 김나지움(Gymnasium)에 입학하기에 성적이 부적합한' 학생들은 주요학교(Hauptschule) 5학년에 진학을 하게 된다. 이 학년 단계 말에 학생들은 초등학교 4학년과 동일한 과정을 밟으면서, 다시 한번 소위 '상급 학교'(die weiterführenden Schulen), 즉 실업학교나 김나지움으로 넘어가기 위한 노력을 기울일 수 있다. 이 경우, 독일어와 수학, 영어 과목에서 최소한 평균 2.33 이상을 맞아야 한다. 이 성적을 얻지 못하면 5학년 수준이 요구하는 입학시험에 합격해야 한다. 주요학교는 9학년이 끝나는 시점에서 소위 주요학교 학업종료를 위한 과정으로 하나의 도제 수업을 마쳐야 한다. 9학년 말 시험에 합격한 학생은 '주요학교 졸업자격'(Qualifizierender Hauptschulabschluss)를 갖추게 되고 '도제로서 일하기 위한 자리' (Lehrstelle) — 대부분의 직업에서 요구하는 자격 — 를 찾아야 한다. 이 학교 유형의 학생들은 대체로 좋은 일반교육을 받게 되며 영어도 배우고 독일어와 수학에 관한 다양한 지식을 취득함으로써 하나의 특정한 직업을 튼실하게 수행할 만한 능력을 갖추게 된다. 이 과정이 요구하는 수준에 미달하는 학생들도 있다. 그럴 경우 전체 과정을 '다시 한번 되풀이해야' 한다. 9학년 과정으로 학생들은 주요학교 과정을 마치게 된다(그러나 이것이 바로 졸업 자격을 의미하지는 않는다.). 학생들의 성취도는 초등학교에서와 같이 지필고사와 구술고사를 근거로 평가한다. 3개월이나 반 년이나 일년 말에 보는 특별한 시험은 없다(자격을 부여하는 주요학교 졸업 시험을 제외하면). 주요학교의 요구 수준에 미치지 못하는 학생들의 경우, 앞서 초등학교를 다루는 맥락에서 언급한 바 있듯이 이들 학생들의 학습능력을 돕기 위한 '촉진학교' (Förderschule)에 다니도록 한다.

주요학교의 큰 문제는 이 학교가 — 비록 '주요한 학교' (hauptsächliche Schule), 다시 말해서 '정규학교' (Regelschule)를 의미하는 것임에도 불구하고 '주변적 학교' (Restschule)로 여겨지는 것인데, 이런 이유 때문에 좀 더 재능을 인정받은 학생들은 실업학교나 김나지움으로 진학하려 한다. 이 점에서 교사들은 교육학적 영역에서 특히 높은 요구에 직면하게 된다. 교사들은 공부하기 싫어하는 말썽꾼들을 즐겨 공부하려 하고 학습 준비가 되어 있는 학생들과 함께 가르쳐야 한다. 이런 식으로 혼란을 야기하고 폭력적인 학생들을 학교에서 내보낼 수는 없기 때문에, — 이 학생들은 아직 의무교육 연령기에 속해 있다 — 또한 체벌은 일체 금지되어 있기 때문에, 다만 교사들은 이들 학생들이나 학부모, 그리고 학급 전체와 더불어 밀도 있는 대화를 통해서 문제를 해결하면서 아울러 수업을 흥미와 긴장이 넘치게 만들어 나감으로써 모든 학생들의 주의를 사로잡도록, 의미 있는 교수-학습 방법을 지속적으로 모색하는 길밖에는 없다. 아주 좋지 못한 상황에서 수업을 듣지 못하도록 이런 말썽꾼들을 내보내는 수도 있는데, 이런 경우 놓쳐버린 학습내용은 자기 스스로 복구해야 한다. 무단 결석자에 대해서는 경찰에 의뢰할 수 있으며, 학생들이 의무교육연한에 있는 한, 그 학부모는 벌금을 내야 한다.

이 어려운 직업을 잘 수행하기 위해서 교사는 8학기 동안 대학수업을 이수해야 하고, 교육학 분야에서 많은 소양을 쌓아야 한다. 이 유형의 학교 교사가 되기 위해서는 교수학과 심리학 같은 좀 더 다른 분야의 능력을 갖추어야 하는데, 왜냐하면 학생들은 연령층으로 보아 10~16세에 해당하며, 따라서 이 까다로운 시기를 겪고 있는 학생들을 잘 교육해야 하기 때문이다. 그 외에는 초등학교 교사 교육과정과 같다. 교사는 대체로 국가와 주, 지방자치단체의 관리로서 직업 경로상의 상승 기회는 적다. 교사는 교장(Rektor)이 될 수 있으며(교사들은 그 직위를 위해 지원할 수 있으며, 선발은 상부기관에서 한다.), 교장은 감독기관으로서 교육위원회의 위원(혹은 장학관)으로 지명될 수 있다. 모든 교사의 봉급은 근무연한에 따라 상향 지급된다. 독일에서 교사의 봉급 수준은 일반 산업체에서 일하는 대학졸업 근로자보다는 좀 적지만 그리 낮은 편도 아니다. 이런 맥락에서 거론할 수 있는 교사직의 상대적 이점은 쉽사리 해고당하지 않는다는 데에 있다. 주요학교 교사는 주당 29~31시간 수업을 한다(한 시간 수업은 45분이다.). 대부분 오전에 수업을 하며 연중 75일간(학생들도 마찬가지) 쉴 수 있다. 토요일 수업은 없다. 그러나 일반 사회에서는 이 외견상 안락해 보이는 노동 시간 때문에, 한 명의 교사가 수업을 교정하고 준비하는 데 얼마나 많은 시간을 소요해야 하는지를 종종 간과하는 수가 있다. 이 과제를 제대로 수행하기 위해서 교사는 종종 휴가 기간의 일부를 반납해야 한다. 그 때문에 주당 29시간 수업 시간은 실제로는 주당 40시간 이상의 노동 시간을 의미한다고 할 수 있다. 학생들의 주의력을 집중하도록 하고, 모든 학생들을 한눈에 파악하고 학급에서 정숙을 유지하는 등의 과제는 신경을 날카롭게 하며 많은 에너지를 소모시킨다. 여기에 더하여 휴식 시간 중 안전과 질서를 위해 지킴이 역할, 회의, 병중인 동료 교사를 위해 일을 대신 맡아보기 및 여타 수업 외의 과제가 따른다. 나이 든 교사들 중에는 소위 '완전히－타버리는－증후군' (Burn-Out-Syndrom)에 휩싸여 고통을 받는다든지, 혹은 65세라는 퇴직 연령을 채우지 못하고 학교를 그만두는 교사도 적지 않은데, 이런 점들은 앞서 거론한 문제점을 고려해 보면 그리 놀랄 만한 일은 아니다.

주요학교에도 물론 민주적 구조가 있다. 선출직의 학부모회, 학급에서 선출하는 반 대표, 반 대표가 선출하는 학생회장이 있으며, 이 모두는 많은 사안에서 특정한 방식으로 함께 이야기할 수 있는 권리를 가진다. 교장과 선출된 교사 대표와 학부모회, 학생회장은 함께 학교 포럼을 구성하여 공동으로 학교의 제반사항을 협의한다.

5. 삼지체제하에서의 실업학교(Realschule)

자기 자식에게 좋은 학교교육을 시키려는 부모들 중에는 아예 처음부터 대학공부를 염두에 두지 않는 이들도 많다. 이런 부모들은 일정한 학업성취도와 적성을 전제로 흔쾌히 자기 아이들을 실업학교에 보낸다. 여기서 아이들은 5~10학년까지 6년간의 학업 연한을 보낸다. 여기서 독일어, 영어, 수학 분야에 비중을 두고 일정한 자격을 갖추게 되고, 생물학, 지구과학, 역사, 물리, 화학 같은 분야에서 좋은 수준의 일반교육을 받는다. 건강과 체력을 단련하기 위해 체육이 비중 있는 역할을 담당한다. 예술교과(음악, 미술) 역시 소홀히 다루어지지 않는다. 모든 실업학교에서는 — 비록 이 유형의 학교가 교회에 의해 운영되는 것은 아니지만(예외적인 경우도 있기는 하나)— 종교수업(가톨릭교과 개신교가 있고, 그런 종교 수업을 원치 않는 비신자 가정 학생들(14세까지는 부모가 결정하고 그 이후는 학생들이 스스로 결정한다)은 윤리 과목을 수강한다. 이 원칙은 초등학교부터 김나지움까지 모든 학교 유형에 적용된다. 실업학교에서는 남자와 여자 아이들을 구분해서 가르치는 경우가 많고, 다른 학교들(초등학교, 주요학교, 대부분의 김나지움 및 많은 실업학교)에서는 남녀 학생들을 섞어서 가르치는 경우가 상례로 되어 있다. 앞서 언급한 과목들은 주요학교에서도 가르치지만, 물론 좀 더 단순화시킨 구조로 그렇게 한다. 나아가서 실업학교에는 특별한 구조를 갖춘 하위 학습 영역들이 있다. 이를테면, 프랑스어를 제2외국어로 하는 언어 영역이나 혹은 회계사무 관련 상업 영역이나 혹은 자연과학이나 조형을 위한 학과 영역 같은 것들이 그것이다. 점수는 전 학년에 걸쳐 정기적으로(미리 예고하여) 나누어 보는 지필고사(숙제)와 구술시험 결과에 의거, 부여한다. 학년말 성적에서 두 번 5점을 맞고 한 번 6점을 맞으면 낙제를 하게 되고 과정을 되풀이해야 한다. 특별한 경우 다른 교과에서 좋은, 내지 아주 좋은 점수(1~2점 사이)를 맞으면 한 과목은 나쁜 성적을 맞아도 '균형이 맞추어지기' 때문에, 학년 재수를 하지 않아도 된다. 나쁜 점수를 맞은 과목은 다음 학년 초 소위 '2차 시험'(Nachprüfung)

을 치러 만회할 수도 있다. 좋은 점수를 맞으면 상급 학년으로 진학할 기회를 가질 수 있다. 유급은 두 번까지만 할 수 있다. 유급을 해도 기준에 못 미치는 학생의 경우 주요학교로 가야 한다. 그럴 경우 그 연장선상에서 이어지는 상급 학년으로 갈 수 있다.

10학년 말이 되면 많은 과목들에서 주 정부가 관할하여 치르는(그 내용에 관해서는 교사도 모른다.) 특별시험이 있다. 시험을 잘 보면 '중간단계의 학업수료' (Mittlerer Schulabschluss = Mittlere Reife)를 인정받게 된다. 이에 관한 가능성에 대해서는 앞서 종합학교 제도 맥락에서 이미 거론했다.

실업학교가 김나지움과 근본적으로 다른 점은 실제적 교과를 배치한다는 것과 제2외국어 교과가 없다는 것이다. 실업학교 교사교육은 초등학교와 주요학교 교사교육과 마찬가지로 대학에서 이루어진다. 학생들은 특정한 교과들에 집중하여 복수 전공을 하는데, 이것은 나중에 교사가 되어 두 가지 과목에서 — 예컨대, 독일어와 영어 혹은 수학과 물리 같이 — 전공수업을 할 수 있도록 하기 위함이다. 학업은 적어도 8학기 동안 지속되고 국가시험을 보고 졸업한다. 그 후 2년간의 수습교사 기간이 있고 여기서 지원자들은 국가시험에 합격한 두 가지 과목에 의거, 자기가 선택한 방식에 따라 교실수업 경험을 쌓는다.

실업학교 학생들 중 '좋은, 내지 매우 좋은 성적'을 받은 경우 10학년에서 김나지움(11학년이나 혹은 이어지는 학년)으로 갈아탈 수 있다. 그러나 실제로 그런 경우는 드물다. 그보다는 중간 단계의 학업수료 자격을 취득한 후 2년간의 직업전문고등학교(Fachoberschule)로 가는 경우가 많다. 전문고등학교는 소위 '직업학교졸업자격' (Fachabitur)을 취득하면 갈 수 있다. 그곳에서 일반대학교의 특정한 교과 영역으로 넘어갈 수 있는 기회가 주어진다. 이는 근본적으로 실업학교 졸업생들 역시 대학에 입학할 수 있음 — 비록 직접적인 경로는 아니더라도 — 을 의미한다. 바이에른 주에서는 2004/2005학년초 직업전문고등학교 13학년 단계를 도입했는데, 이렇게 함으로써 직업전문고등학교에서도 '일반대학입학자격'(Hochschulreife)을 취득할 수 있는 가능성을 확보했다. 이 맥락에서 다음과 같은 점을 언급해 두어야 겠다. 즉, 최근 바이에른 주에서 주요학교 졸업자 중 학업성취도가 좋은 학생들에게 주요학교에 설치된 10학년 수준에서, 실업학교에서와 마찬가지로 중간 단계의 학업수료가 가능하도록 했다. 이는 실업학교 졸업자에게 주어진 것과 동일한 가능성을 가지는 것을 의미한다.

삼지체제를 지지하는 사람들은 소위 개개 학교 유형들 사이에서 '경로를 갈아탈 수 있다는 점'(Durchlässigkeit)에 커다란 가치를 부여한다. 물론 주요학교에서 대학까지 상승하는 것은 김나지움에서 실업학교나 주요학교로 갈아타는 것보다는 훨씬 더 어렵다.

실업학교와 나란히 교육의 중간 단계에서는 소위 상업학교가 있는데, 여기서는 일반교과와 아울러 상업교과를 가르친다. 그러나 순수하게 상업학교들인 경우는 드물다. 왜냐하면, 실업학교 안에는 보통 그러한 상업교과 영역도 설치되어 있기 때문이다. 바이에른 주에서는 10~16세 청소년 중 대략 30% 정도가 실업학교에 다닌다.

6. 삼지체제하에서의 김나지움(Gymnasium)

대학교육과 장래 직업을 고려하는 경우, 부모들은 아이들이 초등학교를 마치면 곧바로 김나지움으로 진학하기를 원한다. 많은 부모들이 자기 아이들에게 가능한 한 높은 수준의 교육과 폭넓은 정신적 지평의 기회를 마련해 주고 싶어하는 것은 당연하다. 삼지체제를 운영하는 독일에서 — 역시 예컨대, 바이에른 주에서도 — 김나지움에 들어가기 위해서는 물론 넘어야 할 고개가 있다. 여기에는 실업학교에 요구되는 것과 같은 조건이 주어져 있다. 바이에른 주 김나지움을 위한 교수계획의 정의(1990년에 출판되었고 9학년 단계의 김나지움에도 여전히 적용되는)에 따르면, 김나지움이란 '정신적으로 특별히 생동감이 있고 즐겨 배우려 하고 상상력이 풍부할 뿐더러, 쾌속하게, 목표 지향적으로, 인내심을 가지고 지속적으로 또한 다양한 측면에서 사고 형성을 요하는 과제에 몰두하려 하고, 모든 면에서 김나지움 교육과정이 요구하는 바를 스스로 짊어질 준비가 되어 있는' 어린이와 청소년을 위한 학교다. 4학년 초등학생이나 주요학교 5학년 아이를 둔 부모들 모두가 그러한 경로를 고려하는 것은 아니다. 그러나 아주 많은 부모들이 김나지움 진학을 바라는 것은 사실이다. 그 까닭은 아이들이 장래 사회적 평가를 받는 직업을 택할 수 있기 위해 최선의 전제를 확보해 주려는 의도 때문이거나, 혹은 부모들 스스로가 학자이거나 대학을 졸업하고 사회적으로 높은 평가를 받는 지위에 있기 때문에 그럴 수도 있다. 그리 애호를 받지 못하는 주요학교는 흔히 기피 대상이 되곤 한다. '그곳에서는 학생들 간의 폭력사태가 일어나고 외국 아이들이 많아서라는 이유 때문에', — 이것은 물론 이런저런 사건들을 근거로 가지게 된 편견에 해당한다 — 김나지움은 모든 지원자를 받아들일 수도 없고 또 그렇게 하려 하지도 않으려 하기 때문에, 초등학교 4학년 단계에서 그 성적이 '김나지움 입학에 적합한 것으로 판정받은' 아이들에게만 그 기회를 준다. 이 점에서 아이들은 일단 실업학교 입학을 위한 요구수준에 부합하는 조건을 충족시켜야 한다. 즉, (바이에른 주에서는) 독일어, 수학, 향토학 과목에서 성취한 성적 평균이 2.33 이상이 되어야 하거나, 혹은 주요학교 5학년 수준에서는 독일어, 수학, 영어 과목에서 역시 그런 수준에 도달해야 한다. 만일 평균 성적이 여기에 미치지 못하면, 김나지움 입학시험을 치러야 한다(이를 위해 실업학교에서는 4~5학년 단계 학생들에게 다양한 과제를 부여한다.). 이 입학시험(소위 '시험적 수업' Probeunterricht에 의한)에 합격하지 못할 경우 — 유감스럽게도 많은 아동들이 여기에 해당하는데 — 특정한 상황에서, 이를테면 평균 성적 2.66인 경우, 실업학교에 가게 될 수 있다.

김나지움 입학 과정을 좀 더 상론하면 다음과 같다. 이 입학과정은 엄밀한 규정에 따라, 즉 부모의 사회적 지위가 아니라, 학생의 지적 수준에 따라 이루어진다. 물론 중산층(예컨대, 부모가 학자나 관리 집안이라든지) 집 아이들은 좀 더 낮은 계층 집 아이들보다 많은 부분에서 좀 더 나은 일반교육을 이미 받았기 때문에 일정한 차이를 보이는 것도 사실이다. 그러나 이 차이는 이제 텔레비전과 인터넷 — 초등학교 수준에서 모두 배우며 김나지움 입학의 전제이기도 한 — 을 통해 많은 부분이 사라져가고 있다. 그런가 하면 유치원 교육에서 제공하는 많은 좋은 자극들은 그러한 차이를 고르게 만들어 준다. 그러나 근본적으로 중요한 것은 좋은 소질을 갖춘 아이들은 집안 형편이 상대적으로 좀 좋지 않더라도 쉽사리 김나지움에 갈 수 있다는 점이다. 더욱이 열심히 인내하며 노력하는 아이들이 이러한 평균 성적에 도달하기란 그리 어려운 일이 아니다. 한편, 상응하는 소질을 갖추지 않은 아이나 혹은 지능은 갖추고 있지만 노력을 하지 않는 아이들은 부모가 제공하는 과외공부나 뒷받침을 통해서만 김나지움에 갈 수 있다. — 이 점에서 수입이 적고 교육수준이 낮은 집안 아이들이 불리한 처지에 놓여 있음은 분명하다. — 종합학교를 지지하는 사람들은 이 점에서 삼지체제의 문제점을 지적한다. 즉, 종합학교는 낮은 사회계층 아이들에게 김나지움에 갈 수 있는 길을 좀 더 강화된 방식으로 준비시켜 준다는 것이다. 왜냐하면, 여기서 그러한 진학을 둘러싼 어려운 결정은 몇 년 뒤에나 가서야 내리는 문제로, 청소년기가 가지는 어려운 시간 — 이 시기 동안 많은 아이들은 공부하기를 즐겨하지 않는다 — 이 이 지점에서는 지나간 뒤이기 때문이다. 필자의 이러한 견해는 전적으로 구체적으로 입증된 것은 아니다. 그러나 삼지체제하에서도 만일 소질과 공부하려는 의지만 있다면 얼마든지 김나지움에 진학할 수 있다는 점은 분명히 해 두어야 겠다.

김나지움(실업학교에도 해당)의 경우 학군(學群)이 없다. 즉, 김나지움을 선택하는 것은 전적으로 부모의 자유다. 한 도시 안에 여러 개의 김나지움이 있을 경우, 이들 간에 어떤 면에서 경쟁이 벌어질 수 있다. 그렇지만 순위는 없다. 김나지움에는 여러 유형이 있어서 — 언어, 자연과학, 상업, 사회 혹은 음악 계열 — 학생들이 한곳에 몰린다든지 하는 문제는 없다. 이들 김나지움은 모두 아비투어를 목표로 삼는다. 부모들은 아이들을 위해서 '(선생님들과) 가장 많은 공감이 이루어지고' (특히 친절한 선생님), '가장 매력적인' (학교 공간이 아름답거나 혹은 체육활동이 충분히 이루어지는), 혹은 (진학 경로가) '가장 간명하고 투명한' (대부분 기대에 어긋나는 결과와는 달리 여기서는 그리 어렵지 않게 목표에 달성하도록 하는 구조를 갖춘) 학교를 찾는다. 종종 가까운 통학 거리가 커다란 역할을 한다. 통학을 위해 대중교통수단을 이용해야 할 경우, 가장 가까운 거리에 위치한 학교까지 드는 교통비는 국가가 부담한다. 물론 이 조치는 현재 봉착한 재정 문제로 더 이상 지속하기 어려운 감이 있다. 몇 년 후에는 수입에 따라 보조하는 형식으로 바뀔 가능성이 있다.

가정의 전통에 따라 학교를 선택하는 부모들이 있다 — 다시 말해서, 아버지나 어머니 혹은 집안의 어른들이 이미 다녔던 학교라든지 등등 —. 그러나 이는 좀 드문 편이다. 거의 모든 학교들은 남자 아이들과 여자 아이들을 받아들인다. 다만 몇몇 (교회 계통의) 학교들만이 남학교 혹은 여학교의 형태를 지속하고 있는데, 그러나 이 경우라 할지라도 종종 다른 성 아이들을 받아들이는 경우가 있다. 여자 아이들이 여자 아이들끼리만 있을 경우 수학과 자연과학 과목에서 좀 더 나은 성취도를 보이는 데 비해, 남자 아이들은 여자 아이들과 경쟁을 하지 않는 상황에서 언어 영역에서 좀 더 나은 성취도를 나타낸다는 점을 입증 자료와 함께 나타내 보인 연구가 있다. 그렇지만 대부분의 김나지움에서는 남녀공학 방식으로 교육한다. 오늘날에는 대부분 남학생이 두드러지게 행동하는 학급에서 여학생이 자리를 같이 하고 있다. 한편, 남학생들은 여학생들이 쓸데없이 재잘대지 않도록 방지하는 역할을 하기도 한다. 이상적인 것은 남녀가 수적으로 고른 분포를 이룬 학급이다. 학교를 선택할 때 간과해서는 안 될 사항은, 아이들의 희망이 가장 중요하다는 점이다. 아이들은 흔히 친구들이 있거나 정보통신망이 아주 잘 되어 있는 김나지움에 가고 싶어 한다. 김나지움에서 학교 간의 순위는 없으며, 아비투어에 합격한 졸업생 수를 비교한다든지 하는 일도 없다. 비록 개개 학교가 어떤 성과를 거두었는지에 대한 연례 보고서가 나오고 있기는 할지라도 말이다. 독일에서는 어떤 학교에서 아비투어를 했든지 — 개인별 평점과는 상관없이 — 모두 동일하게 인정받는다.

김나지움의 유형 간에도 아무런 차이가 없다. 모든 김나지움에서는 적어도 두 개의 외국어를 가르치고 — 언어 김나지움에서는 3개의 외국어를 배우고, 수학과 자연과학 김나지움에서는 화학이 핵심 교과이며, 상업과 사회과학 김나지움에서는 상업과 법, 사회학을 강조하여 가르치고, 음악 김나지움에서는 음악을 주전공으로 하고 모든 학생들이 악기를 하나 이상 연주할 수 있도록 가르친다. 원칙상 김나지움에서는 모든 유형을 망라하여 4년간 동일한 학습구조 계획을 토대로 가르치며, 그 후 전문화로 들어간다. 모든 김나지움에서는 핵심 교과로 독일어를 가르치고 외국어 김나지움에서는 영어를 그러한 위치에 놓고 있다. 다른 외국어로는 라틴어나 프랑스어, 경우에 따라서는 스페인어나 이탈리아어를 가르치고, 아울러 수학과 물리학도 가르친다. 비핵심 교과로는(그러나 이 교과들도 학교교육과정상 중요하다.) 모든 학교에서 종교 내지 윤리, 역사, 지구과학, 생물학(이 과목은 최근 저학년 단계에서 '자연과 기술'로 대치), 상업, 법, 사회학을, 그리고 예술 교과로 미술과 음악을 가르친다. 일주일에 2~4시간 체육을 배정하고 있다. 학생들은 월요일부터 금요일까지 학교에 가고 오후 수업은 예외적이다.

바이에른 주에서는 2004/2005학년도에 구조상 커다란 변화를 모색한 새로운 교육과정 ― 지금까지 9년간의 김나지움 재학 연한을 8년으로 단축한 구조의 ― 이 도입된다. 이는 2004/2005학년도에 5학년인 학생들(이제 6학년이 되는 학생들)에게 해당된다. 상급반 학생들은 옛 교육과정에 따라 수업을 받고 아비투어는 13학년 말에 본다(학년은 늘 초등학교 1학년부터 계산한다.). 이것은 9년 교육과정에서 현재 6학년 학생들이 8년 후 아비투어를 보는 2011년도에 함께 학교를 졸업하고, 함께 대학에 입학하는 것을 의미하는 것으로, 이렇게 하면 현재까지의 문제를 해결하기 위한 한 가지 방안이 될 수 있다. 그로부터 일 년 뒤인 2012년에 상황은 더욱 폭발적으로 될 것인데, 왜냐하면 그 후에는 모든 주가 8년제 김나지움으로 전환하게 될 것이기 때문이다. 이런 주들의 경우 현재 5학년에 한해서 새로운 규정을 도입해야 할 것이다. 지금까지는 다만 몇 개 주에 국한하여 8년제 김나지움 구조를 채택했으며, 다른 주들은 학생들에게 나름대로 충분히 발달할 수 있는 시간을 확보해 주려 한다. 독일 학생의 경우 유럽과 세계적 경쟁체제의 와중에서 19세가 되어서야, 또한 경우에 따라서는 20~21세(혹은 한두 번 유급을 하면 나이를 더 먹고서야, 혹은 5학년 이후에 김나지움에 입학하는 경우에 해당)가 되어서야 아비투어를 한다는 것은 불리한 점으로 판단된다. 만일 5~6년(혹은 그 이상 기간을 소요하여) 동안 학교에 다니고, 그리고 예컨대 2년간 관리(혹은 교사)가 되기 위한 준비 시간을 더 계산에 넣으면, 독일 청소년이 어떤 학문적 직업을 가지려면 대략 30여 세 정도가 되어서야 가능하다는 결론이다. 이 문제에 대한 통찰은 부모들로 하여금 다음과 같은 점, 즉 바이에른 주 국회가 얼마 전 내린 결정에 대해서 그리 큰 반대를 하지 않도록, 혹은 소위 8년제 김나지움을 과도한 변화로 느끼지 않게끔 작용했다. 바이에른 주의 이러한 선도적 역할은 2011년 바이에른 주 학생들이 대학에 갈 때, 차후 독일 대부분의 주에서 두 개의 아비투어 경로를 통해서 동시에 대학에 들어가려고 몰리는 현상(2012년이 되면 발생할 수 있는 상황)없이, 미리 배분된 구조 하에서 진학할 수 있는 이점을 누리도록 할 것이다.

이러한 변화를 위한 조치가 다대한 결과를 초래하리라는 것은 자명하다. 그러나 이러한 조치로 인해 어떠한 식으로도 교육의 질이 상실되어서는 안 되기 때문에, 지금까지 9년간 행해지던 내용 모두가 8년 안에 담겨지도록 해야 할 것이다. 다만 쓸데없는 것은 없애고 본질적인 것만을 배우도록 내용을 제한해야 할 것이다. 그러나 주당 시간 수는 늘려야 할 것이다. 월요일부터 금요일까지 오전 8시부터 오후 1시까지 총 30시간(시간당 45분)이 배정되어 있기 때문에, 32~36시간의 주당 시간을 확보하려면 오후 시간을 내야 한다. 그러려면 주당 평균 이틀을 오후 수업을 위해 내야 하고 교사도 그렇게 해야 한다. 이를 위해서는 학생들이 식사할 수 있도록 설비를 갖추어야 하는데, 그럴 만한 시설을 갖춘 학교는 드물다. 이를 위해 몇 가지 실험적 시도가 가능한데, 이를테면 부분적으로 부모가 이 일을 맡아 보든가, 혹은 학교 근처 회사나 관청의 식당을 이용하도록 하는 방안들이 그것이다. 어머니가 하루 종일 일하고 그 때문에 점심시간에는 집을 비우는 가정에게는 이러한 해결방안, 특히 8년간의 김나지움 교육과정을 통해서 소위 심화학습 시간을 계획하면서, 또 여기서 좀 뒤처지는 학생들이 다시 한번 도움을 받을 수 있도록 하고 구조는 나쁘지 않을 것이다. 이 경우 별도의 개별 지도를 받아야 할 학생들이 아주 많다는 점을 언급해 두어야 겠다. 그 까닭은 다음과 같이 여러 가지가 있다. 학생들은 수업 중에는 그리 집중하지 않는 경향이 있고, 새로운 과제 내용을 잘 이해하지 못하거나 수줍어하며 뒤로 물러나거나 나중에 물어도 괜찮다는 식의 태도를 보이기 때문이다. 간단히 말해서 그런 학생들은 학습 자료에 전혀 흥미를 느끼지 않으며, 또한 라틴어 문법이나 수학 같은 것은 어떻게 되었든 이해하지 못하겠다는 식의 태도를 보인다는 것이다. 그러한 별도의 도움은 좀 나이 먹은 학생들을 통해서나, 그렇지 않으면 경비를 많이 들여서 하는 사교육 시설을 통해서 이루어진다. 교사들도 과외수업을 하는 경우가 있는데 이 경우 고비용을 지불해야 한다. 단 자기 학교(반) 학생들에게 과외수업을 하지는 않는다. 왜냐하면, 그렇게 할 경우 근본적으로 학교에서 통용되는 원칙, 즉 학생들을 치우침 없이 동등하게 대해야 하는 원칙에 저촉될 수 있기 때문이다. 전체 학생 중 대략 1/3(!) 정도가 (병이나 학교생활에의 과도기가 주는 어려움 때문에 뒤처진다.) 한시적으로 혹은 지속적으로 그러한 별도의 도움을 받는다. 김나지움이나 실업학교 모두에서 유급은 부모들에게나 종종 학생들 스스로에게 부담스러운 일이다. 두 번 5점이나 한 번 6점을 맞는 것은 목표에 이르지 못하는 것을 의미한다. 그러면 과락으로 유급을 해야 한다. 그러나 특정한 조건 하에서 다른 과목에서 좋은 성적을 내면 이 나쁜 점수는 만회한 것으로 처리하여 구제받을 수 있다. 그렇지 않으면 휴가기간 말에 보는 소위 '추가시험' (Nachprfüung) 때, 5점이나 6점을 맞은 과목을 만회하여 위협적인 유급 사태를 면할 수 있다. 단 이 경우, 학교 측에서 제공하는 별도의 도움은 없고 다만 학생들이 스스로 공부해서 목표에 도달하거나 과외공부 같은 별도의 학습 기회에 의존할 수밖에 없다.

유급을 했으면서도 여전히 목표에 이르지 못했을 경우, 즉 동일한 학년을 두 번 반복해야 할 경우 김나지움을 떠나야 한다. 이 경우 실업학교로 가서 같은 학년을 다닐 수 있다. 혹은 학습태도가 전혀 갖추어져 있지 않고 두루 나쁜 점수를 받았을 경우에는 주요학교에 가야 한다. 김나지움을 떠나는 것은 그러한 학생들의 부모에게는(학생들에게도 마찬가지로) 사회적 특권을 상실한 것으로 종종 여겨진다. 물론 학습내용을 이론적으로 소화해 내기가 힘겨운 학생들은 — 비록 김나지움에서 계속 머무르며 공부할 수 있는 기회가 주어져 있음에도 불구하고 — 실업학교로 가는 편이 더 나을 수도 있다. 기대했던 높은 점수를 얻지 못했을 경우 학습의 즐거움이 후퇴할 수 있는가 하면, 여러 차례에 걸쳐 좋지 못한 성적을 내게 되면 이는 곧바로 학습의 두려움을 야기시키게 되고 이로써 모든 것이 끝장날 수도 있다. 학교는 이러한 학교의 경로를 어떻게 잘 밟아 나갈 것인가라는 물음에 부모와 학생들에게 기꺼이 도움을 줄 준비가 되어 있다. 이를 위해 소위 상담교사라고 일컬어지는 특별한 소양을 갖춘 교사가 배정되어 있다.

김나지움 교육과정에서는 특정한 학년에서 무엇을 배워야 할지를 엄밀하게 규정하고 있다. 8년간의 김나지움을 도입하려는 바이에른 주에서는 학습내용을 마땅히 새로이 배분하고 응축시켜 제공해야 한다(이는 추후 새로운 제도를 도입하려는 다른 주에 있어서도 마찬가지다.). 모든 학년은 통달해야 하는 특정한 학습내용이 규정되어 있다. 이는 독일어에서부터 외국어, 수학, 자연과학을 거쳐 체육에 이르기까지 모든 교과에 해당된다. 9년제 김나지움에 다니는 학생들은 1990년대 초에 도입된 교육과정을 따라 배운다. 바이에른 주에서 8년제 김나지움을 위한 새로운 교육과정은 2004년 가을 학기 5학년과 6학년을 위해 도입되었으며, 우선적으로 5학년에서 8학년까지의 과정을 규정하고 있다. 이것과 관련된 다른 구조에 대해서는 추후 토의해야 할 것이다. 이 새로운 제도 하에서 자유학습과 같은 새로운 수업 형태, 학생들에 대한 교육학적 돌봄, 소풍, 답사 및 기행, 스키 코스 혹은 전원학교별장 생활, 학습여행 등 학교의 일상을 좀 느슨하게 만들어 주고 학교교육을 보충해 주는 이 모든 사안들이 여전히 시간적으로 확보될 수 있는지는 미지수다. 이 문제는 경험적 자료를 토대로 잘 숙고해 보아야 할 것이다. 수업이 오후까지 연장되어야 한다는 것은 거의 모든 학부모들의 희망이다. 무엇보다도 직장생활을 하는 어머니들은 아이들이 오후까지 학교에서 시간을 보낸다면 아주 반길 것이다. 연방정부는 각 주들로 하여금 현재 구조를 소위 전일제 학교구조 – 학생들은 매일 오후까지 남아서 교사의 돌봄을 받고 숙제도 하게 된다 – 로 확장할 것을 촉구하는 입장이다.

7. 교 재

새로운 8년제 김나지움에서는 새로운 교재를 필요로 한다. 교재는 교육과정이 규정하는 과제에 엄밀히 지향되어 있기 때문이다. 한 학교에서 사용하는 교재는 교육부의 승인을 받은 것이어야 한다. 학과 전문 교사들은 개개 학년을 위해 여러 출판사들이 제작한 다양한 교과서들을 놓고 함께 상의하여 골라 사용한다. 많은 주에서는 소위 교수자료의 자유를 누린다. 학교는 학교설립자(국가, 주 정부 내지 지방자치단체, 경우에 따라서 교회)가 규정한 바에 따라 필요한 도서를 구입하고 이것을 학생들이 매 학년 사용하도록 대여한다. 학생들은 이 도서가 훼손되지 않도록 잘 사용해야 한다. 심하게 훼손된 경우 부모는 필요한 부분만큼 변상해야 한다. 부모 역시 당연히 교재를 구입할 수 있으며, 특히 외국어 김나지움의 경우 적극 추천되는 사안이기도 하다.

재정상 이유로 절약을 하지 않으면 안 되게끔 된 현 상황에서 학습자료의 자유가 없어지고 이를 필요로 하는 부모가 구입비를 지불해야 할 것인지에 대한 문제가 토의되고 있다. 바이에른 주에서는 생각이 다른 사람들과 학부모 단체의 반대 의견에도 불구하고 격렬한 논쟁 끝에 학부모가 스스로 부담하도록 하는 방안이 최근 결정되었지만, 그러나 이 결정은 학부모 측의 격렬한 항의 때문에 무효화되었다.

8. 교사교육

김나지움에서 가르치는 교사들은 대학에서 (적어도 두 개의) 전공과목들을 공부해야 한다. 교사들은 학문적으로 그 기초가 매우 견실한 방식으로 전공 분야를 닦아야 하며, 여기에 관련된 교수학과 교육학도 역시 공부해야 한다. 세간에서는 김나지움 교사들이 학문적으로 지나치게 경도되어 있는 반면, 교육학적으로는 그리 잘 준비되어 있지 않다는 비판이 종종 제기된다. 5~6년간의 학업기간이 끝나면 국가시험을 보고, 수습기간이 끝나면 두 번째 국가시험을 본다. 김나지움 교사는 고급관리이며 여기에 상응하여 급여를 받는다. 국가기관에서 일자리를 구하지 못하면(채용은 국가시험성적과 수급 상황에 좌우된다) 김나지움에서 행정직원 자리를 얻을 수 있다. 김나지움 교사에게는 직업 상승의 기회가 주어져 있으며, 교감까지 승진할 수 있다. 보수 역시 여기에 상응하여 올라간다. 승진의 속도는 교장의 평가와 국가재정에 좌우된다. 평가는 매 4년마다 이루어지며, 교장은 사전 고지 없이 학과 수업시간에 들어가서(4년 동안 3번) 수업의 질과 수업의 성과 및 교사의 교육학적 능력을 평가한다. 행정능력 역시 고려의 대상이 된다. 학생과 부모들이 교사를 평가하지는 않는다. 최대한 학보나 아비투어 신문에 한번 정도 가장 좋아하는 교사(혹은 가장 싫어하는 교사)의 명단이 게재된다. 최근에는 교사들 간에 행해지는 동료평가를 위한 단초(자유의사에 따른)가 최초로 제기되었다. 교장은 교육부가 임명한다. 교사는 이 직임에 지원할 수 있고 1차 선발이 있은 후 교육부의 인터뷰 시험을 치르게 된다. 교장은 학교 전반에 관한 책임을 진다.

9. 학년별 학습내용

5학년 단계에서 독일어 과목은 주당 5시간 배정된다. 제1외국어(대부분 영어이고 라틴어인 경우도 많다, 가끔 프랑스어인 경우도 있는데, 그 결정은 학교에 위임되어 있음.)는 주당 6시간이 배정되어 있다. 수학은 주당 4시간이며, 다른 교과는 주당 2~3시간 정도 배정되어 있다.

6학년 단계에서 — 대략 11세 정도에 해당 — 이미 제2외국어 학습이 시작된다. 영어가 제1외국어인 경우 라틴어나 프랑스어를 배운다. 영어가 제1외국어가 아닌 경우 제2외국어로 채택된다. 라틴어의 역할은 역사적인 이유 때문인데, 2000여 년 전 로마 제국이 전 유럽을 지배하고 있었고 근대사에 이르기까지 라틴어는 학자들의 언어였으며 얼마 전까지도 전 세계 가톨릭교회의 언어이기도 했던 것이다. 바이에른 주에서 정신과학 분야 — 예컨대, 현대 외국어 — 를 전공하려는 이들은 라틴어 지식을 입증해야 한다. 이런 점에서 라틴어는 김나지움에서 전적으로 그 중요한 자리를 차지한다. 현대 외국어에서 말과 문자를 능숙하게 구사하는 것이 매우 중요한 과제라면, 학생들은 외국어를 두 가지 방향에서, 즉 구술방식과 문자적 방식에서 스스로를 잘 표현할 줄 알아야 한다. 외국어 수업은 학생과 교사 간에서, 아울러 학생과 학생들 간에서 끊임없이 이루어지는 대화의 방식으로 진행된다. 라틴어 수업은 본문을 토대로 단어와 문법을 배우고 라틴어 문장을 번역하는 능력을 습득하는 것이 중요하다. 상급 학년에서는 원저작의 본문 해석을 위한 과제가 추가된다.

6학년에는 역사 과목이 들어오고 고대희랍역사부터 시작해서 공부한다. 6학년에서 제일 처음 분수와 소수를 이용한 계산법을 배운 후, 7학년에서 수학은 대수와 기하학 분야로 나뉜다. 8학년에서는 물리를 배우기 시작한다.

9학년에서는 학생들이 선택한 개개 유형의 김나지움에 따라 새로운 과목들이 배치되기 시작하되 다음 과목들이 중심적 위치에 놓인다. 현대어 분야에서는 제3외국어로 프랑스어나 스페인어를, 고대어 분야에서는 고대 희랍어를 도입한다. 여기서는 역시 역사도 중요하다. 2500여 년 전부터 발전하기 시작한 고대희랍철학과 민주주의는 유럽 사고방식의 근거를 이루기 때문이다.

희랍어 학습은 라틴어처럼 그렇게 높은(능숙하게 말할 수 있을 정도의) 학습수준을 요구하지 않는다. 본문을 가지고 읽으면서 해석할 수 있을 정도면 된다.

9학년에서 수학-자연과학 김나지움은 화학을 도입하고, 여기에 상응하는 다른 김나지움에서는 사회학 내지 상업과 법을 도입한다. 역사 과목에서는 10학년 단계에서 최근세사를 배운다. 10학년 말, 앞서 언급한 그러한 학습 단계를 통과한 학생들은 자동적으로 중간 단계의 학업을 수료한 것으로 인정받는다. 이런 자격조건으로 실업학교 졸업생과 동일한 권리를 가지며(시험을 볼 필요가 없다.), 예컨대 직업전문고등학교로 경로를 바꾸어 탄 후 학업을 계속 할 수 있다. 그리고 거기서 2년 동안 더 공부하면 직업전문고등학교 졸업자격을 취득하게 된다. 그렇게 하여 이 학생은 직업생활을 시작할 수 있다. 그렇지만 대부분의 학생들은 김나지움에 머무르며 계속 공부하기를 원한다.

11학년 단계에서 학업은 좀 더 강화된다. 개개 학과목들에서는 학습이 심화된 형태도 진행되기 시작한다. 일반적으로 11학년은 이미 '콜렉단계'(Kollegstufe)를 준비하는 과정으로 이해된다(여기에 대해서는 이하에서 상론). 수업은 학문적으로 또한 이론적으로, 외국어 분야에서는 저학년 수준에서처럼 외국어를 지식 수준에 들어맞는 방식으로 본문을 읽을 뿐 아니라, 원저작도 읽도록 한다. 예컨대, 많은 교과에서는 역사나 지구과학 등에서 복합적 주제가 다루어진다. 모든 교과에서 학생들은 자발적으로 공부하는 태도를 익히도록 한다.

모든 학년 단계에서 필수교과와 나란히 소위 선택교과와 '학습공동체'(Arbeitsgemeinschaften—선택적으로 참여할 수 있음.)가 있다. 이 구조에서 또 하나의 외국어를 선택할 수 있고, 아울러 사진, 합창, 연극 혹은 오케스트라 연주 같은 과목들이 그러한 선택의 대상으로 제시된다. 앞서 자주 강조했듯이 이렇게 상이한 학업구조에도 불구하고 학교간의 위계는 존재하지 않는다. 그러나 바이에른 주에서는 몇 주 전 많은 김나지움에서 '수월성 센터'(Center of Excellence) 같은 것을 만들었음을 언급해 두어야 겠다. 그러나 이는 단지 어떤 학교에서 어떤 특별한 것을(예컨대, 컴퓨터 프로그래밍 같은) 공부하기 위한 자리를 설치했음을 뜻할 뿐이다.

5학년에서 11학년에 이르는 기간 전체를 통틀어 치르는 학기말 시험이나 학년말 시험은 없다. 그러나 학생의 성취도는 지속적으로 감독하고 평가된다. 모든 핵심교과에서(앞서 언급한 독일어, 외국어, 수학, 물리, 그리고 수학–자연과학 김나지움에서는 화학) 지필고사를 시행한다. 소위 학교학습 과제 형태로(연중 4~5번, 물리와 화학은 2번) 45분 정도 소요되며, 그 시기와 시험범위는 사전에 공지된다. 이 학교학습 과제의 평균은 과목당 연평균 점수의 2/3 가량 해당된다(화학과 물리는 절반 정도). 나머지 점수는 구술시험 결과를 근거로 하며, 아울러 이 점수 산출에서는 사전고지 없이 치르는 좀 더 작은 형태의 지필고사 결과와, 학생의 수업기여도도 반영된다. 독일에서 수업은 교사와 학생 간의 지속적인 상호작용이 중요한 기능을 차지하고, 이 상호작용은 능숙한 질문을 통해서 학생들 스스로가 문제를 풀어가도록 촉진하는 방식으로 이루어진다. 혹은 교사는 학생들이 자기가 한 설명을 잘 이해했는지, 또 그 파악한 내용을 잘 적용할 수 있는지를 뒤쫓아 가면서 묻는 방식으로 수업을 진행한다. 숙제는 배운 것을 심화하도록 기여하는 방식으로 부과된다. 그리고 그 다음 시간에 교사는 학생들이 지난 시간에 배운 것을 잘 숙지했는지를 묻고 대답하는 식으로 확인한다. 이 결과는 다시금 구술시험 점수에 반영된다. 학생들의 발제 역시 구술시험 점수에 반영된다. 최근 6, 8, 9학년 초에 중심교과인 독일어, 영어, 수학 과목을 대상으로 일반적으로 치른 시험결과를 구술점수 결과에 반영하려는 특이한 시도가 도입되고 있다.

비핵심교과의 연평균 점수는 핵심교과에서 진행한 구술시험 방식과 동일한 방식으로 치른 구술시험의 결과를 가지고 한다. 한 학기 말(2월 중순 경)이 되면 학생들은 한 학기 성적표를 받는데, 그러나 이는 일시적인 정도를 나타내는 것으로 법적으로 정당한 결과와는 무관하게 일정한 지점을 표시한다. 그러나 만일 여기서 이 결과가 다음 학년으로 진학하는 데 위험 징후를 나타내는 것이라면(한 과목이나 여러 과목에서 5점이나 6점을 받을 경우), 이 결과는 소위 중간 성적으로 표기된다.

학생들에게는 열심히 노력하여 다음 학기에 성적을 향상시킬 수 있는 가능성이 주어져 있다. 물론 연평균 성적에서 두 번 5점이나 한 번 6점을 맞을 경우, 학생들은 앞서 설명했듯이 진학할 수 없으며 한 학년을 되풀이해야 한다. 추가 시험의 가능성이나 여러 차례 유급을 하여 김나지움을 떠나야 하는 학생들에 대해서는 앞에서 이미 설명했다.

10. 중간 단계의 문제

7학년에서 9학년까지, 그러나 빠르게는 6학년에서 사춘기가 중요한 문제로 떠오른다. 학생들은 집중적으로 자기 자신에게 몰두한다. 그들의 관심사는 옷이나 팝뮤직 같은 것이지 학교 공부 같은 것이 아니다. 부모나 교사에게 반항적인 태도를 보이며 어떤 권위에든 도전적인 자세를 취하는 것은 그들의 일상적 면모다. 오늘날 청소년들은 무조건적으로 경박하지 않다. 실업과 여기에 결부된 전망 상실은 청소년들의 삶에 배인 특징이 되었다. 이 문제는 주요학교 중도탈락 학생들 뿐 아니라 실업학교나 김나지움 학생들의 경우도 마찬가지다. 그리고 다른 한쪽에는 그 전례가 없던 형태의 '청소년 제의'가 존재하고 있다. 청소년들에 대한 대중광고물은 대대적으로 폭주한다. 사춘기 시절 청소년들은 개인주의와 집단적 강요 사이에서 올바른 지향점을 추구하기 때문에 그러한 공세에 대해 열려 있다. 예컨대, 어떤 청소년이 애호하는 음악의 방향은 자기가 다니는 학교생활을 통한 앞으로의 전진보다 훨씬 더 중요하다. 옷이나 특히 스포츠용 의복, 선호하는 상표가 붙어 있는 의복 따위는 부모의 생활 형편과는 상관없이 무조건 사들여야 한다. 이런 이유 때문에 종종 교복을 도입해야 한다는 목소리가 도처에서 높아지고 있다. 그러나 이 문제에 있어서는 르네상스 이후 유럽에서 애호받으며 성장해 온 개인주의가 좀 더 강한 힘을 발휘하며 영향력을 행사하고 있다. 청소년들은 자신을 외부로 나타내 보이려 하기 때문에 학교를 자기 자신과 그렇게 동일시하려 들지 않는다. 친구들 집단에 쏠리는가 하면 서로 간의 공통적 교감을 중시한다. 청소년들은 이 점에서 될 수 있는 대로 자기가 속해 있는 집단으로부터 빠져나오려 하지 않는다. 이것은 애초부터 수업에 흥미를 느끼고 함께 공부하려는 의지를 가진 학생들로 하여금 그렇게 하지 못하도록 종종 부추기는 결과를 낳곤 하는데, 왜냐하면 그렇지 않으면 이들은 '범생이나 야심가'로 찍히게 되기 때문이다. 좋은 학생들은 종종 좀 더 어려운 상태를 경험한다.

60년대 말 시작된 학생 운동을 통해 커다란 권위의 위기가 초래되었기 때문에(청소년들은 전쟁 세대를 더 이상 모범으로 여기지 않는다), 청소년들에게 삶을 이끄는 어떤 상을 제시하기는 아주 어렵게 되었다. 권위는 오늘날 관직이 부여하는 방식으로 존재할 수 없게 되었다. 따라서 청소년들은 스스로의 내면을 교사의 성품과 관련지어 생각하지 않으면 안 된다.

적지 않은 학생들이 '주의력결핍증후군'(ADS)에 시달린다. 이 문제는 다만 특정한 훈련을 통해서만 나아질 수 있다. 10학년과 11학년 단계에서 대부분의 학생들은 이 문제를 극복한다. 그리고 다시 한번 학교생활을 진지하게 받아들이고 싶어한다. 그러나 이전 학년에서 생긴 간극이 너무 커서 좌초하는 경우가 빈번하다. 교사는 이 문제를 다만 흥미를 불러일으키도록 고안된 수업구조, 이를테면 현대 교수매체를 적극적으로 사용하고 방법을 수시로 바꾸어 가는 식의 접근을 통해서만 해결할 수 있다. 아주 유용한 수단으로 소위 자유학습법이 있다. 여기서 학생들은 작은 집단으로 나뉘어 교사가 제공하는 자료를 가지고 과제를 스스로 해결하고 그 결과를 서로에게 나타내 보이는 식으로 학습한다. 이렇게 하려면 물론 시간을 많이 내야 한다든지, 혹은 교사가 미리 많은 자료를 준비해야 할 뿐더러, 시간 중에는 늘 학생 편에 서서 조언을 주어야 한다든지 등등, 교수-학습 진행상 교사가 충족시켜야 하는 높은 요구수준이 있다.

이 맥락에서 재질이 뛰어난 아이들 때문에 제기되는 문제가 있다. 이 아이들은 보통 요구수준이 너무 낮기 때문에 지루해하고 함께 공부하려 들지 않는다든지 혹은 수업을 방해하는 식으로 반응을 보인다. 근본적으로 그런 아이들에게는 한 학년이나 두 학년 정도를 월반할 수 있는 기회가 주어져 있다. 그러나 종종 나이 차이 때문에 새 학급에 통합되는 데 어려움을 겪는다. 바이에른 주에는 그런 아이들을 위해 몇몇 학급에 특수프로그램을 도입 · 운영하는 김나지움이 둘 있다. 많은 김나지움에서는 소위 '플러스코스'(Pluskurse), 즉 어려운 주제를 다루는 선택교과를 설치하여 운영하고 있다.

11. 김나지움의 '콜렉 단계'(Kollegstufe)

12학년으로 들어서면서 학생들에게 상황은 아주 달라진다. 학생들은 2년(4학기) 동안 지속되고 아비투어로 종결되는 소위 '콜렉단계'(Kollegstufe)를 통과한다. 이 기간에 취득한 모든 지필 점수와 구술 점수는 아비투어에 산정되고 아비투어 점수에 영향을 끼친다.

11학년 후반기가 되면 학생들은 자기 성향과 재능에 따라 두 개의 과목을 소위 '성취코스 과목'(Leistungskursfächer)으로 선택한다. 그리고 여기에 따라 주당 5시간 수업을 받고 13학년 말에 아비투어를 쳐야 한다. 이 두 과목 중 하나는 '핵심교과'(Kernfach)이어야 한다. 모든 교과가 모든 학교에 개설될 수 없고, 또한 무엇보다도 모든 과목의 결합이 성취코스로서 모든 학교에서 제공될 수 없기 때문에, 학생들은 타협을 하고, 다른 과목을 선택하거나 자기가 좋아하는 과목이 개설되어 있는 학교로 전학을 간다. 게다가 학생들은 일련의 소위 '기본코스'(Grundkurse)를 선택하는데, 여기서 이들은 주당 2~4시간을 수업받는다. 이 기본코스에 따라 두 과목을 선택해야 하고 거기서 아비투어를 본다. 이 중 하나는 지필고사로, 다른 하나는 30분 정도 '대화형식'(Kolloquium)으로 진행되는 구술고사를 본다. 이 기본코스 과목을 학생들은 시간적 여유를 가지고 선택하고, 아비투어를 보기 4개월 전 최종적으로 결정해야 한다. 12학년과 13학년이 되면 학생들은 이제 더 이상 어떤 모둠 형태의 학습을 하지 않는다. 그 대신 학생들은 개별적인 코스 프로그램과 개인 시간표를 가지고 움직인다. 그 다양성의 폭이 크기 때문에 모든 교과를 오전에 배치할 수는 없다. 많은 학생들은 4회까지 오후 수업을 받는다. 개인적으로 주어진 자유시간에 이들은 자기학습에 몰두하고, 이 콜렉 단계의 학생들이 쓰는 방이나 도서관에 머무르며 공부한다. 학생들은 학교건물 영역을 떠나서 카페에 가거나 물건을 사러 갈 수도 있다. 도시에는 소위 학생들이 가는 카페도 있다. 자유 시간을 이용하여 숙제를 하는 학생들도 있지만, 좀 예외적인 경우라(!) 할 수 있겠다.

모든 성취코스 과목의 경우 1학기와 2학기, 그리고 3학기에 두 번에 걸쳐 지필고사를 본다(90분 간). 시험은 예고된 시간과 장소에서 치르게 된다. 이러한 소위 '클라우주어'(Klausur) 과제는 교사가 부과한다. 학생들이 신청한 모든 기본코스는 매학기 '하나의 클라우주어'(eine Klausur)로 기록된다. 4학기에 들어서면 성취코스 과목과 기본코스 과목은 구술시험으로 평가한다(5학년에서 11학년까지). 코스 평가는 1~6점의 방식이 아니라, 15~0점으로 좀 더 세분화시켜 한다. 15~13점은 1점에 해당하고, 12~10점은 2점 등에 해당한다. 1점이 '바로 여전히 5점'에 해당한다면, 0점은 6점에 해당한다.

성취코스에서 한 학기에 취득한 점수는, 두 번에 걸쳐 얻은 클라우주어 점수에 구술시험에서 취득한 점수의 평균점을 가산하는 식으로 계산한다. 그리고 이 점수들의 평균을 산정한 다음, 이 점수를 두제곱한다.

3학기를 경과한 후 적어도 70점을 단위로 한, 점수 총계를 낸다. 취득할 수 있는 최대치는 210점이다. 여기에 두 번의 성취코스(선택교과) 중 하나의 전공과목(제곱하여 계산한)을 이수한 — 교사가 제시한 주제를 대략 A4용지 15매 정도의 글로 써서 제출하는데, 대략 1년간의 시간이 주어져 있다 — 점수가 포함된다. 기본코스의 전체 프로그램에서 콜렉단계의 학생들은(12~13학년 학생들) 마찬가지로 특정한 점수, 즉 110점에 도달해야 하고, 그 최대치는 330점이다. 이 점수들의 총 합산치는 아비투어 점수 총계의 거의 2/3에 해당한다. 여기에는 특정한 장애물이 있음을 유의해야 한다. 만일 자유학습에서 0점을 받거나 4학기 성취코스에서 점수가(두 개의 클라우주어와 구술시험 점수 총계) 10점 이하로 한번 이상 떨어지거나 기본코스에서 5점 이하로 여섯 번 이상 떨어지면, 아비투어에 응시할 수 없으며 두 학기를 다시 다녀야 한다.

2년간의 콜렉단계는 이 전 과정을 통과해야 한다는 점에서 분명 지속적으로 부담을 지고 가는 것을 의미한다. 이러한 학교의 요구를 감당하는 데 많은 학생들은 어려움을 겪는다. 왜냐하면, 학생들은 아주 들쭉날쭉 공부하는 편이며, 툭하면 결석을 하기 때문이다. 비록 이 문제는 학생들이 연령이 차는 시기가 되면, 즉 18세가 되면 스스로 바로잡아 나아가기는 한다. 하지만 결석이 많은 학생에 대해서는 그럴 때마다 학교가 의사의 진단서를 요구한다. 많은 학생들은 일을 하는데, 가난해서가 아니라 좀 넉넉한 용돈을 마련하기 위해서다. 그들은 옷도 사고 저녁에는 디스코클럽에도 가고 또 자동차를 타고 여기저기 돌아다니고 싶어하기 때문이다. 오후나 저녁에는 슈퍼마켓 계산대에 앉아 있거나, 창고관리나 까페나 바 같은 데서 일을 하기도 한다. 그런 다음 학교에서 공부할 때에는 학생들이 피곤해하고 집중력을 보이지도 못한다. 부모라 할지라도 학생들의 이러한 생활양식을 어쩌지 못한다.

유감스럽게도 (이미 중간단계에서) 알코올이나 마약(헤로인 같은 강한 마약류가 아니라 엑스터시를 경험하게 하는 카나비스아 디자이너 마약류를 복용)은 학교의 문제가 되어 버렸다. 학생들의 소비는 학교 안에서가 아니라 자유시간, 특히 주말에 이루어진다. 그 때문에 학생들은 학교에서 이미 녹초가 된 상태로 수업을 받는 셈이다.

그렇지만 아주 자기 책임적이고 집중력을 발휘하여 공부하는 학생들도 많다. 이들은 올바른 방향으로 나아가며 과도하게 공부하지도 않는다. 아비투어를 보기 바로 전이라 할지라도, 좋은 성적을 내기 위해 학생들이 내는 시간은 학기 중 매일

2시간 정도(학습역량에 따라 다소간 차이가 있기는 하지만)를 넘지 않는다. 12~13학년 과정을 통틀어 학생들은 소위 콜렉단계를 지도하는 교사로부터 돌봄을 받는다. 이 교사의 주요한 직무는 학생들이 코스를 잘 선택하도록 하는 것이며, 또한 이 학생들이 앞으로 잘 나가고 있는지 지켜보면서 성취도가 떨어지거나 돌연히 어려움에 봉착했을 경우 이를 잘 헤쳐 나가도록 돕는 데 있다.

12. 아비투어(Abitur)

아비투어는 5월 초에 시작하기 때문에 대부분의 학생들은 2월이나 3월부터 첫 번째 코스 학기 때 배웠던 내용을 반복해서 공부해 나가기 시작한다. 아비투어 지원자는 자기가 선택한 4개의 과목만을 가지고 공부한다. 아비투어 과목은 어떤 경우에도 두 개의 '성취코스 과목'을 포함하고 있어야 한다. 아비투어를 보기 전 약 4개월간, 지원자는 '기초코스 프로그램'(Grundkursprogramm)에서 아비투어 과목으로 어떤 두 개의 과목을 선택할지 결정해야 한다. 그러나 이 선택의 자유는 일정하게 제한되어 있다. 즉, 아비투어 과목 중 두 개(적어도 그중 하나는 성취코스 과목)는 핵심교과가 되어야 한다. 또 4개의 아비투어 과목으로 3개의 분야, 문학·언어·예술 분야, 수학-자연과학 영역, 정신과학 영역을 보전해야 한다. 그런 조건 하에서 4개의 과목을 자유로 선택하는 것이다. 이들 중 하나는 분야상 중복된다. 이를테면, 지원자는 아비투어 과목으로 독일어, 물리, 수학, 역사 및 지구과학이나 미술, 라틴어와 종교를 선택할 수 있다. 그러한 구조상의 결합은 아주 다양할 수 있다. 두 개의 성취코스 교과는 지필고사로 치르고, 매 과목당 240분이 배정된다(그러나 독일어만 300분). 두 개의 기초코스 교과 중 하나도 마찬가지 방식으로 치른다(매 과목당 180분, 독일어만 240분). 다른 기초코스 교과는 단지 구술시험으로만 치른다. 30분이 배정된 이 소위 '작은 대화방식'의 시험에서 학생들은 몇 주 전 교사가 제시한 과제들 중 자유로 선택한 특정한 주제 영역에 대하여, 그에게 시험시간 30분 전에 공지된 하나의 주제를 놓고 10분간 발제를 하게 된다. 그런 연후 발제 주제의 바탕이 된 주제 영역에 관하여 다시 한번 대화가 이루어지고, 두 개의 코스 학기에 관한 내용을 중심으로 15분 동안 시험을 치른다.

모든 시험에서는 과목과 관련된 특정한 보조 자료를 사용할 수 있다. 예컨대, 현대어에서는 한 가지 언어로 된 사전을, 라틴어나 희랍어의 경우 두 가지 언어로 된 사전을, 지구과학은 지도를, 상업과 법은 법률 관련 도서를 사용할 수 있다.

지필고사는 2주간 지속된다. 모든 지원자는 단 1개의 기초코스 교과에서 하나의 지필고사를 볼 수 있기 때문에, 시험 첫째 날 모든 학생들은 자기들이 선택한 기초코스 교과에서 함께 시험을 치른다. 시험은 학교 강당에서 시행된다. 나머지 기간 동안 지원자는 두 개의 성취코스 과목에 관한 시험을 치른다. 시험과 시험 사이의 시간적 간격은 학생 개개인에 따라 다르다.— 개별 성취코스 교과들은 엄밀하게 규정된 날에 시험을 봐야 하기 때문에— 작은 대화 방식의 시험은 지필 고사 전이나 후에 치르게 된다.

평점은 15~0점의 틀에 따라 부여한다. 4개의 아비투어 과목에서 모두 적어도 100점 이상은 맞아야 한다. 최대 300점까지 맞을 수 있다. 높은 점수치가 나오는 것은 4개 과목의 평점을 합산하였기 때문이다. 지필고사 성적과 특정한 관련을 가지고 치르는 자유선택 구술고사를 통해서 점수치는 올라갈 수 있다. 아비투어 총점은 4학기 동안 취득한 점수치를 아비투어 점수와 합산하여 산출하고, 그 결과를 하나의 도표에 옮겨 놓는다. 총점 280점(4.0)이면 아비투어에 합격할 수 있다. 최고 점수치는 840점(1.0)에 해당한다. 합격한 아비투어 과목은 다시 치지 않으며, 이후에도 그대로 고정된다. 만일 아비투어에서 한 과목이라도 불합격하면, 13학년 유급에 아비투어 시험도 다시 치러야 한다. 그러나 이 기회는 단 1회에 한정된다. 만일 그가 이전 교육과정을 밟아 나가면서 이미 두 번 유급했다면, 아비투어를 다시 치를 수 없으며 이 경우 지원자는 졸업장을 받지 못한 채 학교를 떠나야 한다. 그러나 아비투어에 첫 번째 응시하는 경우 대부분의 학생은 합격한다. 물론 12학년과 13학년 1학기 동안 탈락률은 간과할 만한 정도가 아니다.

바이에른 주에서는 무엇보다도 아비투어에 응시하는 청소년 수가 적다는 비판이 거세다. 바이에른 주에 소재한 403개의 김나지움 거의 대부분에서 동일 연령대의 청소년 중 매년 한 학년의 19% 정도가 아비투어를 본다. 1960년에는 단지 5.3%에 불과했으며, 당시 남학생의 비율은 70%였다. 오늘날에는 여학생이 강세를 보여서 예컨대, 2002년에는 55.2%를 차지했다.

콜렉단계와 아비투어는 독일 내 모든 김나지움에서 대충 위에서 기술한 방식으로 치른다. 물론 상당히 다른 경우도 있다. 이를테면, 바이에른 주와 바덴-뷔르템베르크 주(즉, 대체로 보수 정당이 영향력을 행사하는 주)를 비롯한 몇몇 주에서는 아비투어 자체를 중심 과제로 삼고 있다. 문부성은 학교들에게 여기에 관한 제안을 받아들일 것을 요구한다. 이러한 제안에 따라 하나의 위원회가 이 과제를 선택한다. 이는 주 안에 있는 모든 김나지움에 적용된다. 그렇게 하여 시험지는 아비투어 시험이 시작되기 바로 전에 학교에 송달되고, 시험지는 금고에 넣어 도장을 찍어 보관한다. 시험지는 시험 당일에서야 교사가 볼 수 있다. 시험 시작과 동시에 학생들은 문제를 받아서 시험을 친다. 모든 과목에는 선택 과제가 있다. 예컨대, 영어에는 2개의 영어 본문을 주고 그중 하나만을 쓰도록 한다든지, 지구과학에서는 4개의 질문을 섞어 놓고 그중 2개에 답하도록 한다. 수학에서는 6문제가 주어지고, 그중 교사가 3문제를 선택한다(문제마다 기하, 미적분, 추측통계에 각각 관련됨).

그런가 하면 아비투어 문제를 학생들이 정하는 주도 있다. 교사는 어떤 분야에 따라 어떤 내용을 학생들이 특히 공부해야 할지 알고 있다. 교사가 정하는 문제는 미리 상부기관에서 검토받아야 한다. 연방 내 모든 주에는 소위 모두가 따라야 할 '통일된 시험 상의 규정'이 있다. 그러나 학생과 교사에게 중심적으로 정해진 아비투어 문제들이 좀 더 높은 수준을 충족해야 할지에 대해서 현재 논쟁이 벌어지고 있다.

2004/5학년도 바이에른 주에서는 8년제 김나지움을 도입했기 때문에, 아비투어 진행 과정에도 상응하는 변화가 있을 것이다. 2011학년도에 아비투어가 어떤 식으로 치러질는지, 즉 콜렉단계에 많은 코스를 집어넣어야 할는지, 혹은 학년을 묶는 방식으로 — 재정상의 이유도 없지 않은 바 — 되돌아가야 할는지 누구도 예견할 수 없는 형편에 있다. 현재 상태로는 아비투어를 5개 과목으로 한정하며, 그럴 경우 독일어, 수학, 하나의 외국어, 하나의 자연과학 과목을 의무교과로 하고, 단지 한 과목만을 선택과목으로 하는 방식의 제도로 치를 것인지 논의 중에 있다. 그러나 아직까지 결정된 것은 아무것도 없다.

13. 대학입학

독일에서 이수한 모든 아비투어에 대해서는 근본적으로 독일의 어떤 대학이든지 그 입학과 수업을 위한 권리를 보장한다. 입학 문의가 쇄도하는 학과나 특별한 조건을 요구하는 학과(예컨대, 일정한 실험실 자리가 확보되어야 하는 경우)는 입학에 특정한 규정이 적용된다.

아비투어 합격자는 모든 학과에 지원할 자격이 있으며, 이는 겨우 합격한 경우라도 마찬가지다. 그러나 다수의 합격자들이 특정한 한 학과에 몰려서 자리가 모자랄 경우 어려움이 발생한다. 이 소위 '누메루스-클라우수스-학과' (Numerus-clausus-Fächer, 학업자리 수가 제한되어 있는 학과)로는 실험실 자리를 필요로 하는, 즉 언제나 들어갈 수 있는 학과가 아닌 자연과학계열의 학과들, 예컨대 무엇보다도 의학과와 생물학과를 거론할 수 있다. 또 아주 인기 있는 학과로서, 예컨대 법학과 같은 경우 수년 동안에 걸쳐 많은 곳에서 입학이 제한되어 있다. 지금까지 그러한 학업의 자리를 배정한 곳은 도르트문트에 소재한 '중앙대학입학처' (ZVS, die Zentrale Vergabe für Studienplätze)다. 그 배정에서 중요한 것은 아비투어 점수 평균 1점을 받는 것이다 — 이것은 배정되는 학업자리의 수와 독일에서 이 학과를 전공하려는 학생 수에 따라 조율된다. 요구되는 점수는 예컨대, 생화학의 경우 어떤 해에는 1.4 이상이 되어야 했고, 또 전공 지원자가 그리 몰리지 않는 어떤 다른 해에는 2.1 정도면 입학할 수 있었다. 여기서 지원자가 어떤 김나지움을 마쳤는지는 전혀 중요하지 않다.

자기가 지원하는 학과와 관련하여 미리 어떤 실습 과정을 마쳤을 경우, 혹은 아비투어 이후 한 분야에서 직업교육을 마쳤을 경우(예컨대, 생물학 실험 실습생으로서), 이 학생은 물론 가산점을 받는다. 학과 자리는 외국학생을 위해 특정하게 할당되어 있다.

물론 이 제도는 최근 도입되어 활발히 운영되고 있다. 과거에 이미 대학들은 새로운 입학모형에 따라 개별 학과에 대한 지원을 시험적으로 받아볼 수 있었다. 바이에른 주에서는 1998년 바이에른 대학법(BayHSchG) 135조를 통해 대학이 자체 규정에 따라 개별 학과의 지원을 받도록 권한을 부여했다. 2002년 3월 적성확인에 관한 규정(EfV)은 아비투어 평균성적이 좀 더 중요한 역할을 차지해야 함과 아울러, 단 다음 사항도 고려할 수 있음을 명백히 하고 있다:

1. 대학이 시행하는 시험과정의 결과
2. 지원자와의 대화의 결과(대화는 교수진이나 조교수 급에 의해서 진행되어야 함)
3. 지원 학과 관련 과목에서 받은 점수 내지 아비투어 성적에 따른 점수
4. 지금까지 취득한 직업 경력이나 실습

2004년 7월 독일연방공화국 전체에서 대학관련 법률(HRG)의 변화를 내다보는 법률상 개정이 이루어졌다. 이런 조치에 따라 대학들은 2005/6년 겨울학기부터 지원이 제한되어 있는 학과에서 지원자 중 60%를 스스로 모집할 수 있을 것이다. 20%는 ZVS를 통해 중개받을 것이고, 20%는 기존의 대기자 명단에 따라 배정받게 될 것이다. 대학들은 언젠가 그 입학과정을 전적으로 그 자체 방식에 따라 하게 되기를 희망하고 있다. 기본법에서는 본래 학과와 장소에 대한 자유 선택권을 보장하고 있지만(GG 12조), 동시에 대학 자체들로서는 학업과 실험을 위한 자리를 확보할 만한 재정이 없기 때문에, 일종의 계약에 따른 해결방안을 찾아야 할 것이다. 전체적으로 보아 현재 독일 대학들은 모든 면에 있어 커다란 변화를 모색하고 있다. 학생들은 평균적으로 아주 오랫동안 학교에 머무르며 공부한다. 부분적으로 14학기나 그 이상까지. 그 주된 이유는 많은 학생들이 학비를 스스로 마련해야 하기 때문이며 따라서 공부하면서 늘 일도 해야 하기 때문이다. 학업을 중도에 포기하는 학생들도 아주 많다. 또 전공을 바꾸는 학생들도 아주 많다. 아주 잘못된 학업 경로도 있고, 세심한 통제 하에 정확하게 진행해야 할 학업 경로도 있다. 그러나 18세기 훔볼트(Wilhelm von Humboldt) 이래 각인되어 온 바와 같이 학문의 자유에 관한 예부터 내려오는 관점에 대해 경의를 표해야 하는 학업 경로도 있다. 그러나 국제적 비교라는 관점에서 보면 독일의 학업연한은 너무 길기 때문에, 학생들로 하여금 학업이 시작하는 단계에서부터 올바른 궤도에 올려 놓기 위한 방안에 대한 논의가 활발하다. 앞서 이미 언급했듯이 대학에게는 그 자체 적성검사를 하거나, 대화와

인터뷰를 통해서 (장래의 대학생들의) 소질과 관심을 밝혀 낼 수 있는 가능성이 늘 주어져 있다. 독일 대학에는 — 적어도 현재까지 — 어떤 순위도 없다는 점을 분명히 해야겠다. 몇 년 전 화보잡지 「슈테른(Stern)」은 대학생과 교수들을 대상으로 대규모의 설문조사를 시행한 후, 연구 성과, 애호의 정도를 비롯한 여타 범주들에 따라 그 위상을 설정한 대학의 명단을 제시했다. 많은 아비투어 합격자들은 지금까지도 이 명단을 통해서 자기들의 진로를 결정하는 데 도움을 받고 있다. 학기가 끝나면 교수의 강의를 들은 수강자들 사이에서 강의를 어떻게 평가하는지 묻는 설문지가 돌아다니는 대학들도 많다. 그러나 이는 결코 공식적인 것이 아니다. 어떤 훌륭한 교수의 명성이 그 대학에 등록하도록 이끄는 요인인 것은 분명하다. 학교는 보통 ZVS(누메루스-클라우수스-학과에 있어)를 통해 결정하거나, 혹은 거주지에서 가까운 위치를 보아 결정하거나, 그렇지 않으면 친구나 애인이 공부하는 대학에 지원하는 식으로 결정한다. 모든 대학교에 모든 학과가 설치되어 있는 것은 아니다. 아직까지는 한 대학에서 취득한 '디플롬' (Diplom, 학위명)이 다른 대학에서 취득한 것과 동일한 가치를 갖는다. 회사 경영자가 취업 희망자의 출신대학에 대해 묻는 일은 거의 없다. 그보다는 그가 한 학기나 두 학기 정도 외국에서 공부하며 보냈는지 — 이 경험은 늘 추천받을 만한 좋은 요인이다 — 에 대해 묻게 될 것이다. 디플롬상의 점수는 하나의 역할을 한다. 그러나 취업 희망자가 나타내 보이는 개인적인 인상이 좀 더 중요한 요인이 될 것이다.

그러나 독일에서도 세계화를 통해서 일자리 수가 — 그러나 자격을 갖춘 — 끊임없이 감소할 것이며, 젊은이들도 전 세계와 겨루어 이겨야 하기 때문에, 학업경로는 팽팽하게 조여져 긴장을 가질 것이며 졸업은 국제화될 것이다. 대학교는 절약하고 사용 가능한 재원을 가능한 효과적으로 투입해야 할 것이다. 많은 대학에 '학사학위'(Bachelor) 제도가 도입될 것이다.

사회적으로 평가받는 많은 직업들은 과학적 심화과정을 전제하지 않은 3년간의 학업 경로 — 회사 실습이나 다양한 실습과 결합된 구조 속에서 학사학위 졸업을 매력적인 것으로 만드는 — 로 충분할 것이다. 그런가 하면 초등학교나 주요학교, 혹은 실업학교 교사에게 학사학위 정도면 충분할 것이라는 의견도 제기되고 있다.

연구직으로 진출하거나 학문적 직업에 강한 관심을 가지는 학생들은 '석사학위'

(Master)를 취득할 수 있을 것이다. 이 대목에서 사안은 아주 유동적이다. 몇 개의 대학만이 현재 시점에서 그러한 학사 내지 석사학위 과정 및 졸업 제도를 도입한 바 있다. 새로운 제도가 학업 수료를 뜻하는 현재까지의 국가 시험과 디플롬을 해체할 것인지, 아니면 그저 부수적으로 존재할 것인지는 아직 분명치 않다. 이런 방향으로 나가게 되면 우리는 지금까지 가꾸어 왔던 바와 같은 다면적으로 도야된, 보편적 지식을 통해서 그 성격이 새겨진 학자에 대한 이상적 상과는 필경 헤어지게 되는 셈이다. 그러나 이 훔볼트적 이상은 이미 오래 전에 상실되었다. 오늘날에는 전문화와 상업성에 관한 물음이 좀 더 중요해졌다.

과학과 기술은 끊임없이 가속화되는 진보를 산출하기 때문에 대학의 학업과정에서 얻은 지식은 직업생활 전체에 충분한 의미를 가질 수 없다. 따라서 평생토록 지속되는 학습은 끊임없이 좀 더 중요한 역할을 하게 될 것이다. 지금까지 재교육은 그 어느 곳보다도 회사에서 이루어졌다. 대학들과 기술전문대학들은 이렇게 새로이 성장하는 역할을 받아들여야 할 것이다.

14. 결론적 고찰

교육문제는 독일에서 오랫동안 높은 위치를 차지해 왔다. 18세기와 19세기에 사람들은 '교육받은 시민계층'(Bildungsbürgertum)에 대해서 말했다. 제2차세계대전 이후까지도 '학자'(Akademiker)는 다른 사람들보다 높게 평가받았다. 왜냐하면, 그는 대학수업을 마쳤기 때문이었다. 오늘날에도 여전히 교육의 가치는 높게 추구된다. 그러나 그 지향점은 다르다. 이전의 교육이 일정한 자격기준 하에서 품성을 갖추도록 하는 것이었다면, 오늘날에는 상업적 관심이 전면에 부각되어 있다. 독일은 산업 생산 구조상 고임금 때문에 더 이상 경쟁력이 없게 되었기 때문에, 노하우(Know-How)를 획득하는 데 힘을 기울여야 한다. 이를 위해서는 아주 좋은 교육을 받은 사람들이 필요하다. 독일 교육제도를 위해 현재 계획 중이거나 이미 도입된 다양한 개혁방안들이 — 부분적으로 논쟁거리가 되기도 했으며, 많은 전문가들이 보기에는 더디게 추진되는 — 가장 중시하는 목표는 상업을 강화하고 독일을 세계화된 구조 속에서 선두 주자로 만드는 것이다. 이 목표를 위해서는 교육연한을 단축하는 것이 필요하다. 8년간의 김나지움과 대학의 학사 졸업모형은 세계화 과정과 많은 관련을 가지고 있다. 엘리트 대학을 설립하거나 기존의 대학을 그러한 형태로 바꾸려는 의도 역시 그러한 세계화 과정과 연관되어 있다. 최근에는 사립대학, 즉 거의 영어로만 가르치면서 독특하고 높은 교육수준을 근거로 비싼 학비를 요구하는(상대적으로 적은 행정비를 근거로 거의 학비가 들지 않는 국립대학과는 반대로 – 그렇지만 한 학기당 500유로 정도의 학비를 내야 한다는 의견을 놓고 토의가 진행 중이다.) 사립대학들이 설립되고 있을 뿐 아니라, 국립대학들도 역시 탁월하고 우수한 학생들을 위해 특별한 학교시설을 건립해야 하는 상황이다. '엘리트'라는 개념은 독일에서 어떤 시기 동안에는 전혀 문제로 떠오르지 않았다. 여기에는 역사적인 이유가 있다: 히틀러 독재 시기(1933~1945)에는 군사적인, 지적인, 그리고 상업적인 '엘리트'로 형성된 커다란 부분이 독재자 히틀러를 중심으로 모여들었고 그의 정치를 함께 짊어지고 나갔기 때문에, 사람들은 1945년 소위 제3제국의 몰락 이후 이러한 개념을 아주 불신했던 것이다. 그 후 국가의 민주화라는 과제에서 정점보다는 넓이와 폭에서 두루 작용하기 위한 교육의 개념 이해가 좀 더 적합해졌다. 오늘날에는 물론 민주주의를 둘러싸고 엘리트 교육이라는 개념이, 모든 사람의 교육을 담보로 행해지지만 않는다면, 더 이상 해가 될 것은 없으리라는 생각이 분명해졌다.

50년이 넘도록 지속된 경제적 부의 과정에서 독일 교육제도에는 어느 틈에 일종의 편안함이 슬쩍 자리를 잡았다. 지난 세기 1970년대 하나의 '교육폭발'(Bildungsexplosion)이 있은 후, – 김나지움이 건립되고 무엇보다도 새로운 대학이 많이 생겨났다.– 이 추세는 1980년대와 1990년대에 들어서 주춤거리며 지체상태를 보였다. 최근 OECD 연구에서 내놓은 견해에서 이 글 서두에서 언급한 교육전문가 안드레아스 쉴라이어는 독일의 교육비가 다른 나라들(21% 상승)과 비교하여 단지 7% 정도 만 상승했음을 비판했다. 독일은 국내 생산순이익 총액 중 다만 10%만을 투자했음에 비해, 다른 나라들은 13%를 투자했다(독일은 2001년 전체 공적 경비 중 9.7% 만을 교육비에 지출했고 국가 간 비교치에서 하위에 머물렀다. 한국의 경우 17.7%이고, 평균치는 12.7%이다. 2001년 독일은 국내총생산 대비 교육비를 5.3% 지출했다. 평균치는 5.6%이다. 한국은 8.2%로 수위를 차지하고 있다.). 학생수에 있어서 독일은 뒤에서부터 세어서 1/3 그룹에 속한다. 아비투어 합격자 중 60% 정도가 대학에서 공부를 계속하려 한다. 지난 몇 년 동안 상승하는 실업률과 경제적 침체상태를 통해서 사람들은 교육과 직업교육을 좀 더 강화시켜야 하고, 좀 더 긴장을 가지고 노력해야 하리라는 점을 인식하기 시작했다. 현재 개혁은 서둘러 진척되고 있다. 그러나 지나친 압박으로 아이들과 청소년들의 내적 발달 문제가 변변히 않은 것으로 치부하게 되지는 말아야 한다. 우리는 많은 돈과 판타지를 우리의 새로운 제도에 함께 투입해야 할 것이다. 한편으로 세계화된 삶의 구조 속에서 현대적 요구에 부응하는 산업을 위해서, 다른 한편으로 어린이와 청소년, 청년들의 삶의 민주적 전개와 또 그들의 자유와 행복을 위해서.

참고문헌

주제에 관한 인터넷 홈페이지 주소

http://www.hochschulkompass.hrk.de

http://www.bildungsserver.de

http://eurydice.org

독일 초 · 중등 교육제도의 현황과 개혁 방향[1)]

조상식

1) 이 글은 2004년 11월 27일 한독교육학회가 「독일의 교육개혁정책: 현황과 방향」이라는 제목으로 상명대에서 개최한 연차학술대회에 발표된 것을 수정, 보완한 것임.

1. 도 입

독일 교육제도에 관한 연구들은 국내에 이미 다양하게 소개되어 왔다. 그러한 연구동향을 몇 가지 유형으로 나누어 보면, 먼저 역사적 관점에서 독일 교육제도 일반에 대해 소개한 경우(구자억 외, 1997; 권이종, 1985; 박덕규, 1995; 박덕규 외, 2000; 이규환, 1974; 정종화, 1997)가 있었으며, 우리의 교육제도를 상대화하여 선진국의 제도로부터 모종의 시사점을 얻으려는 연구목적에서 행해진 비교교육학적 접근(김주영 외, 2000; 최정웅 외, 1995)도 있었다. 교육개혁이라는 구체적인 주제를 중심으로 독일 교육제도를 소개하려는 특성화된 연구(백종억, 2000; 정영수 외, 1987; 한국교육개발원, 1998)도 이러한 연구 흐름에 해당된다. 상대적으로 드문 경우이지만 한국의 분단 상황과 그것의 극복이라는 미래적 과제에 도움을 얻고자 통일 독일에서의 교육개혁에 초점을 맞춘 연구도 없지는 않았다.(신세호 외, 1993; 조상식, 2006)

이렇게 대부분의 독일 교육제도에 관한 연구에서 보이는 공통된 특징은, 최근 5년간 전세계적인 현상으로 간주되는 신자유주의적 상황을 고려하지 않은 지극히 '일반론적이고 고전적인' 관점을 취하고 있다는 것이다. 오히려 이러한 사실은 연구대상으로서 독일적 특수성 자체에서 기인하는 측면도 있다. 이를테면, 사회변화에 지극히 소심하고 보수적인 독일, 독일인 그리고 독일 문화는 외국인에게 – 특히 격변의 시대를 살아온 한국인에게 – 독일 교육제도 또한 그러하리라는 선입견을 제공하기에 충분하다. 실지로 독일의 교육제도는 제2차세계대전 이래 어떠한 혁명적인 개혁도 없이 점진적인 발전 – 이에 동독은 예외겠지만 – 을 해 왔다고 볼 수 있다. 이러한 사실 때문에 독일 교육제도 및 그 개혁에 대한 접근도 '보수적으로' 행해져 왔다. 그래서 독일 교육제도의 유연하지 못한 속성과 시대적 조류에 늦게 대처하는 보수성 때문에 우리가 배울 수 있는 측면은 상대적으로 많지 않다고 인식되어 왔다. 역설적으로 독일의 사례로부터 우리가 배울 만한 가장 중요한 측면은 아마도 독일 고유의 제도가 그동안 보인 일관성이 아닐까 한다.

그러던 와중에 2000, 2002, 2004년 세 차례에 걸쳐, 15세 청소년들을 대상으로 한 국제학업성취도 평가(이른바 'PISA') 결과의 발표로 인해 독일 사회는 자신들의 교육제도에 대한 심각한 검토를 하기에 이르렀다. 'PISA 쇼크'(Fahrholz/Gabriel/Müller, 2002) 이후, 독일의 교육계 전반에서는 'PISA 재난'(Heinrich/Rohr, 2002)이니 '독일의 교육적 난국'(Adam, 2002)이라는 극단적으로 자괴적인 표현이 심심찮게 들리고 있다. 이렇게 중등학교 학생의 학업성취도 검사에 대한 국제적 비교에서 촉발된 교육개혁에 대한 움직임은 '세계화' 분위기에서 독일 대학교육의 국제 경쟁력 제고라는 과제에도 근본적인 물음을 던지고 있다(손승남, 2004). 이로써 국가의 책임 하에 대학 간 서열 없이 안정되게 유지되어 오던 독일의 공교육 체제가 세계화 및 지식정보화의 높은 파고에 커다란 시험에 들고 있다. 이러한 측면은 특히 고등교육의 수준에서 더욱 분명하게 나타나고 있다. 영미식 학사 및 석사제도(Bachelor/Master)의 도입, 독일어 대신 영어 강조, 대학 등록금제의 도입, 대학의 학생선발권 강화, 교수자격시험제도(Habilitation) 대신에 주니어 교수제(Junior Professor) 도입, 엘리트 대학 운영방안 등과 같은 전통적인 독일 대학제도와는 거리가 먼 여러 제도와 관행들이 연방 차원과 주 정부의 고등교육 정책으로 자리를 잡게 되면서 독일 전역으로 확대되어 가고 있다. 결국 독일 학술자문회의(Wissenschaftsrat, 2000)의 권고대로 독일 대학은 이제 서서히 미국화되어 가고 있으며, 대학 연구의 실제 응용성을 강화하는 쪽으로 선회하고 있다. 훔볼트가 1810년 대학의 이념을 '학문을 통한 도야, 고독과 자유의 품 안에서의 연구, 연구와 교육의 통합'(Mittelstrass, 2001, 162)이라고 규정한 이래, 다른 선진 제국들의 근대적 대학 설립의 모형이 되어 세계적 명문대인 하버드, 스탠퍼드 대학도 초기에 베를린 대학의 영향을 적지 않게 받았지만, 현재 세계 대학교육의 판도는 정반대로 치닫고 있다. 역설적으로 독일 대학의 고민은 이제 어떻게 하면 세계 일류 대학들인 하버드나 스탠퍼드와 같은 대학 모형을 독일에 재건할 것인가에 쏠리고 있다.

본 연구에서는 독일 초 · 중등 교육제도의 개혁 동향을 먼저 역사적인 관점에서 정리해 보고(2장), 교육제도를 담아 놓은 일반적인 법적, 제도적 지침을 정리하고(3장), 학교제도의 구조와 그 내용적 측면을 초 · 중등학교(4장 1절)와 직업교육(2절)으로 나누어 차례로 소개한다. 여기서 논의의 주안점은 교육제도사적인 의미에서 개혁의 방향과 내용에 있다. 그런 다음 독일을 둘러싼 급변하는 세계적 상황에서 현재 독일 교육이 안고 있는 과제가 무엇이며 그 개혁방안은 어떠한지에 대해 전망해 본다(5장). 이를 통해 우리는 지극히 독일적인 제도 속에 내포되어 있는 심각한 도전을 분명히 확인할 수 있을 것이다.

2. 역사적 개관

제도사적으로 보았을 때, 20세기 독일 학교제도는 1918, 1933, 1945 그리고 1990년의 정치적 격동을 통해 격심한 변화를 경험했다. 그렇지만 독일의 많은 지역에는 전통적인 유산, 즉 역사적 발전의 연속성이 현재의 교육제도의 형성과 교육학 논의에 여전히 영향을 끼치고 있음을 부정할 수 없다. 교육 제도사가(制度史家)인 아처(M. S. Archer)의 주장대로 그 교육제도의 유형이 연속적인 역사적 진화에 의해 설명되어야 함을 새삼 확인해 주는 바이지만, 무엇보다도 독일인, 독일사회 그리고 독일역사에 전형적인 보수성(정영수 외, 1987)과 소심성에 기인하는 측면이 강한 데에 그 근본적인 원인이 있다고 할 수 있다. 먼저 이 글에서 초점을 두고 있는 국면은 1945년에서 1990년까지 전혀 상이한 정체, 즉 동 · 서독에서의 교육제도의 형성이다.

1887년에 성립된 독일제국의 역사적 유산이었던 제정주의(帝政主義), 기독교적 종파 간의 대립, 그리고 민족주의적 교육이념은 두 체제의 분단을 초월하여 공통적으로 잔존해 있다. 또한 통일된 학교제도가 바이마르 공화국(Weimarer Republic 1918~1933)에서도 마련되지 않았던 것은 독일 교육제도의 특징적인 유산이다. 단지 4년제 초등학교를 도입하는 것을 골자로 하는 1922년의 「제국기본학교법(Reichsgrundschulgesetz)」 정도가 독일제국의 통일적인 학교 규칙을 공포한 유일한 것이다. 국가사회주의가 지배했던 시기(나치정권기 1933~1945)에서조차, 그 이데올로기적 왜곡은 있었지만 교육제도는 어떤 포괄적이고 새로운 구조변화가 있었다고 볼 수 없다(Anweiler et al., 1992). 예컨대, 유명한 삼지체제(三肢體制, Dreigliederungssystem)도 일부 변화에도 불구하고 여전히 존속되었다. 즉, 1937년 공포된 제국 전체의 직업 및 전문학교제도와 1938년 도입된 일반적인 직업학교의무제도가 오늘날에도 여전히 남아 있다는 사실은 그리 놀랄 만한 일이 아니다. 반면에 교사교육 분야는 약간 다른데, 바이마르 공화국 시기 여러 주에 도입된 민중학교(Volkschule) 교사 양성제도가 고등교육 수준으로 통합되었다는 것이다. 그 밖에 교육제도에서 상당히 새로운 요소는 1936년 조직된 히틀러 청년단(Hitler Jugend)이 유일한 국가적 청소년 조직으로 확대되어 학교와 가정과 함께 독자적인 교육제도로 확립되었다는 점일 것이다.

1945년 5월 나치 정권의 붕괴 이후 연합국은 네 개의 점령 주와 네 개로 나누어진 베를린에서 고등교육을 위시한 학교제도 일반에 대한 통제권을 넘겨 받았다. 연합국 통제위원회(Alliierter Kontrollrat)는 그 기본적인 통제 방침을 독일 학교제도의 탈(脫)나치화, 탈(脫)군국주의화, 그리고 민주화에 초점을 두었는데, 특히 마지막 항목은 점령국에 따라 해석이 달랐다. 이를테면, 소련의 점령지에서는 이미 1946년 5~6월에 해당 5개 주에 「독일 학교의 민주화를 위한 법」이 공포되었고 통일된 8학년제 초등학교가 도입되었다. 반면에 서쪽 지역은 본질적으로 1933년 이전의 학교제도로 돌아갔다. 1948년 2월, 4개 주의 교육부장관회의는 어떠한 합의도 보지 못했다. 그 이래로 서독(또한 통일 독일)의 교육제도는 서로 분권화된 교육제도 하에서 통일된 논의를 이끌어 내기 위해 각 주 교육부장관회의(KMK: Konferenz der Kultusminister der Länder in der Bundesrepublik Deutschland)가 상설화되는 전통을 갖게 된 것이다.[2)] 한편, 동독에서는 1949년 국민교육을 위한 중앙부서가 설치되었고 고등교육, 전문학교 및 직업학교를 담당하는 관청이 설치되었다. 결국 서독의 교육제도가 연방주의의 성격을 강하게 갖고 있다면 동독에는 중앙집권적 교육체제

2) 독일 교육행정의 독특한 전통으로서 KMK의 장단점에 대한 국내의 연구에 관해서는 교육부의 교육정책연구인 『독일의 주 교육부장관 회의에 관한 연구』(박덕규 외, 2001)를 참조.

가 확립되었다. 특히 동독의 교육체제는 학교제도에 정치적, 행정적으로 통일된 형태를 부여하려 했을 뿐만 아니라, 마르크스-레닌주의적 세계관을 공식화된 국가이념으로 확산시키려는 목적도 가졌다(조상식, 2001 참조). 따라서 1989년 10월까지 독일 사회주의 통일당(동독 공산당: SED)은 교육목표 및 내용뿐만 아니라 학교 밖 아동 및 청소년 교육까지도 통제해 왔다. 예컨대, 1946년 초당적으로 조직되어 1952년 SED에 의해 인가된 '자유 독일 청년단' (FDJ)은 그러한 교육적 독점권을 가졌다.

이러한 양(兩) 독일의 학교체제는 근 50여 년 동안 그 조직과 교육내용에 있어서 상당한 차이를 보였다. 서독에서의 중등교육의 세 가지 유형 — 즉, 주요학교(Hauptschule), 실업학교(Realschule), 김나지움(Gymnasium) — 은 1959년 이래 존속해 왔던 반면, 동독 지역에는 10년제 종합 기술학교(polytechnische Oberschule)가 새로이 도입되었다. 1965년의 「통일 사회주의 학교제도법」은 이 학교체제에 대한 가장 구체적인 법적 장치였다. 하지만 동독에서도 직업교육은 나름대로 자율적으로 운영되었으며 영재학교와 같은 특수 목적 학교도 운영되었다. 또한 12년간의 중등교육을 마치고 나면 고등교육기관으로의 입학을 위해 고교졸업시험이자 대학입학자격시험인 아비투어(Abitur)가 있었다는 것도 서독과 다르지 않았다.

1960년대 중반 서독은 향후 10년간 지속될 전반적인 교육개혁을 추진했다. 진보적인 정치세력인 사민당(SPD)의 집권기이기도 한 이 시기에 교육개혁의 기본 이념은 '교육에 대한 시민권' 이라는 모토로 압축할 수 있으며, 교육제도에서 사회적 기회균등의 개선을 꾀하려는 것으로 요약된다. 이에 1970년 독일 교육위원회(Bildungsrat)는 교육제도의 수평적 조직화를 골자로 하는 역사적인 '구조안' (構造案, Strukturplan)을 발표한다. 그 결과 사민당이 집권한 주에서는 '미래의 학교' 라고 일컬어지는 종합학교(Gesamtschule)가 도입되었던 반면, 보수적인 성향의 기민당(基民黨, CDU)과 기사련(基社聯, CSU)이 집권하는 주에서는 여전히 전통적인 중등교육이 고수되었다. 하지만 이러한 불일치에도 불구하고 하나의 공통점은 있었다. 그것은 교육비 지출을 늘리고 상급 학교 입학 욕구를 대폭 충족시켜 주는 것이었다. 이러한 구조개혁안이 발표되던 당시 1965년과 1975년 사이에 폭발적인 교육인구의 확장이 있었다.[3] 이 시기의 극심한 교육팽창은, 고등교육을 통한 사회적 이동이 일차적으로 교육제도의 특정한 조직방식에 의존하지 않고 오히려 각 교육제도 부문에 대한 수요태도에 어떻게 유연하게 반응하느냐에 달려 있음을 보여 준다.

반면에 동독의 교육체제는 1960년대 중반까지 고등교육기관으로의 입학을 제한 혹은 허용하는 기제를 갖고 있었다. 예컨대, 대학교에 노동자 및 농민 학부가 있었던 것이 특징적이다. 하지만 이러한 사회 · 정치적 요인을 고려한 장치도 점차 학업성취와 정치적 신뢰성이라는 평가 준거에 의해 크게 위축되었다. 한편, 1970년 초반 이래 동독에서는 엄격한 대학입학 요건이 마련되었고 대학에서의 직업상담과 직업선택을 확충하는 지극히 '자본주의적'인 노동인력 양산방식을 보여 주었다. 이러한 와중에 애초에 의도했던 중앙집권적 통합 교육체제는 상이한 직업군을 양산해야만 하는 사회 경제적 필요와 상충되기에 이르렀다. 따라서 1990년 독일 통일 후에 도입된 자유로운 학교선택은 동독 주민들로부터 대대적인 환영을 받았던 것이다.

1989년 가을의 '대격변'(大激變, groβe Wende)에서 시작하여 1990년 10월 3일 공포된 「독일 통일 협약」에 이르기까지, 동독 지역은 여태껏 존속시켜 온 '사회주의 교육제도'를 폐기하게 된다. 구체적으로 1990년 3월 동독에서 선거를 통해 구성된 내각(주로 기민당 세력으로 채워진)은 서독의 교육제도와 동일한 제도 마련을 위해 무수히 많은 법안과 규칙들을 마련한다. 그래서 9월 양독(兩獨)의 공동 교육위원회는 교육제도의 (흡수)통합을 위한 기본적인 틀을 만들기에 이른다. 통합의 핵심 내용은 다음과 같았다. "동독의 서독으로의 편입(Beitritt)이 효력을 가짐과 동시에 동독에서도 (서독)기본법이 동일한 효력을 가진다. 이와 함께 교육, 학문, 문화도 앞으로 고유한 과제를 안게 된다."(Klemm, 1990) 이로써 1990년 8월 31일의 통일협약은 시험과 각종 증명서에 대한 상호인정과 같은 문제를 규정하고 독일 전체의 공통된 학문연구 구조에 관한 목표 설정과 시행안을 담고 있다.

3) 자세한 통계치에 대해서는 Sekreteriat, Schüler, Klasse, Lehrer und Absolventen der Schulen 1983 bis 1992 (Statistische Veröffentlichungen der Kultusministerkonferenz. Dokumentation Nr. 126, Bonn, 1994)를 참조.

3. 독일 교육제도의 법적인 기초와 행정

독일에는 전체 교육제도를 포괄하는 법적 규정이 원칙적으로 존재하지 않는다. 그 대신에 각 주는 독자적인 법적 장치를 마련하고 있다. 비록 전체 독일의 통일된 문화적 기초를 부정하지는 않지만, 해당 주의 법적 장치가 연방 차원의 규정에 우선하는 것이 독일 교육법의 중요한 특징이다. 1949년 5월 23일 발효된 「독일연방 기본법」은 예술, 학문, 연구, 이론의 자유(제5장 3절), 부모의 권리(6장 2절), 국가의 학교감독권, 종교수업 및 사립학교 규정(7절) 등에 관한 일반적인 진술만을 하고 있다. 이와 함께 대부분의 주헌법(Landesverfassung)은 제각기 교육목적이나 일반적인 학교조직에 관한 항목을 갖고 있다. 그래서 예컨대, 옛 동독 지역에서 있었던 헌법논의에서 특히 교육에 대한 세계관, 종교, 사회적 목표 등과 같은 문제가 중요한 역할을 한 것은 이러한 사실을 잘 보여 준다. 1945년 이후 여전히 격렬한 논쟁의 대상인 종립학교(Konfessionsschule)도 국가와 교회 간의 합의에 의해 해결되었다. 종교수업은 기본법을 통해 정식 교과목으로 인정되었지만 모든 주에서 시행되는 것은 아니다.

1969년 5월에 있었던 개헌을 통해 연방은 고등교육에 관한 규정에 대해 일반권한(Rahmenkompetenz)을 갖게 되었고(제75장 1a절), 1976년 「대학기본법(Hochschulrahmengesetz)」을 공포하였으며 교육촉진을 위한 경쟁법안(BAföG. 제74장 13절)을 마련했다. 이를 통해 대학교 및 대학병원 설립 시의 재정확보를 위한 기본적인 장치(91a장 1장 1절)를 갖춘 것이다. 특히 신설된 제91b장은 교육계획을 위한 연방과 주 사이의 상호협력을 규정하고 있다. 이 조항을 기초로 1970년 교육계획을 위한 연방-주-위원회(Bund-Länder-Kommission: BLK)가 설립되었다. 1973년 BLK는 장기적인 교육구조 계획 및 발전계획안을 포함하는 '대(大)교육계획'을 만든다. 이것은 독일 교육제도사적으로 처음이자 전체 지역을 포괄하는 유일한 교육계획안이었다. 하지만 그러한 초유의 시도는 정치적 분권화와 지역 간의 이해관계 때문에 제대로 실현되지는 못했다.

통일된 교육제도안이 실현된 유일한 부문은 1969년 8월 14일에 마련된 「직업교육법」을 통한 직업학교 분야였는데, 그것도 각 주 관할 직업학교는 제외되었다. 그나마 유일하게 통일된 것은 당시 1970년대에 새로이 등장했던 성인교육에 대한 입법이었다. 반면에 취학전 교육은 각 주의 「유치원법」이나 1990년의 「아동 및 청소년보호법」을 통해 시설, 인력, 비용과 같은 문제를 규정했다. 마지막으로 사립학교는 헌법 차원에서 보장되었는데, 동독은 원칙적으로 사립학교가 인정되지 않았다.

초등, 중등, 대학교 및 제반 문화정책을 위한 가장 중요한 조정기구는 이미 언급했듯이 각 주 교육부 장관회의(KMK)다. 1970년 설치된 연방 차원의 부서인 교육 및 과학부(Bundesministerium für Bildung und Wissenschaft : BMBW)는 단지 직업교육, 고등교육 및 교육연구에서 제한된 권한만을 갖는다. KMK가 어떠한 입법적 권한을 갖지는 않지만, 이 기관의 제반 교육문제에 대한 결정과 권고는 연방 차원에서 최소한의 통일적인 안을 마련하는 데에 지대한 영향을 끼친다는 점을 부정할 수 없다. 그래서 극히 중대한 안건의 경우, 이를테면 각 주 사이의 협약이나 협정이 KMK를 통해 이끌어졌음을 여러 번 확인할 수 있다. 예컨대, 학교제도의 통일을 위한 1955년의 「뒤셀도르프 협정」이나 1964년의 「함부르크 협정」 혹은 대학정원 배분 — 1972년에 처음 있었으며 이후 주기적으로 확정되었으며, 최근의 합의는 1992년에 있었다. — 이 그것이다.

교육정책에 영향력을 행사하는 세력으로, 각 주 혹은 연방 차원의 집권정당세력뿐만 아니라 각종 이익단체(교사조직, 학부모연대, 노동조합, 사용자단체), 교회 및 제(諸)학문의 대표자 등이 있다. 또한 정책자문을 맡은 전문가 기구가 특별한 역할을 하는데, 그중에서 두 기구가 눈에 띈다. 하나는 독일 교육제도 자문위(Deutscher Ausschuβ für das Erziehungs-und Bildungswesen)(1953~1965)이고 다른 하나는 독일 교육위원회(Deutscher Bildungsrat)(1965~1975)다. 이 두 기구는 서독 교육제도의 개혁 논의와 입안에 중대한 기여를 했다. 또한 1957년 설치된 과학위(Wissenschaftsrat)는 대학, 과학, 연구 발전을 장기적으로 분석, 추천하는 과제를 수행한 바 있다. 그러나 학교제도와 직업교육에 관한 유사한 기구는 1975년 이래 더 이상 없었다.

교육제도를 만드는 데 자주 간과되지만 많은 질문에 핵심적인 역할을 하는 기구는 바로 연방과 주 단위의 헌법 및 행정재판소다. 교육과 관련된 분쟁 당사자들의 소송이 이러한 사법적 판결에 의존할 수밖에 없는 것은 독일 교육제도의 특수한 사정에서 기인한다. 교육적 사안에 대한 사법적인 결정과 관련하여 자주 제기되는 '법제화'는 독립기구로서 법원의 핵심적인 통제권한이다. 아마 이러한 역할은 앞으로 유럽연합 재판소에서도 중요한 역할을 할 것으로 보인다.

절대주의 시대 이래 오랫동안 지배했던, '학교 및 고등교육은 국가의 행정이다'라는 견해(유명한 1794년 프로이센 주법)는 오늘날에도 국가에 의한 학교감독권에도 고스란히 반영되어 있다. 학교의 재정, 조직과 행정, 좁은 의미에서 학교감독은 국가의 권리요 의무다. 교육제도에 대한 국가의 총괄책임은 일반 학교제도에서 가장 두드러지게 보인다. 왜냐하면, 중등 수준의 학교제도에는 의무교육, 국가적 통제의 근원이 스며 있으며 특히 고등교육과 성인교육 수준에서는 가장 뚜렷한 국가 통제권이 미친다. 물론 대학의 자율성은 이러한 법적인 테두리 내에서의 자유로운 공간을 의미한다. 반면에 초등 및 중등학교의 자율성은 개별 학교에 대한 더 큰 권한만을 의미할 뿐이다. 그래서 학총장회의(Hochschulrektoren-konferenz)를 구성한 대학도 연방 차원에서 국가적으로 인정되는 이익대표기구에 불과하다. 한편, 독일에는 교육제도에 대한 연방 차원의 행정 기구가 없다. 그 대신에 각 주 해당 행정구역별로 둘 혹은 세 개 단계의 학교 행정관청이 설치되어 있다.[4)]

4. 독일 초 · 중등 교육제도의 특성과 개혁방향

1973년에 확정된 '대(大)교육계획안'은 교육제도의 구성원칙을 '수평적 단계모형'이라고 규정하고 다음과 같은 영역으로 나누었다.

① 기초영역
② 초등영역
③ 중등영역 I

4) 이에 대한 개관으로 최정웅 외, 비교교육발전론(서울: 교육과학사, 1995): 279-347를 참조.

④ 중등영역 II
⑤ 제III기 영역(고등교육)
⑥ 평생교육

이 모형은 당시 국제적인 통상 분류에 발맞추어 제시된 것이다. 그러나 그 내용은 단지 제한적으로만 실현되어 각급 단위의 학교는 여전히 전통적인 골격을 그대로 갖고 있었다. 아래에서는 특히 초등, 중등, 고등교육으로 이어지는 일반 교육제도와 독일적 명성을 갖고 있는 직업교육제도에 초점을 맞추어 기술하기로 한다.

1) 일반 교육제도(초 · 중등교육)

일반 교육제도라는 표현은 독일 인문주의 교육이념의 잔재가 남은 것인데, 특별한 직업 기능적 교육 이전에 모든 시민이 갖추어야 할 일반 교양교육을 지칭하는 것이다. 이러한 의미에서 초등학교(Grundschule)와 중등영역 I에서는 일반 교양교육 위주로 통일되어 있고 중등영역 II는 인문중등학교(Gymnasium) 이외에 다양한 직업학교 유형으로 구성되어 있다. 일반 교육제도에 있어서 주(州) 별로 그리 큰 차이는 없다. 1964년 10월 28일에 확정된 「학교제도 분야에서의 통일을 위한 협정」(함부르크 협정)이 그 제도적 통일을 위한 최소한의 요건을 마련한 것이다.

만 6세에 시작되는 의무취학도 공통된 조항이다. 이와 함께 조기취학 혹은 취학 연기도 동일한 조항이다. 각 주 사이의 차이점은 단지 의무교육 연한인데, 1993년 11개 주가 9년을, 그리고 네 개 주(베를린, 브란덴부르크, 브레멘, 노르트라인-베스트팔렌)는 10년으로 되어 있다. 모든 아동들에게 공통된 학교는 바로 초등학교이며 4년간 계속된다. 예외적으로 베를린과 브란덴부르크는 6년제다. 초등학교는 구조적인 교육개혁에서 상대적으로 안정된 요소를 갖고 있다.

초등학교 졸업 후 중등학교 진학은 전적으로 부모의 자유로운 의사에 의해 결정된다. 주별로 중등학교 진학과정에 대한 상이한 규정이 있지만 부모와 학교 사이의 협조적인 관계는 공통적이다. 한편, 제5학년과 6학년은 학교구조 개혁에서 언제나 논란거리였다. 흔히 '관찰, 촉진단계'(Beobachtungs-, Förderungsstufe)라고 불리는 이 진로 탐색기는 과거 학교제도에서 유래하는 것인데, 1974년 KMK(각 주 교육부장관 협의회)의 합의를 통해 정향단계(Orientierungsstufe)로 명명되었다. 하지만 이 단계는 각 주에 따라, 그리고 각종 개혁안에 따라 제각기 다르게 이해되었다. 중등학교와 무관한 독립 단계로 간주되거나, 혹은 다른 중등학교 계열과 연속적인 것으로 간주되곤 한다. 상급학교 진학에 대한 개인의 결정을 존중한다는 취지로 도입된 이 탐색단계는, 5~10학년에 걸친 중등 영역 I의 포괄적인 개혁의 부분으로 간주되어 왔다. 1960년대 이래 교육정책을 둘러싼 대립 중에서 많은 부분이 학교교육의 통합과 분화가 어떤 관계에 있으며 세 가지 전통적인 중등학제가 제각기 목표로 하고 있는 청소년 교육을 제대로 수행하고 있는지, 아니면 종합학교(Gesamtschule)가 그에 대한 좋은 대안이 될 수 있는지 등과 같은 문제와 관련이 있다. 그러한 논쟁을 거치면서 한편으로 주별로 차이가 더욱 커졌고, 다른 한편으로 이 세 유형의 학교가 교육내용면에서 서로 근접하는 예기치 않은 결과를 낳았다.[5)]

과거의 민중학교(Volkschule) 상급 학년을 계승한 주요학교(Hauptschule)는 1970년대 중반까지만 해도 가장 흔한 교양교육기관이었다. 하지만 1980년대 말에는 거의 모든 주에서 다른 중등학교에 비해 학생수가 현저히 줄어들게 되었다. 특히 베를린, 브레멘, 함부르크와 같은 주에서는 주요학교를 단지 '주변 학교'로 간주하기까지 했다. 그래서 당시 시대적인 특징이었던 교육팽창에서 주요학교는 아무런 영향을 받지 않은 일종의 교육 변방이었다. 또한 주요학교에 입학하는 학생들의 성향도 너무도 이질적이었다. 심지어 주요학교는 '문제아'나 학습의욕이 지극히 낮은 아이들의 결집소로 간주되다시피 했다. 베를린, 브레멘, 노르트라인-베스트팔렌 주에서 주요학교는 10학년제이고 나머지 주에서는 9학년제로 시행되고 있다. 대부분의 주요 교과는 직업교육을 위한 것이었다. 1990년 서독 지역의 주요학교 학생들의 12%는 졸업장도 못 받고 탈락한 것으로 집계되고 있다.

두 번째 중등학교 유형으로서 실업학교(Realschule)는 10년제 학제로 이루어져 있기 때문에 '중등교육이수' 학력이 인정된다. 하지만 실업학교는 독일 전역 어디

5) Anweiler, O. et al., Bildungspolitik in Deutschland 1945-1990, Ein historisch-vergleichender Quellenband (Opladen, 1992).

에서나 볼 수 있는 유형이 아니다. 많은 주에서는 주요학교와 실업학교가 합쳐져 있기도 하다. 또한 교육연한도 지역에 따라 차이가 난다. 실업학교는 제2외국어를 채택하고 직업준비교육을 더욱 강화하고 있으며, 실업학교를 졸업하게 되면 계속해서 직업훈련과 전문대학 진학 자격을 얻게 된다. 아울러 성적에 따라 김나지움에 다시 편입할 수 있는 기회를 가질 수 있다. 실업학교 졸업생의 약 3분의 1이 이러한 진학의 기회를 가지는 것으로 집계되고 있다.

중등학교 유형 중에서 김나지움은 유일하게 중등영역 I과 II, 즉 5~10학년과 11~13학년제를 포괄한다. 전통적인 세 가지 유형으로 고전어 김나지움, 현대어 김나지움, 그리고 수학-자연과학 김나지움이 있다. 드문 경우지만 음악, 경제, 사회과학 김나지움도 있다. 몇몇 주에서 볼 수 있는 직업 김나지움은 직업학교 군(群)으로 분류하는 것이 옳다. 전체 교육체제에서 김나지움이 차지하는 위상은, 성공적인 수료(Abitur)와 함께 대학 진학이 부여되는 유일한 학교유형이라는 데에 있다. 학교구조는 궁극적으로 아비투어의 목적에 의해 규정되며 바로 그것 때문에 학교로서의 매력을 가진다. 김나지움은 70년대 이래 '교육팽창'의 근원지였기 때문에 전통적으로 누렸던 '엘리트적' 성격을 상당히 잃은 것도 사실이다. 1990년 서독 지역 초등학교 졸업자의 약 36.9%가 김나지움에 입학하는 것으로 알려졌으며, 1992년의 통계에 의하면 전체 독일의 8학년 중등교육 이수자의 29.8%가 김나지움에 재학 중인 것으로 밝혀졌다.[6] 김나지움의 대대적인 변화는 1972년 김나지움 상급 학년의 개혁을 통해서였다. 그것은 선택과목의 폭을 확대하고 다양한 평가방법을 도입하는 것으로 요약된다. 하지만 1988년 KMK의 결정에서는 다시 필수과목의 이수가 더욱 강화되기도 했다. 이후에 있었던 KMK의 회의는 지금까지 서독 지역에서 시행되던 13학년제를 유지할 것인지, 아니면 옛 동독 지역 4개 주에서 시행되어 왔던 12학년제로 바꿀 것인지에 대해 결정하는 것이었다. 또한 이러한 논의는 대부분의 유럽연합 국가들이 12년제 중등교육을 통해 독일보다 이른 대학입학 및 졸업제도를 시행하는 상황적 요인과 크게 맞물려 있다. 아마 이 문제는 21세기 독일 중

6) Sekretariat, Schüler, Klasse, Lehrer und Absolventen der Schulen 1983 bis 1992(Statistische Veröffentlichungen der Kultusministerkonferenz. Dokumentation Nr. 126, Bonn, 1994).

등학제 개편의 최대 현안이 될 가능성이 높다.

중등영역 I의 마지막 학교유형은 종합학교다. 이것은 1960년도 중반에 처음으로 시작되어 사민당(社民黨, SPD)과 교육 · 연구노조에 의해 대안적 개혁모델로 인정되었다. 반면에 기독정당(CDU/CSU)이나 다른 교사 단체들은 이를 도입하는 데에 대체로 반대했다. 이 때문에 종합학교의 발전은 지역에 따라 큰 차이를 보였다. 모든 학생들을 받아들이는 통합된 학교인 종합학교는 특히 베를린, 브레멘, 함부르크, 헷센, 노르트라인-베스트팔렌 주, 그리고 1991년부터는 브란덴부르크 주에서 활발하게 운영되었다. 이러한 주들은 대부분 사민당 집권 지역이다. 여기서 종합학교는 단순히 실험학교가 아닌 공식적인 정규학교로 인정되었다. 그중에서 '협력적 종합학교'는 한 지붕 아래에 세 개의 학교유형을 형식적으로 결합하여 운영하는 것이고 '통합적 종합학교'는 상이한 시간에 따라 여러 교과목에서 서로 다른 평가를 하는 것이다. 통합적 종합학교에 속하는 학생비율이 1983년 4.3%에서 1992년 8.9%로 증가하긴 했지만, 그 수치는 다른 유형의 학교의 성장과 비교했을 때 그리 유의미한 것은 아니다. 종합학교 개혁안은 나름대로 타당한 교육이념을 갖고 출발한 것이었지만 독일 특유의 지방분권주의와 정치적 이념 대립으로 인해 완전한 성공을 거두지는 못했다고 볼 수 있다.

한편, 1960년대 이래 옛 서독 지역의 초 · 중등학교는 갑자기 늘어가는 외국인 노동자 자녀들의 입학으로 큰 변동을 겪게 된다. 초 · 중등학교에서 비(非)독일계 출신의 학생수(구서독 지역 기준)는 1983년의 830,782명에서 1992년에는(전체 독일) 1,057,000명으로 증가했다. 이는 전체 독일계 학생수의 9%에 해당되는 수치다. 그중 터키계 학생은 43.4%로 최대였으며, 특히 이들은 독일에서 태어난 이민 2세다. 다음으로 옛 유고연방 출신이 16%에 달한다. 인구가 밀집한 도시 지역은 농촌 지역보다 외국계 학생 비율이 훨씬 높다. 또한 같은 도시 내에서도 거주지역에 따라 큰 편차를 보이고 있다. 그래서 각급 학교는 외국계 학생들로 인한 언어, 문화, 종교적 차이를 심각하게 고려해야만 하는 과제를 안게 되었다. 이러한 과제는 '세계화' 현상과 맞물려 '다문화(多文化) 교육'이라는 교육 프로그램으로 활발히 연구되고 있다.

2) 직업교육제도

독일 전체 교육체제에서 직업교육은 상대적으로 독립된 교육유형으로 간주된다. 직업교육은 형식상 중등영역 II에 속하는데, 두 가지 유형이 있다. 하나는 1964년 이래 확립된 독특한 제도로서 '이원체제'(duales System)다. 이는 직업학교에서의 직업훈련 수업이 작업장에서의 도제교육과 상호 보완적으로 시행되는 것이다. 다음으로 직업교육만을 담당하는 전일제 직업학교가 있다. 독일의 직업교육은 여전히 전통적인 방식에 의존하고 있다.

'이원체제'에서 중요한 사항은, 1969년 제정된 「직업교육법」을 통해 직업교육의 통일성을 연방 차원으로 확보했다는 점과 작업장에게 상호협조를 구하여 두 '학습장'을 마련했다는 것이다. 이를 위해 작업장은 별도의 실습교육을 위한 공간을 확보하고 학교는 효율적인 직업교육 프로그램을 마련해야 한다. 비록 1970년대 초기에는 직업교육을 위한 교수법이 제대로 마련되지 않았고 사업장은 나름대로 이해문제 때문에 '이원체제' 자체에 대해 상당히 소극적으로 응했지만, 지금은 유연한 제도로 정착되었다. '이원체제'에 참여하는 사업장의 유형은 거의 모든 경제활동 분야를 망라한다. 인정되는 직업교육의 종류는 1993년 373개에 이른다. 대부분의 직업교육에 관한 규정들은 지난 20여 년 이래 내용적으로 다듬어져 왔다. 한편, 그 지속적인 과제 해결을 책임지는 것은 '연방 직업교육연구소'다. 대체로 직업교육의 연한은 3년이다. 직업훈련생(Auszubildende: 줄여서 Azubi)은 해당 사업장의 사용자와 노동조합 쌍방으로부터 한 달 주기로 직업훈련을 받게 된다. 교육 자체에 대해 국가는 어떠한 영향력을 행사할 수 없다.

이러한 '이원체제'에 지원하는 청소년들의 수는 해마다 늘고 있다. 1992년 Azubi의 36.6%는 주요학교 졸업생이고 2.8%는 주요학교 중퇴자이며, 31.8%는 실업학교 졸업생들이었다. 심지어 이 중 14.5%는 전문대학 졸업자들이었다. 아비투어 시험을 기다리는 상당수의 김나지움 학생들도 은행과 보험 관련 직종의 직업교육에 지원하고 있다. 길어진 교육연한 때문에 Azubi는 고령화하여 1970년에 평균 16.6세에서 1992년에는 평균 19세로 높아졌다. 이에 대한 교육정책적 방안을 마련하는 것이 시급한 과제로 대두되고 있다. 직업교육의 취약점으로 자주 비판받는 것은, 작업장에서 지나친 실기중심 교육과 다른 유형의 중등교육기관에 비해 그 수가 너무 적다는 점이다. 또한 직업학교는 지극히 이질적인 학생집단을 받아들여야 하는 수업상의 어려움을 안고 있다. 각종 중등학교에서 성적부진과 학교적응의 실패를 경험하고 직업학교로 '어쩔 수 없이' 입학함으로써 나타나는 학생 지도의 어려움은 쉽지 않은 문제다. 또한 직업학교의 조직, 운영, 재정적 뒷받침 등에서 각 주별로 상당한 정책적 차이가 있기 때문에 문제는 더욱 가중되고 있다.

5. 독일 초 · 중등 교육제도의 발전방향과 전망

40년간 분단을 경험한 독일이 해결해야 할 핵심과제는, 1990년 이래 구(舊)동독 지역을 원활하게 서독으로 적응시키는 것으로 교육제도에서도 예외가 아니다. 또한 이러한 과제와 함께 유럽 통합에 따른 구조 개혁과 조정이라는 과제가 새로이 등장하고 있다. 독일 고유의 교육제도를 개선 발전시켜야 하는 국가적 과제 말고도 유럽 통합에 따른 교육제도의 '국제적 표준화' 문제가 이중적으로 제기되고 있다는 말이다. 게다가 유럽에만 한정시킬 수 없는 시대적 흐름인 '세계화'에 적응해야 하는 문제는 독일 교육제도의 개혁에 최대 시련이 될 가능성이 충분하다. 독일의 내외적 환경을 고려해 보았을 때, 교육제도의 개혁방향과 그로부터 결과하는 문제는 다음과 같은 세 가지 쟁점을 중심으로 정리될 수 있다.

첫째, 이제 독일의 교육제도도 국가보다 시장을 중요시해야 할 시점이 아닐까? 이 문제는 독일의 역사적 선례에 비추어 보았을 때, 지극히 새로운 것일 수 있다. 왜냐하면, 지금까지 독일 교육제도의 전개과정은 국가의 주도적인 역할을 통한 '표준화' 전략을 따랐기 때문이다. 이는 최근까지도 예외가 아니었다. 하지만 교육제도와 노동시장과의 관계라는 점에서 점차 국가는 약화되고 시장이 강화되는 상황에 주목해야 한다. 여기서 문제는, 이러한 상황에서 교육제도를 '시장 지향적'으로 변모시켜야 하는가에 관한 것이다. 사립대학교들은 이미 이러한 방향으로 움직이기 시작했다. 이는 학부모들이 사립대학을 선호하고 있으며 대학이 기업가의 요구에 적극적으로 반응하고 있는 현실에서 뚜렷이 확인된다. 또한 개별 학교의 자율성, 학교 간 경쟁, 학교선택의 자유 등과 같은 요구도 점차 커지고 있다. 이 세 가지 사실이 바로 오늘날 독일의 학교가 직면하고 있는 상황이다. 실제로 이것은 이미 사립학교 차원에만 해당되는 고유한 문제가 아니라 공교육 일반에서도 중요한 쟁점이 되고 있다. 그러나 이에 대해 비판이 없는 것은 아니다. 많은 사람들은 교육제도의 시장 편입이 필연적으로 사회적 불평등을 초래할 것이라고 여전히 믿고 있으며, 학교가 국가의 통제로부터 이탈하는 데에 극도의 불안을 느끼고 있다. 물론 교육은 예나 지금이나 '시장상품' 이상의 의미를 갖고 있다. 그동안의 교육에 대한 국가 차원의 공공 투자는 이를 잘 설명해 준다. 그러나 국가가 개별 학교의 세세한 문제에까지 참견하는 것이 과연 교육의 고유한 가치를 보존하는 데에 궁극적으로 기여할 수 있는가 하는 문제는 논의의 여지가 있다. 다른 나라에서와 마찬가지로 독일에서도 교육제도와 관련하여 복지국가 모형이 종말을 맞고 있는 듯하다. 요컨대, 21세기 벽두는 복지국가 모형이 성공을 구가하던 1960, 70년대와는 전혀 다른 상황으로 보인다.

둘째, 이제 독일은 교육제도에 다양성을 부여할 것인가, 아니면 새로운 통일성을 모색해야 할 것인가? 독일의 교육제도는 언제나 정치 사회적, 교육 정책적 논의를 통한 타협의 산물이다. 이것은 독일 역사에 독특한 지방분권적 전통 때문이다. 이미 보았듯이, 직업교육이나 고등교육 분야에서만 최소한의 통일성이 확보되었을 뿐, 그 외의 교육제도상의 사항들은 여전히 지방의 고유한 권한으로 인정되고 있다. 따라서 독일 교육제도 개혁에서 핵심적인 문제는 기존의 다양한 학교유형을 계속 존속시킬 것인가, 아니면 새로이 통합해야 할 것인가이다. 물론 이것은 이미 언급한 '시장 논리'로부터의 도전과도 불가분의 관련이 있다. 이미 최근의 KMK는 이 문제를 최대의 과제로 간주하고 있다. 게다가 유럽 통합의 현실에서 이 문제는 이중의 과제를 던지고 있다. 따라서 향후 독일의 교육개혁에서 통합이냐 다양성 유지냐는 끊임없는 숙제가 될 것이다.

셋째, 독일은 너무 많은 대학생을 만들어 내고 있는 반면에, 너무 적은 전문 노동자를 만드는 것은 아닌가? 이 문제는 이미 19세기 이래 끊임없이 제기되어 온 오래된 주제이지만 지금으로서는 부적절한 것으로 보일 수도 있다. 왜냐하면, 어느 나라나 마찬가지로, 대학졸업자들로 인한 노동시장의 과잉에 대한 예견은 아직 명쾌하게 확인된 바 없기 때문이다. 그러나 오늘날의 상황과 관련지어 이 문제는 새로운 성격을 띠고 있다. 즉, 현재 직업훈련생보다 대학생 수가 많기 때문에 대학교는 이미 과잉이라고 비판받는다. 또한 어떤 직업 부문에서도 일자리를 쉽게 구할 수도 없다. 그래서 여러 방면에서 분석, 진단, 제안이 있어 왔으나 일반교육과 직업교육 사이의 균형에 대한 주장은 정책적 자기모순 때문에 설득력을 잃고 있다. 요컨대, 대학생에 대한 국가적 지원과 직업교육에 대한 각종 보조정책이 얼핏 균형 있는 '동시부양책'으로 보이지만 현실적으로 전자로 기울고 있는 것은 부정할 수 없다. 그 결과 일자리의 배분이 노동시장의 자기논리에 맡겨지고, 노동시장이 자체적으로 지원자들을 서열화, 등급화할 수 있는 기준을 마련해야 하는 상황에 이른 것이다. 여기서 다시금 국가가 대학입학 규정을 강화하면서 고급인력 수급정책에 적극 개입하게 된다면, 지난 수십 년간의 '평등주의적' 고등교육정책을 스스로 부정하는 딜레마에 빠지게 된다. 결국 학교체제와 노동시장 사이의 조응관계는 무너졌다고 보는 것도 틀리지 않다. 이 문제는 어쩌면 교육 내적 논리만으로는 해결되지 않는 정치적, 문화적, 사회적 쟁점이 될 가능성이 크다.

참고문헌

구자억 외. 동서양 주요 국가들의 교육. 서울: 문음사, 1997.

권이종. 유럽 주요국의 교육제도. 교육신서 134. 서울: 배영사, 1985.

김득영 외(역). 선진국의 학교교육. 각국의 특색 있는 학교교육 방법. 서울: 한결, 2000.

박덕규. 독일의 교육제도. 서울 : 한국교육개발원, 1995.

박덕규 외. 독일의 주 교육부장관 회의에 관한 연구. 교육부 교육정책연구, 2001-6818. 2000.

백종억. 주요국의 교육행정제도와 교육개혁 동향. 서울: 교육과학사, 2000.

손승남. 독일 대학교육의 현황과 개혁방향. 한국교육학회 연차학술대회 2004, 15-31.

신세호 외. 독일 교육통합과 파생 문제점 분석연구. 수탁연구 CR 93-3. 서울: 한국교육개발원,

1993.

이규환. 독일 교육사. 독일문화사 대계I. 고려대학교 독일문화연구소(편). 서울: 신지사, 1974, 555-618.

이규환. 선진국의 교육제도. 비교교육학적 기초. 서울: 배영사, 1994, 216-295.

정영수 외. 주요 선진국 교육의 당면과제와 개혁동향. 연구보고 RR 87-5. 1987.

정종화(편). 유럽연합 국가들의 교육제도. 고려대학교 EU 연구센터 유럽연구시리즈 V. 서울: 법문사, 1997.

조상식. 독일통일과 정치교육의 문제-동독 주민들의 정체성 위기와 관련하여. 교육학연구 제44권 제1호. 2006, 195-220.

최정웅 외. 비교교육발전론. 서울 : 교육과학사, 1995, 279-347(제7장 박덕규 글).

한국교육개발원. 선진국 교육개혁의 최근동향. 연구자료 RM 98-2. 1998.

덴마크의 공교육체제와 고등교육의 입학, 평가체제

카를 크리스티안 에기디우스(Karl Kristian Ægidius)
양은주 · 이상윤 공역

1. 덴마크의 공교육체제

덴마크의 공교육체제는 세 단계로 구분할 수 있다.

- 초등교육 · 중등교육 I ('국민학교' Folkeskole)
- 청소년교육－중등교육 II
- 고등교육－성인교육

1) 초등교육－중등교육 I (Primary & lower secondary education)

공립 '국민학교' (Folkeskole=People's school)는 1학년부터 6학년까지의 초등교육과, 7학년부터 9학년까지의 중학교 과정 교육을 담당한다. 이 과정은 의무교육이며, 부모나 학생들의 선택에 따라 입학하기 전 별도의 취학전 교육을 받거나, 청소년교육기관 진학 전에 자발적으로 10학년 과정을 다닐 수 있다. 지역행정청이 모든 국민들에게 '국민학교'(Folkeskole) 교육을 무상으로 제공할 책무를 진다. 그러나 부모들은 사립학교나 '자유학교'(Friskole)에 자녀를 진학시킬 수도 있는데(홈스쿨링 homeschooling을 선택할 수도 있지만 매우 드물다), 이 경우 학교운영비용의 20% 정도를 학부모들이 부담해야 하고, 학교운영위원회의 위원으로서의 권리를 갖게 된다. 초등학교 취학 대상 어린이의 약 87%가 공립학교에 취학하며, 나머지 13%가 사립학교, 또는 자유학교에 취학한다.

중학교7, 8, 9, 10학년(경우에 따라 주어지는－역주) 과정은 책무가 부여된 지역행정청에서 제공하는 공립학교 교육이 있고, 그 외에 별도로 약 250여 개의 '사립학교' '자유기숙학교'에 의해 교육 기회가 주어지기도 한다. 해당 학년 학생들 가운데, 약 15~20%의 학생들이 이 기회를 활용한다.

2) 청소년교육 - 중등교육 II

청소년교육은 크게 두 개의 범주로 나눌 수 있다.

- 범주 I: 일반계 고등학교 — 대학교육을 위한 진학준비과정
- 범주 II: 실업계 고등학교— 숙련 혹은 반숙련 노동의 직업 준비를 위한 교육과정

범주 I(일반계 고등학교): 4개의 과정으로 구분할 수 있다.

(1) 김나지움(Gymnasium)

3년의 일반계 교육과정으로 문과(언어 과정)와 이과(수학/자연과학 과정)로 나눌 수 있다. 두 과정 모두 폭넓은 과목 선택이 가능하며, 일반적인 대학 진학 준비과정이라 할 수 있다.

(2) 고등교육 준비 시험과정(HF-Higher Preparatory Exam)

2년의 일반계 교육과정으로, 김나지움과 거의 같은 교육목표와 내용을 가지고 있다. 대부분 9년 혹은 10년 과정의 의무교육기간에 지친(tired) 학생들이 1년 또는 몇 년간 취업이나 여행, 기타 사회 경험을 가진 이후 대학교육의 진정한 필요를 깨닫고 진학 준비를 원하게 될 때 주로 선택하는 과정이라 할 수 있다. 직업이 있는 사람들이 여가 시간이나 저녁 시간을 활용하여 다닐 수 있도록 마련된 보다 유연한 교육 프로그램도 있다. 이 과정에서 학생들은 한 번에 한두 과목을 이수할 수 있고, 이러한 방식으로 수학 기간 연장이 가능하다.

(3) 경상계열 고등교육 시험과정(HHX–Higher Commercial Exam)

3년 과정으로, 주로 대학 진학을 준비하는 일반계 고등학교 과정이지만, 산업 활동에서 요구되는 경제, 상업 분야의 지식을 제공하는 교육도 이루어진다.

(4) 기술공학계열 고등교육 시험과정(HTX–Higher Technical Exam)

3년 과정으로, 대학 진학 준비를 위한 교육이 주로 이루어지며, 기술공학과 자연과학 분야의 과목 및 프로젝트 수행도 교육과정의 필수적인 부분을 구성한다.

위의 네 가지 모든 과정들은 다수의 필수과목과 선택과목으로 구성된다. 모든 과목들은 수준별로 A(상급), B(중급), C(하급) 과정이 있으며, 학생 스스로가 이수할 등급을 선택할 수 있다. 이 같은 과목 수준별 등급 표시 방식은 고등교육기관들이 각 교육계열 입학에 지원할 수 있는 이수 과목 등급을 표시하는 데에도 활용된다.

범주 II

직업교육을 목적으로 하는 실업계 고등학교 과정은 2년제에서 5년제까지 그 교육기간이 매우 다양하다. 각각의 과정은 이론교육과정기간과 인증된 회사나 기관에서 실시되는 실습교육기간의 차이에 따라 다양하게 구성된다. 구체적으로 기초사회봉사직, 건강 서비스직, 농업, 목공이나 기타 수공 작업, 판매보조 등의 직업에 적합한 자격을 부여하는 교육과정들이 있다. 직업교육과정에 있는 학생들은 범주 I의 일반계 교육과정의 과목을 하나 혹은 그 이상을 이수할 수 있다. 청소년교육 기간 중에 이와 같은 방식을 통해 학생 본인의 선택으로 취업 및 진학 준비교육 모두가 가능하도록 하고 있다.

3) 고등교육 및 성인교육

학생들은 보통 앞서 언급한 4종류의 청소년교육과정 중 하나를 이수함으로써 고등교육기관에 입학할 자격을 얻게 된다. 그러나 이에 상응하는 다른 자격 및 외국의 국제적으로 공인된 특정한 시험을 통해서도 덴마크의 대학에 입학할 수 있다.

전통적으로 고등교육은 세 가지 범주로 구분된다.

- 단기 고등교육(2년제, Short cycle higher education)
- 중기 고등교육 또는 학사과정(3~4년제, Medium cycle or Bachelor level education)
- 장기 고등교육 또는 학위과정(3~8년제, Long cycle or Candidate level education)

고등교육에 필적하는 또 한 가지 교육체제를 '개방교육'(open education)이라고 하는데, 이는 몇 년간의 취업 경력이 있으면서 승진이나 높은 급여와 지위의 직업으로 전직을 희망하거나, 또는 단지 지식과 능력의 확장을 원하는 성인들을 대상으로 한다. 개방교육에는 4가지 단계가 있다.

- 기초성인교육(Basic adult education) — 청소년교육의 실업계 교육과정에 상응함
- 상급성인교육(More advanced adult education) — 단기 고등교육과정에 상응
- 학사학위과정(Education for diploma) — 중기 고등교육과정에 상응
- 전문학위과정(Master's Education) — 장기 고등교육과정에 상응

모든 고등교육기관들은 'ECTS'(유럽학점이전시스템, European Credit Transfer System)에 적합하여야 하는데, ECTS 제도는 각 교과목 및 과정의 중요도, 비중, 이수 정도 등을 동일한 기준으로 환산하여 상호 인정하는 제도다. 이 제도는 학생들이 다른 고등교육기관으로 쉽게 이동할 수 있도록 해 주며 또한 재능 있는 학생들이 다른 유럽 국가의 교육기관에도 어려움 없이 진학할 수 있도록 하는 데 그 목적이 있다.

(1) 단기 고등교육(Short cycle higher education)

단기 고등교육과정은 직업학교(Vocational Academy)에서 이루어진다. 이 직업학교들은 상업학교 또는 기술학교로서 이론과 실기를 접목한 직업교육을 목적으로 한다. 직업학교의 교육과정은 구체적인 기능과 계획능력, 프로젝트 운영, 혁신, 디

자인과 실용경제를 결합하는 데 초점이 맞추어져 있다. 이 교육과정에 있는 학생들은 경영관리자, 빌딩건축가, IT 기술자, 정보검색사, 재정 및 마케팅전문가, 농업기술자 등의 직업 준비에 필요한 교육을 이수하게 되는데, 대략 20여 가지의 상이한 교육과정이 있다. 이 가운데 일부 과정은 해당 분야의 학사학위를 취득하기 위한 보충과정을 제공하고 있으며, 또한 몇몇 과정은 대학에 진학할 수 있는 자격을 준다.

(2) 중기 고등교육(Medium cycle higher education)

20여 개의 교육과정이 있으며, 기술직, 교육직, 사회봉사직, 예술, 건강 분야의 취업을 목적으로 한다. '공학계열'의 학교를 졸업한 학생들은 기계제작, 건축, 디자인, ICT, 전기, 생산, 화학, 수출, 산림, 농업 분야의 기술자로 일하게 된다. 또한 '사회과학계열' 전공자들은 상담원, 사회사업가, 사회교육자 같은 사회봉사 직업에 종사하게 되며, '건강 분야'의 전공자들은 간호사, 영양사, 건강관리사, 심리치료사, 산파와 같은 직업을 가지게 된다. '교육 분야'의 전공자들은 초등학교 교사, 유치원 혹은 기타 전문화된 특수교육 분야에 종사하게 된다. '창작 분야'의 전공자들은 언론, 디자인, 애니메이션, 음악가, 배우, 영화제작 분야로 진출하게 된다. 이와 같은 교육과정을 이수하면 '전문학사'(Profession Bachelor)학위를 취득한다. 2년간의 전문직업 분야에 종사하면 대부분이 '개방학위과정'(Open Diploma Education)에 진학할 자격을 얻게 된다.

최근 '고등교육센터'라는 형태로 보다 발전된 새로운 중기 고등교육기관들이 나타나고 있다. 이러한 형태의 교육기관은 둘 또는 그 이상의 서로 다른 고등교육기관들의 협력체라 할 수 있다. 이 같은 교육기관의 장점은 교육영역(전공영역)을 확대할 수 있으며, 교수와 학생 모두에게 보다 고무적인 교육환경을 조성해 줄 수 있다는 것이다.

(3) 장기 고등교육(Long cycle higher education)

장기 고등교육과정은 세 단계로 구분된다. '학사학위'(Bachelor degree)는 보통 3년 과정이고, '후보자학위'(Candidate degree, 석사학위에 해당)는 4~8년 과정이며, '박사학위'(Ph.D degree)는 3년의 특별과정 혹은 단독 연구프로젝트를 수행한 후에 수여된다. 장기 고등교육기관은 5개의 종합대학, 6개의 특성화 '시민대학'(Folk High school), 4개의 특성화 대학으로 분류된다. 장기 고등교육과정에는 인문학, 신학, 사회과학, 자연과학 및 공학 분야에 걸쳐 수백 개의 전공과정이 있다.

최근에는 교육활동의 내용과 방법들을 직업적 요구와 변화하는 미래 현실에 어떻게 일치시킬 것이냐의 문제에 많은 힘을 쏟고 있다. 실상 대부분의 장기 고등교육과정들은 한 가지 직업만이 아니라 여러 다양한 직업 선택의 가능성을 제공하고 있다. 그러나 이상하게도 지금 당장은 취업률이 상대적으로 낮은 상태이며, 이 문제가 학생들과 장기 고등교육의 방향을 어렵게 하고 있다. 만약 장기 고등교육기관의 학생이 같은 교육계열의 다른 대학으로 옮겨가고자 한다면, 1학년 수료 후 가능하다.

학사학위 취득 후 학업을 마치는 것이 가능하지만, 대부분의 학생들이 후보자학위과정을 마칠 때까지 장기 고등교육기관에 머문다. 현재 모든 학사학위자로 하여금 적어도 다른 두 가지 후보자학위과정을 준비할 수 있도록 교육과정이 재조정되고 있다.

2. 고등학교 및 고등교육기관의 시험 및 입학제도

1) 청소년교육 – 중등교육 II

덴마크에서는 9년이 의무교육기간이며, 이 기간을 마칠 때, 덴마크어, 수학, 영어, 제2외국어, 물리학 · 화학 과목을 포함하는 졸업시험을 치르게 된다. 이 시험을 통과하면 김나지움에 입학할 자격을 얻는데, 만일 '개인교육계획'(학교와 학생의 협의로 구성되는 교육과정)이 입학시험에 통과할 것을 요구한다면, 그 학생은 김나지움 입학시험에 합격하여야 한다. 만일 학생이 자발적으로 10학년 이수를 선택하고 덴마크어, 영어, 수학 시험에 통과한다면, 김나지움에 입학할 자격을 얻게 되며, 여기에서도 9학년 이수자의 경우와 같은 예외가 존재한다. 만일 9년 과정 이수 후 졸업시험에 통과한 학생이 1년 혹은 그 이상의 기간 동안 직업을 가지거나 여행을 한 후 김나지움에 입학하고자 한다면, 그 학생에 대한 개별적인 심사를 통해 즉시 입학시킬 것인지, 혹은 입학시험을 치르도록 할 것인지는 그 교육기관의 결정에 달려 있다.

고등교육 준비 시험 과정(HF, 고등교육기관에 입학할 자격을 부여하는 2년 과정의 일반 청소년 교육) 입학 자격은 10년간의 과정을 이수하고 덴마크어, 수학, 영어, 제2외국어, 물리학/화학 시험에 합격한 자다. 9년 과정을 이수하고 졸업시험에 통과한 학생은 HF과정에 응시할 수 있는데, 이 경우 입학의 허가 여부는 해당교육기관의 판단에 달려 있다.

9년 과정 이수 후 졸업시험에 통과한 학생들은 경상계열 고등교육 시험과정(HHX)이나 기술공학계열 고등교육 시험과정(HTX)에 바로 입학할 자격이 주어지는데, 김나지움이나 고등교육 준비 시험과정(HF)의 경우에서처럼 입학시험과정이 요구되는 예외적인 경우도 있다. 다른 지원자들은 입학시험에 의해서나 또는 개인적인 심사를 거쳐 입학할 수 있는데, 이 경우 교육부에서 심사의 규칙이나 틀을 정한다. 범주 II의 실업계 교육과정을 이수한 학생들의 경우 김나지움 과정을 보충적으로 이수하고 시험에 통과하면 HHX나 HTX에 지원할 자격을 얻게 된다. 청소년 교육 과정의 계열 변경은 교육부에서 정하는 특정 규칙이나 과정에 따라 허용된다.

실업계 고등학교 교육과정에 입학할 기회는 9년의 초 · 중등기초과정을 이수하고 졸업시험에 통과한 모든 사람들에게 개방되어 있다. 건축, 식품, 상업, 기술 · 공예, 기계 · 운송, 서비스, 통신 등 총 7개의 서로 다른 계통에 입학할 수 있다. 학생들은 상담교사의 도움을 받아 각자의 흥미에 따라 과정을 선택하고 개인적인 교육계획을 수립하며 적절한 시점에 자신의 목적에 맞는 교육기관의 해당계열에 등록하여 수학한다.

2) 단기, 중기, 장기 고등교육

(1) 지원 절차

KOT 지원 등록 시스템

거의 모든 고등교육기관들이 KOT통합등록시스템(KOT, Coordinated Enrolling

System)에 등록되어 있다. 이 시스템은 학생들로 하여금 동시에 8개의 서로 다른 고등교육과정에 지원할 수 있도록 하고 있다. 1지망, 2지망과 같이 우선지원과정이 표시되어야 하고, 학생들은 하나의 과정에만 합격할 수 있다. KOT 방식의 장점은 학생들의 희망 순위에 따라 희망하는 교육기관에 입학할 수 있도록 하는 데 있다. 각 고등교육기관과 교육계열의 입학허가 가능 학생수의 제한으로 인해 단지 몇몇의 학생들만이 자신들이 가장 원하는 교육기관에 입학하여 원하는 공부를 할 수 있기 때문에, 장차 고등교육을 받게 될 학생들에게 두 개 이상의 교육계열에 지원 가능성을 열어주는 것이 유리하다.

지원 및 등록 절차는 다음과 같다. KOT시스템에 등록된 고등교육기관의 입학원서는 봄에 고등학교 과정의 모든 학생들에게 배포된다. 원서는 노동교환사무실이나 IVU센터를 통해서도 배부되고, KOT 홈페이지에서도 프린트할 수 있는데, 거기에는 고등교육기관의 다양한 교육계열과 가능성에 관한 모든 정보가 담겨 있다. 학생들은 원서를 온라인 방식으로 작성할 수도 있다. (전자 서명을 가지고 있고, 취득한 자격증명이 KOT 데이터베이스에 등록되어 있는 경우, 그리고 지원하는 학교가 전자지원 접수 시스템을 갖추고 있는 경우에만 가능하다), 그러나 대부분의 학생들은 기존의 방식대로 우편으로 접수한다.

지원서류로는 다음과 같은 두 종류의 원서를 작성하여야 한다.

■ 우선지원양식(The Priority form):

학생들의 희망계열 및 교육기관에 대한 지망순위를 기록하는 것으로서, 대부분의 학생들에게는 희망계열이 가장 중요하다. 따라서 희망계열을 1지망, 2지망과 같이 작성하여야 하고, 이 계열의 교육기관들을 열거하여야 한다. 예를 들자면, 1. 아후스 대학 경제학과 2. 코펜하겐 대학 경제학과, 3. 코펜하겐 상과전문대학 경제학과, 4. 오덴스 대학 경제학과 같은 방식이다. 만일 학생이 교사가 될지, 사회사업가나 상담가가 될지 확신하지 못하고 있다면, 그는 지역의 사범대학을 1순위로 하고 지역의 사회교육기관을 2순위로 선택할 수 있다. 그러면 지원서는 먼저 우선지원서에 최상위로 기재되어 있는 교육기관에 보내진다.

■ **지원서양식**(Application form):

지원서 양식은 우선지원양식에 기재된 모든 교육기관들에 보내진다. 학생들은 지원서에 어느 대학의 어느 계열에 지원하는지, 어떤 입학자격을 부여하는 시험에 합격하였는지, 취득한 자격이 어떤 것인지, 관련된 중등 이후 교육이나, 보충적인 시험통과 여부, 이전 단계의 교육 경력, 그리고 혹시 있다면 다른 고등교육기관에서 중퇴한 경력, 그리고 마지막으로 관련된 직업경력이나 교육과정 외의 특별활동 등을 기재하여야 한다.

한 가지 더 중요한 기재사항은 '입학대기' 희망 여부다. 1순위 지원 과정의 대기자 명단에 올려놓을 것인지 여부인데, 입학 자격을 먼저 받은 다른 학생들이 다른 선택을 하는 경우나 마감일 전에 입학 여부를 확정 통보하지 못하는 경우 대기자 명단에 오른 학생은 입학 자격을 얻거나, 혹은 다음해의 입학 허가를 받을 수 있다. 몇몇 교육기관들은 모든 지원자들을 수용할 수 있으나, 다른 몇몇 기관들은 학생들을 탈락시켜야 한다. 이 후자의 기관들이 '입학대기' 기회를 제공한다.

KOT시스템하의 여러 상이한 교육계열들은 입학 허가 영역들로 구분된다. 대부분 교육기관들은 매년 다음해의 실제 입학 수용 능력과 학생수를 결정하고 그에 관한 정보를 작성하여 KOT사무국에 통보하여야 한다.

형식에 알맞게 제대로 작성되고 증명서류들(학위증이나 졸업장의 공증된 사본과 취업 등의 경력 증명서류 등)을 갖춘 모든 입학원서들은 마감일까지 전국의 각 고등교육기관에 접수(일부는 3월 15일까지, 일부는 7월 1일까지)되며, 각 교육기관들은 서류심사를 통해 입학지원자들을 평가하고 입학 원칙과 쿼터1, 쿼터2(쿼터에 대해서는 다음에서 설명함) 지원자 배분의 기준을 결정하게 된다. 이러한 지침들은 입학원서 및 우선지원양식에 포함된 정보들과 함께 KOT사무국에 보내져 데이터베이스에 기록된다.

KOT사무국이 지원자를 평가하는 것은 아니며, 앞서 언급하였듯이, 이런 지원 절차를 통해 객관적 기준에 따라 지원자들을 배치하는 역할을 수행함으로써, 학생들이 자신들이 가장 원하는 우선지원과정에 입학할 수 있도록 도움을 준다. 법규에 따라, 사무국은 모든 지원자에게 매년 7월 28일까지는 최종 결과를 통보하여야 한다. 각 교육기관들이 공지한 마감일 전에 지원자들은 입학을 결심하거나, 입학하지 않겠다는 뜻을 해당 교육기관에 통보하여야 한다. 입학을 포기하거나 입학의사를 통보하지 않을 경우에 입학 기회는 상실되며, 대기자 명단에 들어 있던 학생들이 대신 입학 기회를 얻는다.

수많은 지원자들을 상대로 하기 때문에 합격 또는 불합격에 관한 잘못된 결정이 내려지는 경우가 있는데, 만일 학생들이 이의를 제기할 만한 합당한 이유가 있을 경우 해당 교육기관에 문서로 이의제기를 할 수 있으며, 재심사를 받을 수 있다. 만일 학생들이 자신들의 입학결정을 변경하고, 다른 교육기관이나 계열로 지원을 하고자 하거나 혹은 우선지원순위를 바꾸고자 한다면, 지원 접수 마감일 전에는 정정이 가능하다. 그 경우에 해당 교육기관에 서면 통보하는 일을 포함하여 지원 변경을 위해 규정한 모든 절차를 따라야 한다.

(2) 입학규정

KOT 시스템하의 각 교육계열과 교육기관들은 입학규정을 마련하여야 한다. 이 규정들은 시험, 자격 및 해당 과정의 이수와 수료에 필요한 자격요건을 명시하고 있고, 지원자가 많을 경우 선발에 관한 사항까지도 규정하고 있다.

대부분의 교육기관들은 쿼터제(Quotas)를 시행하고 있는데, 쿼터1은 입학시험 성적 평균에 따라 지원자들의 입학을 허가하며, 쿼터2는 다른 기준에 따라 입학을 허가한다. 고등교육기관들은 쿼터1과 쿼터2의 선발학생비율을 어떻게 조정할 것인가를 자체적으로 결정한다.

쿼터 1(Quota 1 of the KOT Quota System)

덴마크에서 입학허가를 부여하는 시험을 통과한 '보통' 지원자들을 대상으로 하는 쿼터1의 마감시일은 7월 1일이고, 외국의 시험을 통과한 학생들은 3월 15일이 마감시한이다.

지원자들은 다음과 같이 시험에 통과하거나 평균성적을 받아야 입학이 허가된다. 즉, 김나지움, HF, HHX, HTX, 그리고 외국어를 사용하는 지원자를 위한 특별과정, 덴마크의 성적 기준으로 변환 가능한 국제적 시험이 그에 해당한다(1이 최저점이고, 13이 최고점).

교육기관들은 입학에 필요한 고등학교의 졸업시험 평균성적 하한선을 설정하고 있다. 만일 학생의 학업 결과와 성적에 부정적 영향을 미친 특별한 상황이나 사정이 있었던 경우에는, 이 하한선 규정이 면제되고 입학허가를 받을 수 있는데, 의료 기록이나 졸업한 기관이 작성한 서류가 첨부되어야 한다.

또한 지원자들은 입학을 원하는 해당 고등교육기관이 부과하는 특별한 입학자격을 요구받을 수 있으며, 그런 경우에는 부과된 특정 요건을 충족시킬 수 있어야 한다. 고등교육기관에서 설정하는 특정 입학 요건들의 예를 들면 다음과 같다.

- 김나지움이나 HF, HHX, HTX 등의 기관에서 특정 과목의 특정 등급 이수
  (학교에서 학생 스스로가 각 과목들의 등급 수준 A, B, C를 선택할 수 있도록 되어 있다.)
- 졸업시험에서 특정 과목의 최소성적
- 최소한의 직업경험
- 지원 분야와 관련된 직업교육과정 이수

만일 학생들이 입학에 필요한 특정한 자격 요건을 충족시키지 못한 경우, 입학시험 결과를 보충할 과정의 이수가 필요하다. 일부 고등교육기관들은 가을학기가 시작되기 전에 필요한 학생들을 위한 보충과정을 8월 중에 개설하기도 한다. 일부 고등교육기관들은 특별히 규정한 보충교육과정의 이수와 최소 성적 기준의 성취를 조건으로 입학을 허가하기도 한다.

쿼터 2(Quota 2 of the KOT Quota System)
다음에 해당하는 지원자들은 쿼터2를 통해 고등교육기관에 진학할 수 있다.

- 입학시험에 통과하고, 해당 계열의 특정한 입학 자격 요건에 충족되고, 각 교육계열에 대해 교육기관들이 설정한 지역기준 요건에 충족되는 학생들-쿼터2를 통해 입학하는 기회는 상대적으로 학업성적 기록이 낮아서 성적만으로 입학하기 어려운 학생들이 주로 활용한다. 그들은 다른 방면에서 얻은 장점을 보완하여 합격가능성을 높일 수 있다.

– 입학시험을 면제받은 학생들.
– 다른 입학시험 – 예를 들면, 사회계열이나 건강관련계열의 입학허가를 위한 시험 – 을 통과한 학생들.
– 덴마크의 입학시험 성적 기준으로 변환될 수 없는 외국의 시험을 치른 학생들

만일 교육기관들이 입학 기준을 변경하고자 한다면 그 변경사항을 사전에 알려야 하며, 지원자들이 지원 시에 시행 중인 규칙을 알 수 있도록 하여야 한다. 각 교육기관들은 자체적으로 각기 쿼터2의 입학허가 기준을 마련한다. 다음은 보통 사용되는 기준들이다.

– 입학시험의 평균성적(여기에 덧붙여 이하의 기준들을 각기 다양하게 조합하는 방식으로 구성)
– 해당 교육계열의 공부를 위해 중요한 특정 과목에서 취득한 성적
– 김나지움 수준의 보충적인 단일 교과과정의 이수 및 시험 통과
– 다른 교육계열의 부분 혹은 완전 이수
– 직업경험 일반 및 해당 분야와 관련 있는 직업경험
– 시민대학(Folk High School) 교육과정 이수
– 직업경험 혹은 외국에서의 학업경험
– 외국어 지식 및 숙달 수준
– 지원자의 성장과 학업적합성에 기여할 것으로 여겨지는 기타 활동
– 지원자가 해당 계열의 학업을 특별히 원하게 된 합당한 동기를 직접적으로 보여 줄 수 있는 지원자의 교육과정 이력

고등교육과정에 진학하기를 바라는 청소년 사이에서는 필요한 보충교육과정 이수를 통한 학점 취득, 관련된 직업경험 취득 등을 통해 '점수를 쌓아 가는 일'은 보통 하는 일이다. 또한 교육기관이 그들 각각의 경력을 어떻게 점수로 환산하는지, 자격기준을 어떻게 설정하는지에 대한 정보를 얻기 위해 노력한다. 그리하여 입학에 충분한 학점을 얻었다고 생각될 때, 입학신청을 한다.

첨언할 것이 있는데, 이 시스템의 유용성에 관한 몇 차례의 논의 결과, 현 집권 여당은 쿼터2 시스템을 2007년부터 폐지하고, 점차 쿼터1에 의해서만 입학선발을 하기로 했다.

3) 개방교육(Open Education)

기초성인교육(Basic adult education) 입학 자격은 다음과 같다.

- 25세 이상일 것
- 관련 직업에 2년 이상 종사한 경력
- 선택한 교육과정과 관련된 과목에서의 지원자의 지식과 능력이 9학년 '국민학교' 졸업자에 상응할 것

교육기관들은 지원자의 서류심사를 통하여, 그리고 가능하다면, 지원자의 능력 수준을 밝힐 수 있는 1~2주간의 교육프로그램을 통하여 지원자의 능력과 지식에 대한 판정을 내린다.

상급성인교육(More advanced adult education) 입학허가는 지원자의 청소년교육 프로그램 이수, 또는 기초성인교육 이수에 의해 결정된다. 학사학위과정(Education for diploma)의 입학허가를 위해서는 단기 고등교육기관(Short cycle higher education)에 의한 시험이 요구된다. 특별 준비과정을 밟는 것을 조건으로 입학이 허가될 수도 있다. 또한 2년의 직업경력이 필요하다. 전문학위과정(Master's Education)은 중기 고등교육기관(Medium cycle higher education)의 시험을 통과하거나 학사 학위과정(Bachelor level), 또는 디플로마 학위과정을 이수한 사람이 입학할 수 있다.

참고문헌

덴마크 교육 일반 · 자유교육 · 성인교육 · 시민대학에 관한 주요 문헌

Bodenstein, Eckhard. "Länderstudie Dänemark". In: *Reformpädagogik und Schulreform in Europa*. Hrsg. von Michael Seyfarth-Stubenrauch; Ehrenhard Skiera. Bd. II., Hohengehren, 1996, 437-442.

Borisch, Steven M. *Danisch Social Movements in A Time of Global Destabilzation*. Kolding, 1996.

Danisch Friskole Association(ed.). *The Danisch Friskole —a segment of the Grundtvigian-Kold school tradition*. SvendborgTryk, 1995.

Kandel, Denise B. · Lesser, Gerald S. 청소년 세계의 이해—미국과 덴마크 청소년의 이해. 〔*Youth in Two Worlds*〕. 교보문고, 1991.

Korsgaard, Ove · Walters, Shrirley · Andersen, Randi(eds.). *Learning for Democratic Citzenship*. Kopenhagen, 2001.

Mannische, Peter(ed.). Denmark. A Social Laboratory. Copenhagen, 1969.

주제에 관련된 인테넷 홈페이지 주소

http://um1.id.dk/deutsch/daenemark/enzyklopaedie/kap3/3-8.asp

http://denmarkemb.org/grundt.html

http://www.dpb.dpu.dk

http://www.peopleseducation.org/resource/ericasimon.htm

http://www.vestfyns.gym.dk-Vestfyns Gymnasium

러시아의 교육개혁: 문제점과 전망

이 나탈리야

안지영 역

주지하다시피, 러시아는 1917년 소비에트 혁명 이후부터 1991년 소비에트연방 공화국의 공식적인 해체 선언에 이르기까지 근 70여 년간 사회주의 진영의 종주국 자리를 지켜 왔다. 계획경제와 중앙집권적 통제를 특징으로 하는 '소비에트 연방 공화국'의 경제적 · 정치적 현실은 소비에트의 교육현실에도 커다란 영향을 미쳤다. 그리고 바로 이러한 소비에트의 교육제도가 작금의 러시아의 교육현실의 근간을 이루고 있다고 해도 과언이 아니다. 간략하게 말하자면, 현재 러시아 교육개혁의 흐름 역시 소비에트 교육제도의 장점을 유지하고, 단점을 보완하거나 제거하는 방향으로 진행되고 있다고 할 수 있다.

러시아 교육개혁의 문제점과 전망을 논하고자 하는 이 글은 총 두 부분으로 구성되어 있다. 1장에서 우리는 러시아 교육제도 전반의 특징을 소개하고자 한다. 소련 해체 이후 구(舊)소련의 교육제도에 기반을 두고 있는 러시아 교육제도가 어떠한 변화를 시도했고, 또 과거 교육제도의 어떤 특징들을 유지하고 있는지에 관한 고찰이 1장의 주요한 내용이 될 것이다. 특히 소련 해체 이후 교육계에 불어온 자율화의 바람을 특징으로 하는 1990년대의 교육개혁의 장단점을 고찰하는 데에 1장의 한 단락을 할애하고자 한다. 이어지는 2장에서는 현재 진행되고 있는 러시아 교육개혁의 구체적인 내용들을 살피고자 한다.

1. 간추려 살펴본 러시아의 교육제도

러시아인들은 러시아의 교육제도에 관하여 전혀 상반된 두 가지 견해를 피력하곤 한다. 어떤 이들은 러시아의 교육이야말로 세계 최고의 수준을 자랑한다고 생각하는 반면, 또 다른 이들은 러시아의 교육수준은 최악이라고 생각한다. 흥미로운 것은 전혀 상반된 듯 보이는 이 두 가지 견해가 그 표현만 다를 뿐 사실상 동일한 논거를 가지고 있다는 점이다. 전자는 러시아의 교육 시스템이 안정적이라고 생각하고 후자는 보수적이라고 생각하는데, 사실상 이 모든 견해는 그간의 러시아 교육 시스템이 매우 항상적이었다는 사실을 보여 준다. 러시아 교육 시스템의 보수성 덕분에 러시아의 교육체제는 백여 년간 매우 안정적으로 유지되어 왔다.

우선 최근까지 러시아 교육체제가 대략 어떤 모양새를 갖추고 있었는지에 대해 살펴보자.

1) 연령별 교육

러시아에서는 한 살 반 정도의 연령을 기준으로 국가 차원의 조직적인 교육 과정이 시작되어 고등교육으로 이어진다. 먼저 탁아소, 유치원 등 취학전 아동의 교육기관이 있다. 보통은 한 기관에서 탁아소와 유치원을 함께 운영한다. 한 살 반부터 세 살까지의 영 · 유아들은 탁아소에 다니고, 그 후 일곱 살까지의 아동들은 유치원에 다니게 된다. 유치원도 연령에 따라 초급, 중급, 상급 그리고 입학준비반으로 나뉜다. 국가는 각 그룹이 표준적으로 준수해야 하는 교육과정 프로그램을 제시하였고, 최근까지도 모든 유치원이 이 프로그램을 따라 아동들을 교육했다. 이 프로그램은 아동의 신체적, 정신적, 지적 측면의 발달을 고려하여 구성되었고, 연령에 맞는 아동 발달과 취학 준비를 두 가지 주된 목표로 삼고 있다. 단, 유치원 교육은 의무교육이 아니기 때문에 가정에서 교육을 받은 아이들의 경우는 취학 전에 중등교육기관에서 마련한 입학준비반 과정을 거치도록 되어 있다.

유치원을 마친 후 아이들은 중등교육기관에 입학하게 된다. 러시아의 중등교육기관 쉬콜라(shkola)는 한국의 초등학교, 중학교, 고등학교 과정을 모두 포함하는 하나의 교육기관이다. 한국과 달리 각기 다른 학교에서 교육받는 것이 아니라 한 학교 기관 안에서 저학년, 중학년, 고학년으로만 나뉜다. 러시아의 아동은 일곱 살에 1학년이 되고 열여섯 혹은 열일곱 살이 되면 11학년을 마치고 졸업하게 된다. 저학년 과정은 1~4학년, 중학년 과정은 5~9학년, 고학년 과정은 10~11학년까지다.

저학년 과정에서는 특별 과목(미술, 음악, 체육)을 제외한 모든 과목을 담임교사가 가르친다. 5학년부터는 한국의 중학교 과정과 마찬가지로 각 과목의 담당 교사가 수업을 하는 개별 과목 교육이 시작된다. 9학년이 끝나면 원하는 학생들은 10학년에 올라갈 수 있다. 이어서 11학년까지 마치게 되면 중등교육의 전 과정이 끝나게 된다. 그렇지 않은 경우는 9학년 졸업장을 받고 한국의 실업계 학교에 해당하는 전문학교(상업과 공업 분야)에서 전문교육을 받게 된다. 10학년에 올라간 학생들은 11학년을 마친 후 중등교육 졸업장을 받게 되는 동시에 대학교, 연구소[1] 등의 고등교육기관에 입학할 자격을 얻게 된다.

11학년을 마친 졸업 예정자들은 주요 과목에 대한 졸업시험을 치르는데, 수학, 러시아어, 문학이 필수과목이고, 그 외에 선택과목 시험도 있다. 필수과목의 경우 두 과목(작문과 수학)은 필기시험으로, 나머지 두 과목은 구술시험으로 치른다. 결국 졸업시험 결과와 학교성적에 따라 중등교육 전반에 대한 총괄적 평가 점수가 나오게 된다. 현재까지 학생들은 자신들이 다니던 학교에서 졸업시험을 치르고, 졸업시험을 마친 후에는 입학하고자 하는 고등교육기관에서 다시 입학시험을 치른다.

2) 소비에트연방 해체 이후의 변화

구 소비에트 시기부터 러시아에는 지역이나 학교에 관계없이 의무교육 교과과정

1) 러시아의 연구소(institut) 개념은 전문적인 연구기관인 한국의 연구소 개념과는 다르다. 러시아의 연구소는 대학과 동등한 고등교육기관이다. 소련 해체 이후 미국, 유럽 등과 학제 시스템을 표준화하는 가운데 많은 연구소들의 명칭이 대학으로 바뀌고 있다. (역주)

이 정해져 있었고, 이 과정에 따른 상세한 교육내용을 다룬 프로그램도 짜여 있어 모든 학교들은 이 교과과정과 프로그램에 따라 수업을 진행했다. 대학을 포함한 각급 학교에서 학생들이 학습하는 과목들만 정해져 있는 것이 아니라 각 과목마다 학습내용, 시기, 교안 등이 이미 구체적으로 정해져 있었다. 따라서 각 과목을 담당하는 교사는 교육부가 정한 교육과정을 정확하게 준수했고, 그렇지 못할 경우 규범을 이탈한 것으로 간주되었다.

그리고 이렇듯 견고한 제도가 소위 '교육규준'을 형성했다. 시간이 흐름에 따라 소소한 수정 절차가 있기는 했지만, 수십 년 동안 소비에트 교육규준에 본질적인 변화가 있은 적은 한번도 없었다. 당시에는 교육 프로그램에 아주 미미한 변화라도 주려면 반드시 교육부를 거쳐 승인을 받아야 했다.

소련이 붕괴된 이후 많은 이들, 특히 교육개혁의 담당자들은 매우 큰 열정을 가지고 소비에트가 남긴 교육체제의 개혁을 위해 노력했다. 각급 학교들은 교과목의 선택이나 교과내용, 그리고 교수법의 영역에서 지금껏 한번도 경험하지 못했던 자유를 얻게 되었다. 사립학교들이 생겨났고 공립학교들도 특정 과목을 심도 있게 가르치는 전문학교들로 변모하게 되었다. 수학을 강조하는 학교, 인문교육을 강조하는 학교, 미학교육을 강조하는 학교, 외국어 전문학교(주로 영어 학교)들이 생겨나게 되었다. 사립학교들의 경우에는 공립학교의 일반 정원인 25~30명이 아니라 5~6명의 학생으로 학급을 구성하기도 한다. 심지어 수업 시수도 변화하는 등 다양한 방면에서 변화가 일어났다. 각 과목에 따른 교과서의 종류 역시 수없이 많아져 거대한 러시아 전역에서 늘 하나의 프로그램과 교과서로 가르치는 일에 익숙했던 교사들은 종종 선택의 어려움을 겪게 되었다.

어찌되었든 간에 이 모든 개혁은 아주 긍정적으로 받아들여졌다. 이러한 개혁이 절정에 달한 것은 1990년대 중반의 일이었고, 분명 소기의 성과를 거두었다. 그런데 그 결과를 일의적으로 해석하기는 매우 어렵다. 물론 이러한 개혁이 긍정적 변화들을 낳은 것은 결코 부정할 수 없을 것이다. 무엇보다 중등학교든, 유치원이든 간에 각급 교육기관의 일선에서 일하는 교사나 학교의 책임자가 교과과정이나 교육 프로그램, 지식의 질을 평가할 수 있는 평가제도의 변화를 주장할 수 있게 되었다는 점은 긍정적으로 평가해야 할 것이다. 이는 빠르게 변화하는 시대의 흐름에 적응하지 못해 종종 현실과 유리되었던 소비에트 교육체제의 맹점을 보충할 수 있는 좋은 변화라 하겠다. 1990년대 교육개혁의 붐은 이전의 교육제도가 지닌 단점들을 수정하여 시대가 요구하는 새로운 교육 프로그램, 새로운 교과서, 새로운 과목, 교육 전반에 있어 근본적으로 새로운 접근 등을 가능하게 했다. 이외에도 교육부가 뒷받침한 많은 개혁 프로그램들은 실제로 합리적인 것이었고, 그 결과 매우 흥미로운 교육기관들이 생겨났음도 지적해야 겠다.

그러나 그와 더불어 정부 차원의 개입을 필요로 하는 많은 문제들도 생겨났다. 개입이 필요했던 것은 이러한 문제들이 한시적인 문제가 아니라 사회 전체의 발전에 부정적인 영향을 미칠 심각한 여파를 남길 것이 분명했기 때문이었다.

3) 교육규준과 1990년대 교육개혁의 문제점

여러 가지 문제점들 중에서 가장 대표적인 것으로 앞서 언급한 교육규준의 문제를 들 수 있다. 교육과정을 개선하고 이를 더욱 합목적적으로 만들고자 하는 좋은 의도의 부작용으로 특정 학교, 특히 특정 사립학교는 몇몇 과목의 입학시험을 치를 능력이 전혀 없는 졸업생들을 배출하기 시작했다. 이는 특정 분야의 교육에 치중한 해당 학교에서 학생들이 그 과목을 아예 배우지 않았거나 혹은 제대로 배우지 못하고 졸업했기 때문에 생겨난 문제였다. 결과적으로 개별 단위 학교들에서 고등교육기관 입학을 위해 요구되는 교육기준에 합당하도록 학생들을 교육하지 못한 것이라 할 수 있다.

다른 한편으로는 의과대학이나 기술대학 등 특정 고등교육기관 입학만을 목적으로 개별적인 과목들만 심화시켜 가르치는 학교들도 생겨났다. 그런 학교들은 보통 특정 고등교육기관과 자매결연을 맺고, 졸업생들이 특혜를 누리도록 하고 있다. 고등교육기관에서 이에 동의한 것은 이런 방식을 통해 제대로 준비된 신입생들을 받을 수 있으리라는 판단 때문이었다. 이런 학교들은 당연히 아주 짧은 기간 안에 명문 중등교육기관으로 성장했고, 그런 중등교육기관에서 공부하는 것 자체가 원하는 고등교육기관에 진학할 것을 보장하는 만큼 입학도 매우 어려워졌다. 사실상 대부분의 의과대학은 이런 제도를 도입하고 있다.

그 외에도 최근 들어 고등교육기관의 입시 요건이 매우 까다로워졌다. 아주 탁월한 학생이 아닌 이상 일반 학교 학생들은 대학에 진학하기 위해 비싼 돈을 내고 과외수업을 받아야 한다는 것이 이제 더 이상 비밀이 아니다. 더욱이 과외 선생이 학생이 진학하고자 하는 고등교육기관에서 일하고 있다면 과외비는 더욱 비싸진다. 그러나 그 자체가 어느 정도 진학을 보장해 주기 때문에 학생과 학부모들은 아무리 많은 돈이 들어도 그 선생에게서 과외를 받고자 한다. 이 모든 현상은 일차적으로 입학시험 수준이 매우 높아졌기 때문에 생긴 것이기도 하지만, 다른 한편으로는 입학 요구 사항 자체가 학교마다 천차만별이기 때문에 빚어진 결과이기도 하다. 교육규준이라는 것이 더 이상 존재하지 않는 상황이 되어 버린 것이다. 이러한 상황은 시골 학교의 학생은 말할 것도 없고 대도시에서도 서로 다른 중등교육기관의 졸업생들이 불평등한 조건에서 공부하는 현실을 낳았다.

이와 더불어 고등교육기관에도 큰 변화가 생겼다. 얼마 전까지만 해도 러시아의 모든 고등교육기관은 국립교육기관이었기 때문에 러시아 국민들은 무료로 고등교육을 받을 수 있었다. 그러나 지금은 모든 것이 달라졌다. 국립 고등교육기관도 전액 장학생과 학비를 내는 학생들을 나누어 선발하고 있다. 전액 장학생을 뽑는 시험에 합격하지 못하고 떨어질 경우라도 경제적인 여유가 있으면 재수할 필요 없이 동일한 학교에 입학할 수 있다. 또 최근에는 사립 고등교육기관들이 많이 생겨났는데, 이 중 많은 기관들은 입학시험을 보지 않고 학생들을 선발한다. 만일 대학에 입학하고자 하는 학생의 부모가 재정적으로 넉넉하면, 일반적인 교육규준에 상응하는 일체의 절차 없이도 대학에 들어갈 수 있게 되어 버린 것이다. 사실상 이러한 고등교육기관의 교육수준이란 정말 의심스러운 것임에도 불구하고 이러한 교육기관들의 숫자는 계속해서 증가하는 추세다. 작년의 통계에 따르면 러시아 연방 내에 고등교육기관은 972개로, 그중 620개는 국립 교육기관이고, 나머지 352개는 사립 교육기관이다. 그러나 사실상 이미 활동하고 있으나 아직 인가를 얻지 못한 교육기관의 수를 모두 합하면 러시아에만 3,000개 가량의 고등교육기관이 존재한다고 한다. 이러한 현실을 개탄하며 교육부 장관 A. 프루센코(Frusenko)는 다음과 같이 말한 바 있다.

“최근 러시아의 교육 시스템은 스스로가 수요자이고 동시에 공급자인 양 움직이고 있다. 우리가 해결해야 할 첫 번째 과제는 이러한 자족적인 교육 시스템에 외적인 요구를 반영시키는 것이다. 사업가나 고용주들은 교육 시스템에 자신들의 시스템 외적인 현실적 요구들을 반영시켜야만 한다.”

러시아인들의 의식 속에서 고등교육은 항상 그 권위를 인정받았다. 하지만 안타깝게도 오늘날 많은 젊은이들은 제대로 된 전문교육을 받기 위해서가 아니라, 단지 고등교육 이수 증서를 받기 위하여 고등교육기관에 입학한다. 따라서 졸업 후에 자신들이 하게 될 일과 대학교육은 그다지 상관이 없는 것으로 생각하고 있다. 이렇듯 젊은이들이 자신의 전공을 살려 직업을 선택하지 않을 때 그것은 사회 전반의 경제적 상황에 영향을 미칠 수밖에 없다. ‘교사 신문’ (Uchitel’ skaja Gazeta)과의 인터뷰에서 연방 교육기관장 G. 발라힌(Balakhin)은 이러한 사태를 다음과 같이 진단했다.

“이러한 상황은 무엇보다도 교육, 보건, 문화, 농업 담당 국가 기관, 행정 영역 등에 큰 영향을 미칠 것이다. 예를 들어, 농업 관련 고등교육기관을 졸업한 이들의 70%, 그리고 교육 분야의 고등교육기관 졸업자의 50%가 전공을 살려 일하지 않고 있다. 더욱이 소도시나 농촌에서 사는 젊은이들은 종종 가정의 경제적 사정 때문에 교사나 의사, 농업 전문가 등 자신들의 거주지가 필요로 하는 직업을 얻기 위한 중등, 고등 교육을 받을 가능성을 박탈당하고 있다. 예를 들면, 지난 10년간 모스크바의 고등교육기관에서 공부하는 타 지역 학생들의 비율은 75%에서 25%로 급격하게 줄어들었다.”

2. 대학입시 · 교육체제의 최근 변화 상황

1) 단일국가고사제도 도입안

앞에서 필자는 러시아 교육의 현 주소를 짧게 개괄해 보았다. 이러한 조망을 통해 4년 전 시작된 교육개혁의 동기와 의의가 보다 분명해지리라 생각했기 때문이다. 교육개혁은 교육체제 발전의 결과이기도 하지만, 사회 전체의 요구에 따른 것이기도 하다. 이와 연관하여 연방 교육기관의 감사 책임를 맡고 있는 V. 볼로토프(Bolotov)는 현재 정부가 교육 영역에서 담당해야 할 가장 중요한 역할 중의 하나에 관하여 다음과 같이 언급한 바 있다.

> "현재 정부가 정부 정책 차원에서 해결해야 할 가장 중요한 교육문제 중 하나는 국민의 헌법적 권리인 '교육권'의 실현을 보장하는 것이다. 젊은이들이 가족의 수입, 거주지, 민족, 건강 상태 등에 관계없이 온전한 교육을 위한 평등한 권리를 얻도록 하는 것이 무엇보다 급선무이다. 현행 교육체제의 부정적인 경향들을 극복할 수 있는 방법 중 하나는 중등교육기관 졸업자들의 학습결과와 진학 지원자들의 지식을 평가하고 검사하는 단일한 시스템을 도입하여, 단일한 국가고사 형식의 시험을 치르게 하는 것이다."

그가 언급한 시험제도가 바로 최근 4년간 교육계 종사자들과 미래의 수험생들의 부모들이 누차 이야기한 바 있는 단일국가고사(EGE)[2] 제도다.

사실상 한국은 바로 이러한 방식의 입시제도를 시행하고 있기 때문에 한국의 독자들을 위해 이러한 시험제도가 어떤 것인지를 길게 설명할 필요는 없을 듯하다. 단일국가고사의 요점은 11학년을 마친 학생들이 더 이상 출신 학교에서 졸업시험을 치르지 않고 특별히 지정된 시험장에서 단일한 국가고사를 치르게 하는 것이다. 그리고 이 시험이 중등교육기관의 졸업시험과 고등교육기관의 입학시험을 모두 포함하는 것인 만큼 이 시험결과에 따라 고등교육기관의 입학이 결정되는 것이다.

필자는 바로 이러한 입시제도가 현재 러시아 교육계가 처한 여러 가지 문제들을 단번에 해결할 수 있는 합리적인 대안이라 생각한다. 먼저 이러한 제도를 통해 앞서도 언급한 바 있었던 교육규준의 문제를 해결할 수 있을 것이다. 또 교육의 질적 수준도 높일 수 있다. 더불어 고등교육기관 입학과 관련된 여러 부정적인 현상들도

2) 이는 예디느이 가수다르스트벤느이 엑자멘(Edinyi Gosudarstvennyi Ekzamen), 즉 단일국가고사의 약자이다. (역주)

사라지게 될 것이다. 대도시와 소도시, 도시와 농촌 간 지역 차별의 문제도 해소될 수 있을 것이다. 더욱이 단일국가고사제도를 통해 졸업시험과 입학시험이라는 이중고를 겪고 있는 학생들의 부담을 덜어 줄 수도 있을 것이다. 예전에 학생들은 자신의 출신 학교에서 졸업시험을 치르고, 이어 몇 군데의 고등교육기관에서 동시다발적으로 입학시험을 치렀다. 새로운 수험제도를 도입하면, 지금과는 달리 고등교육기관 강사들의 비싼 과외를 받을 필요도 없어 가정 경제에도 긍정적 결과를 가져올 것이다.

물론 언제나 그러하듯이 이러한 긍정적인 시도에 반대의 뜻을 표하는 사람들도 있다. 반대자들 중에는 교육기관 종사자들도 있고 학부모들도 있다. 필자의 소견으로는 학부모들이 이러한 제도의 실행을 반대하는 것은 아직 충분한 정보를 얻지 못했기 때문이다. 반면, 교육기관 종사자들이 이를 반대하는 것은 자신의 무능력이 드러나는 것을 두려워하기 때문이다. 단일국가고사를 반대하는 교사들은 훨씬 더 객관적으로 학생들의 지식을 평가하는 국가고사를 통과할 수 있도록 학생들을 교육시킬 자신도, 또 이를 통해 자신의 직업적 역량을 평가 받을 자신도 없는 것이다. 사실상 이전의 수험제도는 가르친 교사가 직접 자신의 교육결과를 평가하는 체제였다고 할 수 있다.

국가고사제도는 이미 4년 전부터 특정 과목에 대해, 또 특정 지역에서 실시되어 왔다. 오늘날에는 러시아의 2/3에 해당하는 64개의 연방 주체가 국가고사제도에 동참하고 있다. 물론 아직까지 전 과목에 걸쳐 국가고사를 실시하는 것은 불가능하다. 이런 시험을 동시에 실시하기 위한 경제적, 내용적, 규범적 문제들이 해결되지 않았기 때문이다. 이를 위해서는 먼저 국가의 전 지역에 인프라를 구축하고 기술적인 문제도 해결해야 한다. 아직까지 국가고사제도를 전혀 받아들이지 않은 지역이 스물다섯 곳이나 된다. 또한 공동 시험에 참석하기 어려운 오지에서 공부하는 학생들도 있다. 최근의 인구조사에 따르면 이제 이름만 남았을 뿐인 시골 마을이 9,000개에 이르고, 인구가 만 명도 되지 않는 마을도 3만 4,000개나 된다. 따라서 러시아 같은 거대한 나라에서 이러한 시험제도를 어떻게 운영할 것인가 하는 문제만 해결하려 해도 고려해야 할 사항이 한두 가지가 아니다. 이 수험제도는 2006년에서 2008년까지 점차 확대될 것이다.

또 지난 4년간 부분적으로나마 단일한 국가고사를 실시한 결과 새로운 시험제도의 여러 가지 구체적인 문제점들도 드러났다. 가장 중요한 것 중 하나는 평가제도의 문제다. 현재까지 적용되고 있는 러시아의 5점 평가제도[3]는 개별적이고 상세한 평가를 내릴 수 없다는 점에서 이미 여러 차례 비판을 받아 왔다. 이제 시험제도가 도입되면 5점 기준의 성적 체계를 100점으로 환산하는 문제가 생겨날 것이다. 또 문학과 같은 인문학 과목을 평가하는 데 있어 과연 국가고사제도가 유용한가 하는 점도 새 수험제도의 주요한 문제점 중 하나로 제기되고 있다. 사실 어떤 뛰어난 시험의 형식도 학생이 자신의 말이나 글로 주어진 주제에 대한 생각을 기술하는 문학 구술시험이나 작문 시험보다 유용할 수는 없기 때문이다. 이는 시간을 요하는 문제로, 실제 경험을 통해 그 부족한 점들을 수정 보완해 나가는 방법밖에 없을 듯하다. 그러나 어찌되었든 간에 중등교육 졸업자들의 졸업시험과 입학시험을 대체하는 국가고사의 실시는 일반 중등교육의 한계와 전문교육 중심의 중등교육의 한계 모두를 극복하게 해 주며 그 결과 고등교육기관과 중등교육기관 간의 불만도 일정 정도 해소해 주리라 기대된다.

2) 중등교육 규준안과 전문교육의 강화

교육체제 개혁의 또 한 축을 이루는 것은 새로운 중등교육 규준을 확립하고 전문교육을 도입하는 문제다. 단일한 국가고사의 실시가 정부 차원의 교육규준을 확립하는 데에 중요한 역할을 할 것은 분명하지만, 사실상 이는 주로 교육체제의 조직적 측면과 연관된 것이라 할 수 있다. 반면, 전문교육의 본질은 교육내용과 보다 밀접하게 연관되어 있다. 현재 많은 교사와 학자들이 2000년부터 작업에 착수하여 완성한 중등교육의 새로운 규준이 발표되었다. 새로운 교육규준에 관한 기획은 아

3) 영미권이나 유럽의 학점 체계가 A^{+} ~ F로 통일되어 있는 것과 달리 러시아의 중 · 고등 교육기관의 학점 체계는 5~2점으로 구성되어 있다. 5점은 A학점에, 4점은 B학점에, 3점은 C학점에, 2점은 F학점에 해당한다고 할 수 있고, 시험에서 2점을 받는 학생은 반드시 재시험 대상자가 된다. 미국과 유럽의 학점 제도에서는 A^{+}, A^{0}, A^{-} 등의 세분화가 가능하다면, 러시아의 평가제도는 5, 4, 3, 2, 1의 5단계 평가만 가능하기 때문에 한계가 있다. (역주)

주 다양한 방식으로 제기되었고 이를 둘러싼 논쟁도 사회적인 차원에서 아주 격렬하게 벌어졌다. 새로운 규준의 주요한 범주들을 정리해 보면 다음과 같다.

첫째, 학생들의 학업량의 정상화, 다시 말해 학생들의 정신적, 육체적 건강에 해를 끼칠 정도로 지나치게 과중한 학업량을 줄이는 것.

둘째, 중등교육의 세 번째 단계, 즉 고학년 과정에서 전문교육을 도입하여 중등교육의 질을 높이는 것.

셋째, 교육내용을 다룰 때 개인적인 성향들을 고려하는 것. 이는 정부의 교육규준을 해치지 않는 범위 내에서 학생, 학부모, 교육자, 교육기관에 양자택일의 기회와 선택의 자유를 주자는 것.

새로운 중등교육 규범 중 전문교육과 관련된 사항은 9학년의 경우 2005년 9월 1일부터, 1, 5, 10학년 과정에서는 2006년 9월 1일부터 시행될 예정이다. 러시아의 학기는 미국이나 유럽 국가들과 마찬가지로 9월에 시작되어 5~6월에 끝난다. 새로운 교육 프로그램에 따른 새로운 교재의 개발, 혹은 기존 교재의 보충 작업도 진행 중이다. 페레스트로이카 이후 시기에 범했던 교육개혁의 오류를 반복하지 않기 위하여 오늘날 각급 학교는 교육부가 정한 규준에 따른 교과서만을 사용할 수 있도록 하고 있다. 또 새로운 교육규준의 도입과 더불어 기존 교사들의 재교육과 신임 교사들의 교육문제 역시 대두되고 있다. 이와 연관하여 2004년부터 사범대학들에는 새로운 과목들이 개설되었다. 이외에도 현직 교사들의 교육을 담당하는 여러 기관들도 여러 가지 재편 작업을 거쳐야 할 것이다. 러시아에서는 교육의 수준을 높이기 위해서 현직 교사들이 일정 기간 근무 후에 교육을 받는 특수 교육기관들이 있는데, 바로 이러한 교육기관들이 현직 교사들을 새로운 정부 교육규준과 전문교육 시스템에 맞도록 재교육하기 위한 여러 가지 작업들을 담당할 것이다.

전문교육의 핵심은 다음과 같다. 새로 발표된 러시아 교육체제를 보면, 먼저 교육부가 인정한 연방의 기본 교육계획안이 있다. 그 계획안은 모든 중등학교에서 반드시 지켜야 한다. 하지만 그와는 별도로 고학년, 즉 10~11학년 전문교육의 모형은 해당 지역의 학생들과 가족들, 노동 수요, 전문교육기관 등을 고려하여 지역 행정 차원에서 수립하게 될 것이다. 이러한 방법으로 학생들은 9학년까지 국가 교육 규범에 따른 일반 교육을 받고 고학년 때는 자신의 미래 직업 계획과 연관하여 개별적인 학습 프로그램을 세우고 이 프로그램에 따라 공부할 수 있게 된다. 만일 10학년 학생이 경제나 법률과 같은 과목을 개인적인 학습 과목으로 선택하여 이를 전문교육과정으로 공부할 경우(선택과목은 적어도 두 과목 이상이 되어야 함), 사회학, 법률, 경제 등을 포괄하는 과목인 사회 과목(이는 보다 기초적인 수준의 과목임)을 이수하지 않아도 된다. 이렇게 하여 전문교육을 실시할 때 생길 수 있는 학습량의 과부하를 막을 수 있다.

이와 연관하여 교육개혁의 또 한 가지 특징을 지적해야 겠는데, 그것은 금번 교육개혁이 학생들의 건강문제를 심각하게 고려하고 있다는 점이다. 학술적인 연구나 공식적인 통계 자료들에 따르면 중등교육기관에서의 학습은 학생들의 건강에 해로운 영향을 미칠 수 있다. 아이들의 건강 상태를 100%로 볼 때 중등교육기관에서의 학습이 미칠 수 있는 영향은 21~27%에 이른다고 한다. 따라서 전문교육으로 인해 가중될 수 있는 학습량을 줄여 주는 것 외에도 한 주, 또는 하루 동안 학생들의 학습량을 합리적으로 안배하는 것도 매우 중요한 일이라 하겠다. 학습이 어린 시절의 건강에 미치는 영향에 관한 연구는 이미 40여 년 전부터 이루어져 왔다. 이미 1975년에 한 주간의 시간표를 짤 때 반드시 고려해야 하는 학과목 당 부하량을 측정한 도표가 만들어졌다. 그러나 30여 년 전에 만들어진 이 도표는 새로 생겨난 과목들, 새로운 교수법, 학습 원칙 연구 분야의 새로운 발견 등 최근의 변화들을 전혀 반영하지 못하고 있다. 새로운 교육 규범과 전문교육 시스템이 도입된다면 반드시 이 도표를 새로 작성해야 할 것이다. 이와 연관하여 몇몇 지역에서는 의학적-사회학적 연구가 실시되었고, 그 연구 결과에 따라 교육기관의 학년별 과목 부하량의 도표를 새롭게 작성했다.

물론 과목별 부하량 도표만으로 모든 문제가 해결되지는 않을 것이다. 각 과목 내에도 어려운 단원이 있고 쉬운 단원이 있다. 교사의 교수법 기술, 학생들의 학습 동기 등도 학생의 피로도에 영향을 미치는 중요한 요소가 된다. 학습 부하량 배당에 대한 권고 사항은 하루, 한 주, 한 해의 학습 부하량이 학생의 상태에 미치는 영향을 반영하는 학생의 지적 능력 지표의 유동성에 근거하여 만들어진다. 새로 작성된 과목별 학습 부하량, 보건복지부, 청소년 건강관리부서 등이 내놓은 권고 사항들은 러시아 교육개혁의 주요한 부분 중 하나다.

또한 금번 러시아 교육의 대대적인 개혁은 전문적인 교육체제의 재구성을 꾀하는 일련의 개혁 프로그램들도 포함하고 있다. 또 톰스크 기술대학 교수인 Ju. P. 포홀로프(Pokohlkov)의 지적처럼 국외에서는 잘 모르고 있는 러시아의 높은 교육수준을 알리고 유럽과의 상호교류를 가능하게 해 줄 교육 표준화문제도 고려하고 있다. 2003년 러시아는 볼콘스키 성명서(Bolkonskaja deklaratsija)를 발표했는데, 이 성명서에 따르면 러시아는 2010년까지 유럽 표준의 고등교육체제를 정비하고, 고등교육기관의 학생과 교사들의 자유로운 교환 제도, 상호 학위 인정 제도 등을 수립하는 것을 목표로 하고 있다. 그러나 이러한 결과를 얻기 위해서는 볼콘스키 선언의 몇 가지 원칙들이 반드시 실현되어야 한다.

첫째, 의학 분야와 예능 분야를 제외한 다른 분야들에서 학사와 석사를 나누는 고등교육의 새로운 교육규준을 수립해야 한다.[4)]

둘째, 점진적으로, 또 몇몇 전문 분야에서라도 등수를 매길 수 있는 학점 제도의 개혁이 필요하다.

셋째, 유럽 표준에 맞춘 교육 통제 체제를 수립해야 한다.

특히 세 번째 사항은 유료 사립학교들의 등장과 더불어 고등교육의 질적 수준의 문제가 심각하게 대두되고 있는 서글픈 현실을 고려해 본다면 매우 중요하다고 할 수 있다. 전 교육부 장관인 V. 필리포프(V.Filippov)는 국내에서나 국외에서나 바로 이 문제가 러시아 고등교육의 가장 큰 문제점으로 대두되고 있음을 지적한다. 사립 고등교육기관의 역할 분석이라는 문제도 제기되고 있다. 이는 특히 러시아의 인구

4) 현재 러시아의 고등교육체제는 미국이나 유럽과는 다른 방식으로 구성되어 있다. 대학 과정이 총 5년으로 되어 있고, 이 중 4년을 마친 사람에게는 학사학위(bakalavr)를, 5년을 모두 마친 사람에서는 일종의 석사 학위(magistr)를 수여한다. 국내에서는 박사학위로 인정되는 러시아의 칸디다트(kandidat) 학위는 엄밀히 말하여 박사학위와 석사학위의 중간 학위라고 할 수 있다. 러시아에는 프랑스의 국가 박사학위에 해당하는 독토르(doktor) 학위도 있다. (역주)

문제와도 밀접한 연관이 있다. 2004년은 중등교육기관 졸업생의 수가 줄어든 첫 해로, 이러한 현상이 적어도 2015년까지 계속될 것으로 전망하고 있다. 2003년 1,360,000명에 이르던 졸업생의 수가 12년 후에는 715,000명으로 줄 것이라는 통계가 나오고 있다. 이러한 통계치는 페레스트로이카와 러시아의 경제 위기 이후 출산율이 급격하게 떨어진 것으로 인한 결과임을 말해 준다. 그리고 이러한 상황을 고려한다면 초등, 중등, 고등 교육기관들의 입학 시스템을 심각하게 재고해야만 할 것이다.

3. 맺으며

지금껏 우리는 소비에트의 교육제도에 근거한 러시아 교육제도의 현황과 현재 진행되고 있는 러시아의 교육개혁이 안고 있는 대략의 과제들을 서술했다. 살펴본 바와 같이 이는 정말 거대한 문제들로 여러 방면에서 다양한 의견을 수렴하여야 하는 상황이다. 필자는 이 글에서 러시아 교육체제와 이제 시작된 교육개혁의 모든 문제와 전망을 상세하게 다루고자 하지는 않았다. 단지 러시아의 현 교육 상황을 간략하게나마 소개하고 어떤 것이 수십 년 역사를 자랑하는 러시아 교육의 장점이며, 또 어떤 것들이 현재 러시아 교육의 문제점인가 하는 것들을 한국의 독자들에게 소개하고자 했다. 자라나는 세대의 교육문제는 이미 개별 국가의 문제가 아니라 전 인류가 함께 고민해야 할 문제라고 믿기 때문이다.

참고문헌

Национальная доктрина образования в Российской Федерации: МО РФ от 04. 10. No. 751 от 04. 10. 2000. // Образование и культура. 2000. No. 5-6. С. 50-55.

Федеральная программа развития образования // Известия РАО. 1999. No. 4. С. 2-28.

Концепция структуры и содержания общего среднего образования (в 12-летней школе) // Известия РАО. 1999. No. 4. С. 37-48.

Баранников А. В. Основные направления образовательных реформ и изменения законодательства области образования // Стандарты и мониторинг. 1999. No. 6. С. 11-23.

Положение о проведении единого государственного экзамена. Приказ Министерства образования Российской Федерации от 27 февраля 2001 г. (http://edu.rin.ru)

Интерьвью с В. Болотовым - руководителем Федеральной службы по надзору в сфере образования. (http://gazeta.ru)

Интервью с руководителем Федерального агентства по образованию Г. Балахиным. (http://www.ug.ru)

우리 입시 · 교육 제도의 이미지 변환

-가능성과 불가능성 사이에서 방향잡기-

송순재

경쟁이라는 자연 상태하에서 인간은 '계속적인 공포와 폭력에 의한 죽음의 공포'에 시달리며, '인간의 생활은 고독하며, 가난하고, 험악하며, 잔인하고 무상하다.'

토마스 홉스

1. 도 입

이 글은 우리 교육의 난맥상을 두루 살피고 그 해법을 모색하기 위한 것이다. 난맥상이란 유린되고 있는 어린이와 청소년들의 삶과 인권, 황폐화되고 있는 학교교육, 사회적 모순과 불평등을 심화시키고 있는 교육제도 등에 관한 것이다.

이 문제는 까다롭기 그지없다. 이런 이야기를 꺼내 놓을라치면 곧바로 또 다른 식의 논조가 나오기 때문이다. "조금만 참으면 돼. 그러면 앞날이 보장될 거야!" 이것이 자식을 향한 부모의 간청이요 요구라면, "국가의 유능한 인재(혹은 인적 자원)를 길러야 한다." 혹은 "세계에서 살아남고 또 한몫 하기 위해서는 경쟁력 강화밖에 없다."라고 말해 온 것은 역대 정부다. 이렇게 보면 사람들이 실제로 관심을 기울이고 있는 것은 행복해야 할 어린이와 청소년들의 삶이 아니라 그들이 충족시켜야 하는 사회적 요구수준 문제가 아닌가 싶다. 이렇게 하여 아이들이 향유해야 할 현재는 이 그럴 듯한 미래상에 의해 침몰당해 왔던 것이다. 이것이 바로 야밤의 학원가와 입시설명회장이 북적대는 소이다. 역대 정부들이 대학입시제도를 포함하여 제반 학교교육의 상황을 개선하기 위해 부단히 새로운 정책들을 도입해 왔지만 문제가 끊임없이 악화되어 온 데는, 이 관점이 위력을 발휘하고 있었기 때문으로 판단된다. 그러고는 이 고통스러운 현재를 숙명처럼 다시금 짊어지고 가는 것이 우리 사회다. 해법은 묘연해 보인다. 이 글은 이런 와중에 써 본 것이다.

흔히 현 상태의 주범으로 지목받는 것은 대학입시제도다. 그러나 현 상태의 원인을 이 문제에만 귀착시킬 수는 없으리라는 생각이다. 자세히 살펴보면 그것은 다양한 원인에서 비롯된 것이기 때문이다. 문제는 상당 부분 초 · 중등 교육구조 자체에서 온 것일 수 있다. 이제까지와는 전혀 다른 차원에서 단위 학교로 하여금 생기를 되찾게 하기 위한 노력이 절실하다. 또 세간의 관심이 일반계 고등학교에 집중되어 있는데, 그만한 관심을 실업계에 기울이면 우리 교육은 전혀 다른 양상을 띨 수 있으리라고도 생각해 본다. 또 실업계 학교와 전문대학이 기여할 부분도 상당할 터인데 그에 대한 사회 · 국가적 문제의식은 요원하기만 하다. 그러면 어떤 식으로 가능하겠는가? 또 말만 꺼내면 제도 탓이라 한다. 의식에도 문제가 있겠지만 그건 제도에서 비롯된 것이라 한다. 그런가? 양자는 오히려 상호 제약적 관계에 놓여 있는 것은 아닌가? 필자는 의식을 제도의 종속변인 정도로 보고 싶지 않다. 제도 개선에 대한 노력이 있어야 한다면 마땅히 의식의 변화를 위한 노력도 있어야 하리라는 것이다. 이런 뜻에서 학부모 의식과 가정문화의 변화를 위한 범사회적 노력이 절실하다. 하지만 지금까지 우리 사회는 여기에 대해서는 거의 손을 놓고 있지 않았는가 하는 생각이다. 또 현재와 미래 사회적 요청 앞에서 현재의 교사양성과정은 너무 구태의연하다. 현 교육의 난국은 이런 데서 기인하는 것은 아닌가?

이렇듯 현 사태가 명백히 다면적 접근방식을 요구하는 것은 분명하다. 그러나 이 책의 성격상 그리고 지면상의 이유로 여기서는 대학 입시 · 교육 제도에 초점을 맞추어 보고자 한다. 이렇게 함으로써 앞서 기고된 글들의 맥을 이어 나름대로 한마디 더해 보려고 한다. 이 물음하에서 필자는 '개방대학' · '자유대학' · '통합대학' 같은 방안을 제시해 보았다. 이 중 첫째와 셋째 유형은 대학 전반에 걸쳐서 적용해 볼 만한 것이고 둘째 유형은 대안대학에 관한 것이다.

마지막에는 논지 전체를 다섯 가지 정도로 간추려 보고 아울러 현 사태를 극복하기 위해 거론할 만한 핵심 쟁점들도 다섯 가지 정도로 제시해 보았다. 이 모두는 향후 방향을 전망하기 위한 것이다.

2. 경쟁과 공존에 비추어 본 우리 입시 · 교육 제도의 성격

(1) 경쟁과 공존을 위한 교육제도 유형

현재 우리 사회에서 일고 있는 대학입시제도 개혁에 대한 요청은 범사회적인 것이다. 이는 우리의 현 교육적 사태, 즉 고통 받는 아이들과 황폐화된 학교교육을 둘러싼 제반 정황을 더 이상 참아 내기 어려운 것으로 인식하되 그 주범을 입시제도로 지목하였기 때문이다.[1] 한마디로 입시경쟁으로부터 자유로운 교육을 구현해 보자는 것이다.

제도개혁 논의에 앞서 이 입시제도를 둘러싼 경쟁문제를 일반화시켜 생각하는 것이 순서일 듯싶다. 왜 경쟁이 발생하는지? 경쟁은 무엇인지? 경쟁은 불가피한 것인지? 경쟁은 철저히 거부되어야 할 것인지, 아니면 일정 부분 수긍할 수 있는 것인지? 경쟁이 아니면 어떤 다른 방안이 있는지?

경쟁을 발생시키는 두 가지 요인으로 사회구조적 요인과 심리적 요인을 들어보자. 첫째, 경쟁은 '사회적 희소성' 때문에 발생한다. '너도 나도 좋은 대학에 들어갈 수 있으면 서로 겨룰 필요가 없을 것이다. 사회적 신분과 높은 보수체계와 권력을 위한 자리 역시 제한되어 있다. 자리가 제한되어 있는 한, 모두 한판 겨루지 않으면 안 된다. 이 상황을 규정하는 두 가지 핵심어는 '제한된 기회'와 '자유경쟁체제'다. 이는 '상호배타적 목표달성'(mutually exclusive goal attainment-MEGA)의 원리를 의미한다. 나의 성공은 상대방의 실패를 전제한다. 이 구조가 존속하는 한, 양자의 운명은 서로 부정적 방식으로 연결되게 마련이다.[2] 이 경쟁구조는 자유민주주의 정치구조와 자본주의 경제체제하에서 널리 구현되어 있으나, 북한이나 중국에서도 나타나는 현상이다.

현재 우리 상황을 거의 숙명적으로 조건 짓는 요인 한 가지는 현 사회와 조선시대의 관습체제 간의 긴밀한 관련성이다. 비록 시대는 변했지만 현재가 이 과거에

1) 입시교육의 부작용으로 인한 사회구조적 왜곡—도시인구집중, 강남권이라는 특권지역 형성, 부동산투기—도 커다란 사회적 문제로 부각되어 있다.

2) Alfie Cohn, 경쟁을 넘어서(*No Contest*), 성재상 역(비봉출판사, 1995), 7.

의해 상당 부분 규정되고 있음을 도처에서 확인할 수 있다. 조선 시대 당시 교육의 기회는 소수의 귀족 계급에게 독점적으로 주어졌으며, 그중에서 관료직은 '과거'라는 '선발 고사'에 합격한 사람에게만 주어졌던 것이다. 과거급제를 둘러싸고 회자되어 온 각양각색의 이야기들은 우리 사회에 널리 유포되어 있다. 오늘날 달라진 것은 이전 시대 때는 귀족 계급 자제들에게 제한되었던 기회가 이제는 누구에게나 주어지게 되었다는 점이다.

둘째, 경쟁 발생의 또 다른 요인은 심리적 기제에 관한 것이다. 인간은 힘과 권력을 추구하고 싶어 하고 타자를 지배하고 싶어 하는 존재로, 이는 다양한 스포츠, 특히 월드컵이나 격투기, 자동차 경주, 혹은 액션 영화, 승부를 건 놀이 등에서 재미를 느끼는 사람들의 취향에서 여실히 확인할 수 있다. 증권 투자 등 모험적 사업에 뛰어드는 것도 역시 그러한 재미와 관련이 있다. 여기서 경쟁은 현실적으로 어쩔 수 없어서, 부득이해서가 아니라 당사자 자신이 적극적으로 원함으로 나타나는 현상이다. 이 욕구 체제 문제는 정신과학적 심리학이나 심층심리학 등 현대 심리학의 흥미로운 연구 주제이기도 하다. 이렇게 보면 현재의 대학입시 경쟁은 타자에 대한 지배를 통해서 인생의 쾌감을 향유하고픈 욕구의 반영일 수 있다. 강요된 경쟁이라는 말은 하나의 핑계일 뿐이다. 현 사태는 탐욕의 산물이기도 한 것이다.

그런데 한편 경쟁은 일정 부분 순기능을 갖는다고도 할 수 있다. 이는 한 유기체의 생존을 위해서 불가결한 것일 수 있다. 이는 마치 양이 늑대의 공격을 피하는 과정에서 민첩한 능력을 배우는 것과 같다. 보통 한 유기체는 그러한 경쟁구조에 노출됨으로써 나태함에 빠지지 않을 수 있다. 이런 강제 구조 없이도 자기 자신을 자율적으로 개선해 갈 수 있으려면 일정한 성숙의 과정을 전제한다. 이는 인간 본성상 낮은 단계에서 불가피한 것일 뿐 아니라 때로 좀 더 상위의 단계에서도 요청될 수 있다. 인간학적으로 보아 인간은 끊임없이 예전의 단계로 추락하는 경향이 있기 때문이다. 또 다른 의미의 경쟁이 가지는 사회적 순기능도 있다. 독점을 방지하고 상호 균형을 잡아준다는 점에서 그러하다. 예컨대, 한 동네에 가게 하나만 있을 경우 독점은 피할 수 없고 그 피해는 고객들에게 돌아간다. 그런데 가게 하나가 더 생기면 서로 경쟁 관계가 형성되고 여기서 자연스레 하나의 비교기준이 만들어진다. 이 비교기준을 통해서 고객들은 보호를 받을 수 있다. 우리 현실 사회가 자율적으로 고도의 정신적 질을 가지고 도덕적 삶을 구현할 수 없는 한, 또한 독자적으로 하나의 조화로운 이상적 공동체로 존재하지 않는 한, 경쟁은 일정한 기능을 수행한다고 볼 수 있다.

모든 경우에 있어 경쟁은 공정하고 합리적이어야 한다. 이는 서로가 서로에게 일정한 규칙 안에서 응전해야 함을 말한다. 이와는 달리 불공정하고 불합리한 경쟁도 있는데, 그것은 아무런 규칙도 준수하지 않고 서로 응전하는 경우다. 그럴 경우 상황은 불공정하고 무지하고 냉혹하게 벌어진다.

그러나 이런 정도의 순기능을 인정한다 할지라도 경쟁이 사회 전체에서 극대화되거나 인간 삶 전체를 규정하게 될 때 위험이 나타난다. 이 문제에 대해서는 토마스 홉스(Thomas Hobbes, 1588~1679)가 일찍이 그의 대표작 『국가론』(*Leviathan*, 1651)에서 명쾌하게 파악해 냈는 바, 자연 상태의 인간 본성에 내재된 힘을 둘러싼 논의가 바로 그것이다. 이는 자기생존과 자기보호를 가능케 한다는 점에서 긍정적인 힘이나, 다른 한편으로는 열악하고 혼란스러운 상황에서 타자를 향해 행사되는 어떤 무자비하고 폭력적인 힘을 뜻한다. 후자의 경우 인간은 자기보호를 위해 어떤 일도 마다하지 않으며 다른 사람의 생명도 빼앗을 준비가 되어 있다. 그는 이것을 인간 안에서 분쟁을 일으키는 세 가지 요소, 즉 경쟁심, 불신, 명예심과 관련지어 논했다. 그중 경쟁심이란 다른 사람들의 인격이나 부인, 자식, 가축 등 모든 것을 지배하고 독차지하기 위해 폭력을 사용하는 힘을 뜻한다. 이렇게 하여 인간은 사회 상태 밖에서 '만인에 대한 만인의 전쟁'에 빠져 들게 되고, 서로에 대해 '이리'가 된다. 그런데 이 전쟁의 본질은 실제 상황이 벌어지는 기간뿐 아니라, 그러한 의사를 내면화한 인간의 '명확한 지향'에 있는 것으로, 이런 상태에서 인간은 끊임없이 위험에 노출될 수밖에 없다. 그리하여 인간은 최악의 상황에 처하게 되는데, '계속적인 공포와 폭력에 의한 죽음의 공포'에 시달리며, 인간의 생활은 '고독하며, 가난하고, 험악하며, 잔인하고 무상하다.'는 것이다. 이를 바로 잡기 위해서 홉스는 다음 3가지를 요청했다. 첫째는 이성을 통해 평화를 추구하는 것. 둘째, 이 평화를 위해서 자신이 소유한 모든 권리나 방어적 수단 일체를 자진하여 양도하는 것, 즉 상호 간 계약을 체결하기. 셋째, 계약이 정당하게 이루어지도록 제3자로 하여금 객관적으로 보증하고 만일 정당하게 이루어지지 않을 경우 여기에 대해 강제력을 행사하기다. 이 3자는 일인의 군주 혹은 일단의 통치자가 이끄는 국가를 의미한다. 사회적 평화는 이 길을 통해서 비로소 확보될 수 있으리라 생각했다. 이러한 사회적 행위는 인간에게 가능하다. 왜냐하면, 인간은 자기확장적 힘에 추동될 뿐 아니라, 서로를 향한 호의를 가지고 어우러져 살며 피차 조력과 자선을 베풀려는 힘에 의해서도 추동되기 때문이다. 따라서 '독점'과 '특권'과 '문벌'과 '세습적 신분' 등 봉건적 가치 체계는 비판의 대상이 되었다.[3] 이렇게 볼 때 홉스는 17세기 영국, 봉건 사회와 이 틀을 넘어서고자 했던 근대적 시민국가 형성의 노력들 사이에서 향후 새로운 정치적 틀을 모색한 것으로 평가된다.

홉스의 논지는 근대 국가 형성기 서구 사회뿐 아니라, 오늘날에도 여전히 시사적이며, 특히 전근대적 사회 정치적 틀의 극복을 위해 뜨거운 논쟁을 벌이고 있는 한국 사회를 위해서도 역시 그러하다. 우리 사회와 교육을 질곡으로 빠뜨리고 있는 경쟁구도는 바로 이런 요인들, 즉 전근대적 신분 사회 구조, 계층의식, 편협한 가족주의, 이기적 집단주의, 학력과 학벌을 위한 허위의식, 권력과 부의 독점, 탐욕 등과 긴히 연관되어 나타나는 현상이기 때문이다.

페스탈로치(Johann Heinrich Pestalozzi, 1746~1827) 역시 흡사하게 말한 바 있다. 자연 상태에서 인간은 순수하고 천진난만한 존재이지만 동시에 탐욕스러운 존재이기도 하다. 그래서 서로에게 야수(野獸)가 되고, 이것이 제어되지 않으면 사회는 하나의 살벌하기 짝이 없는 전쟁판과 같이 될 것이라는 것이다. 그리고 이를 바로잡기 위해서 사회적 법을 요구했다.[4] 그러나 현실에서는 이 갈등 상황을 파국 일보 직전

3) 김용환, 리바이어던. 국가라는 이름의 괴물(서울: 살림, ²2005), 72-83; Thomas Hobbes, *Leviathan, or the matter, forme & power of a common-wealth ecclesiasticall and civil*(1651)(New York: Macmillan Publishing Co., 1962), 100.

4) "인간은 도처에서 같은 인간들의 피에 마주치고 …그는 법을 알지 못하고, … 어떤 지배자도 알지 못한다. 그의 뜻은 자신의 율법이고, 그리고 그는 죄에 대하여 묻는다. 죄가 무엇이지?" 또 다른 곳에서: "따라서 그가 폭력 없이, 불법 없이, 피 흘림 없이 땅을 소유하게 되었다는 것은 사실이 아니다." 그러나 페스탈로치는 이러한 조치는 다만 하나의 단계일 뿐 전체를 완성시키는 것은 아니라고 한다. 최종적으로는 인류가 그러한 사회적 규제 없이도 스스로 규제하고 공존할 수 있는 상태를 그렸다. 그리고 그것은 다만 고도의 자율적인 힘, 즉 한 인간의 속으로부터 솟아나는 윤리적–종교적 힘에 의해서 가능한 문제임을 밝히면서, 그러한 높이를 인간 내면 안에서 깨우치는 것이 교육의 궁극적 목표임을 역설했다. Johann Heinrich Pestalozzi, *Meine Nachforschungen über den Gang der Natur in der Entwicklung des Menschengeschlechts*(1797), in:

까지 밀고 나가는 경우가 많다. 그 최종적 결과는 공멸 외에 다른 것이 아닐 것이다.

요컨대, 이러한 이론들은 현재의 경쟁 상태로부터 상호 공존을 위한 협력관계로 변화할 것을 요청하고 있다. 매우 흥미로운 것은 역사 속에서 생존과 번영이 가능했던 것은 이러한 삶의 형태 때문이다. 이는 최근 사회생물학의 연구 결과가 잘 말해 주고 있다. 즉, 이기적 본성에 의해서 추동된 생물은 차츰 지구상에서 사라져 간 반면, 공존하는 법을 배운 생물체들은 살아남았을 뿐더러 번성하기까지 했던 것이다. 이를 처음 밝힌 것은 크로포트킨(P. Kropotkin)이다. 그는 『상호부조론』이라는 책에서 개미에서 물소에 이르는 여러 동물들의 습성을 고찰하고 나서 이렇게 결론지었다.

> 경쟁은 … 동물들 간에는 예외적 기간에만 행해진다. … 보다 좋은 상태는 상호부조와 상호지지를 통해 경쟁을 없앰으로써 조성된다. … '경쟁하지 마라! 경쟁은 항상 종족에게 해가 된다. 당신은 경쟁을 하지 않아도 될 만큼 충분한 자원을 갖고 있다!' 이것이 비록 항상 완전히 실현되지는 않는다 하더라도 항상 존재하는 자연의 경향이다. 그것은 덤불, 숲, 강, 바다에서 들려오는 슬로건이다. '그 때문에, 서로 뭉치고, 서로 도와주라! …' 이것이 자연이 우리에게 가르쳐 주는 것이다.

이 이론은 알리(W. C. Alee)[5]와 몬테규(Montague)[6]에 의해 계속 주장되었다. 이 점에서 현재 인류가 지구상에서 가장 번성할 수 있었던 이유가 무엇인지 알 수 있다. 다시 말해서 인간은 경쟁하고 파괴할 뿐 아니라 서로 돕고 함께 살아가는 법을 터득했다는 것이다. 이는 아마도 인류가 오랜 역사과정을 살아오면서 경험을 통해서 부득이 체득되었는가 하면, 지혜로운 삶의 방식에 의해서 능동적으로 발견되었을 수 있다. 그 한 가지 사례로 최재천은 농사짓기와 가축사육 등 인간과 자연과의

Sämtliche Werke, XII, hrsg.v. A. Buchenau · E. Spranger · H. Stettbacher, seit 1938 bearb. v. E. Dejung. Berlin, 1927ff. und Zürich, 1956~1979, 44-49, 57, 62, 105-123.

5) W. C. Allee, *Cooperation Among Animals*, 16. Alfie Cohn, **경쟁을 넘어서**에서 재인용, 409.

6) Johnson and Johnson, *Cooperation in Learning: Ignored But Powerful*, Alfie Cohn, **경쟁을 넘어서**에서 재인용, 409.

공생관계를 들고 있다.[7] 나아가서 인간들 사이의 사회적-법적 계약 구조 역시 그런 것이고, 타자와 약자, 나아가서 적들을 향해서 마음을 열고 도우려는 윤리적 · 종교적 삶의 방식이 그런 것이며, 또한 오늘날의 생태학적 운동 역시 그런 것일 게다.

공존의 철학은 교육과 학습에서도 역시 타당할 수 있다. 그것은 경쟁구도를 추구하는 것만이 학력을 제고할 수 있으리라는 세간의 견해에 반하는 견해다. 이 이론은 경쟁적 학습구조가 혹시 개인적 영역 안에서 지식의 극대화를 구현할 수 있을지 모르겠으나, 그것이 인격적 질을 가지고 있는지, 삶의 가치를 추구하게 하는지, 나아가서 자기 자신의 삶뿐 아니라 사회공동체적 질을 가지고 있는지에 대해서 의문을 제기한다. 그리고 이는 오로지 공존의 철학을 바탕으로 한 학습구조에서만 가능한 사안이라 한다. 또한 학력 성취라는 점에서도 이러한 공존적 학습구조가 도달할 수 있는 높이는 경쟁 일변도의 학습구조의 그것을 질적으로 넘어선다는 견해도 있는데, 프레네(Célestin Freinet)의 시도가 바로 그 전형적인 것이다.[8]

이 공존의 철학에 대해서는 물론 반대 이론도 만만치 않을 것이다.[9] 중요한 것은 경쟁을 선호하고 이를 사회적 미덕으로 삼는 사회가 있을 수 있다면, 이와는 달리 그 정반대의 원리, 즉 공존을 추구하는 사회가 있을 수 있다는 것이다. 여기서는 비록 희소성을 다수가 추구한다고 할지라도 이 문제를 공유의 방식으로 해결할 수 있는 사회제도를 구축하고자 한다. 따라서 사회체제는 가능한 배타적 취득이나 독점구조로부터 자유롭다. 아울러 경쟁을 하나의 중심축으로 삼고 있는 교육제도와, 이와는 달리 공존의 철학을 다른 하나의 중심축으로 삼고 있는 교육제도도 생각해 볼

7) 도정일 · 최재천, 대담(서울: 휴머니스트, ^{5}2006), 569-577.

8) Dietlinde Baillet, **프레네 교육학에 기초한 학교 만들기**(*Freinet-praktisch. Beispiele und Berichte aus Grundschule und Sekundarstufe*), 송순재 · 권순주 역(인천: 내일을 여는 책, 2002). 아울러 황성원, 프랑스의 열린 교육. C. 꾸지네와 C. 프레네의 교육을 중심으로, **열린교육학회지** 5/2(1997): 27-45. 프레네 교육 협회 http://www.freinet.org/ 국제 현대 학교 협회 http://www.icem-pedagogie-freinet.org/icem-info 에서 제공하는 생생한 교실수업-학습현장에 관한 자료들 참조. 알피 콘은 최근 미국 학교현장에서 찾아볼 수 있는 몇몇 유력한 사례들에 대해서 보고하고 있다. Alfie Cohn, **경쟁을 넘어서**, 10장. 아울러 생태학적 학습이론에 대한 다음 연구 참조. 최영란, 자기 생산원리로서의 자기 주도적 학습(이화여자대학교 박사학위논문, 2007).

9) 이 자리에서 이 논쟁의 세세한 것을 밝히기는 어려우므로 알피 콘이 다룬 정도로 대신한다. Alfie Cohn, **경쟁을 넘어서**, 특히 2, 3장 참조.

수 있을 것이며, 나아가서 이 양 극단 사이에 존재할 수 있는 다양한 유형들도 고려해 볼 수 있을 것이다. 이런 유형 설정은 현실적으로 존재하는 다양한 제도들의 위치의 의미를 가늠해 보기 위한 것이다.

* 경쟁을 기본 축으로 하는 제도
* 경쟁을 기본 축으로 하고 공존의 철학을 소수 도입한 제도
* 경쟁과 공존의 철학이 서로 팽팽한 긴장을 이루며 결합되어 있는 제도
* 공존의 철학을 기본 축으로 하면서 경쟁의 순기능을 소수 인정한 제도
* 공존의 철학을 순수하게 추구하는 제도

우리의 현 교육적 상황은 어쩌면 홉스와 페스탈로치가 기술한 인간의 자연 상태와 흡사해 보인다. 이 점에서 우리나라의 교육제도를 어디에 귀속시킬 수 있을지는 굳이 부연할 필요가 없을 것이다. 그리고 우리가 만일 청소년들의 현 삶의 처지를 십분 이해하고 그들의 현재와 미래를 진정으로 배려하기 위한 제도로의 변화를 꾀한다면, 그 개선의 가닥은 자연스레 잡힐 수 있을 것이다.

그런데 의아한 것은 우리 교육의 어려움을 탄식하던 사람들도 이러한 변화를 요청하는 목소리 앞에서는 현실적으로 어쩔 수 없지 않느냐는 식의 태도를 취한다는 것이다. 즉, 이 대목에 이르러서는 수많은 학교중도탈락자들, 때만 되면 보도되는 청소년들의 자살, 잿빛으로 변해 버린 학교와 교실, 심야에 책가방을 지고 학원가를 전전하는 아이들 문제에 대한 깊은 고뇌나 아픔은 순식간에 접어 버리고, 대신 엘리트, 점수, 경쟁력 같은 용어들을 전면에 내세우곤 한다는 것이다.

(2) 세계 여러 나라의 대학입시제도-경쟁과 공존 사이에서 대안 찾기

이 자리에서는 앞서 경쟁과 공존 사이에서 산출되는 제도의 유형을 염두에 두고 세계 여러 나라 제도들이 어떤 위치에 있는지, 또 그 사이에서 우리의 위치는 어디쯤인지 가늠해 본다. 이는 전체 논의의 밑그림을 위한 것이다.[10)]

10) 앞서 기고된 각국 제도 사례 참조.

우선 동북아시아의 경우 일본, 대만, 중국을 거론할 수 있는데, 이들 나라에서는 예외 없이 치열한 경쟁구조가 존재한다. 이 점은 매우 흥미롭다. 여기에 우리나라도 속해 있는 것이다. 그 치열한 정도에 있어서 서로 간 차이는 무시해도 좋을 정도다.

근대 교육제도 형성에 한국에 지대한 영향을 끼친 미국의 경우 문제 양상은 좀 다르다. 미국은 각 주마다 고유한 교육제도를 운영하며 주립대학과 사립대학들이 중요한 역할을 한다. 미국에서도 대학 간에 서열이 매겨지고 그 정점에 '아이비리그' (Ivy League) 같은 대학 군이 존재한다.[11] 아이비리그를 염두에 둔 학생들 사이에는 치열한 경쟁이 존재하지만 우리나라의 그것과 동일선상에서 비교하기는 어렵다. 그 이유로는 이들 아이비리그 대학들이 여러 주에 퍼져 있어서 힘이 한 군데로 쏠리지 않고, 이 구조하에서 학생들이 입학에 대한 선택권을 부여받는다는 점을 꼽을 수 있다. 이에 비해 우리나라는 하나의 서울대와 2~3개의 세칭 명문사립대가 서울에 집중되어 있고, 입학에 있어서도 이 대학 아니면 안 된다는 풍조가 지배적이다. 하지만 미국에서 대부분의 학생들은 별문제 없으면 주립대학에 갈 수 있다. 입시전형도 정시와 수시로 나뉘어 전형의 기준을 각각 달리하고 또 이들 기준을 엄격히 지킨다. 쿼터제를 실시하여 여성이면 여성, 흑인이면 흑인 등 마이너리티에 해당하는 입학생을 받는데, 일단 입학하면 이들 입학생은 설혹 통용되는 성적 기준에 미치지 못하더라도 차별을 받지 않는다. 이는 대체로 성적을 가장 중시하여 입학기준을 정하는 우리나라와는 다르다. 또 미국에서는 중등교육 단계에서 고등교육 단계로 넘어갈 때 곧바로 넘어가야 한다는 정식에 얽매이지 않고 자유롭게 쉬기도 하고 다양한 사회경험도 쌓은 후 가는 경우도 많고 이것이 이상한 일로 여겨지지 않는다. 또 굳이 대학에 가지 않아도 자기 나름대로 행복을 추구하는 것이 일반화되어 있는데 이는 허명(虛名)보다는 실리에 가치를 두는 사고방식과 삶을 다양하게 지지해 줄 수 있는 다변화된 노동시장이 발달해 있기 때문이다.[12]

---

11) 미국 동부에 위치한 8개 명문 사립대. Brown, Columbia, Cornell, Dartmouth, Harvard, Pennsylvania, Princeton, Yale 대학 등. 아울러 MIT와 서부의 Stanford, UC Berkeley 대학 등도 이런 범주에 꼽힌다.

12) 몇 년 전 미국 교육문제를 우리나라 교육과 관련지어 비판적으로 다룬 두 가지 책이 출간되었다. 모두 우리교육의 현 상태를 조명해 준다는 점에서 매우 흥미롭다. 이현청 편역, **미국교육의 반성**(서울: 원미사, 2001); 심미혜, **미국교육과 아메리칸 커피**(서울: 솔, 2001). 우리나라 교육을 위한 심미혜의 제언은 매우

이에 비해 독일, 프랑스, 덴마크 등 유럽 대륙의 경우 상황은 많이 다르다. 경쟁구도가 존재하기는 하지만 그것이 첨예하게 발생하는 시점이 다르고, 또 그 정도에 있어서도 우리나라에 비해서 상당히 완화되어 있다. 그 주된 원인을 사람들은 종종 평준화되어 있는 교육제도에서 찾는다. 초 · 중 · 고 · 대학 단계의 학교들은 대부분 국공립이며, 대학입학을 위해서는 고등학교 졸업자격(프랑스는 바칼로레아, 독일은 아비투어)만 갖추면 된다. 이 점에서 이들 국가 사례는 우리나라 제도 개혁을 위한 흥미로운 준거로 종종 거론되곤 한다. 그러나 좀 자세히 들여다보면 좀 다른 양상도 드러난다.

독일의 경우 대부분 국립대학으로 평준화되어 있고, 입학시험이 아니라 자격시험구조이며, 정원제를 운영하지 않고, 재학 중 이동이 가능하다. 프랑스의 그랑제콜 같은 것은 지금까지 존재하지 않았다. 독일의 경우 제2차세계대전 후부터 그간 엘리트 대학이 존재하지 않았던 것은 나치 정부가 표방했던 교육정책, 즉 사회 주요 부문에서 엘리트를 배출함으로써 국가를 이끌고자 했던 정책에 대한 국민 대중의 우려 내지 거부감 때문이었다. 그러나 최근 들어 세계화 과정에 부응하는 차원에서 경쟁력 강화에 초점을 맞춘 사립대학이 도입되고 있고 학부모들의 관심이 여기에 쏠리고 있다. 이런 엘리트 계층에 대한 사회적 우려는 이제 과거의 문제로 귀속되어 버린 것 같다. 독일은 이제까지 경험하지 못했던 폭으로 상당한 변화를 보이고 있다. 최근에는 과외수업 사례들도 종종 보고되고 있다. 그렇다면 이런 변화는 독일 대학의 기본 틀을 어느 정도로 뒤흔들 것인가? 명쾌하게 답하기는 쉽지 않다. 그러나 분명한 것은 적어도 현재까지 사회적으로 선호되는, 혹은 인력 수급 계획이 있는 소수의 학과를 제외하면 전체적으로 보아 그 경쟁구조는 우리에 비해 훨씬 미미하다.

한편, 대부분의 프랑스 대학들은 그 기본 구조에서 평준화되어 있지만, 그래도 전통적으로 그랑제콜 같이 엘리트 교육을 위한 별도의 고등교육기관들이 존재해

경청할 만하다. 이를테면, 심미혜는 우리 교육의 문제를 현장에 무지한 교육부, 현장에 무지한 학자들에 의해 교육정책이 입안, 일선 학교에 시달되는 현실에서, 또한 일류는 필요하지만 그 일류를 불합리하게 만들어 내는 교육제도에서 찾으면서, 대학 선발 체제에 의한 학벌이 아니라 대학 자체의 교육을 통해서, 그리고 사회와 직장 생활을 통해서 형성되는 엘리트 양성을 주장했다(특히 13-35).

왔다. 이 점에서 전통적 독일 대학 구조와 다르다. 평준화 구조에서도 전체적으로 경쟁이 존재하며 특히 엘리트 교육기관을 두고 나타나는 경쟁은 매우 치열하다. 최근 보고되듯 이 나라에도 사교육 구조가 있으며 학년이 올라갈수록 증가한다(전체의 15~20% - 1/5~1/6 정도 수준)는 점은 흥미롭다. 독일 경우와 비교해서 경쟁의 폭이나 강도는 더 심해 보인다. 우리나라 상황과 흡사한 면도 보이는데, 즉 20%에 이르는 과외율은 결코 무시할 만한 것이 아니다.

전체적으로 보아 우리나라와 비교해서 이들 국가의 경쟁구조는 완화되어 있다. 이는 기본적으로 정원제를 두지 않은(예외적으로 인력수급 문제가 적용되는 학과의 경우 정원제가 있다) 평준화된 구조 때문으로 추정된다. 아울러 독일의 경우 삼지체제(三肢體制) 운영으로 초등학교 졸업과 동시에 어느 정도 대학 진학 희망생이 가려지기 때문에 일단 지원자 수가 제한될 수밖에 없으며 이 조건하에서 이루어지는 경쟁구조가 완화될 수 있겠다는 진단도 가능하다. 그러나 역시 적지 않은 부분에서 경쟁구도가 존재함도 간과할 수 없다. 그럼에도 불구하고 지금까지 기능해 왔던 평준화체제가 우리에게 시사하는 바는 분명하다.

이런 평가에 대해 혹자는 최근 유럽 대륙 국가들이 경쟁력 강화를 위해 나타내고 있는 일련의 변화 과정을 들어 반론을 펼지도 모르겠다. 이는 분명 사실이다. 그러나 전체적으로 보아 이들 나라들에서 경쟁은 동북아시아 여러 나라보다는 좀 더 완화된 형태로, 즉 개개인이 힘겹지만 나름대로 짊어지고 갈 만한 무게로 존재하는 것처럼 보인다. 그 형세는 비슷하게 보일지 모르겠으나 그 전체 구조는 다르다는 말이다. 한쪽이 경쟁구조 위에 다시 한 번 경쟁구조를 강도 높게 쌓아가는 형세라면, 다른 한쪽은 느슨한 경쟁구조로 인해 약화된 것으로 진단된 학력을 보강하기 위해 경쟁력 문제를 고려하는 형세로 보인다. 즉, 한쪽에 끊임없이 상승되어 왔던 경쟁구조라는 선행 조건이 있다면, 다른 한쪽에는 인간교육을 위한 관심에 의해 조율되어 온 학교교육이라는 또 다른 선행 조건이 있는 것이다. 우리에게 결여되어 있는 것은 이 후자와 관련된, 인간 개개인과 삶의 질에 대한 문제의식이다.

우리 교육계에서 그렇게 애지중지하는 이 '경쟁력'이란 실상은 맹목적이요 편협하기 짝이 없는 것이다. 예컨대, 'PISA'(15세 청소년들을 대상으로 한 국제학업성취도 평가)에서 한국 학생들은 주요과목 학력에서 수위권을 달리고 있지만 학습에 대한 흥미도와 자신감 등 정의적 측면은 OECD 국가 중 하위권에 속해 있는데, 우리 사회는 이런 점을 애써 외면한다. 혹은 어떤 과목의 경쟁력은 높이 평가하지만 다른 것들, 예컨대 예술과 체육 같은 것은 그리 신경 쓰지 않는다. 학력의 가치는 끊임없이 강조하지만 삶에 대한 가치 물음은 도외시한다. 우리의 학교교육은 개인의 성공을 가르치지만 개성적이지 못하고, 사회의 가치를 강조하지만 공동체적이지 못하다. 이들 자리는 그저 이기심과 집단주의가 대신하고 있을 뿐이다. 예컨대, 앞서 말한 바와 같이 개인의 학습능력은 혼자서뿐 아니라 서로 돕는 학습공동체 안에서 최고도로 신장될 수 있음도 알지 못한다. 여기서 핀란드의 경우는 매우 시사적인데, 즉 이 나라 학생들은 동북아시아 여러 나라들과 어깨를 겨룰 정도의 높은 학력을 입증하면서도 학생들의 학교생활은 매우 공동체적이며, 또한 교사들의 주된 관심사는 뒤처지는 학생들을 어떻게 하면 보듬어 안고 갈까 하는 데 두어져 있다.

이 사안의 성격을 필자는 몇 년 전 독일 뮌헨 교육연구소 주관으로 한국 학교를 탐방한 게르다 마르틴 교장의 말[13)]을 인용하여 다시 한 번 조명해 보고 싶다. 즉, 그녀는 현 독일의 제도하에서 학생들에게 어느 정도 높은 강도의 학습능력이 요구됨을 언급하면서도, 한국 학생들이 PISA에서 최상위 그룹에 속하는 학력을 보이고 있음에 대해서 이중적 방식으로, 즉 한편으로 경이로운 눈빛을 보이는가 하면, 다른 한편으로 한국 학교가 좀 더 인간적인 모습을 띠어야 할 것을 조심스레 권고하는 방식으로 평가하였던 것이다.

13) 지난 2004년 봄 3월 말에서 4월 초 사이 독일 〈뮌헨 교육연구소〉의 12명의 독일 교사들이 한국의 교육과 문화탐방을 목적으로 한국을 찾았다. 여행의 목적은 자국의 피사 결과를 한국의 성과와의 관련성 속에서 비판적으로 조명하기 위한 것이었다. 이 여행에서 탐방자들은 한국의 학교와 국가교육기관 및 교사와 학부모 단체들을 두루 방문하면서 한국교육의 이모저모와 몇몇 문화적으로 유서 깊은 곳을 살피고 돌아갔다. 이 여행에 참가했던 게르다 마르틴(Gerda Martin) 교장 선생님은 첫 번 한국여행에서 얻은 한국의 교육과 문화에 대한 자신의 소감을 한 편의 글로 만들어 필자에게 보내왔다. 이 글의 주요 부분은 독일의 교사 전문지인 *Lehrerinfo* 3(Oktober 2004), 10-11에 "한국의 학교–연구여행을 통한 관찰"(Schule in Südkorea-Beobachtungen auf einer Studienreise)이라는 제하에 소개되었다. 유럽인들은 여행 경험을 글로 남겨놓는 데 익숙하다. 짧은 방문 일정에도 불구하고 우리의 곳곳을 예리한 눈으로 살핀 후 이를 잘 새겨 쓴 글에서 역자로서 얻은 바가 적지 않았다. 이 글은 우리가 우리 자신을 보는 것과 다른 방식으로 우리 스스로를 돌아보게 해 준다.

우수한 학생은 – 종종 독일에서 그런 것처럼 – 같은 반 학생들로부터 조롱받지 않습니다. 다른 한편, 어린 한국인들이 받고 있는 기대에 대한 높은 압박은 유럽식 의미에서의 자아 전개를 방해하는 것으로 보입니다. 유럽에서는 르네상스 이래로 자아의 해방이 커다란 역할을 합니다. 우리의 경우 보통 개인은 더 이상 공동체의 요구에 헌신할 준비가 되어 있지 않습니다. 어쩌면 진리는 중간에 놓여 있는지 모르겠어요. 독일에서는 실력을 보다 강조하고, 청소년들로 하여금 부모님과 선생님들을 보다 존중하도록 하며, 한국에서는 아이들과 청소년들의 욕구에 대해 보다 주의를 기울이고 개인의 창조력을 보다 장려하는 것 말이지요.

이런 식의 국제적 비교는 우리 스스로 현 상황을 균형감 있게 바라보도록 돕도록 할 수 있을 것이다.

3. 최근 제안된 입시 · 교육제도 개혁방안

우리의 입시경쟁 구도가 극한점에 도달했다는 데 대해 이의를 제기할 이는 아마 없을 것이다. 이 문제를 둘러싸고 해법을 강구하기 위해 최근 몇 년 동안 다양한 노력을 기울여 왔으며, 그 원인을 파헤치는 과정에서 학력, 학력주의, 학연, 학벌, 학벌주의, 학벌사회 같은 주제들이 부각되었다. 이 모두 지난 오랜 세월 동안 우리 사회를 멍들게 했던 경쟁구조에 대한 철학적 성찰과, 또 이 구조를 해체하거나 완화시키기 위한 심도 있는 고민의 흔적을 보여 준다.

그 견해들은 대충 다음 두 가지 범주로 나누어 볼 수 있다. 하나는 국립대의 민영화, 대학입시의 자율화, 혹은 경쟁과 시장의 논리를 도입하거나 강화하는 방안이고, 다른 하나는 교육의 공공성에 대한 철학을 기반으로 한 여러 형태의 대학 '평준화' 방안이다.[14] 예컨대, 전자 중에는 고형일(국립대독립채산제), 김동훈(국립대독립

14) 대학 평준화 제도란 대학 간의 서열이 없는, 같은 범주의 대학들로 이루어진 고등교육기관 구조로 대학입학고사가 아니라 고등학교 졸업자격고사에 근거하여 지역별, 학교별로 입학생을 선발하는 제도를 뜻한다. 예외적으로 정원제가 존재한다. 그러나 획일적 교육과정이나 동일한 학력 성취와는 아무 관련이 없다. 졸업 후 사회 진출에 동등한 조건을 보장받는다. 보통 유럽 대륙 국가들의 고등교육제도가 여기에 해당한다.

법인화), 이주호(대학입시의 자율화)의 이론 등을 들 수 있고, 후자 중에는 김경근, 김상봉, 유팔무, 이정규, 이철호, 장회익, 정진상 등의 이론을 들 수 있다. 후자는 다시금 국 · 공 · 사립을 막론하고 대학 전체를 평준화하는 방안과 국 · 공립에 한정지어 평준화를 시도하는 방안으로 나뉜다. '서울대 학부의 개방 및 서울대 대학원 중심 육성 방안' '국립대학 평준화 방안' '국립대 통합네트워크 방안' '국공립대 통합전형 · 공동학위제 방안' 등이 그것이다.

여기서 그 각각을 상론하기는 어렵기 때문에, 각 유형 중에서 대표적인 것 몇몇에 초점을 맞추고 그 핵심을 간추려 소개하고 평가한다. 이 이론들에서 대체로 공통적인 것은 유형을 막론하고 현 입시경쟁의 원인을 대학서열체제, 학력, 학력주의, 학연, 학벌, 학벌주의, 학벌사회 같은 문제들에서 찾고 있다는 점이다.[15] 처음에는 학연과 학력주의 같은 개념을 둘러싸고 이루어지던 논의가 최근에는 학벌과 학벌사회 문제로 귀착되는 상황이다.

(1) 첫째 유형에서, 고형일의 방안(국립대독립채산제, 1998)의 요지는 현재의 문제를 대학의 서열체계에서 오는 입시경쟁구조에서 기인한다는 인식하에, 이것은 국 · 공립대에 대한 국가의 특혜에서 비롯된 것으로 진단하고, 이를 해결하기 위해서는 모든 국 · 공립대학에 대한 국가의 지원을 가능한 철폐하고 자율성을 부여함으로써 사립대 간의 경쟁을 유도하여 대학의 서열체계를 무너뜨리자는 것으로, 이를 위해 국 · 공립대를 모두 매각 또는 '독립채산제'로 전환하자는 것이다. 그리고 이 경우 모든 대학에 학생 선발의 자유를 허용하고, 입학 지원자에 대한 대학이나 국가의 시험제도, 즉 수능시험제도를 철폐할 것을 제안한다. 여기서 고형일은 대학의 진정한 기능을 자본주의 문화의 정착이라는 대전제하에 경제적 사활을 좌우할 새 지식과 기술의 공급으로 보고 있다.[16]

(2) 이 유형에 속하기는 하나, 또 다른 면모를 보이고 있는 것이 김동훈의 방안

15) 이와 관련하여 특기할 만한 것으로는 '학벌 없는 사회' 같은 교육시민운동단체의 태동이라 할 수 있겠다.
16) 고형일, 2002년 이후의 입학제도 개선에 관한 연구(교육인적자원부 연구보고서, 1998).

(2001)이다. 김동훈의 논지는 '학벌'에 대한 논의로부터 시작하고 있다. 여기서 학벌이란 한 개인을 출신대학을 모태로 규정하는 집단 사회적 현상으로 파악되고 있다. 그리고 이 현상이 지배적으로 나타나는 사회를 '학벌사회'로 규정했다. 그는 이를 단순히 학력에 따라 사회적 불평등을 야기하는 학력사회와는 구별하여 그 성격을 다음 네 가지 측면에 따라 밝히고자 했다. 즉, 첫째 사회학적으로는 변형된 신분제적 가치와 원리가 지배하는 사회로, 둘째 정치학적으로는 권력을 배분하는 붕당적 사회로, 셋째 경제학적으로는 부를 독점하는 독과점 사회로, 넷째 문화적으로는 인간관계, 결혼, 취업 등 개인적 삶 전반에 작용하여 당사자들에게 갈등을 빚어내는 갈등 사회로 규정했다. 이 점에서 학벌사회는 개인 중심의 근대적 시민 사회를 체화해 내지 못했기 때문에 여전히 존재하는 일종의 봉건 사회적 현상이라고 할 수 있다. 그렇다면 이 학벌주의 현상은 왜 생기는 것일까? 김동훈은 이를 대학의 서열체제에서 비롯된 것으로 보았는데, 대학서열의 기준으로 국립의 사립에 대한 우위, 지방 소재 대학에 대한 서울 소재 대학의 우위, 역사가 오래된 대학의 우위 세 가지를 들었다.

이런 것들이 바로 현 입시교육의 원인이라면 그 대책은 무엇인가? 김동훈은 동일한 문제의식 선상에 서 있지만 그 해법상 상이한 여러 대학 평준화론들과의 비판적 논쟁 속에서 자신의 견해를 밝히고 있다. 현실적 측면에서 볼 때 대학 평준화론은 국가에서 등록금을 포함한 대학운영의 모든 경비를 부담해야 하는데, 이제 겨우 중학교 무상교육을 도입한 상태에서 현 국가 재정으로는 현실화시키기 어렵다든지, 또 사립대에 대한 평준화 시도는 고등교육기관 설립을 위한 사적인 의도를 원천 봉쇄하거나 학생의 선택권을 차단하기 때문이라든지, 또 우리나라 대학 체제는 유럽식 보다는 사립이 주도적 역할을 하는 미국식 체제에 더 가깝기 때문에 처음부터 공영화 쪽보다는 수요자와 공급자 사이의 계약관계를 기초로 삼을 수밖에 없다든지 등의 문제를 지적한다. 또 이념적 측면에서 볼 때, 대학의 운영이나 교육, 연구활동 등에서 여러 단위들 간 효율적 비교지표가 존재할 수밖에 없으며 이 점에서 경쟁이 일정한 기능을 수행할 수 있는데, — 이를테면 무임승차를 확실히 적발해 내는 기제로서 — 대학에 대한 공적인 관리와 지원, 그리고 대학이나 교수들 간의 관계를 경쟁보다는 협력관계에서 파악하려는 대학 평준화론적 접근방식에서는 이 같은 기능을 기대하기 어렵다는 것이다.

여기서 경쟁과 시장의 논리가 도입되고 있음을 명백히 인지할 수 있다. 그러나 한편 공공성에 관련된 시각도 찾아볼 수 있다. 즉, 지난 50여 년간 열악한 상황에서도 사회적 자원을 동원하여 우리나라 대학교육의 한 커다란 영역을 성장시켜 온 사립대학들은 자신의 주도권을 유지하고 자율성을 신장시키는 방향으로 나아가는 것이 불가피한 것임을 주장하면서도, 다른 한편으로 적지 않은 사학들이 사회적 책무는 물론, 비영리법인이라는 기본조차 지키지 않으면서 사유화, 영리화의 길을 걸어왔음을 비판하고 있는 데서 그러하다. 그는 사립대학에서 교육의 공공성과 공동체성이 구현될 수 있도록 통제 기제를 도입해야 함을 강조하고 있다.

요컨대, 이런 모든 문제들을 균형 있게 조율하면서 현 사태를 해결할 수 있는 방도로 김동훈은 '국립대 독립법인화'(공기업의 민영화) 방안을 제안했다. 그 요지는 국가의 특혜 구조 속에서 존재하는 국 · 공립대에 대하여 그 특혜를 제거하되, 특히 그 서열구조의 정점에 서 있는 서울대를 '독립법인화' 체제로 전환하자는 것이다. 왜냐하면, 국 · 공립과 사립 모두는 법적 원리상 하등 차별이 있을 수 없는 공기(公器)로서 전자의 경우만 국가세금을 지원하는 것은 교육의 기회균등 원칙에 위배되기 때문이다. 이 점에서 지원받아야 할 것은 오히려 사립대학이며, 이런 식으로 실질적 조건을 상호 균등하게 하면 대학서열화 구조가 완화될 수 있지 않겠느냐는 것이다. 요컨데, 일반 종합 국립대에서 국가의 역할을 줄이자는 것이다. 그러나 현재와 같은 대학교 포화상태에서 대규모의 종합대학 인수자를 찾기는 어렵기 때문에 차선책으로 국립대의 재정상 독립 체제를 갖출 수밖에 없다는 논리다. 이 맥락에서 그는 아울러 수도권 대학과 지방 대학 간의 차별 해소 방안도 모색했다.

입학시험제도 개혁방안으로 그는 현행 점수 서열에 따른 합격 · 불합격선을 없애고, 논술과 심층 면접 역시 폐지하는 대신 전형 기준을 다양화하는 방식을 제안했다. 비공개 방식의 교사추천서, 비계량화된 자료, 전공별 특화 등이 그것이다. 마지막으로 내신 성적 산출과 평가는 고등학교와 대학 자율에 맡기도록 했다. 학생 선발권은 대학 고유의 권한이기 때문이라는 것이다.

흥미롭게도 김동훈은 이상 제도 개혁방안과 아울러 현 사태에 대해 사회적 의식 개혁 문제의 긴요함과 그에 대한 이론적, 실천적 접근의 필요성을 역설했다. 예컨대, 학벌차별을 인종차별이나 성차별 같은 차원에서 인식하고, 학력차별금지법이나 쿼터제 등 보호 장치를 도입하는 것이다. 한편, 세계관과 가치관의 변화를 위한 정신문화운동을 전개하자는 제안도 했다. 여기서는 문화적 봉건성, 편견과 차별적 사고, 개인을 해소시키는 집단의식 같은 주제를 언급했다.[17)]

(3) 또 하나의 견해는 이주호의 '대학입시 자율화' 방안이다. 이 방안의 핵심은 학생 선발과 관련된 사항 일체를 대학 자율에 맡기자는 데 있다. 단, 이 문제는 일시에 해결할 수 없기 때문에 3단계에 걸쳐 순차적으로 완성시켜 나가도록 하고 있다. 1단계에서는 학생 선발권을 대학의 고유 권한으로 확인하는 것인데, 이를 위해서 현재 대통령령으로 규정된 학생 선발을 대학에 귀속시키는 식으로 변경한다. 그 전제 조건으로 고교내신 반영 자율화를 말하고 있는데, 이는 수능과 논술, 본고사에 대한 필요성을 최소화하는 대신, 내신 위주로 전환하는 것을 뜻한다. 현재의 수능은 학교에서 배운 학력을 평가하는 정도의 의미만을 부여 한다. 이때 중요한 것은 대학이 학생의 지적인 학업성취도만을 근거로 하지 않고 학생의 개성적 능력과 잠재력을 다양하게 특성화된 방식으로 평가하게 하는 것이다. 다시 말해서 대학은 지원자가 이수한 교육과정, 학업성취도, 전인적 교육 정도를 근거로 성적을 산출, 자율적으로 학생을 선발한다. 이를 위해 대학이 고등학교 간 차이를 고려하여 내신 비율을 정할 수 있도록 하고, 관련 제도가 투명하게 시행될 수 있도록 고등학교에는 '학교정보공시제'를, 대학에는 '입학사정관 제도'를 지원하여 '고교교육 프로그램 평가제'가 정착될 수 있도록 한다. 2단계에서는 수능시험을 학력고사로 바꾸고, 응시기회의 다변화와 지원 가능한 대학의 범위도 확대한다. 이를테면, 문제은행식으로 여러 번 응시가 가능하도록 하고, 과목별 응시일자에서도 차등을 둔다. 학업성취 수준에 따라 1, 2학년 학생들도 응시할 수 있도록 한다. 아울러 대학은 전공영역에 부합하게 과목별 시험만을 요구한다. 예컨대, 자연과학부의 경우 수학, 과학, 영어 분야 등에서 3~4개의 시험만 보면 된다. 고등학교 단계에서 '과목별

17) 김동훈, 한국의 학벌, 또 하나의 카스트인가(서울: 책세상, 2001), 15-31, 87-95, 95-106, 118-126, 147-151.

심화과목제도' (Advanced Placement)를 두어 특정 과목에 우수한 재능을 보이는 학생들에게 심화학습할 수 있는 기회를 주고, 그 결과를 '과목별 수학능력시험제' 등의 도입을 통해 입시는 물론 대학입학 후 학점 이수 및 수업 이수에도 반영한다. 아울러 학생의 대학 지원 선택권을 대폭 확대한다. 가 · 나 · 다 군으로 묶어 교차지원을 금지하고 있는 현행 제도를 지양하여 4개 대학까지 자유롭게 지원할 수 있도록 기회를 주자는 것이다. 마지막으로 3단계에서는 대학에게 학생 선발권을 완전 귀속시킨다. 요지는 대학에게 다양화와 전문화라는 시각에서 학생을 자유롭게 선발할 수 있는 권한을 부여하자는 데 있다. 이주호는 이를 소위 '3불정책'을 넘어서 고교등급제를 방지하고 본고사 없이도 개별 대학들이 학생을 선발할 수 있는 체제로 보았다.[18]

둘째 유형에서는 먼저 유팔무나 김경근의 안을 들 수 있다.

(4) 유팔무는 현사태의 원인을 학벌주의에서 찾으면서 이를 불식하기 위한 방안으로 미국식 자유민주주의 체제에 의한 현 대학 구조를 유럽식 사회 민주주의적 교육체제, 즉 '참여 민주주의적 교육체제'로 전환할 것을 요청했다. 대학입시를 폐지하는 대신 국가자격시험제를 도입하고, 학생들은 지역별로 대학정원 규모만큼 선발할 것을 제안했다.[19]

(5) 김경근은 『대학서열깨기』(1999)에서 자신의 생각이 강준만의 문제제기 『서울대의 나라』[20]에 의해 촉발된 것임을 밝히면서, 현 무한경쟁구조가 학연주의와 학벌주의에 의해 발생한 대학의 서열화('신(新) 귀족주의'라 칭한다.)에서 비롯되었다는 인식하에 그 해법을 '대학평준화'에서 찾고자 했다. 국 · 공립과 사립을 막론하고 전국의 대학을 하나의 틀 안에서 묶어 고교 내신 성적과 입학자격시험을 통해 지원자들에게 대학입학 자격을 부여하자는 것이다. 서울대는 여기서 모든 문제의

18) 이주호, **평준화를 넘어 다양화로**(서울: 학지사, 2006), 240-242, 263-272.

19) 유팔무, 대학입시제도의 변화와 교육개혁의 과제, **대학교육** 81(1996.5/6): 10-19.

20) 서울대를 중심으로 한 학벌주의 문제를 처음 거론했다. 강준만, **서울대의 나라**(서울: 개마고원, 1996).

진원지로 간주된다. 서울대는 학연과 학벌의 상징이자 모든 혜택의 수혜자이며 사회적 이득을 독식하는 명목상 소수의 엘리트를 위한 학교로 간주된다. 최상의 시설에 우수한 인재를 선발해 놓고도 교육과 연구의 질은 저열하며, 자체 개혁에 미온적이고, 공익에 반하는 입시제도를 운영한다는 것이다. 이런 이유로 김경근은 서울대 학부를 폐지하고 대학원 대학으로 재창립할 것을 요구했다. 이럴 때 비로소 서울대를 지상 목표로 삼는 무한 경쟁은 사라질 것이고 그 대신 전국에서 우수한 인재를 받아들인 대학원 교육으로 새로운 면모를 갖추게 될 것이라는 생각이다. 대학 배정은 선지원 후추첨제로 하고, 소위 인기학과 집중을 막기 위해 전문대학원 제도를 활용한다. 인재 지역할당제, 대학 구조조정 같은 조치들을 병행할 것도 언급하고 있다. 흥미롭게도 그는 이 구상을 자신의 책 3부 1장(231-283)에 문답식으로 엮어 도표까지 곁들여 상세하게 소개하고 있다. 그는 이러한 변화를 국가의 최우선적 사안이자, 학부모가 나서서 일구어 내야 할 하나의 '입시혁명'적 사안으로 인식했다. 그의 연구는 3년 전 유팔무의 문제제기 이래 본격적인 평준화론이라는 점에서 의의가 있다.[21)]

(6) 2000년도에 들어서 언급할 만한 것은 장회익 교수 등 서울대 교수 20명의 제안(2001)에 의한 것으로, 서울대 학부를 10년 동안 한시적으로 서울대 이름으로 입학생을 받지 않고(따라서 서울대 이름으로 졸업장을 주지 않으며), 타 국립대학생들을 위해 학부과정을 개방 운영하되 서울대 학부와 모든 국립대학의 학부를 상호 개방 · 공동 운영하자는 방안으로, 이때 서울대는 대학원을 중심으로 한 연구중심대학으로 전환, 운영해 보자는 것이다. 일종의 연합국립대학에 대한 구상으로, 이때 주안점은 이러한 뜻에 합의한 국립대학들과 공동으로 기초 학문과 공익성이 강한 학문 분야에 역점을 두고 대학별, 학과별로 특성화시켜나가는 데 있다. 이것이 가능하려면 장학금과 기숙사 등 정부의 대폭적 지원과 높은 수준의 수업의 질이 전제되어야 하는데, 이를 위해 '교육정상화 특별법'과 교육예산 확보를 요청했다.[22)]

---

21) 김경근, **대학서열깨기**(서울: 개마고원, 1999), 특히 102-128와 2부 전체, 243, 256.

22) http://antihakbul.org; 김상봉, **학벌사회**(서울: 한길사, 2005), 393.

(7) 여기서 아울러 거론할 만한 유력한 사례 가운데 하나는 이정규의 연구(2003)이다. 그는 학력과 학벌이 개인적 삶의 기회를 위한 길일 뿐 아니라 일종의 문화화폐로서 사회 · 경제적 불평등을 산출하는 진원지임을 인식하고 그 해법을 모색하기 위해 학력 · 학벌주의의 형성과정과 동인을 역사 · 문화적인 관점에서 고찰하고자 했다. 과거제도가 처음 도입된 고려시대, 유교를 국시로 했던 조선시대, 조선 말 개화기와 일제 치하의 공교육 성립시대, 미군정 시대와 이어서 학벌주의가 팽배해진 대한민국 시대를 그 주요 연구 대상으로 삼았다. 이 연구는 학문적으로 엄밀한 의미에서 우리 사회 학력 · 학벌주의의 병폐에 관한 기초자료를 제공하고 있다는 점에서 중요하다. 해법을 위해 개인적 차원에서의 의식개혁, 사회개혁운동, 그리고 국가적 차원에서의 학력 · 학벌 차별과 편견을 해소하기 위한 법적 제도화라는 세 가지 차원을 고려했다. 차별 방지책으로 사회 각계각층의 요직에 대하여 지역과 소득계층 및 출신대학을 고려한 인재할당제 도입, 산업체 인력 채용 시 기존의 학력과 학벌 위주 대신 능력에 따른 선발방식 구축, 사회적 편견과 차별에 대한 해소책으로 소수계층을 배려하고 차별과 편견을 방지하기 위한 법령 제정 등을 제안했다. 동시에 고등교육 전반에 걸쳐 질적인 제고를 요청했다. 그 주요한 것으로는 국립종합대학의 '평준화'와 '연구중심대학화'다. 서울대 학부를 폐지하고 국립대학으로 개칭, 연구중심대학원화하고, 지방 국립대학 역시 그런 노선에서 연구 중심 대학 및 대학원화 한다. 서울대와 지방 국립대 간의 격차와 불균형을 해소하기 위해 교원의 재임기간을 5년으로 하고 정례적인 상호교환이 — 매년 총원의 20% 정도 — 이루어지도록 한다. 사립대학은 자유경쟁체제를 도입하되 한편으로는 자율성과 특수성을, 다른 한편으로는 공공성과 책무성을 구현하도록 개혁한다. 한편, 서울대 등 독점적 학벌 형성을 차단하기 위해 대학별 · 지역별 특성화를 도모하되 거시적으로는 이에 상응하는 산업 · 행정 정책을 수립하고 미시적으로는 대학에 대한 국가의 차등 지원제를 도입한다. 대학의 학벌 문화를 타파하기 위해 국 · 공 · 사립 공히 신임교원 선발 시 본교 출신이 학과 학부 단위로 20%를 넘지 않도록 했다. 아울러 현행 대학입시제도를 지양하여 각 시 · 도별 고졸학력자격시험으로 대치하고, 각 대학이 자율권을 갖고 학생을 선발하도록 했다. 대학들은 자유경쟁체제를 통해 자체 질을 제고하도록 한다. 이정규는 이상과 같은 구조하에서 세칭 일류대에 대한

특권과 프리미엄을 최소화하기 위한 사회적 장치를 마련한다면 현 사태에 대한 해법이 의외로 간단할 수 있다고 보았다.[23)]

(8) 이어서 다음 김상봉과 정진상의 연구를 살펴보자. 이들은 지금까지의 다양한 논의의 맥락 위에 서서 학벌 문제를 학문 이론적으로 천착하면서 평준화 방안이 현실화되도록 균형감 있고 정교하게 방법을 강구했다는 점에서 주목할 만하다.

김상봉은 자신의 책 『학벌사회』(2005)에서 이 문제의 핵심을 '학벌'이라는 현상에 귀착시키면서, 자신의 관점을 기존의 주요한 선행 연구들과 구별하여[24)] 현상을 단순히 실증적으로 기술하는 데 그치지 않고, 그 근거로부터 해명하고자 했다. 여기서 학벌은 '한국 사회의 본질적 형성원리로부터 비롯된 현상이라는' 문제의식하에 탐구되고 있다. 그런 시각에서 학벌은 속성을 나타내는 '학력'이나 관계를 나타내는 '학연'과 달리, 학연이라는 공동의 배움터에 속해 있는 사람들이 그들 자신을 '우리'라고 느끼고 의식하면서 나타내는 공동 주체, 내지 사회적 주체의 문제로 이해된다. 다시 말해서 학벌이란 어떤 집단이 다른 집단과 명확히 구별되는 하나의 존재 단위, 즉 사회적 실체로서 존재하되, 그 사회적 실체가 (학연을 바탕 삼아) 단순

23) 이정규, 한국사회의 학력 · 학벌주의 근원과 발달(서울: 집문당, 2003), 머리말, 171-177.

24) 김상봉, 학벌사회(서울: 한길사, 2005), 144-145, 166-168, 191-199, 200-205. 우선 그 초기 단계의 연구로서 김용숙의 『점수병 학교 · 학력병 사회, 이대로 좋은가』(1990)와 김부태의 『한국학력사회론』(1995)이 거론되었다. 아울러 정치학과 행정학 분야에서 이존철의 "한국 공조직의 엘리트 배경에 관한 연구"(연세대 석사학위논문, 1993), 노병만의 "한국권력 엘리트의 특성에 관한 연구"(경북대 박사학위논문, 1995), 안용식 · 이주영의 "우리나라 공기업 임원의 사회적 배경 분석: 정부 투자기관을 중심으로"(연세행정논총 22, 1997), 박성민의 "김영삼 정부의 장 · 차관급 인사정책 평가"(연세대 박사학위논문, 1998), 이병석의 "김영삼 대통령의 인사정책에 관한 연구"(서울대 박사학위논문, 1998), 이경주의 "여성장관을 통해서 본 한국 여성 엘리트의 특성"(광운대 박사학위논문, 1998) 등을 거론했는데, 단 이들이 실증적–가치중립적 접근 방식에 그치고 있는 점을 한계로 지적했다. 이에 비해 진정한 의미에서 '학벌' 문제를 제기하고 향후 논의의 기본 골격을 마련한 두 가지 연구로서 강준만의 『서울대의 나라』(1996)와 김경근의 『대학서열깨기』(1999)를 거론하고 있다. 강준만은 학벌과 학벌주의를 계급적 불평등 문제로 이해함으로써 문제의 기본 방향을 설정했고, 김경근은 강준만의 문제제기에 잇대어 대학입시문제의 해법을 모색했기 때문이다. 그러나 이들 연구의 한계 역시 간과하지 않았는데, 그것은 문제를 현상에 대해 서술하는 데 그쳤을 뿐 근거로부터 해명하지는 못했다는 것이다. 단, 그 근거를 탐구한 예외적 사례의 하나로, 이정규의 연구 『한국사회의 학력 · 학벌주의 근원과 발달』(2003)을 들었다. 그러나 이 연구 역시 역사적 현상 서술에 그침으로써 학벌이라는 존재와 그 생성 및 인식에 관한 원리 문제를 정당하게 다루지 못한 것으로 평가했다.

히 사물적인 실체에 머무르지 않고 공유된 집단의식, 즉 '우리' 라는 집단적 자기의식에 의해 자기의 정체성을 유지할 때 정립되는 현상을 뜻한다. 문제는 이 의식이 집단에 속한 개인의 자율적이며 자기 반성적 태도에 의해 형성되지 않고, 학벌이라는 사회적 주체에 귀속되는 속성으로서 형성된다는 점이다. 다시 말해서 학벌사회란 개인들이 서로 공유할 수 있는 보편적 이상과 공동적 일을 위해 결속해 낸 공동체가 아니라, '시험점수에 따라 특정한 학교에 배정됨으로써 형성된' 집단사회라 한다. 그런데 김상봉은 이 사회적 현상을 가족과 국가 사이에 존재하는 일종의 '유사가족' 으로 이해했다. 사람들은 가족이라는 결속 구조를 벗어나 사회적 존재로서 자기 자신을 실현해 가야 하는데, 그러기보다는 그러한 요람에 남아 있고 싶어 하고 거기서 떠나는 것을 두려워한 나머지 거꾸로 모든 사회적 단위들을 가족공동체적으로 만들려는 퇴행적 요구에 추동되고 있다는 것이다. 그러나 실제로 그러한 욕구가 충족될 수는 없기 때문에 그 대신 개인과 국가의 중간단계에 있는 학교와 학연을 바탕 삼아 그러한 욕구를 충족시키려 하는 데서 그러한 유사 가족적 현상이 나타나게 되었다는 것이다. 여기서 개인으로서의 참된 자기 동일성[25)]을 구현하는 일은 불가능해질 뿐더러 보편적 이상을 향한 인륜적 공동체의 구현 역시 불가능해지고 만다. 학벌에 결속될수록 사람들은 다만 어리석고 부자유스럽게 될 뿐이라는 것이다. 그럼에도 불구하고 사람들이 기를 쓰고 이 학벌에 진입하려는 이유는 무엇인가? 김상봉은 그 이유가 학벌이 '사사로운 이익' 을 확장시켜 주기 때문이라 했다. 그 이익이란 바로 '권력' 이다. 그러기 때문에 학벌은 '가장 안정된 권력의 주체' 가 될 수 있다. 개인으로는 불가능한 일도 이 학벌에 귀속되면 가능해지기 때문이다. 또 학벌의 서열은 그 권력의 크기를 결정해 주기도 한다. 따라서 보다 강력하고 지배적인 학벌의 구성원이 되기 위한 경쟁 현상이 나타나게 되는데, 이를 바로 입시경쟁의 본질이라고 보았다.

요컨대, 이 이론에 따르면 현 교육 사태는 개개인들이 자기 자신의 동일성을 학벌이라는 유사가족적 구조를 이용한 퇴행적 추구를 통해서 사회적 신분을 추구하고 이를 통해 사사로운 이기심을 충족시키고 권력을 획득하려는 데서 비롯된 것이

26) 정체성이나 주체성으로 바꾸어 쓸 수 있는 말로 이해한다. (필자 주)

라 할 수 있다. 개인, 부모, 가족, 대학, 학연, 사회, 국가, 권력은 여기서 한데 연루되어 있다.

이러한 문제를 인식한 상태에서 그가 내놓은 방도는 일단 국립대학 간의 장벽을 철폐, 문호를 개방 · 운영하고 이를 차츰 사립대학에도 적용하여 최종적으로는 모든 대학생들이 같은 울타리 안에서 자유롭게 이동하며 공부하도록 하자는 것이다. 학벌 의식의 몸통이라 할 수 있는 학연 집단의 장벽을 허무는 것을 첩경이라 본 것이다. 아울러 이 제도가 온전히 기능하기 위한 전제로 그는 공직 선발에서 지역별 할당제의 도입(예컨대, 인구비례로 서울 지역에 23% 정도)을 주장했는데,— 그는 이 조치가 자연스레 민간 부문에도 영향을 끼쳐 문제가 전체적으로 조율될 수 있으리라 추정한다. — 이를 학벌 의식 속에 숨겨진 권력을 향한 욕망의 싹을 잘라내기 위한 제도적 장치로 이해했다. 아울러 국 · 공립대 공동전형, 개별대학 및 학과별 정원 개방(예외적인 경우 인정), 수능 폐지, 대학입학자격고사제 도입, 실업계와 전문대 육성, 사립대 민주화 공공성 확보 등의 방안을 제안했다.

정리하자면 현 사태는 명백히 가족주의, 새로운 신분 획득, 권력과 탐욕 문제와 깊이 연루되어 있다. 이들 문제를 철학적으로 철저히 포착해 낸 김상봉의 논지, 특히 사회적 현상 배후에서 작용하는 인간의 권력과 욕망 구조에 대한 탐색은, 종래의 부분적 언급을 넘어서서 본격적으로 이루어진 학문적 성과로서 큰 틀에서 공감할 수 있으며, 향후 논의를 위해 많은 의의를 함축한다.[26)]

그러나 이 학벌 문제는 또 다른 맥락에서 논의의 여지를 남겨 두고 있다. 예컨대, 이러한 유사가족 구조를 개인의 퇴행적 행동의 결과로 단정지을 수 있을 것인지에 대해서 생각해 볼 수 있다. 즉 이는 아직 혈연주의적 · 연고주의적 집단의식의 틀 속에 갇혀 있는 개별자의 미분화된 존재 의식에 연루된 문제일 수도 있는 것이다. 이 의식의 특징은 '사리'(事理)보다는 '아는 사이'를 우선시한다는 데 있다. 가족, 친척, 친구, 동향, 동문, 문벌, 재벌, 군벌, '대한민국' 같은 개념들, 그리고 외부인에 대해서 폐쇄적인 마을 사람들 태도의 근저에는 이 미분화된 집단의식이 자리하고 있는 것이다. 학벌주의란 이 미분화된 집단의식이 명문 출신 학교와 결합하였을

26) 김상봉, 학벌사회, 339-355, 6장.

때 나타나는 현상이다. 이런 현상은 굳이 서울대가 아니더라도 두루 찾아볼 수 있다. 이 의식은 서울대가 없어지더라도 존속한다. 이 의식구조가 서울대보다 더 근본적인 문제인 것이다. 퇴행이 심리치료를 요하는 문제라면, 개인의식의 발달 문제는 철학과 과학, 그리고 교육학의 과제라 할 수 있다. 예컨대, 이 '아는 사이'에 의한 삶의 방식은 존재 의의와 가치에 관한 철학적 물음, 객관성을 추구하는 과학적 태도, 혹은 사리가 무엇인지 말해 주는 현상학적 인식 행위 등을 통해서 극복될 수 있다. 그러나 우리나라의 근대적 학교교육이나 국민교육에서 이 문제를 해결하기 위해 기울여진 이렇다할 만한 노력은 찾아보기 어렵다. 이에 비해 오늘날 서구 사회의 안정된 교육체제의 배후에는 그러한 의미의 대대적인 국민 교육적 노력이 있었음을 지적해 둔다.

(9) 마지막으로 정진상의 국립대 통합네트워크 방안(2003, 2004)[27]으로 넘어가 보기로 하자. 정진상 역시 학벌주의와 대학서열체제가 현 사태의 근원이라는 인식에 앞서 언급한 이들과 입장을 같이했다. 학벌주의란 우리 사회를 정치, 경제, 사회, 문화의 모든 영역을 지배하는 하나의 '이데올로기', 즉 하나의 '사회적 실체'로서 이 때문에 중등교육이 왜곡되고 대학의 학문이 학벌과 권력을 취득하는 장으로 변질되어 왔다는 것이다. 이를 혁파하지 않고서는 현 상황을 바로잡을 수 없을 것인데, 그 첩경은 현 대학제도와 대학입학제도의 근본적 개혁에 있다고 보았다. 그런데 이는 반대도 마찬가지라 한다. 즉, 학벌주의는 무한 입시경쟁을 야기하는 대학서열체제를 재생산하는 결정적인 원인이지만 거꾸로 학벌을 생산하는 기제 내지 공장이 바로 대학서열체제이기도 하다는 것이다. 이런 문제의식에서 정진상은 앞

27) 이 방안은 경상대학교 사회과학연구원에서 정진상 교수 주도하에 꾸려진 '대학개혁연구팀'의 연구 성과로서, 여기에는 김영석, 황갑진, 최태룡, 이종래 교수가 참여하고, 아울러 여수대의 이두휴, 전북대의 김경근 교수가 함께했다. 초기 단계에서 만들어진 초안을 기초로, 여러 교육운동 시민단체의 전문가들이 토의에 참여했고, 이 과정에서 최종 방안이 서서히 윤곽을 드러내게 되었다. 이 때문에 정진상 교수는 이 방안이 자신의 책임하에 만들어진 것이기는 하지만 실은 하나의 '공동창작' 품임을 밝히고 있다. 이 글에서 정진상이라는 표기는 이 점을 염두에 둔 것이다. 이 방안은 처음 민주노동당 기관지 **이론과 실천**, (2003. 12)에서 발표되었고, 이후 **국립대 통합네트워크-입시지옥과 학벌사회를 넘어서**(서울: 책세상, 2004)이라는 책에서 수정 · 보완 발표되었다. 6-11, 59-78, 78-90, 특히 3장 전체.

서 거론한 국립대독립채산제와 독립법인화 방안 등을 신자유주의적인 발상이며 본질에 대처하지 못하는 방안으로 비판하고,[28] 대학평준화 논의 맥락에서 자신의 견해를 폈다.

고형일과 김동훈에 대한 그의 비판을 간추리면 다음과 같다. 고형일의 경우 첫째, 그가 현 대학서열체제의 원인을 국립대-사립대 구조하에서 국가가 국립대에 개입한 데서 찾고 있다는 점이다. 그런데 이는 실상 서울대-수도권대-지방대 구조에서 초래된 문제이기 때문에 다시 서울대-비서울대 축(즉, 서울대는 별개의 문제로 다루고)과 수도권대-지방대 축의 문제로 나누어 보아야 한다는 것이다. 둘째, 고형일은 서열제가 국가개입에 의한 것이라는 생각에서 국립대와 사립대에 동등한 조건을 부여하면 자유경쟁체제가 되어 서열구조가 변할 것이라 주장하고 있지만, 이런 해석은 서열체제의 원인과 매개자를 혼동한 데서 비롯된 것이라는 지적이다. 현재의 서열구조가 학벌주의에서 비롯되었다면 비싼 등록금은 아무래도 상관없다고 생각할 것은 뻔하리라는 것이다. 서울대와 명문 사립대 문제는 사회적으로 오래전부터 그렇게 고착화되어 온 것이지 국립대나 사립대라서 생긴 문제는 아니라는 것이다. 따라서 국가는 현 사태의 매개자이지 원인은 아니라는 지적이다. 또 하나의 결함은 고형일이 이 시대에 요구되는 교육을 '경제적 사활을 좌우할 새 지식과 기술의 공급'에 맞추면서 '자본주의 문화의 정착'과 '자본주의 도덕의식'을 강변함으로써, 근대적 산업자본주의에 봉사하기 위해 탄생한 국가주의 학교관과 오늘날의 신자유주의 교육관을 철저히 대변하고 있다는 점이다. 이런 이유로 정진상은 고형일의 접근방식을 봉건적 이원 교육체제에 의한 차별을 극복하고 참교육을 구현하기 위한 국민 일반의 참된 요구를 외면하는 것으로 평가한다. 한편, 김동훈의 경우는 현 서열체제의 발생 원인을 학벌주의로 보는 데서 고형일과는 구별되지만, 진단과 처방에 있어서는 고형일과 대동소이하다는 데 문제가 있음을 지적한다. 단, 그가 현재의 판도에서 수도권대와 지방대 간의 차별구조, 서울대의 특권적 위치의 문

28) 정진상은 이들 방안이 한낱 대학을 자본과 노동시장에 종속시키는 논리요, 따라서 진정한 교육에 대한 서민들의 요구나 학문의 균형발전 같은 안목을 결여한 주장으로 비판한다. 후자의 경우 학벌주의를 거론하면서도 대학서열체제 자체에 부딪치지 않고 국 · 공립대와 사립대를 동일한 조건으로 만들면 대학서열체제가 완화되고 문제가 해결될 것이라는 방안을 너무 '순진하고 한가한' 것이라 비판한다.

제점을 읽어 내고 있음을 의미 있게 평가했다. 그러나 그가 학벌주의에서 문제의 핵심에 도달했음에도 불구하고 그로 인한 서열체제에 정면으로 맞서지 않고 독립법인화라는 기제로 서울대의 특권적 위치를 허물어뜨릴 수 있다고 본 것은 피상적 접근에 불과한 것이라고 비판하고 있다.

여기서 정진상은 하나의 정공법을 제안한다. 그가 기본으로 삼은 원칙은 다음과 같다. (1) 대학교육의 공교육화, (2) 대학서열체제를 혁파하기 위한 입시와 대학교육 제도 자체의 근본적 · 혁명적 조치, (3) 구체적이며 실현가능한 개혁방안 모색 등이다. 그 요지는 서울대학교를 포함해서 지방의 국 · 공립대학을 하나의 네트워크로 통합하되, 서울대 학부는 따로 입학생을 모집하지 않고 그 대신 타 국립대 학생들에게 서울대 강의를 개방하고, 지방대학들은 현재의 거점 대학을 중심으로 학구별로 통합, 몇 개의 캠퍼스로 조직 · 운영하자는 데 있다. 이때 중요한 것은 지방 국립대의 수준을 일정한 방안을 통해 현 서울대 수준으로 끌어올린다는 것이다. 지방별로 산재한 대학들, 즉 거점 대학과 중 · 소규모의 대학들을 학구별로 통합하되, 학과 중복을 피하는 식으로 대학이 특정한 학문 분야에서 내적 통일성을 가지게 한다. 이를테면, 대학마다 학문 분야에서 분업하여 협동하는 식으로 해야 한다는 것이다. 또 법대, 사대, 경영대, 의대(치대, 한의대, 수의대), 약대 등 전문직을 위한 학부과정을 폐지하는 대신, 해당 전문대학원을 설치한다. 대학원은 일반대학원과 전문대학원으로 구분한다. 전문대학원은 학구별로 인구비율에 따라 입학정원을 조정한다. 통합된 지방 국립대학들 수준을 현재의 서울대학교 수준으로 끌어올리고 이를 위해 재정, 교원 순환근무제, 타 국립대와의 수업교류, 학점이수 인정, 무상교육 실시 등을 도입하고, 국립대학들 간의 경쟁을 유도한다. 현재 전체 학생 중 75% 정도가 다니는 사립대학은 일정한 수준을 갖출 경우, 국립대로 전환하거나 편입시켜 가고(단 자발적으로, 그리고 이를 위해 무상교육 등과 같은 재정지원과 서울대 대학원 입학이나 취업에 인센티브를 주는 식으로), 또 그렇게 하여 사립대학과 국 · 공립대학 간의 학문적 경쟁을 유도한다. 이렇게 되면 서울대학교 학부는 존재하기는 하지만, 이전과는 다른 위상을 가지게 되고 그 실제적 의미는 대학원에서 가질 수 있게 된다. 학부과정을 1/2기로 나누어 1기는 기초학문을 배우기 위한 과정으로 인문사회 · 자연 계열만 두고, 2기는 전공학습을 위한 기간으로 학과제가 아닌 학부제로

운영한다.

대학입학제도에 몇 가지 원칙을 마련했다. (1) 신입생 선발 단위는 대학별 · 학과별이 아니라 국립대 전체 통합네트워크 총 정원으로 한다. (2) 입학자격은 인문사회계와 자연계 두 계열로만 나눈다. (3) 입학자격은 고교내신 성적과 계열별 자격시험을 통해 통합네트워크 정원 계열별로 부여한다. (4) 계열별 입학정원 중 30%는 별도 입학자격시험을 통해 선발한다. (5) 현행 수능시험을 폐지하고 입학자격시험으로 대치한다. (6) 입학자격을 취득한 학생들은 먼저 1, 2, 3 지망으로 대학을 지원해 배정받고 정원초과로 자리를 배정받지 못한 학생들은 추첨으로 배정한다. (7) 학부 1기 과정의 각 학부(인문학부, 사회과학부, 자연과학부, 공학부, 농학부, 해양학부, 가정학부 등)는 학부 1기 과정 이수자 중에서 무시험 서류전형으로 신입생을 선발한다. 정진상은 이 방안을 현 정치 지형상 전면적 현실화는 어렵지만, 향후 교육개혁운동 차원에서 '실현 가능한' 것으로 보고 있다.

이 방안들이 소개되었을 때 하향 평준화, 경쟁력 약화, 서울대 대신 명문사립대가 차지하게 될 위상, 또 다른 경쟁구조의 출현 등의 이유로 회의론과 반대론 또한 비등했다. 여기에 대해서 예컨대 정진상은 문제의 소지를 배제했는데, 그 주된 논지 몇몇을 간추려 본다.[29)]

- 대학이 하향 평준화되어 경쟁력이 떨어지는 것 아닌가?: 우리나라 대학들의 교육경쟁력이란 세계에서 바닥을 치는 수준이다. 더 이상 내려갈 데가 없다. 현재는 입시경쟁만 있고 대학교육의 경쟁력은 부재한 상태다. 학문생산능력은 극히 저조하며 대학원은 부실 운영 상태를 면치 못하고 있다. 국립대 통합네트워크는 서울대 학부는 서울대 대학원에서 공부하려는 전국 학부의 우수한 인재들을 모을 수 있고, 한편 우수한 인재들로 하여금 전국 대학에 분산되도록 함으로써 전국 대학의 연구 환경을 제고하게 하여, 결과적으로 학문생산과 학문생산경쟁력에 좋은 영향을 미치게 할 것이다. 만일 대학이 평준화되면 그것은 상향 평준화의 방향에서 특성화되어 지금보다 훨씬 높은 경쟁력을 갖게 될 것이다.

29) 정진상, **국립대 통합네트워크**, 167-185.

–엘리트 교육을 포기하자는 말인가?: 현재 서울대는 획일적 엘리트만을 길러 내며 졸업 후 권력엘리트가 되게 하기 위한 양성소일 뿐이다. 진정한 엘리트는 창조적 존재로 개성과 학문 분야에 따라 특성화시켜 길러야 한다. 과학기술 분야 같은 경우 집중이 필요하나 반드시 서울대가 맡아야 한다는 법은 없다. 카이스트(KAIST)는 그 훌륭한 대안이다. 그러나 카이스트는 졸업생에 대한 직업안정성을 보장할 때 제 기능을 다할 것이다. 반면, 인문사회 분야의 경우 동질집단의 집중은 바람직하지 않다. 학문 성격상 이 분야의 엘리트 육성은 오히려 이질적이며 모순이 가득한 사회문화적 상황을 전제로 하기 때문이다.

–새로운 대학서열을 막을 수 있는가?: 연 · 고대가 서울대 자리를 대신하게 되는가 하는 물음인데, 연 · 고대는 국립대 통합네트워크에 통합되는 경우 다른 대학들과 동일한 조건에 처하게 된다. 통합네트워크에서는 등록금 평준화와 전문대학원 설치라는 기제가 가동된다. 연 · 고대는 법대, 의대, 경영대 등 전문직과 관련된 인기 학과를 중심으로 명문의 위치를 유지하고 있는데, 이들 학과의 전문대학원은 네트워크 안에서만 설치할 수 있기 때문에, 만일 이 편입을 연 · 고대가 거부한다면 전문대학원으로 살아남을 근거가 없어지기 때문에 편입구조를 받아들일 수밖에 없다. 만일 그렇지 않을 경우 학생들은 전문대학원 진학의 길이 막혀 있는 연 · 고대에 가려 하지 않을 것이다. 연 · 고대는 기초학문 분야나 일반대학원으로 명문대학 지위를 유지할 수밖에 없는데, 이는 오히려 바람직하다. 왜냐하면, 이들 학문 분야는 학벌을 형성하는 권력과는 일정한 거리를 가지고 있기 때문이다. 아울러 수도권 소재 대학과 지방 대학들 간의 서열구조가 존속할 수 있는데, 이는 전문대학원 정원의 학구별 할당과 부대적 개혁 조치인 지역균형인재등용제도를 활용하여 상당 부분 완화시킬 수 있을 것이다. 이럴 경우 대학에 배정된 학생과 교수들의 활동에 따라 학문 분야별 서열이 생길 수 있는데, 이는 대학의 특성화와 다양화를 의미하는 것으로 오히려 바람직하다. 정부는 각각의 경우 약간의 인센티브를 주면 될 것이다.

–대학입시경쟁이 전문대학원 입학경쟁으로 옮아가는 것 아닌가?: 통합네트워크에서는 대학졸업장이 별 의미가 없으므로 전문대학원 입학경쟁이 치열해질 것이다. 그러나 이

경쟁은 입시경쟁과는 성격이 다르고 그 강도도 훨씬 덜할 것이다. 왜냐하면, 입시는 전국 단위가 아니라 지역별 학구 단위로 이루어질 것이기 때문이다. 입학은 시험과 내신을 각각 50%로 함으로써 학부의 기초 과정에 몰두할 수 있도록 유도할 것이다.

- 교육부의 통제가 더 심해져 대학의 자율성을 해치는 것 아닌가?: 현재의 교육부는 입시제도와 대학의 기본 틀을 짜는 것 외에는 교육내용을 통제하는 데 개입하지는 않는다. 통합네트워크에서는 모든 학사 운영을 대학 자율에 맡기고, 이를 위해 교수회, 직원협의회, 학생회 등을 법제화하고 대학운영위원회를 통한 민주적 대학 운영제도를 확립한다. 대학은 그 기초 위에서 최대한 자체 연구 · 교수 역량의 특성화를 위해 노력한다. 다만 정부는 각 사립대학이 대학의 공공성에 벗어나지 않도록 재정을 지원하고 감독하는 기능을 강화할 것이다.

- 현재의 전문대학이 더 큰 문제가 아닌가?: 현재 기술, 예술 교육을 맡아야 할 전문대학은 본래의 기능을 다하지 못하고 있다. 이제는 일반대학이 그러한 영역들을 침범해 있는 실정이다. 이 모두는 대학서열체제의 폐해에서 비롯된 것이다. 통합네트워크가 실현되면 전문대의 본래 기능이 살아날 것이다. 지역균형인재등용제도의 취지를 살리고, 각 분야의 하급 공무원 채용과 각종 자격증 제도를 전문대학 학력과 연계하는 것도 한 가지 방도다.

(10) 앞서 김상봉과 정진상의 방안과 같은 맥락에 서 있으나 평준화라는 점에서 최근 또 다른 관점을 제시하고 있는 것은 이철호다. 그는 한 사회에 직면하여 다음 여섯 가지 개혁의 방향을 내세웠다.

첫째, 교육으로 인한 사회적 불평등 해소
둘째, 입시에 의해 종속된 초 · 중등 교육 정상화
셋째, 교육과 지역문화의 중심으로서의 공교육 역할 정립
넷째, 다양한 교육을 통한 청소년들의 지적, 정서적, 신체적 성장
다섯째, 초 · 중등교육을 보통교육의 완성단계로 정착시키기

여섯째, 대학서열체제로 인한 학벌주의 극복과 대학교육의 정상화

그는 먼저 현행 수학능력시험을 '자격고사' 로 대치할 것을 제안했다. 현행 시험제도는 강제적 서열화를 위한 5지 선다형과 지식 위주 평가로 일관하고 있음으로 해서 창의력이나 종합적 사고능력을 저해하기 때문이라는 것이다. 또 대학전형을 '국공립대학 통합전형'과 '공동학위제' 방식으로 전환할 것을 요청했는데, 이는 서열화된 체제 속에서 상품과 권력획득의 수단으로 전락해 버린 대학교육제도를 정상화시키기 위한 것이라 했다. 그가 평준화를 국공립대에 제한한 것은 대학 전체의 평준화가 가장 이상적인 것이기는 하나 이를 당장 현실화시키기 어렵기 때문에 단계적으로 접근하기 위한 것이다. 이 점에서 정진상의 방안과 일맥상통한다. 여기서 국공립대는 하나의 틀로 묶이고 이를 총괄하는 '국공립대운영위원회(가칭)'가 학생을 공동 전형하고 지역과 희망에 따라 개별 대학에 배정한다. 그 효과는 성적의 우열에 따른 대학서열체제의 폐기다. 이 방안의 또 다른 골자는 '공동학위제' 인데, 이는 졸업생들에게 개별 대학이 아니라 공동학위를 수여하는 제도다. 이는 노동시장에서 상응하는 효과를 볼 수 있는데, 즉 동일한 학위 소지자들 간에는 차등이나 차별이 있을 수 없기 때문이다. 아울러 학교교육과정 평가체제를 강화하여 생활기록을 정상화하며 고교 서열체제를 극복할 것을 주장했는데, 이는 자격시험과 학교교육활동의 결과만으로 대학에 진학할 수 있도록 하기 위한 것이다. 현재 신뢰를 얻지 못하고 있는 내신 자료, 내지 학교평가구조를 개선하는 것을 무엇보다 중시했으며, 이를 위해 교사들의 평가권과 책무성을 강화하고, 상대평가방식에서 단계별 절대평가방식을 제안했다.[30)]

이상 최근 제시된 방안들의 요지를 간추려 보았다. 다음 절에서 이들 여러 방안들이 가진 의미에 대해서, 특히 통합네트워크 방안에 대해서 간략히 평가해 본다.

30) 이철호, 대학서열타파와 교육 공공성 실현을 위한 대학입학제도 개혁 방안, 대입제도 개선을 위한 전문가 토론회 자료집(학벌없는 사회 · 민주화를 위한 전국교수협의회, 2004), 17-29.

4. 제도 개혁방안들에 대한 평가

(1) 개혁방안들에 대한 평가

앞서 소개한 접근방식들 중 첫째 것은 국 · 공립과 사립을 막론하고 조건을 동일하게 한 후 서로 경쟁을 유발하고, 입학생은 대학 자율로 선발하게 하는 방식을 골자로 하고 있다. 이 접근방식은 아마도 경쟁적 긴장관계를 통해 현 상태에서 안주를 꾀하고 변화에 둔감한 대학들을 상황 변화에 좀 더 민감하고 효율적인 구조로 추동해 낼 수 있을 것이다. 그러나 다른 한편 국 · 공립대의 사회적 공기(公器)로서의 역할은 손상을 입을 수 있다. 국 · 공립대가 사립대처럼 되지 않으면서도 즉 그 자체 독자적 역할과 기능을 가지면서도, 현재보다 좀 더 나은 체제로 변화를 꾀하는 것이 관건일 듯 싶다. 또 한 가지 문제는 설혹 이 방안이 현재 대학들의 상태를 제고할 수 있을지라도 현재의 교육 난국을 타개할 수 있을지도 의문이다. 경쟁을 주축으로 삼는 구조가 입시경쟁을 완화하고 교육을 정상화할 수 있으리라 기대하기는 어렵기 때문이다. '대학입시 3단계 자율화 방안'의 경우도 마찬가지다. 수능이 학력고사로 바뀌고 내신이 결정적 역할을 하게 될 경우 고등학교 단계에서는 다시금 내신 성적을 위주로 한 경쟁이 시작될 수 있기 때문이다. 물론 내신에서 학생의 능력을 개성에 부합하게 다양하게 평가한다는 구상이 있기는 하지만, 결국 지적 성취도가 중심적 역할을 하게 될 것이라는 점은 대충 예상할 수 있다. 전체적으로 보아 이들 방안에서 대학서열화로 인한 경쟁 구도, 사교육 구조, 학력에 따른 사회적 계층 간 갈등 구조 등은 여전히 미결의 문제로 남을 수 있다.

두 번째 접근방식에서 제안된 여러 형태의 평준화 방안들이 제각각 이름은 다르지만 우리 사회의 교육적 악폐와 소모적 입시경쟁을 줄이고 대학의 학문적 기능을 정상화시키려고 한다는 점에서 내용상 대동소이하며 같은 지향성을 나타낸다. 이 제도의 본격적 구상이라는 점에서는 유팔무와 김경근의 제안을 먼저 꼽을 수 있다. 이 구상은 국 · 공 · 사립 전체의 평준화에 대한 것이다. 김상봉이나 정진상의 경우 역시 이런 방향에 서 있지만, 차이는 이 안들이 일단은 국 · 공립대를 기축으로 하고, 그 이후 이 축을 중심으로 차츰 그 폭을 사립대학을 포함한 대학 전체로 확대하려는 데 있다. 근본 발상에서 크게 다르지 않지만, 후자는 그러한 대학 전체의 평준화를 '현실화'하기 위한 방안을 강구하고 있다는 점에서 전자와 구별된다. 또 입시제도를 대학교육구조 개혁이라는 축에서 모색하는 점에서도 특징적이다. 단 이정규의 경우 이들과는 다른데, 여기서 대학 평준화 방안은 국립대에 한하여 고려하고 있고 사립대는 별개 문제로 이해되고 있기 때문이다. 여기서 국립대와 사립대는 별개 구조로 존재하며 이를 바탕으로 서로 경쟁을 벌이게 된다. 평준화 방안에서 한 가지 핵심은 서울대 학부 폐지와 서울대 대학원 중심 내지 국립대 연구대학원화 문제다. 대학입학고사를 고등학교 학력 인정 국가자격고사로 전환하는 방안에서는 거의 모두가 동일하다.

대학의 평준화 구조는 유럽 대륙 대학들의 전형적 특징으로서 그 대표적 사례로 프랑스와 독일 등을 들 수 있다. 아울러 중국의 경우도 거론할 수 있는데, 왜냐하면 중국에서 대학은 대부분 국립으로 '특성화' 내지 '중점대학' 형태로 운영되고 있기 때문이다. 중국의 제도가 그러한 것은 중국이 그 근본 틀에서 구소련 제도를 받아들였기 때문으로, 근대화과정에서 서유럽, 특히 독일의 영향을 많이 받은 점을 생각해 볼 때 매우 흥미롭다. 최근 제안된 방안들은 상당 부분 이들 여러 나라 사례와 그 지향성을 공유한다(중국과 유럽편 참조).

여기서 한 가지 문제라면 우리나라 대학들이 초창기 설립 당시 이런 유럽식이 아니라 미국의 대학들을 모형 삼아 발전해 왔다는 것이다. 그럼에도 불구하고 한국의 대학입시 및 교육 구조를 미국의 그것과 일치시키기는 어려운데, 이는 아마도 한국의 전통적 습속과 사회 구조, 또 일본에 의한 근대적 대학 설립 과정과 관련이 있을 것이다. 미국의 명문 사립대들은 사회적 인식면에서 주립대에 비해 우위를 점하고 있으며 졸업생들에 대한 사회적 인지도도 높다. 그렇다 해도 이들에 의한 사회구조를 우리나라의 서울대나 서울대가 만들어 내는 학벌 구조와 동일하다고 볼 수는 없다. 입학생은 사립명문고 출신이 주축을 이루기는 하지만, 그런 학교 출신이 아니더라도 능력만 있으면 상관이 없다. 비싼 등록금이 문제이기는 하지만 장학제도가 잘 발달되어 걱정하지 않고 공부를 할 수 있다. 미국에도 물론 사회 상층부가 존재하기는 하지만 이는 능력 있는 개인들로 이루어진 사회로, 연고를 이유로 끌어주고 봐주고 하는 우리 사회와는 다르다. 예컨대, 이런 명문 대학 교수가 되려면 학위를 마친 후 반드시 다른 곳을 거쳐 객관적인 검증을 받아야 한다.

중국의 경우를 다시 한 번 살펴보자. 중국에서 운영하는 특성화 대학이란 대학마다 학문 분야를 좁혀 집중적으로 연구 · 육성하는 대학이라는 뜻이다. 예컨대 베이징 대학은 문과 중심 교육, 칭화대학은 이공계 중심 교육, 베이징사범대학은 교사양성기관으로 존재한다. 이런 특성화를 위해서 중점대학은 국가에서 100개의 대학을 선정하여 다양한 혜택을 부여하고 집중적으로 지원하는 대학을 말하는데, 이 과정에서 대학 간 합병이 종종 발생하기도 한다. 그러나 국립대학이지만 독일과는 다르게 입학시험제를 시행한다는 점에서 독일과는 차이가 있다. 또 "어떤 분야에서는 이 대학이 좋다."라는 사회적 평가가 있다. 여기서 경쟁은 우리나라만큼 치열한 것으로 보고되고 있다. 중국의 대학 구조는 정진상의 통합네트워크 구조와 상당 부분 흡사하다. 하나는 국립대학 중심으로 운영한다는 점이 그렇고, 또 하나는 특성화 구조를 갖추고 있다는 점에서 그렇다. 이 통합네트워크 안은 종합대학 구조 안에서 특성화하는 것으로, 중국의 그것과 전적으로 동일하지는 않지만, 만일 특성화가 계속된다면 중국과 같은 형태를 띨 수 있을 것이다. 중국의 경우 독일과는 달리 재학 중 대학 간 학적 이동이 가능하지 않다. 통합네트워크하에서도 학적 이동은 독일처럼 자유롭지는 않을 것이다. 그러나 학적 변경 없이도 타 대학에 가서 수강할 수 있다는 특색이 있다. 그런데 문제는 중국이 최근 이 틀을 벗어나 한국이나 일본처럼 상당 부분 종합 대학화 방향으로 이행하기 시작했다는 것이다. 그리고 이것이 바람직한 것인지에 대한 논쟁도 벌어지고 있다.

(2) 국립대 통합네트워크 방안에 대한 평가

이 자리에서는 여러 평준화 방안들 중에서 정진상의 국립대 통합네트워크 방안에 초점을 맞추어 몇 가지 살펴본다. 이 방안은 매우 참신한 의도를 바탕으로 정교한 부분에 이르기까지 개혁에 대한 그림을 그려 내고 있기 때문이다. 단, 이 글은 이 방안에 대한 본격적 연구가 아니기에 핵심 사항 몇 가지를 잡아나가는 것 정도로 그치고자 한다. 논평은 이 방안이 현실화 이전 단계이기 때문에 가능성을 두고 말할 수밖에 없다. 따라서 단정적 진술은 피하고 대신 지지할 만한 부분과 그에 반해 문제가 될 만한 것들을 아울러 고려한다.

정진상의 국립대 통합네트워크 방안은 종래의 교육제도 틀로부터 유럽식 대학평준화 체제로의 근본적 전환을 뜻한다. 이 방안의 본래 의도는 대학 전체의 평준화이지만, 현실적으로 보아 단번에 그렇게 하기는 어렵기 때문에 먼저 국립대만을 대상으로 한 것이다. 따라서 국립대로 제한한 경우와 대학 전체로 확대한 경우 등 둘로 나누어 살핀다.

*국립대로 제한한 경우

서울대 문제에 관하여

거의 모든 평준화 방안에서처럼 여기서도 서울대 문제가 다른 국립대나 사립대와 분리해서 다루어지고 있다. 이는 서울대가 우리나라 입시와 학벌 문제에 있어 가지는 특수한 위치에 대한 인식 때문이다. 서울대를 국립대 네트워크 안에 집어넣을 경우 그 위치 변화는 불가피할 것이다. 혹자는 서울대의 존재 이유를—처음 서울대가 설립될 당시 엘리트 선발과 양성을 주된 목적으로 삼았다는 역사적 전제를 근거로—프랑스의 엘리트 대학인 그랑제콜을 들어 강변할지 모르겠다. 그렇지만 프랑스에서 엘리트 고등교육기관에 지원하는 학생은 보통 그리 많지 않다는 점에서, 또한 우리나라의 경우 대학들이 프랑스와는 달리 평준화되어 있지 않다는 점에서 양 문화권 사이에는 전제상 차이가 있다. 즉, 한편에는 평준화되어 있지 않은 대학들 사이에서 서울대가 존재하고 있고, 다른 한편에서는 평준화되어 있는 대학들 사이에서 그랑제콜이 존재한다는 것이다. 우리나라에서 국 · 공립대의 위상은 프랑스의 그것과는 현격한 차이가 있다. 여기서 필자는 서울대가 해방 후 일제하 경성제국대학을 모체로 도내 관립 전문학교 9개교와 사립치과의전을 통합하여 거대한 종합대학으로 출발했음[31]

31) 국립 서울대학교가 일제하 경성제국대학을 모체로 새로이 설립될 당시 두 가지 입장이 첨예하게 대립하고 있었다. 1946년 당시 문교부는 경성대학(과도기 명칭) 의학부와 경성의학전문학교 두 학교를 종합대학 수준으로 끌어올리기 위한 합병을 추진하고 있었던 바, 한쪽은 시설이 넘치고 다른 한쪽은 학생이 많아 발생하는 소모적 운영을 지양하고 전체적 이익을 추구하자는 이유에 따른 것이었다. 여기에 대해 경성의전 측 학생들과 교직원들은 조선 말에 창립된 역사와 그 교수내용의 우수함을 들어 합병을 반대하였는가 하면 —이는 실상 종합대학화로 인해 기존에 작은 학교에서 누리던 기득권을 상실하게 될 것에 대한 우려 때문이었음—, 경성대학 학생과 교직원들은 질적으로 낮은 경성의전과의 통합을 통해 기존에 가지고 있던 엘리트 의식을 더 이상 주장할 수 없게 될 것에 근거하여 반발하였다. 공방은 일정기간 팽팽하게 계속되었다. 그러나 최종적으로 문교부는 언론과 국민들의 폭넓은 지지 속에 경성대학과 도내 관립 전문학교 9교와 사

을 고려해 볼 때, 오늘날 새로운 과제에 직면한 서울대학교가 지방 국립대학들과 새로운 네트워크로 통합되는 방식을 긍정적으로 검토해 봄직도 하지 않겠는가 질문을 던져 본다.[33)]

그런데 통합네트워크의 핵심 중 하나는 모든 국립대의 학력 수준을 현 서울대 수준으로 끌어올리는 것을 목표로 삼고 있다는 것이다. 이렇게 되면 결과적으로 서울대 수는 현재 국립대 수만큼 많아지게 될 것이다. 현 사태가 하나의 서울대로 인한 희소성 때문에 발생한 것이라면, 아마도 이는 하나의 해법이 될 수 있을 것이다. 이 제도하에서는 예전 같았으면 사립명문대에 갔을 학생들을 포함하여 전국에 우수한 인재들을 받을 수 있을 것이다. 그러나 과연 이것이 현실적으로 얼마나 가능하겠는가 하는 반문도 가능하다.

또 서울대 문제 하나가 기존의 경쟁 판도에 어느 정도 지각변동을 일으킬 것인지 하는 문제도 있다. 그간 서울대가 가져왔던 사회적 영향력을 고려해 볼 때 그 파장은 결코 만만치 않을 것이라 추정해 볼 수 있다. 경쟁의 초점은 다양한 국립 명문대들에 의해 분산 · 완화될 수 있을 것이고, 최상층부의 변화는 도미노 현상을 유발시킬 수도 있을 것이다. 하지만 이런 주장과는 반대로, 이는 문제의 초점을 서울대에 과도하게 집중시킨 것이라는 비판도 가능하다. 즉, 서울대는 경쟁의 해법 논의를 위해 뽑아낸 대표적 상징이지 경쟁구도 전체를 망라한 현실 문제 그 자체는 아니라는 것이다. 경쟁구도는 다양한 관심사에 의해 다양하게 분포되어 있다. 최상부에는 극대화된 형태의 힘을 추구하는 계층이 있고, 그 다음에는 또 다른 형태의 힘을 추구하면서 삶을 향유하려는 계층이 있고, 마지막에는 최소한 생존을 위해 필사적으로 투쟁하는 계층이 있다. 최상층부 문제를 해결한다고 이들 다양한 측의 경쟁

립치과의전을 일괄 통합하여 거대한 종합대학교 설립의 용단을 내리게 된다. 요컨대, 이 구조는 미국식 주립대학의 모형을 따른 것이었다. 당시 나온 문건에 따르면 이 조치는 일제하 존재했던 기존의 고등교육기관들이 보이고 있는 비효율성과 폐쇄성(상호 교류와 협력이 부재하였음)을 통합이라는 방식으로 재구조화함으로써 식민지적 저열성으로부터 탈피하여 우리 민족과 신생국가에 적합한 세계적 수준의 고등교육기관을 건설하기 위한 뜻에서 비롯된 것이었다. 그 설립목적은 민주사회 건설을 위한 기초 작업, 국가가 필요로 하는 학술연구와 우수한 인재의 선발과 양성, 민족을 위한 공적 기관으로서의 봉사자 등을 주요 골자로 하였다. 이상은 馬越徹, **한국근대대학의 성립과 전개**, 한용진 역(서울: 교육과학사, 2001), 169-187.

32) 여기서 영국의 사례는 하나의 귀감이 될 수 있다. 옥스브리지(Oxbridge)로 불리는 명문대인 옥스퍼드와 캠브리지 대학의 입학생은 예전에는 이튼이나 해로우 등의 명문사립고 출신 졸업생들이 대부분이었는데, 최근에는 영국 정부와 대학, 사회의 노력으로 대학의 40%에 해당하는 정원을 공립 고등학교 졸업생들로 채우게 된 것이다. 이 시점으로부터 향후 10년 뒤에는 그 점유율이 75%에 이르리라는 예상도 있다. 심미혜, **미국교육과 아메리칸 커피**, 46.

구도를 소멸시킬 수는 없으리라는 것이다.

경쟁구도에 대하여

정진상은 통합네트워크화된 국립대와 사립대의 이원체제하에서 사립대들도 이 체제에 편입되고야 말 것이라 판단하고 있지만, 그렇지 않을 수도 있다. 여기서 사립 명문대들은 국립대에 뒤처지지 않기 위해 노력할 것이고 이렇게 되면 국립대와 사립 명문대들 사이에 경쟁이 발생할 수 있다. 그리고 이 사이에서 학생들은 좀 더 나은 선택을 하기 위해 경쟁할 것이다. 그렇다면 이는 기존의 경쟁구조에 비해서 얼마나 완화된 것인가? 만일 국립대가 우위에 있을 경우, 국립대에 들어가기 위한 경쟁이 발생할 것이고 만일 사립 명문대가 우위를 차지한다면 그 몇 안 되는 자리를 놓고 경쟁이 벌어질 것이다. 이렇게 되면 사립 명문대가 옛 서울대의 자리를 대신하지 않을 것이라 장담할 수는 없다.

국립대 통합네트워크 방안에 의하면 재편된 대학 구도는 유럽보다는 현재 미국 상황에 더 가까울 수 있다. 왜냐하면, 그렇게 상향 평준화된 국립대 수는 전체 중 대략 14% 정도여서 유럽처럼 국립대가 거의 전체인 구조와는 다르며, 오히려 최상위권에 십여 개의 명문대를 거느리고 있는 미국의 아이비리그 같은 형태를 띨 수 있기 때문이다. 단, 이 경우 우리나라에서 우위를 점하는 것은 사립대가 아니라 국립대라는 점이 다르다. 그런데 문제는 이 정도의 점유율로 얼마나 현 구도에 변화를 끌어낼 수 있겠느냐는 것이다.[33] 이는 독일이나 프랑스, 중국 등에서 평준화율이 거의 100% 수준인 점을 감안해 볼 때 명백한 문제점이라 하겠다.

우리나라의 경우 대학들이 통합된 후 이름 있는 대학과 그렇지 않은 대학 군이 갈리게 될 터인데, 배정에서 마음에 드는 자리가 없으면 대기해서라도 자리를 확보하려 들거나, 마음에 들지 않으면 배정을 받아들이지 않을 가능성, 양자가 모두 존재할 수 있다. 마음에 들지 않을 경우 서울 소재 명문 사립대를 택할 가능성이 높다. 서울대 대학원 진학이나 무상교육 등의 유인책을 쓸 수도 있겠으나, 이 점에서는 최근 독일에서처럼 무상교육이라는 국립대

33) 이 문제는 고등학교 평준화 구조를 일견해 보면 잘 알 수 있다. 유감스럽게도 이 경우를 진정한 의미에서 평준화라 부르기 어렵다는 것이 필자의 의견인데, 왜냐하면 전체 비율상 반 정도에 불과하고, 그것도 국 · 공립과 사립의 이원구도가 아니라 대도시와 중소도시를 중심으로 이루어져 있다는 점이다. 현재 이 구조는 소위 강남 8학군이나 특목고와 같은 구조로 인해 그 실질적 의미를 상실한 것으로 보인다.

의 조건에도 불구하고 학비가 비싼 사립대에 진학시키려는 학부모들이 증가하고 있는 현상이 좋은 지침이 될 수 있을 것이다. 혹 그렇다면 중국도 독일처럼 입학시험제 대신에 자격시험제를 도입하고, 정원제를 철폐하며, 대학 간 학적 이동을 가능하게 하면 어떨까? 그렇지만 독일의 경우도 인기 학과나 인력 수급을 고려해야 하는 학과들은 정원제를 두고 경쟁도 치열하며, 경우에 따라 대기 상태에 있어야 하는 경우도 있고 또 몇 년씩 기다려야 들어갈 수 있는 학과도 있음을 감안해야 한다. 동양 문화권에서 이 양상은 좀 더 가열되어 나타날 수 있다. 이를테면, 우리나라에서 이 같은 구조는 몇몇 대도시에 인구 집중 현상을 불러올 수 있는데, 예컨대 고등학교 평준화 제도에서처럼 새로운 강남 현상이 일어날 수도 있는 것이다.

또 한 가지 문제는 현재 정치, 경제, 교육, 의료, 예술 등 거의 대부분의 문화생활구조가 서울로 집중되어 있음을 감안해 볼 때 학생들이 통합네트워크하에서 지방 국립대로 지원해 갈 것인지는 불투명하다. 만일 지방 국립대에 배정되었을 경우 그리로 갈 가능성 보다는 서울의 명문 사립대를 선택할 가능성도 많은데, 이 두 가지 중에서 어느 하나를 단정짓기는 어렵다는 것이다. 이전의 지방 국립대들은 명성이 높았고 내용도 튼실했는데—이전에는 보통 사립대학 수준을 넘어서 있었고 주요 부분에서 서울의 명문 사립대학들과 어깨를 겨루었다—, 근자에 들어 서울 소재 대학들로 힘의 중심이 이동한 것은 안타까운 일이다. 이는 수도권 대학과 지방대 간의 차별을 어떻게 해결하느냐 하는 문제와도 맞물려 있다.[34] 지역 균형발전 문제의 해결은 긴요해 보인다.

학벌주의 문제에 대해서

국립대가 우위를 차지할 경우, 사립 명문대가 우위를 차지할 경우, 모두 졸업생들 나름대로 자기주장을 할 근거가 있다. 전자의 경우, 국립대 모두가 옛 서울대의 질을 확보할 수 있고, 또 이런 구조하에서 기존의 사립명문대 지원자를 거의 모두 흡수할 수 있으리라 가정한다면, 이 구조하에서 사회에 나가 자기주장을 할 가능성을 배제할 수 없다. 새로이 재편된 국립대 졸업생이라는 명분하에, 혹은 개개 국립대가 위치해 있는 지역에 따라 뭉치는 성향에 따라 그럴 수 있다. 국립대가 특성화된 구조라면 이 가능성은 더욱 높을 수 있다. 중국의

34) 김동훈 역시 부산의 사례를 들어 BK 21 등 국책 사업과 편입 정원 확장이 도시권 대학에 편중되었음을 지적하였다. 김동훈, 한국의 학벌, 102-106.

칭화 대학이나 베이징 대학, 베이징 사범대학 졸업생들은 나름대로 그렇게 자기주장을 하며 또 요직을 차지한다. 독일에서도 평준화되어 있기는 하나 어떤 학문영역, 사회적으로 선호되는 어떤 학과, 교수나 연구 영역에서 이름 있는 학교가 있기는 마찬가지이다. 그 졸업생들이 사회에서 인정을 받고 상층부에 진출할 가능성은 그렇지 않은 경우보다 높다. 이런 문제점이 우리나라에서 증폭되어 나타나지 말라는 법은 없다.

＊대학 전체를 평준화한 경우

여기서 두 가지 문제를 지적할 수 있다.

하나는 대학 전체가 거의 평준화되어 있는 구도라 할지라도 경쟁은 여전히 치열할 수 있으리라는 것이다. 예컨대, 프랑스의 경우 현재 사교육이 거의 20% 수준에 육박하고 있음을 감안해 볼 때 그렇다. 또 동북아시아 문화권 전체에서 나타나는 전통적 경쟁구도를 감안해 볼 때 그럴 수 있다. 통합네트워크 안과 흡사한 형태를 가진 것으로 판단되는 중국의 경우, 경쟁이 우리만큼 가혹하다는 사실은 우리가 눈여겨보아야 할 대목이다. 예로부터 동양에서는 선발시험제를 통해 인재를 등용해 왔다. 중국에서는 국립대학이라 할지라도 "이 분야에서 이 대학이 좋다."라는 평가가 있기 때문에 그 대학에 들어가려고 사람들이 몰리고, 여기에 비해 자리는 제한되어 있기 때문에 경쟁이 일어날 수밖에 없다는 것이다.

또 다른 하나는 우리나라 사립대학 발생의 역사 · 문화적 전제를 놓고 생각해 볼 때 이런 식의 구조 재편이 과연 가능하겠는가 하는 것이다. 명문 사립대학들은 초창기부터 미국 대학을 모형으로 삼았으며, 대학교육의 목적도 구국, 인재의 선발과 양성, 종교, 민족 등에 다양하게 맞추어져 있기 때문에 이를 간단히 무시할 수 없다는 것이다. 이 문제는 이하에서 좀 더 자세히 살피기로 한다.

5. 사립대 문제를 다루는 방식에 대하여

대학 평준화론에서 한 가지 아쉬운 점은 이 방안들이 거의 한결같이 사립대학 문제를 언급하지 않거나 국립대를 중심으로 한 평준화 구조에 편입시키자는 등 부수적이거나 간소한 문제로 다루는 경향이 있다는 것이다. 이정규의 경우는 예외다.

사립대는 국립대에 비해 균형감 있게 다루어져야 할 뿐더러 그 장래의 위상도 신중하게 고려해야 한다. 그 이유는 사립대학들의 근대 한국고등교육에서 담당해 온 몫과 역사적 전제 때문이다. 그 전제란 대개 다음과 같다. 오늘날 사립대학들의 기본틀은 조선 말과 일제하에 설립된 기독교계 사립대학과 민립대학 같은 고등교육기관들을 주축으로 만들어진 것으로, 전자로는 구한말 서양 선교사들에 의해 세워지고 일제하에 고등교육기관으로 인가를 받은 숭실대학과 이화학당,[35] 연희전문학교(1917)와 세브란스 연합의과전문학교(1917)를 들 수 있다. 후자로는 구한말 윤치호에 의해 문제제기되었고, 이후 일제하 순수한 민족정신과 재원에 의해 일어난 '조선민립대학' 설립운동의 맥락에서 설립되고 인가를 받은 보성전문학교(1922)를 들 수 있다. 전자의 경우는 본질적으로 서양 선교사의 역할에 힘입은 것으로 대학의 일반적 학문에 속하는 인문학과 이학, 그리고 전문학인 의학 교육에 전력을 기울임으로써 일제 총독부가 그 기본 정책상 대학교육을 인정치 않고, 설령 인정하더라도 실업교육을 주로 하는 고등교육만을 인정하던 틀을 넘어서서 한국근대민족교육사에서 심대한 기여를 했다. 종교는 여기서 핵심적 역할을 담당했다.[36] 그중에서도 여성교육에 역점을 둔 이화여전은 여기서 또 별도의 의미를 갖는다. 후자의 경우 재정난으로 어려움을 겪고 있었던 이 학교를 인수하여 재창립에 가까운 정도로 새로운 도약의 발판을 마련한 인물은 김성수였는데, 그는 최우선적으로 민족 최고의 학부로서 인재육성을 통한 구국과 이러한 이상에 따라 학자 배출과 연구기능을 목표로 삼았다. 이는 서구의 대학이 견지했던 학문의 자율성이나 학문연구와 교육을 통한 인간형성 같은 목표와는 달리, 우리나라 민립대학의 출발점이 어디에 있었는지를 잘 보여 준다. 여기서 오늘날 사립대학이 가지는 역사적 의미가 무엇인지 캐볼 수 있다. 보성전문이 '고려대학교'라는 이름으로 승격되어 새로운 출발을 하게 된 것은 해방 후 그 이듬해인 1946년 8월 15일로, 이는 1946년 8월 22일 문을 연 국립서울대학교보다 며칠 앞선 것이었다. 조선민립대학의 구상에 따르면 3기에 걸쳐 법과 · 문과 · 경제과 · 이과 · 대학예과 · 공과 · 의과 · 농과 구조를 갖춘 종합

35) 숭실대학과 이화학당은 일제하에서 처음에는 인가를 받지 못한 채 운영되다가 3 · 1 독립운동 이후 2차 조선 교육령이 선포되고 난 1925년에 비로소 인가를 받았다.

36) 馬越徹, 한국근대대학의 성립과 전개, 84-87.

대학이었으며, 보성전문은 처음 법과와 상과를 운영하다가 이후 문 · 리 · 의 · 농으로 차츰 확장되었다. —이 김성수의 구상에서 핵심적 모형이 되었던 것은 영국의 옥스퍼드대학과 케임브리지대학, 프랑스의 파리대학, 미국의 예일대학과 듀크대학 등이었다.[37] 이런 정황에서 다른 민립대학들도 다투어 설립되기 시작했다. —민립대학 설립자들이 공유했던 핵심적 관심사 중 하나는 다른 나라 사람들의 손에 의하거나 도움을 받지 않고 순전히 우리 자신의 힘과 손으로 해보자는 것이었다. 이 점은 근대 한국교육운동에서 아무리 강조해도 지나치지 않을 역사적 족적이라 할 수 있다.

이렇게 보았을 때 오늘날 명문 사립대학들의 역사적 전제가 무엇인지 일목요연하게 드러난다. —구국, 종교, 민족, 우수 인재 선발과 양성, 여성교육 같은 것이 그것이다. 여기서 왜 법과나 상과, 의과 같은 분야가 선두 자리를 점하고 있는지도 분명해진다. 아울러 종합대학 구조에서 설립한 제 학문분야들이 지금까지 우리 사회에서 역시 중요한 역할을 감당했음도 역시 짚어둘 문제다. 이런 방향에서 역시 꼽아볼 만한 사례로 가톨릭대학이나 동국대학, 원광대학 등이 있다. 전체적으로 보아 미국식 모형을 따르고 있으며 대학 전체에서 압도적 다수를 차지한다는[38] 특징이 있다.

이렇게 볼 때 국공립 대학들이 나름대로의 존재 이유가 있다면 사립대학 역시 그러한 존재 이유 역시 긍정할 수 있어야 한다. 이 점을 정당하게 감안하자면 한편이 다른 한편을 흡수하거나 일방적으로 압박하는 등의 방식으로서가 아니라, 그 각각의 존재와 구조를 적극 인정하는 편으로 풀어가는 편이 바람직할 것이다. 이는 어쩌면 국립대학만이 존재하는 상황이나 사립대학만이 존재하는 상황보다 나을 수 있다. 이때 양자는 서로 다른 구조를 통해서 서로 자극을 주고받으며, 즉 경쟁하거

37) 馬越徹, **한국근대대학의 성립과 전개**, 104-117, 특히 114-116.

38) 현재 사립대 수는 일반대의 경우 총 175개 학교 중 150개교로 86%(국 · 공립은 25개—국립 23, 공립 2—로 전체에서 14%)를 차지하고, 학생수는 1,888,436명 중 1,483,180명으로(한편, 국립은 383,267명, 공립은 21,989명) 78%에 이른다. 전문대의 경우 총 152개 학교 중 139개교로 전체에서 92%(국 · 공립은 13개—국립 5개, 공립 8개—로 전체에서 8%)를 차지하고 학생수는 527,614명 중 507,439명으로 96%에 이른다. — **교육통계연보**, 2006년 기준 자료(http: //cesi.ke.re.kr).

나 협력하면서 성장할 수 있는 여지를 갖게 될 것이기 때문이다. 이 문제점은 거듭 강조하거니와 평준화 구조에도 불구하고 그랑제콜을 운영하는 프랑스나 전형적으로 평준화 구조를 운영해 왔던 독일이 최근 사립대학을 설립해 나가는 양상을 토대로 생각해 보면 잘 드러난다.

그러나 현재 우리의 사립대학들은 수다한 문제들의 원천지이기도 하다. 우리나라 사립대학은 수는 많지만 개인의 능력을 발전시키는데, 또한 사회적 요구를 충족시키는데 부적합하다는 문제를 안고 있다. 졸업 후 진로에 전공이 부합하지 않는 경우가 비일비재하다.[39] 이는 최근 세계화 과정 진입 이후 순수과학의 퇴조, 인문학의 몰락, 어문학계의 경우 영어와 중국어 이외 학과의 점차적 사멸 현상과 맞물려 더욱 심각해지고 있다. 대학은 그저 학과야 어쨌든 형식을 갖추기 위한 것일 뿐이고, 학생들은 실제로 대학에 학적만 걸어 놓고 다른 분야에 매달리고 있다. 명문대일수록 자기 전공과는 상관없이 고시에 전념하는 경우가 많다. 이 쓸데없이 많고, 부적절한 구조의 대학들을 재구조화하는 작업이 이루어져야 한다. 이는 대학과 사회 양편에서 모두 이루어져야 한다. 지난 1980년대 고등교육단계가 확장되기 시작했을 때 대학과 제반 학과들이 그 지역에 꼭 필요해서 세워진 경우도 있지만, 그렇지 않은 경우도 적지 않다. 이를테면, 허명을 좇아서, 혹은 돈이 되기 때문에 세운 경우도 있는 것이다. 이런 것은 바로 잡아야 한다. 한편, 국가는 실용주의적 가치만을 내세움으로써 멀쩡한 학문 영역을 사멸시키거나 개개인의 정당한 발달을 가로막는 우를 더이상 범할 수는 없을 것이다. 당장 돈이 안 되더라도 삶과 사회의 원대한 발전을 위해 필수불가결한 학문영역들, 예컨대 순수과학과 제반 인문학 등의 가치는 정당하게 인식되어야 한다. 전체적으로 보아 이 중에는 대학원 수준으로 끌어올렸을 때 좀 더 의미를 가질 수 있는 것들이 있고, 부전공이나 복수전공으로

39) 일반대학의 경우 162,174명 중 전공에 일치하는 수는 111,692명인데, 교육계열은 8,885명 중 7,156명, 공학계열은 40,979 중 31,734, 의약계열은 10,771명 중 10,434명, 예체능은 18,129 중 14, 934명으로 80%대를 상회하는 데 비해, 그중 인문계열(언어 · 문학, 인문과학)은 21,507명 중 10,500명으로 절반 정도, 사회계열(경영 · 경제, 법률, 사회과학)은 42,704명 중 25,653명, 그중 법률은 3,410명 중 1,462명, 사회과학만은 12,674명 중 6,657명으로 절반이나 그 이하에 그치는 것으로 나타나 있다. **취업통계연보**, 2006년 기준자료.

재구조화했을 때 새로운 존립 근거를 가질 수 있는 것들도 많다.

그러나 이러한 조치를 상정하고라도 인문학 졸업자가 사회적 수급구조상 과도히 넘치는 이유에 대해서도 생각해 보아야겠다. 아마도 이는 건강치 못한 우리의 사회구조에서 비롯된 것일 수 있다. 즉, 사회는 능력을 갖춘 인문학 졸업자를 위해 더 많은 일자리를 확보했어야 하는데 그렇게 하지 않았기 때문에 발생하는 문제일 수 있다는 것이다. 이럴 경우 폐과나 전과 같은 조치들보다는 학생들을 유치하기 위한 장학금 제도나 실제 학문과 사회에 기여할 수 있는 다양한 연구소를 설립, 일자리를 마련해 주는 등 국가와 대학 당국의 좀 더 균형감 있고 원대한 정책적 고려가 있어야겠다. 시민교육 영역은 이들을 위한 또 하나의 소중한 가능성일 수 있다.

사립대학들의 존재가치는 국가 통제를 벗어나 개개 나름대로 특유한 철학과 교육과정을 바탕으로 한 자유로움에 있다 할 것이다. 그러나 문제는 오늘날 사립대학들이 엘리트주의로 거둔 성과를 가지고 사회에 봉사하기보다는 사회 위에 군림하려 하며, 엘리트를 선발하는 데 관심을 둘지언정 대중교육단계에 접어든 우리 고등교육의 정상화와 공공성을 위한 노력에서는 이렇다할 만한 대응책을 찾아보기 힘들며, 특히 세계화 과정 진입 이후에는 실용적 학문과 경쟁 논리만을 앞세우려 한다는 데 있다. 유능한 인재를 선발하는 데만 관심을 두고 구국이라는 대의(大義)를 모두에게 표방했던 최초의 명문 사립대학들의 면모와는 사뭇 달라 보인다. 대학의 자유와 다양화 못지않게 이러한 대의를 구현하는 것은 소위 명문대학들이 시도해 볼 만한 일이다. 시장주의의 선봉에 서거나 그러한 파고에 휩쓸리기보다는 오히려 인간과 삶, 그리고 문화에 대한 철학적 성찰에 기초한 대학을 구현해 본다든지, 실용주의에 매몰되어 가는 대학에서 기초, 순수과학의 가치를 재발견해 낸다든지, 그러나 무엇보다도 오늘날 우리 어린이와 젊은이들이 빠져 있는 비참한 상태와 우리 교육 전반의 난국을 타개하기 위한 노력에 몰두해 본다든지 하는 것 등이 여기에 해당할 것이다. 하지만 이러한 필자의 주문은 사립대 당국자들의 관심사와는 너무도 멀리 떨어진 발상이 아니겠는가 하는 것이 솔직한 심정이다.

6. '개방대학' · '자유대학' · '통합대학' 을 위한 상상력

경쟁이 극대화된 체제가 공멸로 이끌고, 공존을 추구하는 제도가 생존과 번영으로 이끌리라는 사실은 인간의 역사적 경험이나 최신의 대안적 교수-학습이론, 그리고 현존하는 세계 여러 나라 교육제도 사례들이 두루 확증해 주는 바다. 이 점은 근자에 들어 우리 대학교육 자체가 부실 상태로 빠져들고 있는 데서 생생하게 확인할 수 있다. 이런 뜻에서 앞서 대학 평준화론이나 국립대 통합네트워크 안은 설사 여러 난점들을 가정할지라도 그 정신과 그 구현을 위한 노력은 높이 평가하고 싶다. 이를 위해 전제해야 할 두 가지 중요한 사안이 있다. 하나는 국토균형발전을 통해서 지역과 지방과 서울 간의 정치 · 경제 · 사회 · 문화적 격차를 줄이는 것이다. 이때 특성화된 '대학도시' 건설이라는 접근법도 고려해봄 직하다. 또 하나는 정신적 문화와 가치 지향적 태도가 국민생활 전체에 걸쳐 구현되도록 하는 것이다.

이와는 별도로 필자 나름대로 또 다른 형태의 개혁방안을 생각해 보았는데, 개방대학, 자유대학, 통합대학이라는 세 가지 유형의 대학이 그것이다. 개방대학과 통합대학은 대학 전반에 걸쳐 적용해 봄 직한 것이고, 자유대학은 '대안대학' 형태로 현 대학체제의 고답적 틀을 넘어서기 위한 것이다. 이들 방안을 위해 다음 여섯 가지 원칙을 설정했다.

첫째, 개혁방안은 우리 대학교육이 지난 세월에서 현재에 이르기까지 우리 사회에서 가졌었던 유의미성뿐 아니라 그 역기능을 철저히 인식하고 현재 닥쳐 있는 절박한 문제에 응답하는 것이어야 한다. 경쟁의 대폭적 완화와 공존의 철학은 그 핵심이라 할 수 있다. 이 세 가지 대학 모형은 경쟁과 공존의 긴장관계가 만들어 내는 유형 틀(앞서 2장)에 비추어 볼 때 각각 다르게 위치할 수 있을 것이다. 그런데 문제가 간단치 않은 것은, 공존을 위한 사유방식, 공존을 위한 교육과 사회 제도에 대한 이러한 구상이 우리에게 무척 낯설게 다가올 수 있으리라는 것이다. 전통적 신분계급 사회에서는 물론, 근대화와 해방 이후 서구식 자유민주주의체제와 자본주의 시장 경제 체제 속에서 살아오면서 우리 사회 일반은 적어도 이런 문제의식을 제대로 배우거나 깨칠 수 없었기 때문이다. 우리 사회에 장기간에 걸쳐 뿌리 내려온 경쟁적 구조와, 또 우리 삶에 깊숙이 내면화 · 습관화 · 일반화되어 있는 경쟁적 사고방식은 이러한 새로운 시도에 과연 어떤 식으로 응답해 올 것인가? 이 점에서 19세기와 20세기에 걸쳐 공존의 철학을 발전시켜 온 다른 문화권, 예컨대 유럽 대륙의 프랑스나 독일, 덴마크, 핀란드 등의 사회 및 교육 제도와의 대화는 긴요해 보인다. 오늘날 서구 여러 나라의 안정된 교육체제가 전 근대적 이원 사회 · 교육 체제를 성공적으로 극복해 낸 결과라 할 것 같으면, 우리가 처한 현 상황을 의미 있게 풀어낼 실마리도 분명 잡아낼 수 있을 것이다.

둘째, 한 나라의 역사 · 문화적 전제를 고려해야 한다는 것이다. 옛부터 우리나라에서는 '관학'과 아울러 사학이 중요한 역할을 담당하고 있었다. 예컨대, 조선시대 관학이 본래의 기능을 잃어갈 때 교육의 본질을 회복하고 대안을 모색하려 했던 '서원'(書院)이 그 대표적 사례라 할 수 있다. 현재 사립대가 대학 전체에서 차지하는 비율 역시 이 점을 잘 보여 주는 것이라 하겠다. 국립대와 사립대 간의 이러한 긴장 관계는 생산적인 것으로 만들어 낼 필요가 있다. 이하에 소개하려는 대안대학 형태는 특히 이러한 의도에 부합한다.

셋째, 경쟁을 발생시키는 또 다른 요인에 관한 것으로, 앞서 대학 평준화론에서 학력과 학벌사회, 그리고 권력에 대한 탐욕이 집중적으로 거론되기는 했지만, 경쟁은 그것 때문에만 발생하는 것은 아니라는 점이다. 이를테면, 가족주의적 관심사와 무관하게, 또 권력과 돈과 신분 자체를 위한 맹목적 추구나 탐욕 혹은 지배적 관심사와도 무관하게, 순수한 학문적 열정과 능력, 그리고 천분에 따라 자연스레 사회적 역할을 수행하기 위한 뜻에서 진학을 꿈꾸는 학생도 있을 것이다. 그리고 이런 학생들 간에 벌어지는 경쟁이 있을 수 있다. 이것은 부득이하다. 예컨대, 누구나 첨단기술과학자가 될 수 없고, 누구나 뛰어난 경제인이나 탁월한 의사나 연주가가 될 수 없는 것이다. 그리고 이 경우 이들에게 주어지는 사회적 신분이 있겠지만, 그 성과를 지배적 관심사를 위해 사용하지 않을 수 있다. 이렇게 진정한 관심사에 추동되었지만, 희소성 때문에 부득이 발생하는 경쟁문제를 명백히 인지해야 한다는 것이다.

넷째, 경쟁에 관한 또 한 가지 이해문제로 경쟁은 다만 탐욕에 의해서가 아니라 무지에서 비롯되기도 한다는 것이다. 여기서 무지란 특히 자기 삶에 대한 철학에 대한 무지, 그리고 어린이와 청소년 세계에 눈뜨지 못한 교육학적인 무지를 의미한다. 요컨대, 이는 정신적으로 계몽된 문화의 문제라 할 수 있다. 새로운 제도는 국민 생활에 폭넓게 자리 잡은 이러한 무지를 깨우칠 수 있어야 한다. 이는 다시 말해서 '시민교육' 내지 '국민교육'을 위한 대학의 과제에 관한 것이다.

다섯째, 새로이 등장하는 삶의 형식에 관한 문제로 우리 사회가 학력사회이고 또 명백히 학벌사회적 문제를 안고 있기는 하지만, 이러한 틀에 연연해하지 않으면서 전혀 다른 삶을 살고자 하는 청소년들이 늘어가고 있다는 점이다. 이는 근자에 두드러지는 청소년 문화 현상에서 확인할 수 있는가 하면 이제 우리사회에서 더 이상 희귀한 현상이 아닌 대안학교에서도 확인할 수 있다. 새로운 대학은 이러한 현상에 정당하게 응답할 수 있어야 한다.

여섯째, 새로운 개혁의 방안은 현재 시점에서 부심하는 형태가 아니라 미래사회적 적합성을 가질 수 있는 것이어야 한다. 그러니까 우리의 청소년들로 하여금 앞으로의 사회가 던지는 과제 상황 안에서 주체적이며 창조적으로 그들 삶을 전개해가도록 도울 수 있는 것이어야 한다. 그런 뜻에서, 서구 근대대학의 모형을 따라 만들어져 그 이후 이렇다 할 쇄신의 노력을 찾아보기 어려운 현재의 대학 틀에 안주하고 연연해하는 운영이나 개선방안에 필자는 동의할 수 없으며, 따라서 이러한 비판적 문제의식을 철저히 반영하기 위한 상상력을 요청한다.

필자가 제안하려는 방안들의 주요한 동인(動因) 중 하나는 '평생교육적 접근방식' 이다. 특히 19세기 중엽과 말엽 덴마크와 영국 등지에서 시작되었고 아울러 독일과 프랑스, 미국 등지에서 다양한 발전을 거듭하고 있는 '시민대학' (The People's University) 혹은 '개방대학' (University Extension, Open University) 사례들은 중요한 의미가 있다. 이들 대학들이 애초에 가졌던 설립 동기는 청소년과 성인을 망라한 일반 시민들에게 폭넓은 형태의 고등교육 기회를 제공하기 위한 것이었다. 그 유형으로는 기존 대학과 구별하여 독립적으로 운영되는 형태나, 또는 기존 대학체제와 연계 · 확장시킨 형태의 두 가지로 발전되어 왔다.[40] 이들 대학들은 초기에는 입학에 특정한 학력을 요구하지 않는 등 입학 절차가 간소하고, 재학 연한이나 정

40) 예컨대, 덴마크에서 이 체제는 5개의 국립대학들과 다양한 협회들(대학이 없는 지역의)로 이루어져 있으며, 학습자의 등록금과 국가 보조금으로 운영된다.

원제가 없는 등 학사관리가 유연하며, 실업활동 내지 실생활 관련 교육을 위주로 하되, '학문적 영역'에 대한 교육도 그 주요한 과제로 삼고 있었다.[41] 학습방법이 유연하고 시험을 보지 않는다는 특징을 가지고 있었지만, 추후 학점을 부여하고 따라서 시험도 치루며 학점 취득에 있어 일정한 기준을 만족시키면 학위도 수여하는 형태로 다양하게 분화 · 발전되었다.

평생교육개념과 관련 제도가 우리나라에 도입되기 시작한 것은 1970년대부터이며, 최근에 들어서는 좀 더 의미심장한 주제로 떠오르고 있다. 학점은행제나 한국방송통신대, 독학사 제도 내지 다양한 평생교육기관과 대학부설 사회교육기관 등이 그것이다. 이들 기관들은 우리나라에서 대체로 사회교육적 측면에서, 즉 기존 정규 대학의 고등교육구조와는 별도의 구조 속에서 존재해 온 것이 사실이다. 그러나 필자는 이 별개의 경로로 머물러 있는 두 구조를 좀 더 본격적으로 결합시켜 보고자 했다. 즉, 사회교육적 차원과 학교교육적 차원에 동등한 무게를 부여한 후 이를 다시금 제3의 차원에서 하나로 엮어 보려 했는데, 여기서 현재 체제의 한계를 넘어서기 위한 한 가지 가능성을 모색하려 했던 것이다.

또 한 가지 동인은 유럽식 대학 평준화 구조에 의한 것이다. 이 틀은 경쟁을 완화하고 공존적 삶을 추구하는 데 있어 분명 의미심장한 것이기 때문이다. 그러나 유럽식 평준화 제도를 그대로 도입하려 하지는 않았는데, 양자는 대학 형성의 역사적 전제가 상이하기 때문이다. 이러한 조건하에서 그러한 제도를 가능케 했던 정신, 제도상의 주요 모티브들을 살펴보고 그 바탕 위에서 우리 현행 제도에서 가능할 법한 나름대로의 접근방식을 모색해 보았다.

(1) 개방대학

개방대학에서 개방이 뜻하는 바는 다음 두 가지로, 첫째는 대학입학의 문턱을 낮추고 그 접근 가능성을 용이하게 한다는 뜻이요, 둘째는 인생 전반에 걸쳐 용이하게 활용할 수 있도록 열려 있다는 뜻이다.

첫째 이는 기존 대학입학의 경로와는 별개의 경로를 설치하여 대학을 개방하여

41) 덴마크의 시민대학은 그 전형적 사례다.

(이는 한 대학 안에 두 개의 경로가 병존함을 뜻한다.), 고등학교를 졸업하고 일정한 자격을 갖춘 경우 — 이를테면, 현재의 '수학능력시험제' 를 '고등학교졸업자격시험제' 로 전환하는 식의 틀에서 최소한의 기준을 만족시킨 경우 —, 누구에게나 강의 수강자격을 부여하고, 일정한 수준을 충족하면 기존의 입학생과 동일한 전공의 학위를 수여하는 방안을 뜻한다. 이 제도는 국 · 공립이나 사립을 막론하고 대학별로 운영할 수 있고, 몇 개의 대학들이 여러 형태로 연합하여 운영할 수도 있으며 혹은 국립대학 전체가 연합하여 운영할 수도 있다. 연합형태에 있어서는 지역별, 학문영역별로 여러 대학이 네트워크를 만들어 공동의 이름으로 입학생을 모집한다. 이때 대학 고유의 명칭은 사용하지 않고, 다만 대학 이름 앞에 연합 체제를 나타내는 특정한 명칭만 붙이고 그 뒤에 개방대학이라 칭한다. 예컨대, '○○ 개방대학교' 같은 식이 될 것이다. 학점은 한 대학에서 집중적으로 취득할 수도 있지만, 비율을 정하여(예컨대, 70% 정도) 다른 대학에서도 취득할 수 있다. 졸업과 학위수여 문제에서는 하나의 대학에서 일관성 있게 공부했을 경우 당연히 그 대학의 학위를 수여하고, 대학의 연합체 운영방식에 있어서는 주로 학점을 취득하는 학교의 학위를 수여하며, 국립대학의 경우도 그런 식으로 한다. 학점 취득은 기존 제도의 재학생들과 동일한 기준을 적용한다. 다만 2학기, 4학기, 6학기 말에 매번 중간 종합시험을 실시하고 8학기 경과 후 다시 한 번 종합시험을 치러 시험에 통과한 학생에 한 해 전체 과정이수 자격을 부여한다. 시험의 난이도와 합격 수준은 가능한 한 높게 설정하여 학력의 최소치가 보장되도록 한다. 중간종합고사와 졸업종합고사에서 과락했을 경우 재시험의 기회를 주고, 탈락했을 경우 자격을 상실한 것으로 간주한다.

이런 식의 종합시험제도가 긴요한 것은 현재 대학의 학점 부여 기준이 인플레 상태여서 이것만 가지고는 실제 대학에서 요구하는 학력을 이수했는지 객관적으로 측정하기 어려운 점이 있기 때문이다. 또 교육은 기본적으로 중등교육단계는 풀어주고 대학단계에서는 긴장도를 높이는 방식으로 이루어져야 하는데, 현재는 그 반대이기 때문에 이를 바로 잡을 필요가 있기 때문이다. 이는 결국 기존의 학점 부여 관행에도 좋은 영향을 끼칠 수 있을 것이다. 요컨대, 이 제도 방안은 철저한 학사관리를 전제로 한다. 시험과 평가는 단위학교 밖의 교수진들로 이루어진 시험위원회에 위촉하여 시행한다. 시험과 평가는 여러 대학이 연합한 형태를 통해서나 전국 단위로 함으로써 사회적 신뢰를 확보할 수 있을 것이다. — 시험위원회 운영의 객관성과 신뢰성을 확보하기 위해서 해당 학문 분야의 학회로부터 도움을 구할 수도 있을 것이다. 이 두 가지 단계의 시험은 아마도 학생들로 하여금 입학 때부터 취업시험 준비에 골몰하지 않고 자기 학문 분야에 몰두할 수 있도록 촉진할 수 있을 것이다. 단, 이때 두 차례의 평가를 이 경로의 학생에게만이 아니라 기존 제도에 의한 재학생들에게 적용하는 방안도 고려해 볼 수 있다. 이는 양 계열 학생 모두 이 시험의 결과에 대해서 장담할 수 없기 때문에, 이는 양측 모두에게서 공부에 진력하는 분위기를 이끌어 낼 가능성이 있다. 아울러 합격한 학생들 사이에서는 서로를 인정하고 존중하는 분위기가 나타날 수 있다. 이런 방식에서는 기존의 틀과는 달리 다양한 학생들이 입학할 가능성이 많기 때문에 수업분위기가 창조적 생기를 띨 수 있을지 모른다. — 단, 이 중간 및 졸업 종합시험제도는 대학의 관점과 형편에 따라 다양하게 운영할 수 있다. 이를테면, 중간종합시험 횟수가 너무 잦아서 학생들에게 과중하다고 판단될 경우, 이를 3회가 아니라 1회나 2회로 줄일 수 있다. 혹은 입학 후 첫 번 중간종합시험을 치를 때까지, 또 중간종합시험을 치른 후 다음 단계 중간종합시험을 치를 때까지, 이수한 과목의 전체나 3/4~4/5 이상의 학점 평점에서 A 등급을 취득했을 경우 해당 시기의 중간종합시험을 면제해 주는 것이다. 이는 일종의 보상체제로 학생들로 하여금 전공에 몰두하게 하는 한편, 중간종합시험에 대한 압박감으로부터 상당 부분 자유롭게 운신할 수 있도록 돕기 위한 것이다.

수업료는 물론 지불하나 어디까지나 과목당 수업료로 하되 기존 대학 청강과목 수강료의 절반 정도로 하여 기존 대학생 등록금과 차별화를 꾀한다. 이러한 차별화는 이 경로에 대한 유인책으로 작용할 수 있을 것이다 — 단, 등록금 수준은 단위학교 사정에 따라 상이하게(더 낮게 혹은 더 높게) 조정할 수 있다. 원칙적으로 정원제는 도입하지 않되, 다만 사회적 필요에 따라 인력수급을 조절해야 하는 학과는 예외로 한다. 학생 모집은 일 년을 두 학기로 나누어 매년 두 번 할 수 있도록 하고, 지원은 모든 대학에 동시다발적으로 이루어지도록 하여 가능한 탈락하는 일이 없도록 한다. 지원자에 대해서는 추첨방식을 통해 기회를 부여한다. 교수-학습에서는 대학 시설의 한계 문제가 늘 따를 수 있다. 따라서 경우에 따라 다양한 방식의 원격수업이 도입될 수 있다. 그러나 이렇게 하지 않고 원칙적으로 정원제를 도입할 수도 있다.

이 제도는 일차적으로는 경쟁체제의 완화를 목적으로 한 것이기는 하나, 아울러 근본적으로 학생들의 천성과 욕구에 실제적으로 부응하려는 뜻도 가지고 있다. 즉, 하고는 싶지만 여러 여건으로 대학에 들어갈 수 없거나 떨어진 학생들에게 기회를 줄 수 있기 때문이다. 이 제도는 정말 공부하고 싶어 하는 학생들을 위한 방안이다. 이 제도의 도입과 운영, 특히 학생배정 문제에 있어서 유럽의 평준화된 대학들의 운영방식은 하나의 준거가 될 수 있다.

둘째, 개방대학의 '개방'은 인생 전반에 걸쳐서 열려 있음을 뜻하는 것으로, 대학의 문호를 고등학교를 갓 졸업한 학생들만을 위해 협소하게 열어 둔 현 대학체제와는 근본적으로 구별된다. 예컨대, 이 제도하에서는 40세이나 50세가 되어 새로운 흥미나 새로운 인생 및 학문경로에 대한 필요성을 인식하게 되었을 때 언제든지 시도해 볼 만한 것이다. 이에 비해 현 제도하에서는 까다로운 편입과정을 밟거나 다시 그 어려운 수능을 치러야 하는 난점이 있다. 대학을 졸업한 지 오래된 사람들에게 이는 현실화시키기 어려운 꿈에 불과하다. 여기에 대해서는 물론 현재 존재하는 다양한 사회교육기관이나 평생교육기관을 이용하면 되지 않느냐는 반문이 가능하겠지만, 이 맥락에서 지원자가 바라는 것은 양과 질, 지속성과 폭에서 그런 수준을 훨씬 넘어서는 것으로 그 욕구 정도는 대학에서 비로소 충족시킬 수 있는 것이다. 요컨대, 대학의 문호는 인생의 한 지점에 초점을 맞추어 폐쇄적으로 여닫는 식으로가 아니라, 인생 전반에 걸쳐 언제든지 용이하게 접근 가능한 방식으로 폭넓게 개방되어 있어야 하리라는 것이다.

이 방안을 위한 또 한 가지 가능성으로는 앞서 거론한 통합네트워크를 기본 틀로 하면서 이런 운영방식을 도입해 보는 것이다. '국립대통합네트워크+개방대학' 방안이다. 이런 방식을 통해서 네트워크 안은 사립대학을 견제하는 데 강력한 힘을 발휘할 수도 있을지 모르겠다.

이상의 제안은 하나의 방법론적 가설로서 일정 기간(4~8년) 실험적으로 시행한 후 그 결과를 보아 그 확대 여부를 결정할 수 있을 것이다. 제안에 대해서 당연히 찬반 토론이 가능할 것이다. 학교당국, 재학생, 동문회 등으로부터의 반론도 예상된다. 그러한 견해에 대해서 필자는 경청할 준비가 되어 있다.

개방대학의 학업경로

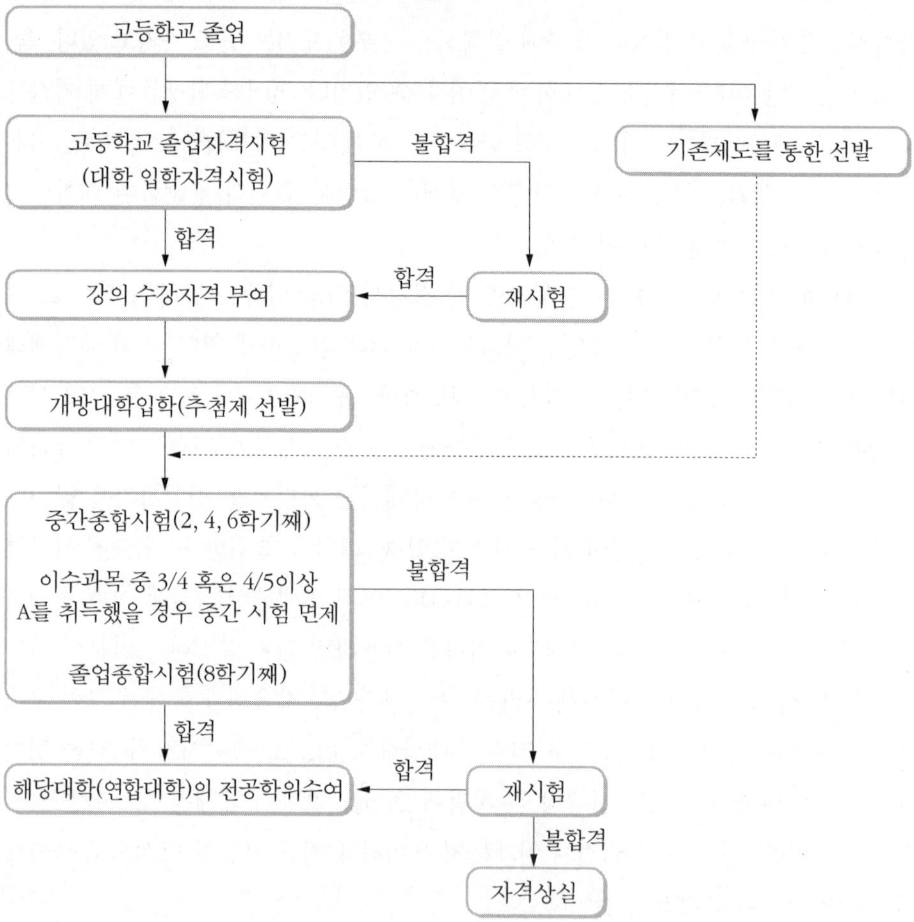

(2) 자유대학

자발적 동기에 따라 공부에 전념하고 싶은 학생들에게 매우 폭넓은 자유와 책임을 부여하고, 학습자의 독자적이며 독창적 학문연구 능력을 촉진 · 육성하기 위한 학교다. 이 제도는 파격적이어서 일반적 대학 영역에서 시행하기는 어렵고 이런 문제의식을 가진 사립대학들이 해 볼 만한 것이다.

이 경우 고등학교 졸업자격만 갖추고 있으면 입학에 제한이 없다. 지원자와 정원 사이에 불균형은 추첨식으로 해결한다. 대학졸업에 필요한 학점은 이수하되, 원칙적으로 시험은 없고 따라서 평가도 없다. 그렇지만 학생의 주요 관심사에 대해서는 정기적으로 전시회나 발표회 등 자유로운 표현 형식을 통해 학력을 객관적으로 검증한다. 8+2 학기 제도로 5년간 10학기 동안 공부한다. 단 3년차, 즉 다섯 번째와 여섯 번째 학기 동안 전공과 관련된 다양한 현장에 나가서 실습을 하고 이에 대한 학점을 부여받는다. 실습기간 두 학기(1년)를 둔 것은 이를 통해 지난 4학기 동안의 이론적 수업내용을 돌아보고 이후 좀 더 다른, 체험이 동반된 시각에서 다음 이론 수업과정에 참여하도록 하기 위함이다. 예컨대, 만일 국문학이 전공이라면 도제식으로 그 밑에 들어가 수업을 받든지, 아니면 출판사에서 실습생으로 근무할 수 있다. 이 기간이 끝나면 다시 학교로 돌아와 7학기와 8학기를 이수하고 학기 말 대학에서 부과하는 졸업종합시험(앞서 첫 번째 개방대학 방안에서처럼)을 치른다. 통과한 학생에 한하여 2학기 동안의 학업기간을 추가적으로 부과하여 이 기간 중 하나의 수준 높은 연구 논문이나 현장과 관련된 문제해결식 연구 프로젝트를 완성하도록 한다(아울러 논문과는 별도로 3가지 정도의 학술적 주제를 중심으로 공부한 후 구술시험을 치르게 하는 과정을 첨가할 수 있다). 이를 위한 전제로 학교는 학생들이 연구 논문 작성법이나 연구프로젝트 활동 진행법을 익히도록 3학기와 4학기, 7학기와 8학기, 매학기 한 편의 학술적 연구물을 중심으로 연구 · 분석하는 과목을 개설, 필수적으로 수강하게 한다. 이때도 역시 점수 평가는 하지 않는다. 강좌 진행은 교수가 직접 맡거나 교수 감독하에 박사과정을 이수하는 중이거나 박사학위과정 수료 이상의 조교가 맡을 수 있다. 모든 과정을 이수하면 해당 대학 학사학위를 수여한다. 전체 5년이 소요되므로 일반 4년제와 차이가 있다.

이 형태는 학생들로 하여금 자유로운 정신 안에서 공부하고 자기 계발을 할 수 있도록 도우려 한다는 점에서 일종의 '대안대학'이라 할 수 있다. 수능 등 대학입학에 필요한 시험을 요구하지 않기 때문에 사회에서 일정기간 경험을 쌓은 사람들이나 나이 많은 사람들도 언제든 올 수 있다. 매 학기 학점 이수에 따른 시험을 보지 않고, 따라서 평가를 하지 않는 대학의 졸업생을 누가 인정할 것인가 반문할 이도 있겠지만, 이는 오늘날 자학자습적 태도를 상실하고, 때문에 자기 전공과는 상관없이 엉뚱한 고시나 취직시험에 매달려 있거나 졸업장만을 따려 하고, 따라서 진정한 의미에서 대학의 기능을 상실한 우리의 숱한 대학에 대한 명백한 반명제로서, 시험과 평가제 자체를 없이 함으로써 오히려 진정으로 공부하게 하고, 학력뿐 아니라 인격과 삶의 다양한 차원에 대한 능력을 갖추게 하자는 것이다. 시험이나 평가 없이도 접근하기에 따라 얼마든지 실력을 갖추게 할 수 있는 방법이 있는 것이다. 이곳은 진정으로 연구와 교수에 몰두하는 교수와 그에 상응하는 대안적 교수–학습법이 제 기능을 하는 자리다.

혹자는 이를 두고 현실을 도외시한 망상이라 할 수도 있겠다. 그러나 자유대학은 경직된 현재의 대학 구조나 시장주의 논리가 만들어 내는 대학문화와는 구별되는 또 다른 차원의 상상력에 의한 것이다. 혹시 누가 그런 대학에 오겠느냐고 반문할지 모르겠다. 당연한 물음이다. 그 가치는 아마도 대안학교 졸업생들에게서 우선적으로 발견될 수 있을 것이고, 이 대학을 졸업한 후 사회에 진출한 졸업생들의 삶의 방식에서 입증될 수 있을 것이다.

자유대학의 학업경로

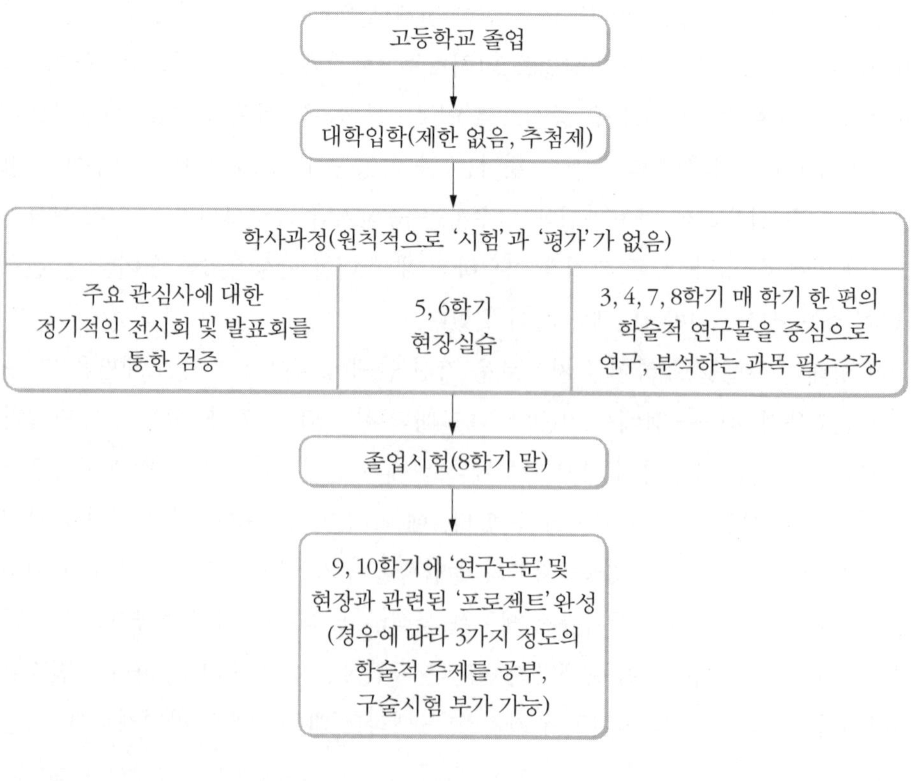

(3) 통합대학

기존의 대학과 시민대학을 결합한 형태로, 현 사회적 요구와 미래적 전망 하에서 기존 대학의 틀을 넘어서기 위한 방안이다. 여기서 시민대학이란 보통 취미생활이나 개성의 발달, 직업 활동을 위한 학습이나 재교육 기회를 제공하는 평생교육기관과 달리 기존의 대학 규모에 견줄 만한, 그러나 독자적 형식과 내용을 갖춘 대학을 말한다. 시민대학 설치의 주된 목적은 대학에서 연구하고 교수하는 학문 영역 자체를 다양한 시민 계층 모두가 접근 가능하도록 만듦으로써 국민의 '정신생활' 전반을 향상시키려는 데 있다. 교육과정은 철학, 문학, 외국어와 고전어, 사회학 등 제반 인문학과 수학, 물리, 생물학 등 제반 과학 일체를 포함하되, 예술, 영성, 공동체성과 민주시민교육 등 영역을 특화시켜 운영한다. 학문 수준은 기존 대학의 그것과 동일하게 하되, 다만 모든 학문 영역을 실제생활에 긴히 연계시켜 구성함으로써 양자 간 차이를 둔다. 이를 위해 시민대학은 다양한 생활 영역과의 폭넓은 네트워크를 구축한다. 두 체제 모두 야간반을 포함하여 전일제로 운영한다. 기존 대학과 시민대학이 한 울타리 안에 있는 것을 원칙으로 하나 경우에 따라 네트워크로 연결되어 있을 수도 있다. 전자의 경우 원칙적으로 정원제는 두지 않는다(사회적 인력수급에 적용받는 영역은 예외). 아울러 원격교육법을 널리 활용한다.

이 대학 체제는 고등학교를 갓 졸업하고 상급학교에 진학하려는 학생뿐 아니라 사회 영역에서 살아가는 다양한 연령층대 시민 모두를 위한 것이다. 학문 세계를 자유로운 정신으로 개척하려는 이들을 고려한 것이자, 새로이 도래하는 평생학습 사회 구조에 맞추어 기존 대학을 본격적으로 변형시킨 것이다. 천분과 생활 및 직업세계의 요구에 따를 뿐 아니라, 우리나라 대학의 현 수직적 구도에 맞서 대학의 다양성을 추구하기 위한 시도다. 고등학교 졸업과 대학입학 시기 사이에 존재하는 첨예화된 경쟁상황을 한번 넘어서 보자는 것이다.

교육과정상 특징은 다음과 같다. 기존 대학 경로에서는 최소한의 필수과목이나 이론에 초점을 맞춘 학문 영역만을 설치, 학점을 이수토록 하고, 시민대학 경로에서는 선택과목과 실제 생활에 긴히 연계된 학문 영역을 설치, 학점을 이수토록 한다. 전자의 경우 엄밀한 형식의 평가를 동반한 학점을 부여하고, 후자의 경우 단지 시험과 평가가 없는 형태의 과목별 수강증명 확인서만을 발급한다. 학생들은 이 두 가지 구조 사이를 왕래하면서 자신의 전공 영역을 자유롭게 개척해 나갈 수 있다. 그 방향은 전자를 거점으로 후자로 나가는 식과 후자를 거점으로 전자로 나가는 식이 있다. 이 두 가지 방향 어디서 시작하든지, 해당 대학의 학위를 취득할 기회를 부여받을 수 있다. 기존 대학 경로에 입학하는 학생의 경우 기존 체제의 학적을 가지고 시민대학에 가서 과목별 등록을 하여 학점을 취득한다. 반대로 시민대학 경로에서 공부를 시작하는 사람들의 경우 소정의 학점 취득을 근거로(예컨대, 2학기 정도) 기존 대학에 과목별 수강등록을 하여(학적은 갖지 않고) 졸업 때까지 필요한 학점을 이수할 수 있다. 여기서 학점을 취득하기 위해서는 과목별 시험도 보고 평가도 받는다. 과정 허입(許入)의 전제 조건으로 2학기 동안 이수한 학점은 졸업에 필요한 학점으로 인정한다. 과정 시작부터 과정 종료 시까지 2학기마다 대학교에서 실시하는 중간종합시험에 통과해야 하며, 마지막 학기에는 대학 밖에 설치된 시험위원회(앞서 첫 번째 개방대학 방안 참조)의 좀 더 객관적인 졸업종합고사를 통과해야 한다. 종합고사를 마치면 앞서 두 번째 자유대학 방안에서처럼 2학기에 걸쳐 졸업논문을 쓰고 합격할 경우 학위를 수여한다. 논문 작성을 위한 준비 작업으로 기존 체제로 옮겨간 시점을 기준으로 매 학기 한 편의 학술적 연구물을 중심으로 연구·분석하는 과목을 필수적으로 수강하게 한다. 이 경우에도 점수 평가를 한다. 이럴 경우 소요되는 시간은 시민대학을 다닌 2학기를 포함하여 모두 10학기다. 모든 과정을 통과할 경우 해당 대학 학위를 수여한다. ―혹시 이 과정이 가정과 직업생활을 하는 시민 계층 지원자들에게 너무 과중한 것이 아닌가 하는 물음이 가능할 것이다. 이 점은 앞서 개방대학의 경우에서처럼 좀 더 완화된 시험 구조도 고려해 볼 수 있을 것이다. 이 문제는 별도의 지면으로 돌린다.

시민대학 운영에서 긴요한 것은 대학이 학기강좌 과목을 개설해 놓고 기다리는 것이 아니라, 여기에 지역사회 시민들을 적극적으로 대학 안으로 끌어들이거나 아니면 팀을 꾸려 지역사회 안으로 들어가는 것이다. 학부모, 직장인, 청년실업자, 노동자 계층 등은 그 주된 학습자들이다. 수업료는 생활수준을 고려하여 그 일부나 전부를 지자체, 정부, 대학, 사회기관 등에서 보조받을 수 있다. 지역에 찾아 들어가는 경우, 예컨대 몇몇 사람들이 모여서 듣고 싶은 강좌에 대해 이야기를 나눈 후 해당 강좌 개설을 대학에 요청하면, 심사하여 강좌를 개설하고 지역에 교수진을 파견

한다. 이 방법은 특히 대학이 없는 지역의 경우를 위해 유익하다. 군청이나 읍면 소재지 지역민들은 해당 정부기관에게 중개를 요청할 수 있고, 그렇게 해서 연결된 대학들은 교수진을 파견할 수 있을 것이다. 대학은 이를 위해 교수진 네트워크를 확보해 두어야 한다.

이런 방식을 통해 대학은 시민들에게 학문적 세계에 대한 눈을 새로이 열어줄 수 있으며 사회적 통합에도 기여할 수 있을 것이나, 반대급부로 많은 것을 얻을 수도 있다. 기존의 고답적 틀을 벗어나 현실적 관련성을 가지고 매우 다각적인 시야를 확보할 수 있을 것이다. 재학생들의 학문적 태도는 함께 수업 받는 시민들의 살아있는 물음을 통해서 새롭게 고취될 수 있을 것이다. 시민들과 학생들이 함께 결합하여 만든 학습 동아리 같은 형태는 종래의 구조에서는 볼 수 없는 전혀 다른 차원의 학습구조를 가능케 할 수 있을 것이다.

이 구상에서 일찍이 오래 전부터 다양한 시민대학의 전통을 발전시켜 온 덴마크나 프랑스, 독일, 미국 등과의 국제적인 교류와 연대는 많은 도움이 될 수 있을 것이다.[42]

이 대학은 전공 영역별로 특화시키거나 직업 영역별로 특화시켜 설립 · 운영할 수도 있다. 경우에 따라 4학기제나 8학기제, 혹은 대학원을 포함한 12학기제 운영도 가능할 것이다. 예컨대, 철학 등 인문학과 예술을 한데 결합한 형태를 시도해 볼 수 있는데, 왜냐하면 현재 음악대학 중에는 기예에 치중한 나머지 정신세계에 대한 의미추구 작업을 간과한 형태의 교육과정을 운영한다든지, 국민생활 전반과는 상당 부분 동떨어져 있는 동시에 경우에 따라 귀족화되어 있는 경우도 많기 때문이

42) 이 주제는 19 · 20세기에 화려한 발전을 거듭한 서구 여러 나라의 시민대학 전통의 맥락에 서 있다. 예컨대, 19세기 중엽 덴마크에서 출현한 '시민대학' (People's University)은 비형식교육을 위한 기관으로 시험이나 학위증 제도를 실시하지 않으며, 민주적 질서와 삶, 협력, 단결, 연대, 지역공동체성 개발, 삶을 사는 법 배우기 등에 초점을 맞춘 교육과정을 운영한다. 사회 복지적 이념을 근간으로 하여 제도권 학교를 이른 시기에 그만둘 수밖에 없었던 사람들이나 제도권 학교에서 배움의 기회를 갖지 못한 사람들을 적극 배려한다. 덴마크의 고등교육은 이런 점에서 다양한 제도적 지형을 보여 준다. 젊은이들은 전통적 대학과 이러한 비전통적 대학에서 제공하는 교육 기회를 마음껏 누리며 자라난다. 오늘날 개성적이며 자유롭고 사회공동체성이 두루 공유되는 덴마크 사회는 바로 이러한 토대 위에 서 있는 것이다. Søren Eigaard, University Extension in Denmark(대학홍보자료집). 아울러 광명시평생학습원 편, **외국 평생교육 사례 연구 자료집**, 2003, 42-47 참조.

다. 우리나라 국민들 사이에서 예술세계가 멀리 떨어져 있으며 예술은 비싼 것, 특별한 사람이나 하는 것 정도로 이해되는 일이 허다한 것은 바로 이런 이유 때문이 아닌가 한다. 시민대학 구조와 결합되어 있는 예술대학은 이 문제에서 좀 더 다른 시각을 발전시킬 수 있을 것이다.

아울러 위에서 소개한 방안과 동일하지는 않지만 그 취지와 내용상 맥락이 닿는 사례 하나로, 미국의 얼 쇼리스(Earl Shorris)의 '가난한 이들을 위한 인문학' 과정을 잠시 소개한다. 최근 우리나라에서도 커다란 반향을 불러일으키고 있다. 그는 정규대학 수준의 인문학 교육과정인 '클레멘트 코스'를 창설, 사회적 약자와 소외계층들에게 인문학의 세계를 열어 줌으로써, 그들 스스로로 하여금 삶과 노동의 문제를 성찰하게 하고, 사회 구성원 모두가 진정한 의미에서 민주시민사회를 일구기 위한 길을 모색해 왔다. 그는 정치적 차원에서의 민주화뿐 아니라 경제적 차원에서의 민주화와 무엇보다도 윤리적 차원에서의 민주화가 핵심 과제임을 밝혔다. 이 맥락에서 우리나라에서 특히 평생 교육적 관점에서 노동자들을 위한 학습문제를 가지고 씨름해 온 성공회대학교의 노력을 들 수 있는데, 최근 이 대학 평생학습사회연구소가 얼 쇼리스와 함께 건립을 추진하고 있는 '가난한 이들을 위한 인문학 세계 연대조직'과 아프리카와 북한 등 아시아 여러 나라와의 평생교육연합체인 '세계대학' 같은 구상은 여기서 매우 흥미롭고 시사적이다.[43]

(4) 기존의 평생교육체제와 다른 점

앞서 거론한 세 가지 방안들은 최근 제기된 두 가지 유형의 개혁방안, 즉 민영화 · 자율화와 평준화와는 다른 제3의 길로 기존 대학 입시 · 교육 체제를 평생 교육-학습적 접근방식으로 새롭게 변형시켜 본 것이다. 우리는 아마도 이 기본형을 단서로 삼아 다양한 대학 모형을 변주(變奏)시켜 볼 수도 있을 것이다.

43) Earl Shorris, **희망의 인문학. 클레멘트 코스, 기적을 만들다**, 고병헌 외 역(서울: 이매진, 2007), 특히 8, 13, 아울러 역자들의 글 436-445. 아울러 최근 성공회대학과 경기문화재단이 공동 주최하고 기전문화대학, 성공회대학교 평생학습사회연구소, 노숙인다시서기지원센터가 공동 주관한 「가난한 이들을 위한 희망수업」 국제 세미나의 발제 원고들 참조. 얼 쇼리스, 인문학과 민주주의, 임영인; 노숙인 희망만들기, 성프란시스 대학; 이병곤, 창업과 인문학의 만남, 광명시민대학 등이 자료집에 실려 있다.

통합대학의 학업경로

기존 대학과 시민대학을 결합한 형태

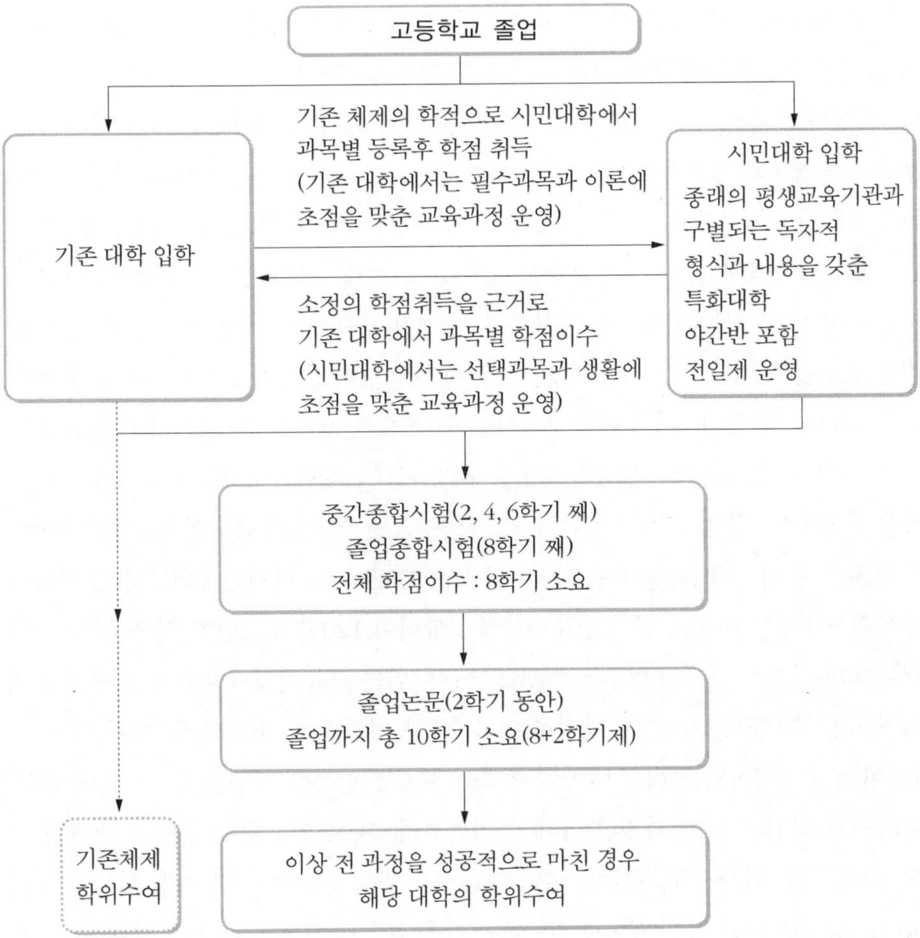

그렇다면 이 방안들은 우리나라에서 이미 도입 운영되고 있는 여러 평생교육체제, 이를테면 '학점은행제도'나 '한국방송통신대학' 등과는 어떻게 다른가? 첫 번째 개방대학 사례를 들어 살펴보자.

우리나라에서 학점은행제는 「학점인정 등에 관한 법률」(법률 제6434호)에 의거 다양한 형태의 학업 경로와 학점취득의 방식을 통해 열린교육사회, 평생학습사회를 구현하기 위한 제도로 한국교육개발원이 교육인적자원부의 위임을 받아 시행하고 있다. 그 기본 취지는 다음 4가지다.[44] 1) 국민의 평생학습권 보장 및 학습경험의 다양화, 2) 대학교육 불수혜 집단을 위한 대학학력 취득 기회의 제공, 3) 교육부문 간 균형발전을 위한 사회교육 이수 결과의 제도적 인정, 4) 교육력 극대화를 위한 사회교육과 학교교육 간의 연계강화 등이다. 운영상 주요 특징은 다음과 같다. 고등학교 졸업자나 이와 동등 이상의 학력이 있다고 인정된 자가 국가에서 인정하는 평생교육기관에서,[45] 평가인정을 받은 교육−학습과정에 따라 학점을 이수하고, 대통령령이 정하는 요건을 충족하였을 경우 학사학위(「고등교육법」 제35조 제1항) 또는 전문학사학위(「고등교육법」 제50조 제1항)를 수여한다. 학점은 대학(교)에서도 이수할 수 있는데, 단 4년제일 경우 학기당 재학생의 1/2학점까지, 연간 18학점을 초과할 수 없고, 2년제 대학의 경우 학기당 재학생의 1/2학점까지, 연간 20학점을 초과할 수 없다. 여러 대학교에서 수업을 받은 경우에도 연간 이수 제한 학점을 초과할 수 없다(학점은행제 운영규정 제4장 제17조 별표). 표준교육과정과 교수요목을 운영하되, 학위 종류에 따른 전공, 교양 및 전공과목과 해당학점, 전공별 학위수여 요건 등의 성격을 정한다(운영규정 제2장 7조, 10조). 학력인정의 기준은 대학졸업학력이 140점 이상, 3년제 전문대학졸업학력이 120학점, 2년제 전문대학졸업학력이 80학점으로 한다(운영규정 제5장 25조). 학위는 교육인적자원부 장관 명의나 대학 명의로 수여하는 두 가지 방식이 있다. 대학 명의로 학위를 받기 원하는 사람은 140학점 중 105학점을 해당 대학에서 취득하는 등 일정한 기준을 충족시켜야 한다. 나머지 35학점은 다른 과정을 통해서 취득한다. 학사학위 취득 후에는 대학원 진학, 학사편입, 학사장교 지원 등 일반 대학생과 동등한 대우를 받는다. 학위증이 대학(교) 명의로 나갈 경우 대학(교)은 이 사안을 학칙에 명시한 후 시행해야 하고, 학

44) '학점은행제'라 함은 학교에서뿐만 아니라 학교 밖에서 이루어지는 다양한 형태의 학습을 학점으로 인정받을 수 있도록 하고, 이것이 누적되어 일정 기준을 충족시키면 학위 취득도 가능하게 함으로써 궁극적으로 열린교육사회, 평생학습사회를 구현하기 위한 제도를 말한다. 학점은행제 운영규정 제1장 제2조 2.

45) 평가인정 기관으로는 대학(교) 대학(교)부설 사회교육원, 평생교육원, 전산원 공개강좌 또는 전공심화과정을 둔 전문대학, 전공과를 둔 고등기술학교, 특수학교 학력인정이 되지 않는 각종학교, 학원 평생교육을 실시하는 대중매체, 한국생산기술연구원, 민간생산기술연구소 부설 기술교육훈련기관, 기타 사내대학 또는 사내직업훈련원 등 교육인적자원부 장관이 평가인정 대상기관으로 적합하다고 인정하는 사회교육시설 또는 직업교육훈련기관 등이 있다.

위증에는 '학점 인정 등에 관한 법률 9조 및 학칙 ○○ 제○○조에 의거'라는 단서를 명기한다. 단, 해당 대학은 학위 수여 시 한국교육개발원장으로부터 학위 수여 요건을 충족시켰는지에 대한 확인을 받아야 한다(운영규정 제5장 29조).[46)]

한편, 한국방송통신대학(Korea National Open University, 이하 방통대)은 학점은행제와 취지는 상통하나 국가가 평생교육적 관점에서 설립한 특수대학으로 고등학교 졸업 후 여러 가지 이유로 고등교육의 기회를 갖지 못한 이들에게, 또 대학교육을 받지 못한 사람들에게 방송 · 통신 · 출석수업 등의 방식을 통하여 고등교육의 기회를 부여함으로써 일반교양과 더불어 각종 직업에 필요한 전문교육을 실시하고 있다. 2005년 현재 4개의 학부, 21개의 학과, 1개의 평생대학원으로 구성되어 있으며, 8곳의 부속기관, 전국에 14개의 지역 대학, 35개의 시 · 군 학습관이 있다. 입학조건으로는 고등학교를 졸업했거나 그에 상응하는 자격을 갖추면 되고 내신 성적 혹은 검정고시 성적을 근거로 지원한다. 수학능력시험 성적은 요구하지 않고, 커트라인은 내신 성적을 기준으로 정한다. 지원자가 많을 경우 입학에 대체로 큰 어려움은 없으나 교육과 등 몇몇 학과처럼 어려운 경우도 있다.[47)]

필자의 개방대학 방안이 이들 기관들과 가장 크게 다른 점은 대학 명의의 학사학위를 수여한다는 것이다. 이에 비해 학점은행제에서 학위증은 보통 교육인적자원부 장관 명의로 발부된다. 물론 학점은행제에서도 해당 대학 명의의 학사학위를 수여받을 수도 있겠지만, 학위증에 '학점은행제에 의거한다'는 문구가 명시된다는 점에서 일반 학위증과는 다르다. 학점은행제는 '표준교육과정'을 운영한다는 점에서도 일반 대학교육과정과는 차이가 있다. 또 개방대학 방안에서는 대학 정규수업에 본격적으로 참여한다는 특징이 있다. 이에 비해 학점은행제에서는 대학(교)부설 사회교육기관에서 개설하는 교육과정을 위주로 한다. 물론 대학 자체에서 개설하

46) http://www.edubank.kedi.re.kr.

47) http://www.knou.ac.kr. – 독학사 제도 역시 이 맥락에 서 있다. 독학사란 고등교육의 기회를 원하는 자에게 국가시험의 기회를 통해 학사학위를 취득할 수 있게 하는 제도이다. 현재는 「독학에 의한 학위취득에 관한 법률 시행규칙」(대통령령 17115호)에 의거 「한국방송통신대학 독학학위검정원」에서 주관하고 있다. 지원 자격은 고등학교 졸업학력자이며, 4단계에 걸쳐 – 교양과정, 전공기초과정, 전공심화과정, 학위취득 종합시험 – 시험을 치러 최종 합격자에게 학위를 수여한다(http://www.edubank. kedi.re.kr, http://www.knou.ac.kr).

는 교육과정에서도 시간제로 학점을 취득할 수 있게는 하고 있지만, 단 일정한 한계 내에서(재학생의 1/2 수준 내에서, 그리고 연간 20학점을 넘지 않는 범위 내에서)만이 가능하다.

한편, 방송통신대학은 그 성격상 전형적인 개방대학 형태의 학교라는 점에서 필자의 개방대학 방안과 일맥상통한다. 그러나 내용상 양자 간에는 많은 차이점이 있다. 우선 방통대가 입학시험에서 수능을 요구하지 않고 고등학교 졸업자격만 갖추면 된다는 점에서 개방대학 방안과 흡사하나, 후자의 경우 국가졸업자격고사를 요구한다는 점에서 전자와 다르다. 또 이 경우에는 학점 취득 외에 정기적인 종합고사를 치러야 한다. 방송통신대학에서 수업은 원격수업과 출석 수업으로 이루어지나, 개방대학 방안에서 원격교육 방식은 필요할 경우 제한적으로만 사용한다. 방통대는 국립 특수대학이나, 개방대학 방안은 국 · 공 · 사립을 가리지 않고 대학에 일반적으로 적용하기 위한 것이다. 마지막으로 필자가 제안한 방안의 특징은 학생들에게 기존 대학부설 사회교육기관 형태로가 아니라, 대학의 교육과정과 수업 자체에 본격적으로 참여할 수 있도록 자격을 부여하려는 데 있다. 여기서 학생들은 기존 경로의 대학입학생들과 일정한 긴장관계 속에서 자극을 주고받게 되는데, 이는 양자에게 모두 유익할 수 있으리라는 생각이다. 그 핵심은 대학과 시민사회가 일부 경쟁, 일부 공존의 방식으로 자극을 주고받으며 동반(同伴), 성장하게 하려는 데 있다. 이를 통해 대학의 학업을 정상화 내지 제고할 수 있으리라 기대해 본다.

(5) 미국 '뉴욕시립대학'의 '개방입학제'

이 자리에서 필자는 흥미로운 사례 하나를 소개하고 싶다. 그것은 미국의 '뉴욕시립대학'(CUNY: City University of New York)에서 1970~2002년에 시행했던 '개방입학제'(Open Admissions)에 관한 것으로, 그 이유는 이 개방입학제와 필자의 개방대학 방안 사이에서 — 비록 그 제도 조성의 조건과 형태상 상당한 차이가 있음에도 불구하고 — 일면 교우하는 부분을 찾아볼 수 있었기 때문이다. 필자는 새로운 조건과 형태에서 대학에 입학하기 위한 학생들의 문제제기, 그들의 관심사와 씨름하며 새로운 접근방식에 도달했던 이 대학의 교수단과 뉴욕시 시장, 시민과 노동단체들, 그리고 이 입학제의 도입과 그 전개과정을 자세히 살피는 동안 새로운 상상력에 고취될 수 있었다.[48] 먼저 이 개방입학제에 대해 일견한 후, 필자의 개방대학 방안의 특징과 성격을 이 맥락에 비추어 새로이 드러내 본다.

CUNY의 개방입학제란 고등학교 졸업자격 외에는 대학입학에 별다른 조건을 달지 않는 제도다. 이 대학에서는 처음부터 학비가 없었다. 그래서 이 경우도 처음부터 학비 없이 다닐 수 있도록 했다. 그러다가 시간이 경과하면서 학비를 받기 시작했다. 이 형태만 놓고 보면 CUNY는 평준화된 독일의 어느 대학을 미국의 어느 한 도시에 옮겨 놓은 것 같은 느낌이 들 정도로 독특하다.

이 제도 도입을 둘러싼 초기 상황은 인종문제와 관련이 있다. 이야기는 흑인인권 운동과 반 베트남전 시위로 뜨거워져 있었던 1960년대로 거슬러 올라간다. 제2차세계대전 이후 CUNY의 재학생 인종구성 분포는 점차 다양해지기 시작했다. 그러다가 1960년대 중엽에 이르러 흑인과 중남미 계열 학생들은 당시 고조된 사회적 분위기를 타고서 기존의 엘리트 교육 중심의 대학 선발체제를 비판하면서 뉴욕시의 공적 재원이 소수자를 위한 고등교육을 위해 사용되어야 할 것을 주장하기 시작했다. 그 결과 1965년 대학수학능력 준비를 위한 '예비 프로그램'(the pre-baccalaureate program)이 신설되었는데, 이는 게토에 사는 흑인과 중남미 계열 학생들이 보충학습프로그램을 통해 대학에 진학할 수 있도록 하기 위한 것이었다 – 이 기구는 나중에 SEEK(Search for Education, Elevation, and Knowledge–교육, 향상, 지식을 추구하는 기구)에 흡수되었다. – 1965년 뉴욕시는 재정상 상당한 어려움을 겪고 있었기에 입학생 규모를 줄여갔다. 결과적으로 대학 재학생의 주류는 백인 중산층이 차지하고 있었음에 비해, 흑인과 중남미 계층 및 백인 결손 계층(주로 아일랜드계와 이탈리아 노동자 계층) 자녀들은 여전히 소수로 머물러 있을 수밖에 없었다. 1968년 학생운동단체의 보고에 의하면, 공립 고등학교 학생 중 55%가 흑인과 중남미계열 학생이었던데 비해 이들이 CUNY 전체 재학생 중 차지하는 비율은 10%에 불과했다. 당시 흑인과 중남미 계열 학생회 간부들은 대학 당국에 흑인과 푸에르토리코(Puerto

48) 필자의 개방대학 안은 이 개방입학제를 염두에 두고 만든 것은 아니다. 이 입학제에 대해서는 나중에 알게 되었다. 이하에서 소개하는 CUNY 개방입학제 사례의 세부 내용은 주로 웹 백과사전 Wikipedia에서 2007년 1월에 업데이트한 '개방입학제'(open admissions) 기사(http://en.wikipedia.org/wiki/Open_admissions)에 근거한 것임을 밝혀 둔다.

Rico) 공동체의 존재를 부정하는 조건을 경감할 것을 요구하면서 다음과 같은 유명한, 타협의 여지가 없는 '다섯 개의 요구사항'(Five-Demands)을 내걸었다.

- 흑인과 푸에르토리코 신입생만을 위한 오리엔테이션 프로그램을 설치하고 그 운영을 이들 계층 상급생들에게 맡길 것
- 흑인과 푸에르토리코 문제를 연구하기 위한 별도의 학위 과정을 신설할 것
- SEEK 과정에 다니는 학생들이 대학에 입학할 수 있도록 할 것, SEEK 프로그램을 운영할 수 있도록 권한을 부여할 것. SEEK 프로그램을 수행하기 위한 직책에 대하여 학위 수여 권한을 가진 교수진과 동일한 지위를 부여할 것. 이 프로그램을 위한 책임자의 지위는 학장 지위에 상응하도록 할 것.
- CUNY 재학생의 구성을 뉴욕시의 공립고등학교에 재학 중인 인종과 경제적 계층민의 비율에 상응하도록 할 것(당시 흑인과 중남미 계열 학생비율은 40% 정도).
- 대학의 모든 전공은 스페인과 흑인 및 중남미 문화유산에 대한 기본 지식을 포함할 것.

이 요구를 둘러싼 격렬한 정치적 공방과 시위, 그리고 총장의 교체를 포함한 난항을 거듭한 협상이 계속되었다. 대학 당국은 타협안으로 이원화 입학제 프로그램, 즉 입학생의 50%는 결손 계층 자녀들로, 50%는 전통적인 경쟁구조로 선발하자는 방안을 제안하기도 했지만 여기에 대해서는 일종의 쿼터제라는 이유로 거의가 반대 입장을 취했다. 그러한 논쟁 과정 중에 당시 아일랜드와 이탈리아 가톨릭 노동자 연대 조직에서 영향력이 있었던 헬리 반 애스데일(Harry Van Arsdale, the Central Labor Council head)은 모든 사람들의 '자유로운' 대학 입학을 보장하기 위한 제도 개혁방안을 제안했고, 이는 다양한 계층으로부터 폭넓은 지지를 얻게 되었다. 시의원들도 이 방안에 찬성했다. 시장 린드새이(Mayor Lindsay)는 자신의 지지기반이었던 사회계층을 대변하였고 또 이를 통해 재선될 수 있었다. 이 타결이 뜻하는 바는 다음과 같은 것이었다. 즉, 뉴욕시에 소재한 고등학교를 졸업한 학생들은 누구나 CUNY 캠퍼스 중 원하는 곳에 입학할 수 있으며, 또 입학 후에는 학비 없이 무상으로 대학교육을 받을 수 있도록 한다는 것이었다. 그리고 1970년 가을학기에

그 첫 입학생을 받았다.

이 제도는 근 30년 이상이나 지속되었다. 그 와중에서 매우 흥미롭고도 고무적인 양상이 전개되었는가 하면, 그 반대의 상황도 전개되었다. 그리고 2002년에 들어 그 우울한 종국을 맞게 되었다. 대학은 초창기 많은 입학생들로 인해 급격히 팽창되었고 그 대부분은 흑인과 중남미, 그리고 백인 노동자 계층 학생들이었다. 이는 CUNY에게 전례가 없던 일이었다. 이로 인해 CUNY는 한 때 '뉴욕시의 보석' 혹은 '프롤레타리아의 하버드'로 불리기도 했다. 그렇지만 곧 여러 문제점들이 드러났다. 많은 학생들은 고등학교를 졸업하기는 했지만 대학교육을 받기에는 기초학력이 턱없이 부족하다는 사실이 드러났다. 그래서 대학은 이를 교정하기 위한 프로그램(remedial program)을 도입했다. 그렇지만 이것 역시 오래지 않아 한계에 부딪히게 되었다. 또 교수들은 양질의 학생들을 가르치는 데 익숙했던 반면, 이런 유의 학생들을 적절하고 효과적으로 가르칠 수 있는 지식을 갖추고 있지 못했다. 그렇지만 이 문제에 열정적으로 투신하여 이들 결함의 원인과 문제들을 찾아내고 여기에 효과적으로 대처하기 위한 방법을 제시했던 미나 소네그서시(Mina Shaunnegsesy) 같은 교수도 있었다. 하지만 그런 교수들은 소수였다. 이런 상황에서 결손 계층 학생들의 입학률은 해마다 높아졌다. 그리고 이 과정에서 재원은 급속히 고갈되어 버렸다. 이는 당시 뉴욕시 자체가 전반적으로 안고 있던 재정적 문제와도 관련이 있었다. 그래서 CUNY는 제도를 도입한 지 5년 정도 경과한 후에 학비를 받는 것으로 정책을 전환했다. 등록금은 개교 이래 처음 있는 일이었다. 이로 인해 문제가 발생했다. 즉, 학력은 충분하지만 재정상의 이점으로 이 대학을 선택했던 중산층 백인 가정 학생들이 다른 학교로 옮겨가기 시작했던 것이다. 여러 요인들의 결과, 졸업률은 하락하기 시작했다. 이 와중에서 상당수 우수한 교수들의 이직 사태도 발생하게 되었다.

그러나 제도를 도입한지 5년이 경과한 시점에서 보았을 때 졸업률은 26% 정도로 매우 저조했지만, 길게 보았을 때 매우 흥미로운 사실도 나타났다. 그것은 다시 10년이 지난 1984년 자료에 의하면 전체 입학생 가운데 56% 학생들이 학사학위를 취득했고 흑인 학생들의 경우 49%가 학사학위를 받고 졸업했다. 이들이 학문에 전념할 수 없었던 노동구조를 고려했을 때 이는 매우 의미 있는 결과로 평가할 수 있는 것이었다. 초기 결과의 경우에서도 4년 내 졸업자는 8%였지만 6년 후 졸업자는 32%로 크게 증가했다. 이는 이들이 개방입학제도 없었다면 결코 접근할 수 없었던 경로를 획득한 것을 의미한다. 이로 인해 그들이 획득하게 된 경제적 차원의 이득은 어마어마한 것이었다. 그러나 이 비율을 그들이 처한 삶의 환경, 사회적 결손 상태 등을 고려하지 않은 채, 수치상으로만 보았을 때는 열악한 것으로 평가할 수도 있는 것이었다. 이 문제는 결국 교육의 효율성과 정치적 손익 계산을 따지는 기준에 따라 평가되기 시작했다. 마침내 2002년에 와서 대학 이사회는 개방입학제를 대신할 새로운 입학제도를 도입하기로 했다. 이는 대학교육을 이수하기 위한 기초 소양과, 수학 및 읽기와 쓰기 학력을 전제하는 것이었다. 이 정반대의 상황하에서 많은 학생들은 개방입학제와 보충학습 프로그램을 통해서가 아니면 누릴 수 없는 학업의 기회를 상실하게 되었다. 이 최종적 조치에 대한 평가는 여러 가지겠으나 그중 소수자의 시민권을 제한하고 기존 교육 틀을 그저 현상 유지 차원에서 끌고 가는 조치로 평가하는 목소리도 만만치 않다.[49]

현재 미국에서는 뉴욕시립대학에서 시도한 이 개방입학제와 흡사한 제도를 운영하는 대학들이 여러 곳 있다. 이 제도를 통해서 학생들은 고등학교 졸업자격을 근거로 별 다른 조건 없이 대학에 들어간다. 단, 학비는 유상으로 하고 있다. 이는 대학 자체의 필요, 즉 대학 운영을 위한 재원 확보를 목적으로 한 것이기도 하다. 이 점에서 현재 미국 대학들에서 통용되는 개방입학제는 CUNY가 초기에 도입했던 개방입학제와는 그 성격이 매우 다른 것임을 지적해 둔다. 오늘날 미국 대학들은 상위 150여 곳 정도에서 엄격한 선발 기준을 요구하지만, 그 외에는 광범위하게 개방입학제나 혹은 개방입학의 의미에 근접하는 제도를 도입 · 운영하고 있다. 현재 이 개방입학제는 확산일로에 있다. 단 이러한 경향은 사립대학이나 랭킹이 낮은 대학, 혹은 커뮤니티 칼리지(community college) 등에서 입학생 충원의 필요에 기인한 것으로, 미국 대학의 경우 수준별로 등급화되어 있고 특히 대학의 수효가 많다는 상황을 전제한다.[50]

49) http://en.wikipedia.org/wiki/Open_admissions

50) http://hnn.us/articles/1020.html – 역사학자 Thomas Reeves(University of Wisconsin-Parkside)의 기고문.

필자가 보기에 CUNY의 개방입학제는 지속시킬 만한 충분한 이유가 있는 것이었다. 그럼에도 불구하고 더 이상 지속되지 못한 것은 사회공동체 형성보다는 엘리트 양성과 교육의 효율성에 대한 최근 뉴욕시와 대학의 정치적 고려 때문인 것으로 판단된다. 30년 이상 지속된 이 제도는 현재 더 이상 존속하지는 않지만 그 역사적 의의는 심대한 것이라 할 것이다.

만일 필자의 개방대학 방안을 CUNY의 개방입학제와의 관련성 속에서, 즉 그 성공과 실패의 맥락에 놓고 자세히 살펴보면, 그 도입 가능성과 위험 요인 및 그러한 요인을 피할 수 있는 부분들을 지적해 낼 수 있을 것이다. CUNY의 경우 흑인과 중남미, 백인 노동자 계층 등 다양한 결손 계층을 주 대상으로 한 것이나, 우리나라의 경우 사회 계층상 커다란 격차를 보이지 않는 일반 고등학교 졸업자들을 대상으로 하고 있으며, 근본적으로 소모적 경쟁을 줄이기 위한 것이다. 또 전자의 경우 고등학교 졸업자격만을 요구했으나, 후자의 경우 이뿐 아니라 수능을 대치한 고등학교 졸업자격고사에 합격한 학생들을 대상으로 하고 있다. 따라서 CUNY에서 도입한 보충학습 프로그램 같은 대폭적 교정과정을 전제하지는 않는다. 필자의 방안에서 중요한 것은 정기적으로 치루는 종합고사제가 일정한 기능을 한다는 점이다. 다시 말해서 CUNY가 졸업률을 높이는 데 관심이 있었다면 이 방안은 학사관리를 철저히 해서 가능한 공부할 학생만 남게 하는 데 초점을 맞추고 있다. 이런 구조에서 수업과 학력의 질은 오히려 상승하므로 좋은 학생이나 교수가 이직할 염려는 없다. 또 전자의 경우 처음 5년간 학비를 받지 않았으나, 후자의 경우 학비는 의무적이어서 재정적 어려움을 전제하지 않는다.

(6) 문제점과 가능성 – 헬리오트롭 같은 이미지

현재로서 필자의 방안들 모두는 잠정적 착상과 초안에 불과한 것으로 별도의 상세한 논의가 필요함을 밝혀 둔다. 이 방안들이 가지는 문제점에 대해 질의도 많을 것이다. 여기에 대해서 다음과 같이 자문자답해 보았다.

• 혹시 이 개방대학의 취지를 오해하고 아무나 들어와서 학업분위기를 망친다든지, 일단 들어왔으니 졸업은 대충 할 수 있을 것이라 여길 수도 있을 터인데?

이 제도의 도입은 정상화된 대학교육 구조를 전제로 한다. 이를 위해서 학생들을 교육학적으로 돌보기 위한 대학 측의 섬세한 배려와 노력, 철저한 수업과 학점관리, 자기 수준에 맞추어 학교에 가는 사회적 태도 형성, 입학은 쉽지만 졸업은 매우 까다롭게 하는 교육체제 등 제반 문제에 있어서 대폭적 변화가 이루어져야 한다. 여기서 미국 대학에서는 왜 우리 같은 문제가 없는지 잘 살펴볼 필요가 있다. 그곳에서는 무엇보다도 먼저 학생들이 자기 수준에 맞추어 대학을 지원한다. 억지로 쑤셔 넣는 식의 입학 행태 따위는 거의 존재하지 않는다. 미국 사회는 의지와 능력이 있는 학생을 뒷받침하기 위한 준비가 되어 있다. 가능성만 확인되면 무상으로 교육받을 수도 있으며 대부분의 대학에서는 다양한 보충학습프로그램을 통해 학업상 도움을 받을 수도 있다. 학사 관리는 철저하다. 그 이유는 학문적 엄격성과 치밀한 교수-학습 구조에 기인한다. 학생수가 적어서 소그룹 교실, 소그룹 학습 모둠 구성이 가능하고 일대일 수업도 드물지 않기 때문에 피드백이 효율적으로 이루어지고, 따라서 교육활동과 그에 대한 평가도 그만큼 유의미하게 이루어진다. 유럽식의 평준화제도가 시사하는 바도 많지만, 초창기 우리에게 영향을 준 미국에서 오랫동안 발전되어 왔고 또 발전을 거듭하고 있는 미국 제도들의 모든 양상을 자세히 살펴보면 쓸데없는 시행착오나 오류는 피할 수 있을 것이다.

• 혹 특정 대학, 특정 학과에 지원이 몰린다든지 하는 등 문제가 있을 수 있는데?

그럴 경우 몇 가지 방지책을 고안해 볼 수 있겠다. 먼저 고등학교 단계에서 3년 동안 꾸준히 적절한 진로지도를 하여 지원의 방향과 수준을 현명하게 결정하도록 이끄는 것이다. 둘째, 예외적 정원제를 적용한다든지 – 기존 경로 대학입학생 정원의 1/2~1/4 정도로 – , 대기자 명부에 올려 2차나 3차에 걸쳐 기회를 부여한다든지(추첨 · 배정방식 등을 이용하여), 다른 대학에 대한 지원을 유도한다든지 하는 방법을 쓸 수 있을 것이다. 셋째, 여러 대학이 연합하여 운영하는 네트워크 운영방식에서는 이런 문제에 잘 대처할 수 있을 것이다. 넷째, 학사관리를 철저하게 하여 수준에 맞는 대학에 지원하도록 유도한다. 다섯째, 입학 후 치루는 중간시험 및 졸업시험 수준이 매우 높고 두 번 과락할 경우 학생자격을 상실할 수 있음을 사전에 충분히 예고한다.

• 이 체제로 대학의 경쟁체제를 완화시킬 수 있을지라도 대학서열화나 학력이나 학벌사회 문제는 여전할 것인데?

대학서열구조의 폐지는 대학 전체를 국가가 나서서 평준화하거나 혹은 사회체제를 전혀 다른 구조로 바꾸기 전에는 불가능할 것이다. 또 설혹 대학 전체가 평준화되더라도 우리 사회구조상 문제는 여전할 수 있다. 즉, 평준화 제도를 도입한 후 40여 년이 가까운 현재 시점에서도 새로이 형성된 일류 고등학교 군이 잘 대변해 준다 할 것이다. 아울러 이 질의에 있어서는, 평준화되어 있는 프랑스 대학들 사이에도 엘리트 대학이 있으며 독일에서도 최근 엘리트 대학이 출현하고 있다는 점도 감안해야 할 것이다.

평준화 체제를 운영하지 않는 나라들에서 대학서열구조는 – 비록 그 질과 형태, 정도의 차이는 있겠으나 – 불가피한 것으로 보인다. 그런 구조는 미국에도 존재한다. 예컨대, 아이비리그 대학이 그것이다. 단, 차이라면 그 순위가 몇 개의 국립대와 사립대가 확고부동한 위치를 차지하는 우리나라와는 달리, 다양한 방식의 학교별 · 학과별 대학 평가에 따라 뒤바뀔 수 있는 구조로 존재한다는 것이다. 또 이들 대학 졸업생들이 사회적 인정을 받는 풍속은 있으나, 이를 빙자하여 은밀하게 자신의 출세를 도모하거나 혹은 일단의 집단적 세력을 구축하여 사회에 부당한 방식으로 힘을 행사하지도 않는다. 이 나라에서 가장 중시되는 것은 개인의 능력이다. 이것은 객관적 검증 절차에 따라 평가된다. 이 경우는 대학의 서열이 존재하기는 하나 그것이 학생이나 사회에게 부정적 방식보다는 긍정적 방식으로 기능하는 사례다. 이렇게 보면 문제의 핵심은 대학의 순위 그 자체보다, 이런 구조를 이해하고 활용하는 개인의 태도와 사회의 정신적 질에 있는 것이라 할 것이다.

그래도 이 방안에서 대학의 서열구조나 경쟁체제는 이전에 비해 현저히 완화될 수 있을 것이다. 대학의 문호가 자유로워지면, 즉 너도 나도 대학에 다니거나 가고 싶은 대학에 가게 되면, 기존 대학의 서열구조는 차츰 무의미해질 것이기 때문이다. 학생들은 선발 체제가 아니라 자격 체제에서 대학에 들어가는 것이고 경우에 따라 학문 영역을 특화시켜서 들어가기 때문에, 또 들어갔을지라도 이전처럼 서로 어깨를 겨룰 필요는 없기 때문이다. 이런 접근방식에서는 서열화된 대학 구조보다는, 개성적으로 특화된, 정말 말 그대로 다양성을 추구하는 대학 구조가 사회적으로 좀 더 의미를 가지게 될 것이다. 학력이나 학벌 역시 이에 따라 점차 무의미해질 수 있다.

- **현재 개개 대학의 입장이나 역량을 고려해 볼 때, 혹은 정부와 교육부가 견지해 온 정형화된 교육제도 틀에 비추어 볼 때 이런 식의 대학입학제도 개혁안은 얼마나 현실성이 있을까?**

이미 통합네트워크 방안이나 대학 전체를 평준화 제도화하기 위한 방안도 제시된 바 있다. 그렇다면 이 방안은 그것보다 더 어려운 것일까? 필자는 최소 1개 혹은 2~3개 대학의 경영진이나 교수진이 마음만 먹으면 한번 해 볼 수 있는 방안이라 생각한다. 적어도 하나의 한시적 실험은 가능하지 않겠는가? 필자가 알기에 서양 여러 나라에서도 이 방안과 동일하지는 않지만 새로운 실험을 마다하지 않고 있다. 예컨대, 우리는 포스트모던 사회에 대해서 말한다. 그럼에도 현실에서 우리가 살아가는 구조, 교육제도의 꼴은 여전히 구태의연하다. 이것이 현실이다. 이 틀을 돌파할 수 있는 한두 개의 전위적 학교면 충분하다. 그 다음부터는 그러한 실험을 기초 삼아 앞으로 한걸음 더 나갈 수 있을 것이다. 이런 유의 제안은 종종 비현실적인 것으로 일언지하에 무시되기 십상이다. 그러나 모든 철저한 개혁방안에 대해서는 한결같이 그 현실화 가능성에 대한 물음이 뒤따랐다. 한편, 점진적 개선안에 대해서는 그러한 물음이 제기되지 않는다. 그리고 문제는 동일하게 남아 있다. 흥미롭지 않은가? 그렇다면 현재의 난관과 탄식은 우리 사회가 어쩔 수 없이 겪어야 하는 숙명쯤으로 받아들이는 수밖에 별도리가 없다. 필자의 방안이 과연 앞으로 10년이나 20년, 30년을 내다볼 때도 여전히 구름 잡는 이야기에 불과한 것일는지는 두고 볼 일이다.

필자는 이 방안들을 독일의 건축가 롤프 디쉬(Rolf Disch)가 프라이부르크 시 외곽에 지은 생태주택인 '헬리오트롭'(Heliotrop, 태양을 향해 열려있다는 뜻)이 만들어내는 이미지를 통해 스스로 변호하고 싶다. 디쉬는 특정한 생태학적 관점에서, 즉 태양과 땅을 중심으로 자연이 가능케 하는 삶의 조건을 충분히 반영하는 관점에서 에너지, 물, 공간, 재료, 쓰레기, 폐수, 분류, 비용이 지혜롭게 운용되도록 집을 지었는데, 그리 넓지 않은 대지 위에 지어진 이 집의 반쪽은 태양열 집열판과 유리로 이루어졌고, 나머지 반쪽은 작은 유리창만 달아 놓고 단열재로 두껍게 차단되어 계절에 따라 번갈아 가며 태양을 향한다(여름엔 단열면이, 겨울엔 유리면이 태양을 향한다). 이렇게 함으로써 이 집은 태양으로부터 사람을 보호하기도 하고 사람으로 하여금 태양을 이용하게 하기도 한다. 이 건축물은 나무로만 만들어진 회전축을 중심으로 하루에 한 번씩 회전하도록 되어 있다. 이렇게 돌아가는 구조 안에서 가족들은 완만하고 푸른 슈바르츠발트 숲의 아름다움을 매 시간마다 다른 각도에서 볼 수 있다. 여기서 생태학은 미학과 하나로 결합되며, 자연과 주거와 노동 또한 하나를 이루게 된다. 이 집은 건축전문지 『나무로 집짓기 *Bauen mit Holz*』가 '미래 건축의 새로운 기준'을 제시한 것으로 평가한 데서 잘 드러나는 바와 같이 종래의 틀을 과감히 벗어 던지고 주거문화에 전혀 다른 질을 가능케 했다. 아주 흥미롭게도 이 집은 1층이나 2층 개념을 가지고 있지 않다. 복도도 없으며, 방들은 아름다운 층층대를 중심으로 띄엄띄엄 늘어서 있고 모든 공간은 서로 연결되어 있다. 서로 이어진 공간의 이미지는 재래식 공간구조가 만들어내는 이미지와는 분명 전혀 다른 것이다.[51)] — 현재의 대학교육제도는 마치 재래식 고층 건물과도 같아 보인다. 각 층마다 방이 배치되어 있고, 최상층부에는 모든 것을 결정하는 독립된 방이 있다. 이 방은 열쇠가 있는 사람만이 들어갈 수 있다. 상층부로 올라가려면 한 방향으로 난 계단을 이용해야 한다. 마치 기어서 올라가야 하는 고층 사다리 같은 그런 계단 말이다.

현재의 제도가 하나의 목표점을 향해 놓인 사다리, 즉 하나의 구별된 신분을 수여하는 학위라는 방에 들어가기 위한 경로와 같은 것이라면, 개방대학과 자유대학 그리고 통합대학은 마치 각양각색으로 설치된 층계를 따라가며 서로 이어져 늘어서 있는 방과 방으로 통과해 들어갈 수 있는 디쉬의 헬리오트롭 같은 것쯤으로 이해해 보면 어떨까? 전자가 열쇠로 열고 들어가야 하는 방이라면, 후자는 커튼이 반쯤 내려져 열린 문만 있는 방이다. 전권을 쥐고 있는 방은 없다. 모든 방에는 각각의 보물이 간직되어 있기 때문이다. 전자가 박박 기어 올라가야 하는 길을 뜻한다면 후자는 여기저기 둘러보며 여유를 가지고 걸어 올라갈 수 있는 길을 뜻한다. 그 외양에서 헬리오트롭 건축 양식은 고답적 양식을 비껴가기에, 보는 이로 하여금 신기한 느낌과 깊은 흥취를 불러일으킨다. 이 집은 양식면에서뿐 아니라 거주 방식에 있어서도 변혁적 구조를 창출해 냈다. 사람들을 끌어들이고 자연과 벗하며 서로서로 어울려 삶의 아름다움을 누리게 하는 그런 구조다. 앞으로의 대학 형태가 만일

51) Franz Alt, 생태주의자 예수〔*Der ökologische Jesus*〕, 손성현 역(서울: 나무심는 사람, 2003), 172-176.

이 헬리오트롭 같은 것일 수 있겠다면 하는 희망이다. 청소년이라는 학창시절을 세계가 빚어내는 각양각색의 아름다움 안에서 향유하게 하고, 그러면서도 좀 더 높은 학문 단계로 큰 어려움 없이 들어가 자유롭게 나래 펴게 하는, 혹은 나이 한 50대 중반에 이르러서도 그 경로를 갈아타고 신명나게 공부할 수 있게 하는 그런 대학 말이다. 이런 점에서 개방대학과 자유대학 그리고 통합대학에 관한 방안들이 진정으로 세상의 모든 이들을 위해서, 또 세상의 모든 이들과 '함께 앞서 나가기 위한' 착상으로 받아들여졌으면 한다.

7. 요약과 전망-질적 변화를 위한 요청

우리 입시교육문제는 복합적 요인에서 비롯된 것이기는 하나, 여기서는 책의 성격상 대학 입시 · 교육 제도의 개선방안에 초점을 맞추어 보았다. 마지막으로 그 요지를 간추려 본다. 아울러 현 사태를 극복하고 앞날을 전망하기 위해 거론할 만한 다른 쟁점들도 윤곽을 그리는 정도로 제시해 보았다. 그 상세한 논의는 다른 지면으로 돌린다.

(1) 교육에 관한 한 우리 사회는 홉스가 말한 것처럼 흡사 어떤 전쟁 상태에 처해 있다. 우리의 제도가 경쟁 일변도에서 공존의 철학쪽으로 움직여 나가야 함은 분명하다. 부득이 경쟁구도가 필요하다면 교육학적 견지에서 공정하고 합리적인 형태로 바꾸어 내야 하리라. 각자의 천성에 부합하도록 하고, 총점이 아니라 몇 개의 목표점에 초점을 맞추며, 따라서 하나의 수직적 경로가 아니라 다양한 방향과 진로를 모색하도록 한다. 필자는 이를 '생태학적' 개혁방안으로 이해하고 싶다. 우리 교육문제를 놓고 첨예하게 대립해 있는 진영들이 만일 이러한 생태학적 시각을 공유할 수 있다면 대화는 한결 순조로울 것이며 그 해법 또한 시원할 것이다.

(2) 유럽 여러 나라 사례에서 볼 수 있듯이 우리나라 대학 전체가 평준화 구조 방향으로 움직여 갈 수 있다면 아마도 가장 바람직할 것이다. 이 점에서 최근 서울대 개혁이나 '대학통합전형 · 공동학위제'를 비롯하여 다양한 대학 평준화 방안들은

분명 과감하고 도전적이며, 그중에서도 '국립대 통합네트워크' 방안은 시사적이다. 그래도 이 방안이 가진 난점들 역시 만만치 않다. 그 성과를 쉬이 장담하기는 어려워 보인다. 그 이유로 유럽과는 상이한 대학 설립의 역사적 전제, 14% 정도에 불과한 국 · 공립대 점유 비율, 서울을 중심으로 한 집중적 생활구조, 많은 부분 상부계층 중심적 사회적 체제, 공존의 철학에 계몽되지 않은 국민의식 등을 들 수 있다. 경쟁이 완화될 수 있으리라 단정짓기도 어렵다. 그럼에도 불구하고 이 안을 지지하는 것은 일단 국 · 공립대에 한하여 교육제도상 동일한 원리를 적용하는 것 자체가 하등 문제될 것이 없기 때문이다. 이 방안들에 대한 토의를 지속할 필요가 있다. 그러한 노력의 와중에서 현실적으로 좀 더 설득력 있고 타당한 길이 열리기를 기대해 본다.

(3) 국립대 통합네트워크 방안에 대해서는 기본적으로 공감을 표하나, 여기서 사립대를 국 · 공립대에 부속된 주제로 인식하고 있음은 선뜻 동의하기가 어렵다. 이 대학의 유형들 각각은 별개의 역사적 전제를 가지고 있다는 점에서 독립된 주제로 다루어야 하기 때문이다. 지금까지의 대학 평준화 논의에서 이 점은 종종 간과되고 있다. 현 입시상황을 개선하고 고등교육의 질을 향상하기 위해서 사립대만이 기여할 수 있는 영역이 있을 것이다.

(4) 대학 입시 · 교육 제도 개혁 논의에서 한 가지 중요한 것은 경쟁력 강화와 학력 신장, 엘리트 교육 내지 경제적 세계화 교육이라는 협소한 목표에 부심하는 차원에서가 아니라, 신지식 사회와 지혜교육, 세계화와 탈세계화, 경제적 세계화와 문화적 세계화, 재래식 제도교육과 평생학습사회로의 진입 등 21세기 문명전환과 미래 사회에 관련된 폭넓은 주제들을 폭넓게 고려해야 한다는 것이다. 단, 모든 논의에서 핵심적인 것은 어린이와 청소년들의 삶을 정당하게 전개하기 위한 개혁교육학적 제도 전환[52] 문제라 할 것이다. 이 주제는 우리 교육 문제를 둘러싼 범사회적 탄식에도 불구하고 학력과 경쟁력, 사회적 신분 획득이라는 명분하에 끊임없이 침묵을 강요당해 왔다.

52) '개혁교육학' 이란 어린이와 청소년으로부터 전개되는 삶의 가능성을 사회적 요구 수준과의 관계 속에서 선행시키거나 적어도 균형감 있게 파악하려는 교육학적 관점을 일컫는다.

(5) 대학 입시 · 교육 제도 개혁방안에서 필자는 개방대학 · 자유대학 · 통합대학에 의한 세 가지 제도 개혁방안을 생각해 보았다. 이는 다만 착상이자 잠정적 초안에 불과한 것으로 좀 더 정교한 논의를 필요로 한다. 개방대학과 통합대학 방안이 대학 전체 상황에서 일반화시킬 수 있는 것이라면 자유대학은 대안대학을 위한 것이다. 이 모두 현재 한 방향에 수직적으로 꼴 잡힌 경쟁구도를 합리적인 것으로 바꾸어 내고, 경쟁체제 그 자체를 완화시킬 뿐 아니라 더불어 사는 가치에 눈뜨게 하며, 나아가서 새로이 도래하는 사회 · 문화적 상황에 책임을 갖고 응답하기 위한 것이다. 개방대학과 관련하여 한 가지 생각해 볼 만한 방안은 이를 국립대 통합네트워크와 결합해 보는 것이다. 이런 방식을 통해서 네트워크는 좀 더 강력한 힘을 발휘할 수 있을지 모르겠다. 비록 국 · 공립대가 전체 대학의 14%에 지나지 않지만 이 방안에서는 입학을 자유롭게 하기 때문에 그러한 열세를 만회할 수 있고, 자연스레 사립대와 비교하여 좀 더 넓은 사회적 영향력을 가질 수 있게 될 것이다. 이 경우 혹시 있을지 모를 사립대들의 파행적 운영 가능성도 자연스레 견제할 수 있을 수 있다.

(6) 제도 개선의 노력은 초 · 중등 학교구조 자체에서도 촉발되어야 한다. 예컨대, 단위학교들의 '자율성' 신장 문제를 들 수 있다. 이는 일정 부분 현재의 '평준화 제도'의 수정보완 문제와 맞물려 있다.[53] '평준화'라는 것이 후기 중등교육 단계에서 가능한 많은 사람들에게 고른 교육 기회를 제공하려는 것이라면, 이는 민주사회가 애써 발전시켜야 할 소중한 제도요 목표임에 틀림없다. 하지만 아울러 언급해야 할 중요한 문제는, 그간 수십 년 동안 국가가 평준화 제도와 맞물려 꾸준히 강화시켜 온 '중앙통제식 교육행정구조'와 '표준화된 교육과정' 및 '교과서' 제도 문제다. 혹자는 이런 국가교육과정제도는 범세계적인 것이고 이는 소위 영미와 독일이나 프랑스 같은 유럽 대륙 여러 나라의 경우라 할지라도 마찬가지라고 항변할지 모른다. 그러나 미국의 경우 교육제도는 주마다, 경우에 따라 지역에 따라 다르며 학교운영도 각 지방과 지방의 주민들이 원하는 방식으로 운영하게 되어 있다(미국

53) 송순재, 고교 평준화 제도의 미래, **처음처럼** 32(2002. 7/8): 78-107, 93-100. 아울러 송순재, 고교평준화 제도의 미래에 대한 비판적 물음에 대하여, **처음처럼** 33/34(2002. 9/10-11/12): 172-185.

편 참조). 또 유럽 여러 나라에서는 설사 국가교육과정제도를 채택하고 있을지라도 보통 지역에 따라 단위 학교와 교사 개인이 현장에서 나름대로 어느 정도 자유롭게 운신할 수 있는 폭을 마련해 놓고 있다. – 이들 나라에서는 서로 정도의 차이는 있으나 교육과정을 현장에서 부분적으로 자유롭게 구성하거나 여러 종류의 교과서를 채택할 수 있는 여지를 부여하고 있다. 바로 이 대목에서 서구 여러 나라와 같은 성격을 지닌 것으로 간주되었던 한국의 평준화 제도는 전혀 다른 양상을 노출한다. 그리고 바로 여기에 우리가 결코 비껴갈 수 없는 중요한 논쟁점들이 있다.

(7) 단위학교를 살려 내기 위한 다양한 노력이 절실하다. 이 대목에서 최근 지방 여러 곳에서 일고 있는 '학교 살리기' 차원의 움직임을 거론해 본다.[54] 그것은 '교육공동체의 행복을 꿈꾸는 작은 학교 간 교원 모임'으로 이 모임은 작은 학교가 진정한 교육을 이룰 수 있다는 희망에서 단위학교에 의도적으로 결합한 교사들에 의해 시작되었다. 처음에는 경기도 광주에 소재한 남한산초등학교가 발단이 되었고 (2001), 이후 여기에 거산초등학교(충남 아산)와 상주 남부초등학교(경북)가 차례로 결합하여, 이제는 좀 더 커다란 움직임을 위한 하나의 자그마한 씨앗으로서의 '연대' 형태를 구축하게끔 되었으며, 여기에 아울러 경북과 경기, 부산 등지에 있는 여러 초등학교 교사들이 힘을 더하게 되었다고 한다. 이는 이주 인구로 인해 폐교 위기에 처한 지방과 농촌 지역 학교 상황을 오히려 진정한 교육이 구현될 수 있는 기회로 전환시킨 교사들의 착상과 실천적 실험으로, 그 성과는 주목할 만하다. 단, 필자가 보기에 이 실험들은 아직은 초창기 단계에 있는 것들로 좀 더 완결된 형식의 평가는 후에나 이루어져야 할 것이다.

(8) 아울러 현 중 · 고등학교 제도에서 청소년들에게 숨통을 터 주기 위한 제도적 접근도 생각해 볼 만하다. 이를테면, 현 중 · 고등학교 단계에 병렬 구조를 하나 만들어 연결하자는 것인데, 즉 자기 미래를 위해 1~2년 정도 별도의 시간을 내어 한 번 진지하게 고민해 보고 싶은 학생들이나, 자기 관심사를 고등교육단계 이전에 한 번 몰두해서 구현해 보고 싶은 학생들, 혹은 공부에 지치거나 병든, 혹은 흥미를 잃

54) 나영성, 작은 학교의 희망, 그 대안을 찾아서!, **학교교육개혁연구회 6회 행사 자료집–생명을 살리는 통전교육**, 145-158.

은 학생들을 위해 정규학교 혹은 정규과정을 설치해 보는 것이다. 이런 형태는 목적에 따라 여러 가지 유형으로, 이를테면 생활교육을 위한 과정, 치유와 회복을 위한 과정, 언어 학습이나 수학, 과학 학습을 위한 과정, 혹은 예술이나 체육, 실업 영역을 위한 과정 등으로 다양하게 설치할 수 있다. 중요한 것은 이 과정 재학 중 취득한 학력을 인정하고, 또 정규과정에서 이 과정으로 옮겨 탈 뿐 아니라 또 다시 돌아올 수도 있도록 법적으로 제도화하는 것이다. 이 같은 구조가 혹 현재의 질식할 것 같은 경쟁구조를 일면 완화시킬 수도 있으리라는 기대 때문이다. 예컨대, 이런 유형의 학교로는 덴마크에서 18세기 중엽부터 발전해 온 '에프터스콜레'(Efterskole) 같은 제도를 들 수 있다.[55] 덴마크의 경우 언어, 음악, 연극, 체육, 종교, 자연, 생태, 현장실천학습 등 다양하게 분화되어 있고 학교 시설은 공립학교에 맞먹는 정도로, 혹은 그 이상으로 튼실한 시설과 내용을 갖추고 있다. 우리나라에서도 현재 이와 흡사한 제도가 운영되고 있기는 하다. 그러나 아직은 소수이고 그 규모도 작으며, 다양하게 분화되어 있지도 않고 전국 규모로 확산되어 있지도 않다.

(9) 우리 사회에서의 교육문제는 마치 일반계 고등학교만이 교육 난국의 핵심을 이루는 양 치부된다는 데 그 심각성이 있다. 반면에 실업계를 둘러싼 사회적 관심은 실종되어 있다. 이것이 바로 우리 교육을 어렵게 하는 주요인 중 하나로 생각된다. 이는 실업계 고등학교 학생이 우리 교육 전체에서 차지하는 무게를 고려해 볼 때 매우 유감스러운 일이다. 필자의 견해로는 현재 일반대 재학생 수는 쓸데없이 너무 많고 그에 비해 실업계 고교와 전문대는 상대적으로 현저히 취약한 상태에 머물러 있다.[56] 실업계 학교는 현재 직업생활을 준비하기 위한 본래 목적에서 상당 부분 벗어나 일반대학에 진학하기 위한 경로로 선호되고 있다. 최근 보도에 따르면 (「대한교원신문」 799〔2002.10.12〕, 6), 그간 어려움에 처해있던 실업계 고교 중 40% 이상이 사상 처음으로 대입 진학률이 취업률을 앞질렀다.[57] 현재의 입시문제는 바

55) Efterskolernes Sekretariat, *Meet the Danisch Efterskole*(^{2}2000), 특히 4-16.

56) 2006년도 현재 실업계 고교 수는 총 707개교로 전체 2,144개교 중 32%를 차지한다. 한편, 일반대 학생 수 총계는 1,888,436인데 비해 전문대 학생 수 총계는 817,994명으로 일반대에 비해 채 1/2에 미치지 못하며, 이는 전문대 내용에 부합하지 않는 교과과정 운영, 전문대학 재학생수를 고려하면 더욱 열세임 – **교육통계연보** 2006년도 기준 자료.

로 이런 파행적 구조에서 비롯되고 있는 것이기도 하다. 왜 그 학과를 지망해야 하는지 모르는 대학응시자의 수는 상상을 초월할 정도로 많고, 입학 후에 이루어지는 전과(轉科)와 이를 돕기 위한 사교육구조 또한 성행 중이다. 그런가 하면 일반대를 졸업한 후 취업을 위해 전문대로 오는 경우도 증가하고 있다. 여기에 소요되는 사회적 비용은 모두 허황된 대학입시 구조에서 비롯된 것이다.

어디에 문제가 있는지는 독일의 교육제도와 비교해 보면 잘 드러난다. 독일의 학부모들 중에는 학업성취도와 적성 등을 고려하여 처음부터 자기 아이들에게 대학교 진학을 전제하지 않은 학업경로를 기꺼이 선택하는 경우가 많다. 그리고 이 경로에서 학생들은 때가 되면 직업세계로 진출한다. 일반대학에 진학하는 경우도 있지만 드물다. 그리고 이들이 사회 전체에서 차지하는 역할이나 신분은 매우 중요하다. 사회적 시장경제와 사회복지체제의 적절한 운용으로 경제적으로 잘 보상받고 있으며 결과적으로 상위 계층 그룹과 비교해도 별 불이익이나 차별을 받지 않는다. 이는 우리 실정과는 매우 다른 것인데, 이를테면 우리 사회에서 장인으로서 목수가 차지하는 위치와 독일 사회에서의 그것(예컨대 '마이스터' Meister)과는 현격한 차이가 있는 것이다. 예컨대, 바이올린, 피아노, 오르간 제조업과 관련된 마이스터의 사회적 위치는 세칭 일컬어지는 대단한 사회적 지위에 전혀 부럽지 않은 무게를 지닌다. 이 나라에서 제조업과 관련된 직업군은 고도의 기술 산업사회로의 이행으로 인해 디지털 문화가 만들어 내는 직업군이 점점 중요해지는 것 못지않은 가치를 지니고 있으며, 전통적 제조업은 첨단기술과 연계된 구조 속에서 또 다른 차원의 위치를 확보해 가고 있다. 독일 대학입학구조가 완화된 경쟁구조 안에서 안정적으로 운영되는 이유 중 하나가 바로 여기에 있다.

이런 방향에서 다양한 실업활동의 전문성을 높이 평가하고 그 사회적 신분을 제고하기 위한 사회적 · 국가적 노력은 우리 고등학교 교육과 입시제도 문화를 바꾸기 위한 중요한 전제이자 환경이라 할 수 있다. 이는 노동시장과 긴히 관련되어 있는 문제다. 따라서 교육인적자원부와 산업자원부, 중소기업청, 노동부 등 해당부처

57) 1994년부터 대학 진학 희망자가 증가하기 시작하여 2000년 현재 37.4%가 대학에 진학했으며, 50% 이상이 대학 진학을 희망하고 있다. 1995년 81.6%의 취업률은 2000년 현재 57.7%로 감소했다. 안재희, 학력사회에서 실업계 여학생들의 또 다른 선택, **처음처럼** 30(2002.3/4): 172-173.

는 실업계 졸업자들의 고용창출 문제를 위해 긴히 협력할 필요가 있다.[58]

(10) 지금까지 대부분의 입시와 학교교육 개혁 문제는 제도 논의에 집중함으로써 사회 구성원들의 의식개혁 문제는 상대적으로 간과해 온 경향이 있다. 제도를 개선하면 의식 변화가 뒤따르리라는 생각은 오해이다. 의식과 제도는 순환적 관계구조 안에서 서로 얽혀있는 문제들로 각각 별개로 다루는 것이 마땅하다.[59] — 전국에는 현재의 난관에도 불구하고 교육다운 교육을 위해 애쓰는 학교들을 심심치 않게 찾아볼 수 있다. 그러니까 글공부 때문에 인간됨을 위한 노력을 소홀히 하지 않고, 무지막지한 글공부가 아니라 내적인 동인을 수반한 공부를 장려하고, 나만이 아니라 공동체와 약자를 생각하게 하는 자세를 갖추며, 정신뿐 아니라 체와 덕을 아울러 힘쓰는 그런 학교들 말이다. 어떤 경우는 다른 학교들보다 재정적으로 심각한 어려움을 겪으면서도 그러한 고상한 목표를 구현하는 학교도 있는 것이다. 이는 제도의 난점에도 불구하고 이를 극복해 내는 의식이라는 존재의 증거라 할 수 있다. 그런데 이와는 반대 차원에서 자신의 존재를 증명하는 의식도 있다. 어떤 좋은 제도도 무력화시킬 수 있는 의식이 바로 그것이다.

이는 명백히 한 사회의 '정신화'를 위한 성인교육 내지 평생 교육적 과제라 할 수 있다. 여기서 가정은 그러한 작업의 기초 단위가 될 수 있어야 한다. 오늘날 학부모는 피해자이면서 동시에 가해자 일 수 있는 존재이기도 하기 때문이다. 예전에는 '가학'(家學)이라는 것이 있었다. 가정에서 이루어지는 학문을 뜻한다. 부모는 스스로 공부하였고 아이들은 이 가학만 제대로 받아도 사회에서 어엿이 대접 받을

58) 그 방안에 대해서 이 자리에서 문제를 상론하기는 어렵다. 예컨대 좀 더 본격적인 논의는 광명시평생학습원에서 펴낸 **제4회 전국평생학습축제 국제학술심포지엄: 미래를 향한 약속 '사람중심의 평생학습사회' 자료집**(2005)을 참조. Edgar Cahn, '인적자원'에 대한 대안적 관점 세우기와 평생학습; 김훈, 산업사회 인적자원개발의 사례와 향후 방향; 고바야시 후미토, 시민사회 인적개발의 사례와 향후 방향; 권대봉, 우리나라 평생학습의 인적자원개발을 위한 정책적 제언

59) 현재 학부모들의 의식이 제도 때문에 어쩔 수 없이 강요된 것이라면, 제도는 그 제도를 만든 사람들의 의식의 반영이고, 또 그러한 의식구조가 이를 산출한 사회적 환경에서 비롯된 것이라 하면 그 환경은 다시금 이를 가능케 한 의식에서 그 연유를 밝혀야 한다. 양자는 서로를 조건지으면서 그 긴장을 끊임없이 강화 · 상승시킨다. 그래도 굳이 그 순서를 따지자면 의식이 먼저라 할 수 있는데, 왜냐하면 제도는 스스로 생각할 수 없으며 따라서 자체 산출능력을 소지하고 있지 않기 때문이다. 이에 비해 사람의 의식은 자체 생산능력을 가지고 있다.

수 있었다. 이 전승은 오늘날 단절되었다. 이것을 현대적으로 되살려 보자. 다양한 성인 · 평생교육기관, 정부와 지자체, 여러 공영방송들 모두 이 가학을 위해 나서야 한다. 이 모두 '생각하는 가정', '생각하는 사회'를 위한 것이다. 개개 가정에게 요구되는 당면 과제는 '가족주의'를 넘어서 공존의 철학적 태도를 갖추도록 하는 것이다. 이런 사회적 노력 없이 사교육의 병폐를 치유하기는 어려울 것이다.

이상 여러 주제들은 경쟁과 교육공동체, 통전적 시각, 다양한 사회적 · 교육적 차원의 제도개혁을 위한 상상력, 실업활동의 중요성, 노동시장의 재구조화, 자라나는 생명체에 대한 교육학적 전환과 사랑, 사유하는 사회 같은 몇 마디 말로 요약해 볼 수 있을 것이다. 이 모두 우리 삶의 방식과 상상력에 어떤 명백한 '질적 변화'를 요청하는 것들이다.

대학입시교육제도 개선방안을 모색할 때 중요한 것은 일단 그것이 현재 시점에서 비현실적인 것으로나 때로 몽상적인 것으로 보일지라도 무릎을 맞대고 이야기를 계속해 나가는 것이라 생각한다. 이런 과정에서 당장은 아니더라도 결국에는 좀 더 그럴 듯한 안이 모습을 드러내리라 기대해 본다. 얼마나 현실화 가능성이 있는지에 대한 물음도 중요하겠지만, 이 현실을 어떻게 인간적인 현실로 만들어 낼 수 있겠는가 하는 물음이 좀 더 중요할 것이다. 여기서 핵심은 현실에 날개를 달아 줄 상상력이다. 이 대목에서 간디의 동료로 진정 위대한 철인이자 교사였던 비노바 바베(Vinoba Bhave)가 구상했던 '한 시간 학교'(One-Hour-School)를 떠올려 본다. 이것은 비노바 바베가 근대식 영국 교육을 비판하면서 인도의 농촌 주민들 교육을 위해서 설립하고자 했던 학교로, 그 핵심은 하루 중 오전은 아이들에게, 오후는 어른들에게 배정하여 가르치고, 그 나머지 시간은 학생들이 배운 것을 실제 생활과의 관련성 속에서 되풀이 음미하면서 익히도록 하는 데 두어져 있었다. 스스로 생각하며 자기 생활 안에서 되새기는 과정 중에서 진정한 물음이 싹트는데, 비노바는 바로 이런 물음들과 함께 씨름하면서 살아 있는 지식을 익힐 수 있음을 역설했다. 여기서 비노바는 학생은 물론 교사 자신 역시 많은 배움을 얻기를 기대했다.[60] 이런 접근방법은 인도 전통에서 온 것으로서, 관심도 없는 과목을 배열해 놓고 획일적으

60) Vinoba Bhave, *Thoughts on Education*, Varanasi, 1996, 225-229.

로 가르치는 영국식 공교육과는 판이하게 다른 것이라 했다. 비노바 바베를 알기 전 필자는 이런 학교에 대해서 들어 본 적이 없다. 그것은 몽상적인 것인가 아니면 진귀한 것인가? 우리 교육 현실에 대해 조금이라도 경험이 있는 사람이라면 이 말이 무엇을 뜻하는지는 결코 모르지 않을 것이다. 필자가 이 글에 제안한 방안들은 그러한 높이로 날아오른 상상력에 의한 것은 아니다. 그것은 다만 우리의 현실에 무책임하지 않기 위해 움직여 본 자그마한 몸짓일 뿐이고, 그러한 상상력을 위해 다시 한 번 이야기를 나누어 보자고 말문을 열어 본 것일 뿐이다.

참고문헌

강준만. **서울대의 나라**. 서울: 개마고원, 1996.

고형일. **2002년 이후의 입학제도 개선에 관한 연구**. 교육인적자원부 연구보고서. 1998.

김경근. **대학서열깨기**. 서울: 개마고원, 1999.

김동훈. **한국의 학벌, 또 하나의 카스트인가**. 서울: 책세상, 2001.

김부태. **한국학력사회론**. 내일을 여는 책, 1995.

김상봉. **학벌사회**. 서울: 한길사, 2005.

김용숙. **점수병 학교 · 학력병 사회, 이대로 좋은가**. 서울: 성원사, 1990.

김용환. **리바이어던(국가라는 이름의 괴물)**. 서울: 살림, [2]2005.

나영성. 작은 학교의 희망, 그 대안을 찾아서!. **학교교육개혁연구회 6회 행사 자료집**. 2007, 145-158.

박찬석 · 김윤상. 인재지역할당제: 지방 차별 해소를 위한 한 방안. **대학교육** 1./2. 대학교육협의회, 1997.

심미혜. **미국교육과 아메리칸 커피**. 서울: 솔, 2001.

송순재. 고교 평준화 제도의 미래. **처음처럼** 32(2002. 7/8): 78-107, 93-100.

송순재. 고교평준화제도의 미래에 대한 비판적 물음에 대하여. **처음처럼** 33/34(2002. 9/10-11/12): 172-185.

안재희. 학력사회에서 실업계 여학생들의 또 다른 선택. **처음처럼** 30(2002.3/4): 172-173.

유팔무. 대학입시제도의 변화와 교육개혁의 과제. **대학교육** 81(1996.5/6): 10-19.

유팔무. 민주적 공교육체제의모색. **교육비평** 2(2000 겨울): 53-63.

이정규. **한국사회의 학력 · 학벌주의 근원과 발달**. 서울: 집문당, 2003.

이주호. **평준화를 넘어 다양화로**. 서울: 학지사, 2006.

이현청 편역. **미국교육의 반성**. 서울: 원미사, 2001.

정진상. **국립대 통합네트워크-입시지옥과 학벌사회를 넘어서**. 서울: 책세상, 2004.

최영란. 자기 생산원리로서의 자기주도적 학습. 이화여자대학교 박사학위논문, 2007.

황성원. 프랑스의 열린 교육. C. 꾸지네와 C. 프레네의 교육을 중심으로. **열린교육학회지** 5/2(1997): 27-45.

광명시평생학습원 편. **외국 평생교육 사례연구 자료집**. 2003.

광명시평생학습센터 편. **제 4회 전국평생학습축제 국제학술심포지엄 자료집**. 2005.

교육통계연보

성공회대학 · 경기문화재단 편. **가난한 이들을 위한 희망수업 국제 세미나 자료집**. 2006.

우리교육 204(2007).

이철호. 대학서열타파와 교육 공공성 실현을 위한 대학입학제도 개혁방안. **대입제도 개선을 위한 전문가 토론회 자료집**. 학벌없는사회 · 민주화를 위한 전국교수협의회. 2004: 17-29.

취업통계연보

馬越徹. **한국근대대학의 성립과 전개**. 한용진 역. 서울: 교육과학사, 2001.

Ægidius, Karl Kristian. 교육에서의 자유. **처음처럼** 35(2003.1/2): 104-118.

Allchin, Arthur Macdonald. *N.F.S.Grundtvig. An Introdution to his life and Work*. Aarhus Uni.Press, 1998.

Alt, Franz. **생태주의자 예수**(*Der ökologische Jesus*). 손성현 역. 서울: 나무심는 사람, 2003.

Baillet, Dietlinde. **프레네 교육학에 기초한 학교 만들기**(*Freinet-praktisch. Beispiele und Berichte aus Grundschule und Sekundarstufe*). 송순재 · 권순주 역. 인천: 내일을 여는 책, 2002.

Cohn, Alfie. 경쟁을 넘어서(*No Contest*). 성재상 역. 비봉출판사, 1995.

Efterskolernes Sekretariat(ed.). *Meet the Danisch Efterskole*, 2000.

Flitner, Wilhelm. Theorie d. Freien Volksbildungswesens seit 75 Jahren(1953). In: *Gesammelte Schriften*. Bd.1. Hrsg. von Karl Erlinghagen, Andreas Flitner und Ulrich Herrmann, angelegt auf 12 Bände. F. Schöningh Verlag, Paderborn seit 1982. Bd.1.

Hilschberger, Johannes. 서양 철학사 하권. 서울: 이문출판사, ^{5}1994.

Hobbes, Thomas. *Leviathan, or the matter, forme & power of a common-wealth ecclesiasticall and civil*(1651). New York: Macmillan Publishing Co., 1962.

Kulich, Jindra. Christen Kold. Gründer der Dänischen Volkshochschule. Mythen und Realität. In: *Peter Berker. Christen Kolds Volkshochschule - Eine Studie zur Erwachsenenbildung im Dänemark des 19. Jahrhunderts*. Münster, 1984.

Pestalozzi, Johann Heinrich. *Meine Nachforschungen über den Gang der Natur in der Entwicklung des Menschengeschlechts*(1797). In: *Sämtliche Werke*. XII. Hrsg.v. A. Buchenau · E. Spranger · H. Stettbacher, seit 1938 bearb. v. E. Dejung. Berlin. 1927ff. und Zürich, 1956-1979.

Platon. 국가론. 최현 역. 서울: 집문당, 1996.

Shorris, Earl. 희망의 인문학. 클레멘트 코스, 기적을 만들다. 고병헌 외 역. 서울: 이매진, 2007.

Eigaard, Søren. University Extension in Denmark(대학홍보자료집).

Bhave, Vinoba. *Thoughts on Education*. Varanasi, 1996.

http://www.antihakbul.org

http://www.edubank.kedi.re.kr

http://www.freinet.org

http://hnn.us/articles/1020.html

http://www.icem-pedagogie-freinet.org/icem-info

http://www.knou.ac.kr

http://www.moe.go.kr

http://en.wikipedia.org/wiki/Open_admissions

찾아보기

인 명

내 용

편자 · 저자 · 역자에 대하여

■ 송순재(宋舜宰)

교육학, 철학, 신학 공부. 다년간 중등학교와 농촌 교회에서 일했고, 현재는 감리교신학대학교 기독교교육학과에 재직하고 있다. 교육사상가, 종교교육, 학교교육과 대안교육, 교육미학, 교육인간학 등이 주요 관심 분야이며 〈대화와 실천을 위한 교육사랑방〉 등 여러 교사연구 모임에 참여하고 있다. 저 · 역서로는 『유럽의 아름다운 학교와 교육개혁운동』(내일을 여는 책, 2000), 『어떻게 아이들을 사랑해야 하는가』(내일을 여는 책, 2001), 『프레네 교육학에 기초한 학교 만들기』(내일을 여는 책, 2002), 『느낌이 있는 학교건축』(내일을 여는 책, 2005) 등이 있으며, 논문으로는 「유학공부론(儒學工夫論)의 심미적-예술적 성격」(2004), 「한국에서의 '대안교육'의 전개과정, 성격과 주요 문제」(2006), 「자유종교교육 모형 탐색」(2006) 등이 있다.

■ 성기선(成基善)

교육사회학, 교육행정 공부. 다년간 고등학교와 한국문화정책개발원, 한국교육개발원 등에서 일하다가 현재는 가톨릭대학교 교육학 교수로 재직 중이다. 주요 관심 분야는 교육과 사회이동, 학교효과 연구, 교육정책 평가, 평생교육 등이다. 저서로는 『학교효과연구의 이론과 방법론』(원미사, 1997), 『삶과 교육』(공저, 가톨릭교육문화원, 2002), 『스스로 공부하는 아이가 21세기를 지배한다』(공저, 한국교육개발원, 2002), 『공교육』(공저, 원미사, 2005) 등이 있다. 주요 논문으로는 「인문계고등학교 학교효과 연구」(박사학위논문, 1997), 「고등학교 평준화 정책이 학업성취도에 미치는 효과분석」(1999), 「평준화 정책과 지적 수월성 교육의 관계에 대한 실증적 검토」(2001), 「자립형 사립고등학교 시범운영 결과에 대한 비판적 검토」(2005) 등이 있다.

■ 윤종혁(尹鍾赫)

교육사, 교육행정 공부. 고려대학교 연구조교수를 거쳐서 1996년부터 한국교육개발원에서 교육이념 · 비교교육 관련 연구를 하고 있다. 주요 관심 분야는 근대 한국과 일본의 공교육발달사, 주요국들의 교육개혁, 공교육 정책론 등이다. 저서로 『동서양 주요국가들의 교육』과 『현대 비교교육발전론』, 『외래 교육사상의 한국적 수용』 등이 있으며, 논문으로 「근대 한일 공교육사상의 비교연구」, 「고교 평준화 정책의 적합성 연구(Ⅰ,Ⅱ)」 등이 있다. 사회 활동으로는 국무조정실의 정부중앙부처평가위원회 전문위원, 교육인적자원부 시 · 도교육청혁신평가위원 등을 역임하였고, 최근에는 아시아 개발도상국에 대한 교육협력연구 및 추진사업 등에 많은 관심을 가지고 있다. 2006년부터 『근대 이후 한국과 일본의 학제비교 변천사』를 집필 중에 있다.

▣ 이경자(李庚子)

언어학, 교육사 · 교육철학 공부. 고려대학교 교육문제연구소 연구조교수를 거쳐 현재 한국청소년정책연구원 연구원으로 재직 중이다. 주로 효 사상, 중국교육사상 및 청소년 교육에 관심을 갖고 있다. 주요 논문으로 「중국 청소년 교육의 역사적 조망」(2006), 「중국 漢代의 太學교육 연구」(2006), 「중국 대학교육 개혁의 동향」(2006), 「孝思想體系的集大成－《孝經》」(2005), 「漢代의 孝教育연구」(2005) 등이 있으며 저 · 역서로 『중국의 전통 가정교육』(경인문화사, 2005), 『현인들이 말하는 효』(시간의 물레, 2005), 『중국의 고대학교』(원미사, 2004) 등이 있다.

▣ 최영표(崔榮杓)

교육사, 교육행정 공부. 현재 동신대학교 교직과 교수로 재직 중이다. 한국교육개발원 연구위원(1985~1996), 교육개혁심의회 상임전문위원(1987), 중국동북사범대학교 객원교수(1995) 등을 역임했다. 아울러 한국중국교육학회와 한국통일교육학회를 이끌고 있다. 저서로는 『주요국의 교육개혁동향』(민족문화문고, 1987), 『중한양국 중앙교육행정제도 비교』(대만국립편역관, 1992), 『현대비교교육발전론』(공저, 교육과학사, 2003), 『북한의 교육과 과학기술』(공저, 경인문화사, 2006)이 있으며, 논문으로는 「사회주의시장경제체제로의 변혁에 따른 중국고등교육의 개혁」(2002), 「중국교육개혁의 이론적 기저」(2002), 「한국과 중국의 고등교육 수월성 프로그램의 추진체제와 전망 비교」(2003), 「중국 · 홍콩의 대학평가 비교분석」(2005), 「중국의 경제발전전략에 따른 교육개혁의 추세 연구」(2005) 등이 있다.

▣ 곽덕주(郭德珠)

인류학, 교육철학 공부. 현재 건국대학교 사범대학에서 가르치고 있다. 한때 홍콩 시립대학교 전임 연구원(2002)으로 일하기도 했다. 주요 관심 분야는 인문주의와 실존주의 교육, 포스트모던 교육, 도덕교육, 심미교육, 시민교육, 교사교육 등이다. 최근 논문으로는 「서구 도덕교육이론의 비판적 수용을 위한 일고찰」(2005), 「삶의 의미와 가치에 대한 질문의 교육적 가치 탐색: Blumenberg의 철학사적 고찰을 통하여」(2005), 「한국의 공동체주의적 문화에서 도덕교육의 목표로서 자율적 도덕성이 갖는 의미」(2006), 「근대적 마음관, 내면적 근대성, 그리고 교육: 근대 인식론에 대한 로티의 비판적 고찰을 중심으로」(2006) 등이 있다.

▣ 이병곤(李柄坤)

교육철학 공부. 교육 전문 월간지 『우리교육』에서 기자로 활동했으며, 현재는 영국 런던대학교 교육연구대학원(Institute of Education)에서 '미적 교육' 에 관한 박사학위 논문을 작성하고 있다. 지난 2003년에 일시 귀국한 뒤 성공회대학교에서 대우교수로 재직했으며, 이와 동시에 광명시평생학습원 원장으로서 교육현장에서 일하기도 했다. 번역서로는 『학교, 국가 그리고 시장』(공역, 내일을 여는 책, 2000), 『희망의 인문학』(공역, 이매진, 2006)이 있으며, 논문으로는 「'1998년 교육개혁법' 이후 영국 교육정책의 변화와 쟁점」(2002), 「교육개혁의 방향과 주체 설정에 대한 교육철학적 모색」(2002) 등이 있다.

■ 신선미(申善美)

가정관리학, 교육사회학 공부. 한국청소년정책연구원에서 연구원 및 선임연구원으로 근무하였으며 2002년부터 한국여성정책연구원에서 연구위원으로 재직 중이다. 주요 연구 분야는 진로교육, 교육-고용관계, 여성인적자원개발이며, 주요 논문으로 「노동력생산양식과 교육의 사회적 관계」(박사학위논문, 2002), 「여학생의 이공계 진로선택과 직업세계 이행 성과」(2004) 등이 있다.

■ 게르다 마르틴(Gerda Martin)

교직을 위한 불어와 라틴어 공부. 1960과 1962년에 각각 1, 2차 국가시험을 치렀다. 뮌헨에서 처음 교사생활을 시작했으며, 아이 양육 문제로 인해 1964년 잠시 교직을 떠났다가 1973년 다시 학교로 돌아갔다. 18년 동안 김나지움에서 라틴어와 불어를 교수했으며 1991～2001년 아우그스부르크 시의 한 김나지움(Peutinger-Gymnasium Augsburg)에서 교장 직을 역임했다. 현재는 은퇴한 후 학교관련 연구와 실천적 활동에 힘쓰고 있다.

■ 조상식(趙相植)

교육학, 사회학, 철학 공부. 다년간 구로고등학교에서 가르쳤으며 현재 동국대학교 사범대학 교육학과에서 교육사 · 철학 관련 강의를 맡고 있다. 주요 연구 관심 분야는 18세기 이후 서양교육사상사, 도덕교육론, 미학교육론 등이다. 저서로 『현상학과 교육학』과 『윌리엄 제임스 교육론』, 역서로서 『근대교육의 종말』, 『쉽게 읽는 칸트 판단력비판』, 『독일교육학의 이해』 등이 있으며, 논문으로 「보편논쟁과 교육」, 「윌리엄 제임스의 의식이론에 대한 교육학적 성찰」 등 다수가 있다. 요즘은 청소년들을 위한 철학소설 집필에 재미를 붙이고 있다. 2006년 『루소 학교에 가다』(푸른디딤돌 출판사)를 출간했고, 지금은 『푸코 감옥을 탈출하다』를 집필 중이다.

■ 카를 크리스티안 에기디우스(Karl Kristian Æegidius)

1935년 덴마크의 한 농촌에서 태어나 자랐다. 부모는 모두 학교에서 일했고, 아버지는 교장으로 재직하기도 했다. 1953년 코펜하겐 대학에 입학했다. 유럽 여러 나라(독일, 프랑스, 영국, 스페인)를 장기간 여행하느라 학업을 때때로 중단하기도 했다. 1957～1960년 자영 농업을 시작했다. 1년간의 군복무와 1년간의 교직 생활 후 가족과 함께 '자유학교'를 세웠다. 1969년까지 이 학교의 책임을 맡았다. 1969～1997년까지 덴마크에서 유일한 '자유교사대학'에서 역사학과 자유교육사상을 가르쳤다. 1997년 은퇴한 후 1999년 이래 '덴마크자유초중학교협회' (Danskfriskoleforening) 국제위원회 위원 역임. 2000년 이후 여러 차례 방한하여 덴마크의 공교육과 자유교육의 문제에 대해 강연하는 등 한국과 덴마크 학교 간의 다양한 교류활동을 돕고 있다.

▣ 이 나탈리야

구 소련의 알마트 사범대학을 졸업하고(1973), 북 카프카스, 알마트 지역의 고등국립학교에서 러시아어문학 교사로 일했다(1973~1981). 그 후 몇 년 동안 알마타 시청(1981~1993)과 쌍트뻬쩨르부르그 건설회사(1993~1997)에서 근무하다가 다시 교직으로 돌아와 지금까지 쌍트뻬쩨르부르그 151 국립학교에서 러시아어문학과 한국어 교사로 재직하면서 아울러 교감직도 수행하고 있다. 아울러 러시아 고려인과 러시아 학생들을 위한 〈쌍트뻬쩨르부르그 한국청소년 문화교육센터〉를 운영하고 있기도 하다.

▣ 양은주(楊恩珠)

영어영문학, 교육철학 공부. 서울 영란여자중학교에서 여러 해 동안 영어를 가르쳤고, 현재 광주교육대학교 교육학과 교수로 재직 중이다. 교사교육, 프래그머티즘 사상, 미적 경험과 교육, 초등교육의 철학 등이 주 관심사이며, 논문으로 「듀이 실험학교와 예술적 교사」(2005), 「교육철학의 '교사' 연구 동향과 과제」(2005), 「듀이의 흥미 개념과 학생중심 교육과정」(2003), 「변화하는 학습 개념과 그 교육적 의미」(2002) 등이 있으며, 공저로 『새로운 학교교육문화운동』(학지사, 2006), 『초등교육의 재조명』(문음사, 2004), 『학교교육과정론』(교육과학사, 2003) 등이 있다.

▣ 이상윤(李相潤)

교육학, 사회과 교육 공부. 상명대부속여고(서울)에서 사회과목을 가르치고 있으며, 사회과 교육의 전문성에 관한 박사학위 논문을 준비하고 있다. 교육현장의 질적 연구, 사회과 교사의 역할, 사회과 교육 내 평화교육과정 구성의 가능성에 대해 관심을 가지고 공부하고 있으며, 논문으로, 「교육관련 학부모운동단체의 연구」(석사학위 논문, 2001), 「사회과 법교육에 있어서 국제법 교육의 실태와 대안탐색에 관한 연구」(2004), 「사회과 통합교과단원으로서 '평화' 단원의 구성 방안」(2004) 등이 있다.

▣ 안지영(安智英)

노어노문학 공부. 현재 경희대학교 러시아어학과 교수로 일하고 있다. 역서로는 『코레야, 1903년 가을』(개마고원, 2006), 『동화의 나라, 한국』(한국학술정보, 2006) 등이 있으며, 주요 논문으로는 「발라간칙과 발라간」(2003), 「솔로구프의 초기희극에 관한 소고」(2004), 「러시아의 장갑인형극 뻬뜨루쉬까」(2005), 「러시아 모더니즘과 인형: 메이어홀드의 상징극연출을 중심으로」(2006) 등이 있다.

대학입시와 교육제도의 스펙트럼

2007년 8월 23일 1판 1쇄 인쇄
2007년 8월 30일 1판 1쇄 발행

편저자 • 송순재 · 대화와 실천을 위한 교육사랑방
펴낸이 • 김진환
펴낸곳 • 학지사
121-837 서울시 마포구 서교동 352-29 마인드월드빌딩 5층
대표전화 • 02-326-1500 팩스 • 02-324-2345
등록 • 1992년 2월 19일 제2-1329호
홈페이지 www.hakjisa.co.kr

ISBN 978-89-5891-506-5 93370
가격 15,000원